한국으로부터의 통신

한국으로부터의 통신
세계로 발신한 민주화운동

초판 1쇄 발행/2008년 2월 25일

지은이/지명관
옮긴이/김경희
펴낸이/고세현
책임편집/강영규
펴낸곳/(주)창비
등록/1986년 8월 5일 제85호
주소/413-756 경기도 파주시 교하읍 문발리 513-11
전화/031-955-3333
팩시밀리/영업 031-955-3399 · 편집 031-955-3400
홈페이지/www.changbi.com
전자우편/human@changbi.com
인쇄/한교원색

ⓒ 지명관 2008
ISBN 978-89-364-8237-4 03910

세 계 로 발 신 한 민 주 화 운 동

한국으로부터의 통신

지명관 지음

김경희 옮김

창비

1972년 10월, 이른바 유신시대가 선포되고 한 사람에 의한 반영구적 집권체제가 시작됐다. 이에 치열한 국민저항이 일어나자 집권하는 측에서는 비상사태를 남발하고 긴급조치를 내려 국민을 가혹하게 억압했다. 이러한 이상사태에 대한 격렬한 투쟁을 국민은 민주화운동이라고 했다. 처절한 싸움이 일단 승리를 거둔 때는 1987년으로 6월항쟁이 군부독재자들의 후퇴를 결정지었다. 이 시대를 후세의 역사가들은 어떻게 기록할 것인가. 혁명은 거의 어디서나 일진일퇴의 역사를 반복해야만 했다. 한국의 역사라고 해서 어찌 예외일 수 있겠는가.

이 책이 다룬 15년의 역사란 민주화 쟁취를 위해 눈물어린 투쟁을 전개한 시절이며, 많은 모순을 안고 있었다고 해도 경제는 성장의 궤도에 올라선 시대라고 할 수 있다. 그런 의미에서 1987년은 분명 한국 현내사의 분기섬이라 할 것이다. 아무리 불안한 발걸음이라고 해도 정치적으로 민주화의 길을 밟기 시작했으니까.

이 시대는 금후에도 많은 논쟁을 거치면서 역사학적으로 논의되어야 하리라고 생각한다. 그렇지만 요즘처럼 치닫는 현실 속에서는 지난날을 차분하게 되돌아보고 그 실상과 의미를 되새긴다는 일이 그다지

쉽지 않을 것 같다. 어쩌면 나는 지나치리만치 이 시대에 집착하고 있다고 할는지도 모르지만.

일본 토오꾜오에서 「한국으로부터의 통신(韓国からの通信)」을 매달 쓰면서 나는 이 시대의 정치를 비판해왔다. 「한국으로부터의 통신」은 당시의 지배체제를 고발하고 규탄하면서 한국의 민주화를 갈망하는 글이었다. 필자의 본명을 밝히지 않고 'TK生'(본명을 밝힌 것은 2003년 일이었다)이라는 필명으로 민주화운동을 격려하려고 했다. 당시는 한국의 민주화운동이 세계적인 호응과 격려를 받은 인상적인 시기였다. 그것은 폭력 없이 도리어 분신자살이라는 자기희생으로 크게 번져간, 어떤 의미에서 세계혁명사에서 특기할 만한 역사로 이어져갔다.

그러나 지금 돌이켜보면 「한국으로부터의 통신」이 혁명사 어디서나 볼 수 있는 지하문서처럼 과도하게 격앙된 글이 아니었나 하는 반성을 되씹지 않을 수 없다. 전해진 모든 소식에 대해서 엄밀한 고증이 뒤따랐어야 했으나 기회를 얻지 못했다. 15년간의 원고지 2만장에 달하는 내용을 일일이 검토하기에는 너무나 나이가 들었다고 할는지 모른다.

이 책은 동시대사라고 할까, 그것을 위한 자료를 모아본다는 취지에서 시작되었다. 한국에서 진행되는 처절한 역사를 한국의 신문은 어떻게 적었는가. 정권의 탄압과 간섭에 의해서 많은 사실이 은폐되거나 왜곡되기 쉬웠다. 그래서 신문은 몇번이고 언론의 자유를 선언했지만 좌절을 거듭할 수밖에 없었다.

여기에 상당히 자세하게 일본 신문을 소개한 것은 한국 군사정권의 간섭과 탄압하에서 고민하면서도 가장 많은 것을 비교적 공정하게 전할 수 있었기 때문이다. 어떤 의미에서는 일본이 한국의 올바른 발전을 위해서 이처럼 역사에 참여한 것이 처음이라 하겠는데, 일본 내에서 한국의 민주화를 갈망하는 시민운동이 강하게 일어난 영향도 있었다.

여기에 한국의 『동아일보』, 일본의 『아사히신문(朝日新聞)』, 그리고 졸고 「한국으로부터의 통신」을 병립시켜서 이 시대를 묘사해보기로 한다. 당시 한국이나 일본에 다른 여러 언론이 있었고 같은 논조로 한국의 민주화를 지원해준 것은 물론이다. 그렇지만 여러 매체를 모두 참고하기에는 내 힘이 미치지 못했다. 사실 「한국으로부터의 통신」을 쓰면서 주로 『동아일보』와 『아사히신문』을 참고해온 것도 말해두어야겠다.

이렇게 세 매체를 인용하면서 15년의 역사를 되새기기로 한 데는 여러가지 이유가 있다. 물론 「한국으로부터의 통신」을 쓰던 때가 어떠한 시대였는가를 드러내기 위해서는 그러한 수법이 필요하리라고 생각한 것은 두말할 것 없다. 한국의 매체에 대해서는 설혹 좌절의 때가 있었다고 해도 오늘에 와서는 그 선전(善戰)에 감사해야 한다는 생각을 지울 수가 없다. 한편 일본의 매체에 대해서는 역사적으로 일본이 한국의 아픔에 이렇게 공감을 가지고 참여한 적이 있었을까 새삼 놀랍다. 때로는 일반적인 언론이라는 상식을 넘어서 일본의 매체도 한국의 민주화를 열망했는데 이것은 역사적인 의미를 가진다고 할 수 있다. 내일의 동북아시아 역사를 그려볼 때 더욱 그렇게 생각된다.

이렇게 정리해보는 데는 여러분에게서 여러가지로 많은 도움을 받았으며, 3년 가까운 세월이 필요했다. 무엇보다 일본 독자들을 일차적인 대상으로 삼고 「한국으로부터의 통신」을 써왔기 때문에 이러한 시대에 이러한 자세로 이렇게 쓸 수밖에 없었다고 '고백'하고 싶었다. 특히 익명을 사용했기 때문에 좀더 자세한 내용을 밝히는 것이 의무라고 생각했다.

그래서 이 책을 한국어판으로 다시 낸다는 것은 생각지도 않았던 일이다. 무엇보다도 당시의 자료를 우리말 원문 그대로 찾아서 정리한다는 것은 내 힘으로 할 수 없는 일이었다. 그런데 김경희씨가 기꺼이 그 일을 맡아주겠다고 동분서주하면서 원자료를 찾아 번역에 힘써주셨다. 정말 깊은 감사의 뜻을 표하고 싶다. 그리고 출판을 허락해준 창비에도. 뜻있는 일에 동참해주신 여러분의 결의와 호의에 깊은 감사를 드린다. 미숙한 글이지만 한국 현대사 연구에 다소라도 도움이 됐으면 하고 바라본다.

현대사란 복잡한 것이어서 여러가지 입장에서 씌어질 수 있으며 극단적인 경우에는 어느 체제를 옹호하는 것과 그렇지 않은 것이 대립할 수 있다. 나는 물론 15년사를 체제비판의 입장에서 논하면서 당시에 언론이 기술해놓은 것을 될 수 있는 대로 공정하게 제시해보려고 노력했다. 많은 기록을 압축해야 했기 때문에 거기에 배인 탄식이나 눈물, 기쁨이나 감격을 그대로 옮겨놓을 수 없던 것을 아쉽게 생각한다.

이제 일생의 짐을 어깨에서 내려놓은 것 같아 안도의 숨을 쉬어본다. 오랫동안 거친 역사를 거듭하고 드디어 민주주의의 길을 걷게 된 조국이 더욱 번영하고 동북아시아의 평화와 발전에 공헌하게 되기를 기원해 마지않는다.

2008년 2월
지명관

한국의 현대사는 실로 고난에 가득 찬 역사다. 1945년에 일본의 지배에서 해방되었는가 싶더니 남북으로 분단되었다. 그리고 1950년에는 한국전쟁. 그것은 3년간이나 계속되었다. 1960년에는 4·19혁명. 그러나 다음해는 쿠데타에 의한 군사정권이 등장했다.

군사정권이 10여년이나 계속되자 솟아오르는 국민의 저항에 견디지 못해 계엄령을 선포하고 이른바 유신체제라는 것을 만들어냈다. 이것이 1972년 10월의 일이었으며, 그로부터 긴급조치 등을 난발하는 무법이라고 할 군부통치가 이어졌다.

그로 인해 1979년 군부지배자 박정희는 암살되었지만, 그 뒤를 또 한 사람의 군인 전두환이 이어갔다. 그리고 민주화를 위한 긴 투쟁 끝에 한국국민이 대통령선거의 민주적 프로쎄스를 회복한 것은 1987년. 그리하여 간신히 또 한 사람의 군인 노태우를 직접선거를 통해서 대통령의 자리에 앉힌 것은 1988년 2월이었다.

「한국으로부터의 통신」은 『세까이(世界)』에 1973년 5월호부터 88년

---

* 이 책의 일본어판은 이와나미쇼뗑(岩波書店)에서 출간될 예정이다.

3월호까지 15년간에 걸쳐 게재되었다. 한국 현대사에서 가장 어두운 시기였다. 그 때문에 「한국으로부터의 통신」은 TK生이라는 필명으로 쓸 수밖에 없었다. 이 통신에 대한 일본에서의 지원은 한국 민주화를 위한 일본국민 참여의 일환을 이루는 것이었다.

1987년 6월 한국 민주화운동은 일단 승리를 거두었다. 그러나 그로부터 20년간 그것은 시행착오의 길이었던 한편, 운동의 정열이 식어가는 과정이기도 했다고 할 수 있을지 모른다. 그 피로 물든 역사가 오늘날에는 이미 망각으로 몰아넣어지고 있는 것같이도 느껴진다.

이 귀중한 역사가 다시 읽히게 해보려는 것이 이 책이 시도한 일이다. 그 역사는 오늘도 계속되는 현대사이며, 결코 완료된 것이 아니라 계속 이어지고 있는 미완의 역사다. 그 당시 한국의 신문은 그 시대에 대해서 어떻게 기록하였는가. 그것은 종종 군부지배자에 의해 왜곡되고 은폐되었다. 그러한 상황에 대하여 「한국으로부터의 통신」은 무엇을 어떻게 전하려고 하였는가. 그것은 냉정하게 사건을 주시하기보다는 때로는 흥분하고 때로는 고발하면서 이 투쟁에 참여하려고 했다.

다른 한편으로 일본에는 일본인을 위한 보도가 있었다. 그 역시 한국의 지배하는 측을 고발하고, 투쟁하는 측을 격려해주었다. 일본 언론이 한국의 민주적 발전을 위해서 이처럼 참여한 적이 일찍이 있었던가 생각하게 하는 것이었다.

이처럼 서로 얽혀 있는 매스컴의 발자취를 따라가기로 하고, 여기서는 한국의 『동아일보』 기사와 『세까이』의 「한국으로부터의 통신」 그리고 『아사히신문』의 기사를 선택했다. 다른 신문을 채택하지 않은 것은 나의 힘이 거기까지 미치지 못한 탓에 지나지 않는다. 이 세 미디어를 인용하면서도 그 엄청난 분량에 압도될 따름이었다. 단지 양의 문제뿐만이 아니었다. 이처럼 축소해서 전할 때 그 생생함이 사라져가는 것에 몇번이나 깊이 탄식했는지 모른다.

미완의 역사로서 현대사는 자칫하면 쓰는 사람의 주관에 따라 크게 다를 수 있을 것이다. 실로 복잡하고 중층적인 현대를 묘사한다는 것은 때로는 일방적이 되지 않을 수 없다. 그러므로 그것은 모험적인 기도라고 해야 할지도 모르겠다. 하지만 그렇다고 피할 수 있는 일은 아니지 않겠는가.

이 일을 가능하게 해주신 많은 분들, 특히 국제일본문화연구쎈터 센다 미노루(千田稔) 교수께 마음으로부터 감사를 드린다. 그리고 이러한, 어떤 의미에서는 내 인생의 최종적 정리라고도 할 수 있는 것을 내주시는 이와나미쇼뗑(岩波書店)에 깊이 감사드린다. 참으로 오랫동안 수고 많으셨습니다.

차
례

제 1 부

『동아일보』가
전한 것

유신체제의 시작

———

　1972년 10월 17일 오후 7시를 기해서 박정희(朴正熙)정권이 비상계엄령을 선포하고 국회를 해산하던 그 무렵의 어두운 날들을 잊을 수가 없다. 다음날『동아일보』사설은 이른바 '대통령 특별선언'에 대해서 "그 취지는 한마디로 말하여 조국의 평화통일을 기약하기 위한 새로운 국가체제의 확립을 국민에게 호소한 것이라고 볼 수가 있을 것"이라고 썼다. 박정권은 남북통일을 지향하기 위해서는 국민의 민주화 요청을 억누르고 흔들림 없는 장기정권을 도모해야 한다는 것이었다.

　이러한 새로운 국가체제를 확립하기 위해서는 국회를 해산하고 정당활동과 정치활동을 중지시키지 않으면 안된다. 그래서 10월 27일까지 헌법개정안을 공포한다는 것이었는데,『동아일보』사설은 이 헌법의 성격을 다음과 같이 두 가지로 요약했다.

　우선 대통령 특별선언이 거듭 강조하는 것처럼 '평화 지향적'이라는 것이다. 유신헌법은 '동족상잔의 비극적인 총성'이 다시는 울리는 일이 없도록 평화적 통일을 지향한다는 점을 확신하며 "이 점에 관해 국내외에 추호도 오해가 없기를 바란다"고 『동아일보』는 박정권의 주장을 대변했다.

그리고 헌법개정은 어디까지나 '자유민주주의적'이라고 강조했다. 대통령 특별선언은 '자유민주주의를 더욱 건전하고 알차게 그리고 능률적인 것으로 육성 발전시켜야 하겠다는 확고한 신념'을 표명한 것이라는 점을 국민에게 상기시키면서 사설을 매듭지었다. 국민에게 침묵을 강요하면서 어떻게 국내외에 추호도 오해가 없는 민주국가라고 감히 주장할 수 있었던 것일까. 그러한 사설을 강요하는 체제에 『동아일보』도 따르지 않을 수 없었다. 검을 치켜들고 강요하는 무법통치에 맞설 수 있는 힘이 국민에게는 없었다. 졸저 『한국 민주화에의 길(韓國民主化への道)』(이와나미쇼뗑 1995)에 썼던 말을 여기서 다시 반복한다.

"72년 10월 17일, 돌연 박정희는 대통령 특별선언을 발표하여 국회를 해산하고 전국에 비상계엄령을 선포했다. 대학은 휴교, 신문 통신은 사전검열. 11월 21일에는 헌법개정을 위한 국민투표를 실시하여 찬성 91.5퍼센트라는 압도적인 지지를 얻었다. 그러나 그것은 계엄령 아래서 반대의견을 봉쇄하고 조작한 숫자였다. 통일주체국민회의라는 어용기관을 만들고, 그것에 의해서 선출되었다는 것을 근거로 12월 27일 박정희는 다시 제8대 대통령에 취임하여 '유신헌법'이라는 것을 공포했다."(80면)

이를 두고 '10월유신'이라고 명명한 것인데, 왜 일본의 메이지유신에 비하려고 했는지는 모른다. 확실한 것은 이 사건이 박정희가 저지른 또 하나의 군부쿠데타였다는 것이다.

박정희정권은 체제에 대한 반대와 저항이 시대적·사회적인 것이라고 생각하기보다는 불순한 반정부적인 인사들 또는 몇몇 단체의 소행이라고 생각했다. 그래서 그들을 제거하기만 하면 일은 해결될 것이라고 단순하게 판단했다. 그것은 군인적 발상이었다. 적대적인 개인 또는 집단을 배제하면 세상은 태평하리라는 것이다. 박정권은 반정부세력을 무너뜨리기 위해서는 신병치료를 구실로 토오꾜오에서 미국을 오가며 활동하던 김대중(金大中)을 처리해야 한다고 생각했다. 1973년 8월 8일, 김대중이 토오꾜오에서 납치되는 사건이 일어났다.

73년 8월 9일 『동아일보』에는 「김대중씨 실종, 한국말 쓰는 청년 5명에 의해서, 동경서」라는 기사가 실렸다. 이 기사는 일본의 야마시따 간리(山下元利) 내각관방차관의 말을 빌려 다음과 같이 보도했을 뿐이다.

"김씨와 함께 있던 사람으로부터 경찰에 통보된 바에 의하면 김씨가 8일 오후 1시 조금 지나 한국말을 사용하는 5명의 청년들에 의해 호텔에서 사라졌다."

이어서 그는 범인이나 기타 문제에 관해서는 현재 조사중이며, 아직 아무것도 모른다, 김씨는 작년 10월 한국에 계엄령이 선포된 이래 일본과 미국을 왕래하고 있었다, 본국에서는 대통령선거에 관련되어 소추되어서 사실상 망명에 가까운 생활을 하고 있다고 들었다, 일본에는 지난 7월 상순부터 체류하였으며 관계자가 신변을 보호하던 중 이 사건이 발생했다, 고 덧붙였다.

『동아일보』는 「김대중씨 실종, 동경서, 끌려간 호텔방엔 마취약 흔적노, 한국발 쓰는 괴한 5명과 사라져」 등으로 보도했다. 그리고 윤석헌(尹錫憲) 외무부차관은 우시로꾸 토라오(後宮虎郎) 주한일본대사를 외무부에 소환하여 다음과 같이 요청했다고 한다.

"김대중씨 사건을 일본 정부당국이 철저히 조사하여 진상을 규명해줄 것과 김대중씨의 신원을 보호하는 데 만전을 기해줄 것을 요청했다."(『동아일보』 1973년 8월 9일자. 이하 『동아일보』 기사일 경우 날짜만 밝혀둔다.)

이러한 한국 외무부의 자세와 궤를 같이하듯 같은 날 이호(李澔) 주일한국대사도 일본 외무성차관을 만나 "한국정부는 동(同)사건에 대해 전혀 아는 바 없으며 관련도 없다"고 하며 "일본 정부당국이 철저히 조사, 진상을 규명해줄 것"을 요청했다고 한다. 이러한 기사를 게재한 『동아일보』 8월 10일자에는 「호텔방서 북한 담배꽁초 2개 발견」이라는 제목 아래 다음과 같이 씌어 있다.

"한편 김씨가 한때 끌려갔던 호텔방에서는 담배꽁초가 두 개 발견되었는데 조사 결과 북한담배인 것으로 밝혀졌다."

김대중사건에 관해서 이런 신문기사가 이어지는가 하더니, 8월 14일 『동아일보』는 김대중의 서울귀환에 대해서 보도했다. 「김대중씨 서울 자택에 데려다놔, 동경서 납치한 자칭 '구국대원', 어젯밤 집 앞서 석방, 해상서 사흘 육지서 이틀, 온몸 결박, 큰 배로 11일 한국에」라는 타이틀이 『동아일보』의 1면을 크게 장식했다. 그러자 이봉성(李鳳成) 검찰총장은 「납치범 체포 엄벌할 터, '구국대원' 정체 밝히겠다」고 선언했다.

김대중은 8월 8일 납치되어 8월 13일에 입술과 눈썹이 터지고 발목에 깊은 상처를 입은 채 구사일생으로 자택에 보내진 경위에 대해서 설명했다. 한국 군사정권당국은 이 모든 과정에 관여한 바가 없으며, 그렇다고 해도 김대중을 일본에 돌려보낼 의사는 없다고 밝혔다. 한국 정부도 「김대중씨 납치사건 진상 밝히는 데 전력」(73년 8월 16일자)을 다 할 것이라고 했지만 그것은 물론 당장의 곤경만 모면하려는 변명에 지나지 않았다.

한국내 신문을 철저히 정부의 지배 아래 두는 것은 가능했어도 일본 신문의 서울 특파원들을 그런 상태에 묶어두는 것은 쉬운 일이 아니었다. 김대중을 한국인의 손으로 유신체제하의 한국에 납치해두고서 한국정부는 관여하지 않았다고 했다. 마치 손바닥으로 하늘을 가리는 일이 아닌가.『요미우리신문(讀賣新聞)』의 서울지국이 폐쇄되고 특파원이 추방당한 것은 이런 상황에서였다. 이에 대해서 8월 24일자『동아일보』에는 문공부 보도국장의 다음과 같은 담화가 발표되었다.

"문공부는 23일자 동지(조간)에 대해 김대중씨 사건 보도에 있어 한국정부기관이 관련된 사실을 한국정부 소식통이 처음으로 인정했다고 보도한 것은 전혀 사실무근이라고 지적, 24일 조간까지 전면 취소할 것을 요구했으나 동지가 성의있는 자세로 이에 응하지 않아 부득이 이같은 조치를 취했다."

이처럼 일본에서 어떤 주장이 나오거나 어떤 사실이 발표되어도 박정희정부는 "김대중씨 사건에 주일한국대사관과 총영사관 직원은 전혀 관여되지 않았다"는 입장을 밀고 나가려고 했다(8월 27일자). 그와 같은 난폭한 주장은 박정희정권의 성격을 너무나도 적나라하게 드러낸 것이었다. 김대중이 납치되어 서울에 나타나자 한국국민은 한사람도 빠짐없이 그것이 중앙정보부의 소행이라고 여기고 있었지만 중앙정보부장 이후락(李厚洛)은 "김대중씨 사건 정보부완 무관, 부원 한 사람이라도 끼었다면 모든 책임질 터"(8월 29일자)라고 선언하기를 주저하지 않았다. 일본 측이 73년 9월 초 김대중이 납치당한 토오꾜오 그랜드팰리스 호텔 2210호실에서 주일한국대사관 일등서기관 김동운(金東雲)의 지문을 채취했다고 해도 한국 측은 한국정부가 관여했다는 사실을 끝까지 인정하지 않았다.

이런 상황에서 한국정부가 무모하게 이 사건을 일으킨 것이 아닌가 하며『조선일보』주필 선우휘(鮮于煇)가 기습적으로 쓴 사설「당국에 바라는 우리의 충정 — 결단은 빠르면 빠를수록 좋다」(『조선일보』9월 7일자)는 김대중사건에 대해서 신문에 실린 최초의 사설이었다. 『동아일보』는 9월 22일이 되어서야 전국을 뒤흔든 이 사건에 대해서 간신히 사설을 쓸 수 있었다. 이 뒤늦은 사설은 그 당시 한국의 언론이 어떠한 상황에 놓였었는지를 단적으로 보여주는 예이다. 「일본언론의 자중을 바람」이라는 제목의 사설은 다음과 같은 말로 시작된다.

"김대중씨 납치사건이 세상을 놀라게 한 지도 벌써 40여일이 넘었으나 사건은 아직 윤곽조차 잡히지 않고 여기에서 빚어진 국내외의 갖가지 후유증이 좀처럼 가시지 않고 있다."

이 사설은 일본당국이 김대중 납치사건에 한국의 재일공관원이 관련된 것처럼 주장했지만 한국 "정부당국에 의해 관련이 전혀 없음이 밝혀져 국민의 우려를 가시게" 해주었다고 썼다. 그런데도 "일본의 일부 언론과 정치인이 김씨 사건과는 직접 관련 없이 분명히 한민족과 국가를 모독하는 듯한 신문 제작 또는 발언을 하여 국민의 자존심을 크게 손상시키고 있음은 지극히 유감스러운 일"이며 "이러한 행위는 일본언론의 명예와 권위를 위해서 애석한 일"이라고 덧붙이고는 다음과 같이 일본의 언론을 비난했다.

"일본이 어떤 다른 나라에 대해서도 한국에 대한 것처럼 품위와 예의에서 벗어나 함부로 그 나라의 권위와 긍지를 짓밟는 예를 보지 못했다. 만만치 않다고 보면 도를 넘어 영합하는 태도가 보기 민망스러울 정도고 그렇지 않다고 보면 안하무인인 듯이 짓밟으려는 인상을 주는 것이 일본언론의 본성이냐고 질문받는다면 일본언론은 무어라 대답할 것인가. 일본언론과 정치인은 양식과 예의를 아는 국민이라는 말을 들어주기 바란다."

여기서 이 사설은 일본의 대한원조에 대해 "한국은 일본자본을 빌려 경제성장을 하자는 것이며 일본자본은 그러한 투자 속에서 장사를 하자는 목적"이라고 강조했다. 이렇게 일본이 한국에 은혜를 베푸는 양 고자세를 취한다면 "일본국민의 옹졸함과 경박성을 보여주는 것"이 아 닌가라고 되물었다. 그리고 우리는 "민족적 자존심"을 가져야 한다고 호소했다. 나아가 "일본국민의 일부가 우리에게 그릇된 우월감을 가졌 다면 우리는 오히려 더 높은 도의적 차원에서 그들의 옹졸함을 충고할 수 있어야 하겠다"고까지 했다. 이 얼마나 무리하고 두려운 사설인가. 박정희정권은 스스로 일으킨 김대중 납치사건을 이처럼 오로지 숨기 고 숨기며 일본에 비해 오히려 자신 쪽에 도덕적 우월성이 있다고 궤 변을 늘어놓았다. 한국속담에 있는 '적반하장'이라는 말 외에 이 상황 을 설명할 수 있는 적절한 표현을 찾을 수가 없다.

『동아일보』 사설이 나온 지 이틀 후, 9월 24일자에는 한국국회에서 있었던 김대중사건에 대한 이틀째 질문·답변이 비교적 상세하게 보도 되었다. 누구보다도 김영삼(金泳三) 의원이 날카로운 질문을 전개했다. 여기서 『동아일보』에 보도된 그의 발언을 잠시 인용해보자.

"김대중씨를 동경에서 납치하여 서울로 데려온 소위 구국동맹 행동 대의 정체는 무엇이냐."

"검찰이 8천여명을 동원, 수사를 벌였는데도 테러단의 정체조차 파 악하지 못했다 하니 수사를 하고 있는 것인지 안하고 있는지 알 수 없 다."

"범인을 잡아 우방이 납득하고 국민이 이해할 수 있는 증거를 제시 해야 된다."

"5·16 이후 여러 형태의 정치테러가 있었지만 김대중씨 사건도 역 시 지금까지 있었던 정치테러의 하나며 지난날의 어느 정치테러보다 규모가 크고 국제성을 띠었다."

"정부는 사건 발생 후 김종필(金鍾泌) 국무총리 이름으로 일본 타나까 카꾸에이(田中角榮) 수상에게 사과편지를 냈으나 우리 국민에게는 어느 누구도 사과한 일이 없다."

"사건이 난 지 40여일이 경과했는데도 범인을 못 잡는 것은 국가위신을 추락케 하는 것이고 국민에게 사과 한마디 없는 것은 국민을 업신여기는 것이 아닌가."

김영삼 의원의 질문과 비판에 대해서 김종필 총리는, 범인들이 어떻게 김대중과 함께 국내에 들어왔는지 몰라서 충격을 받았다고 하면서, 이런 취약점을 어떻게 강화해야 할지 모르겠다고 했다. 그리고 겨우 "검문검색에 허술한 점이 있었음을 자인한다"고 답했다. 국회에서 한 발언은 면책특권이 있기에 김영삼의 이 정도 질의가 가능했다. 일본정부가 문제삼은 김동운 서기관의 지문에 대해서도 국회에서 논의되었다. 그러나 그것은 그때뿐인 담론으로 그치고 말았다. 참으로 어처구니없는 일이었다.

한국국민도 일본정부나 언론과 마찬가지로 김대중을 토오꾜오에서 납치한 것은 다름아닌 박정희정부라고 생각했다. 그러나 박정희정권은 그러한 사실을 부인하며 후안무치(厚顔無恥)의 자세로 권력에 계속 눌러앉아 있었다. 실제로 이 사건에 관련된 자로서 처벌을 받은 자는 아무도 없었다. 그 체제 속에서는 최고 권력자 자신이 관여하지 않았다면 그와 같은 일은 있을 수 없었을 것이다.

그런 가운데서 『동아일보』의 사설이 나왔던 것이다. 그처럼 집권세력의 태도에 동의한 사람들이 있었다고 하면, 그러한 국민 기만에 격렬하게 저항한 사람들도 있었을 것이 아닌가. 그로부터 국민들 사이에 가실 수 없는 대립이 불거져나왔다. 그러한 상황 속에서 한국국민의 대일 이미지는 어떻게 되었을까.

일본정부는 일본인이 이에 관련돼 있지 않았다면 이런 상황을 앞에 두고 지극히 당혹했을 것이다. 사실 이 사건에는 어떤 의미에서든지 일본인이 관련돼 있었다고 해야 한다. 그러나 일본정부가 한국정부의 주장에 동의했다면 한국국민의 대일 불신감은 한층 깊어졌을 것이다. 그렇게 되기를 강력하게 바란 한국의 지배세력도 실은 일본정부가 이처럼 양보하는 자세를 취했다면 마음속으로는 업신여겼을지 모른다. 어쨌든 이렇게 해서 그후의 한일관계는, 적어도 정부차원에서는, 진정한 우호와는 더욱 멀어지게 되었다.

이런 의미에서 이미 예를 든 73년 9월 22일자 『동아일보』의 「일본언론의 자중을 바람」이라는 사설은 박정희정권의 한일관계를 상징적으로 보여준 예이며 또한 군사정권에 굴종한 한국언론의 무기력을 드러낸 사례이다. 결과적으로 그러한 선에서 김대중사건을 해결했다는 것은 해방후 한일관계에 있어 양국 국민의 진정한 화해를 이루기엔 아직 거리가 멀다는 것을 드러내고 있었다.

김종필 국무총리가 73년 11월 2일 일본을 방문하여 김대중사건에 대한 유감의 뜻을 표했다. 문제가 된 김동운 주일한국대사관 일등서기관에 대해서는 파면조치하고 계속 조사하겠다고 일본에 전했다. 그후 이 일은 두번 다시 언급되지 않았다. 김동운은 대체 지금 어디서 무엇을 하고 있을까. 김대중이 일본에서 벌인 활동에 대해서는 한일 양국 정부 모두 문제삼지 않기로 했다. 이 사건이 토오꾜오에서 일어난 것에 대해서 김종필은 "일본정부와 국민에게 유감의 뜻"을 표한다고 했다(11월 1일자). 그리고 무엇보다도 한국 측은 "중지된 대한경제협력의 재개를 요청한다"고 했다(1월 2일자). 『동아일보』는 박정희가 당시 일본 수상 타나까 카꾸에이에게 보낸 친서에는 다음과 같이 기록되었다고 보도했다.

"이번에 뜻밖에 김대중씨 사건이 일어난 것은 불행한 일이며 이 기회에 일본국민에게 유감의 뜻을 표한다. 한국정부는 다시는 이같은 사태가 일어나지 않게 최선의 노력을 하겠고 앞으로도 한일 우호증진에 기여할 생각이다."(11월 3일자)

이렇게 해서 김대중사건의 전모는 감추어진 채로 외교적 타결을 서둘렀다. 그리고 12월 26일, 일본의 대한경제원조에 대해서 논의하는 회담이 토오꾜오에서 열렸다.

그러나 한국의 사회적 상황은 더욱 악화되어갔다. 72년 10월 17일의 유신체제로 침묵하는가 싶었던 반체제투쟁은 다시 숨을 쉬기 시작했다. 73년부터 김대중 납치사건을 규탄하는 학생들의 투쟁이 시작되자 박정희정권은 국가적으로 탄압하기 시작했다. 그것이 유신헌법에 근거한 긴급조치라는 것이다.

1974년 1월 8일 17시부터 비상군법회의를 설치하고 "대한민국 헌법을 부정, 반대, 왜곡 또는 비방하는 일체의 행위" "대한민국 헌법의 개정 또는 폐지를 주장, 발의, 제안 또는 청원하는 일체의 행위"를 금한다고 했다. 긴급조치를 비방해서도 안된다. 이러한 불법을 행하면 "법관의 영장 없이 체포, 구속, 압수, 수색"한다고 했다. 그 형벌은 "15년 이하의 징역"과 함께 "15년 이하의 자격정지"였다. 긴급조치 선포에 대한 대통령 박정희의 담화 마지막 내용만을 여기서 인용한다.

"우리가 국력을 배양하고 민족의 활로를 개척할 수 있는 유일한 길은 여러분들이 이미 선택 결정한 바 그대로 오직 유신체제를 튼튼히 유지 발전시키고 유신과업에 계속 정진하는 것뿐입니다. 우리 모두 일치단결하여 반유신적 요소를 과감히 제거하고 유신의 길을 더욱 힘차게 매진해나갑시다."(74년 1월 9일자)

74년 3월 6일에는 비상고등군법회의에서 김경락(金敬洛) 목사 등 6명에게 긴급조치 위반으로 10년에서 15년의 징역과 같은 기간의 자격정지가 선고되었다. 긴급조치가 비민주적·반인권적이라는 선언을 발표했기 때문이었다. 그야말로 긴급조치에 의한 통치시대였다.

4월 3일 한밤중에 발표된 긴급조치 제4호에 의하면 문교부 장관은 "이 조치 위반자가 소속된 학교의 폐교처분을 할 수 있다"는 데까지 강경조치가 확대되었다. 그리고 학생의 활동을 제압하기 위해서는 병력동원까지도 인정했다. 이 시기에는 전국민주청년학생총연맹(이하 '민청학련'으로 약칭)이 활동하기 시작했는데, 그들의 활동이 "적화통일"을 노리고 "인민혁명"을 기도하는 것이라고 하며 "5년 이상의 유기징역에서 최고 사형까지 처할 수 있다"고 선언했다(4월 4일자). 박정희가 정부여당 연석회의에서 한 말의 일부를 인용하면 다음과 같다.

"긴급조치 4호는 합법성을 가장, 우리 사회 각계각층에 침투하려 기도해왔으며 특히 학원사회에 촛점을 두고 교묘히 침투해온 공산주의 분자들을 초기 단계에서 뿌리뽑아 대다수 일반학생들과 교직자들의 정상적인 학원활동을 보장해주려는 데 그 목적의 하나가 있다."(4월 6일자)

긴급조치 4호 선포로 4월 말에 열릴 예정이던 임시국회는 연기되었고, 학원사태가 진정되면 6월 말에 대학이 재개될 것이라고 보도되었다. 한편으로는 「민청학련 관련자 34명 자수」(4월 6일자)라는 사건으로 떠들썩했다. 야당인 신민당은 난국을 수습하고 "조국의 안정과 번영을 이룩하기 위해서는" 즉시 국회가 소집되어야 한다는 성명을 발표했다(4월 9일자).

여기에는 정부와 야당과 학생이라는 3자관계가 나타난다. 학생들은 저항운동의 순수성을 내세워 야당도 경원했다. 실제로 학생들의 저항은 국민의 반정부의식을 반영했다. 국회내 소수세력인 야당은 학생들의 활동에 의해서 견제되었다. 그러므로 때로는 야당의 활동이 학생들의 것과 하나가 된 듯이 보였지만 야당세력은 종종 후퇴했다. 그런 때는 야당이 민중과 학생들 사이에서 '박수부대' 편에 선다고 비난을 받았다. 혁명의 승리는 첨예하게 싸워온 학생들과 엘리뜨들의 저항세력이 국민적 대중행동을 일으키고, 야당도 이에 합류하는 클라이맥스에서 실현된 것이라고 할 수 있다. 언론도 종종 합류했다. 이러한 흐름에 외국, 특히 미국내의 비판적 동향이 많은 영향을 미쳤다.

박정희정권 아래서는 기독교회의 활동이 커다란 역할을 한 것도 특기할 만하다. 일반민중에게 미친 영향도 크지만 기독교적 네트워크에 의해서 해외에 미친 영향이 실로 큰 힘을 발휘했다. 무엇보다도 기독교회가 박정희정권을 비판하면 그들을 공산주의세력이라고 간단히 단정할 수가 없었다. 종종 학생세력은 정치적 이해관계가 없는 기독교세력과 합류했다. 언론은, 이때는 주로 신문이지만, 권력에 정면으로 저항할 수는 없어도 미국의 활동이나 기독교회의 활동을 보도함으로써 은밀히 박정희세력에 항의했다. 국민들의 그러한 기대에 부응하지 못할 때 저널리즘은 민중적인 항의에 노출되었다.

74년 4월 15일자 『동아일보』에 13일 부활절 연합예배에서 한 한경직(韓景職, 당시 최대 교회였던 장로파 영락교회 목사) 목사의 부활절 설교가 실린 것은 그런 배경에서였다. 남산 야외음악당에서 이루어진 「삼대(三大)진리」라는 설교였다. 『동아일보』가 「정의·생명·천국은 끝내 승리한다」는 표제로 전한 그 마지막 구절은 다음과 같았다.

"이렇게 부활절은 정의의 최후 승리, 생명의 최후 승리, 천국의 최후 승리를 선포한다. 부활하신 주님의 축복이 우리나라와 세계의 인류 위에 임하셔서 이 땅의 정의, 생명, 천국의 승리가 속히 실현되기를 기원한다."(4월 15일자)

또 4월 15일에는 미국의 공화와 민주 양당의 하원의원 22명이 방한

28

했다. 그러자 『동아일보』는 다음날 "한국의 실정을 파악하는 데 있어 힘써줄 것"을 당부하는 「미국 의원단의 방한」이라는 사설을 게재하고 다음과 같이 호소했다.

"왜냐하면 한미간의 진실한 유대관계는 한국민의 가려운 곳을 긁어 주고 목마른 곳을 적셔주는 데서 더욱 참다운 가치와 의의를 찾을 수 있는 것이며 만약에 이와 반대될 경우 한갓 의례적인 방문에만 그친다 면 이는 도리어 한국민에게 적지 않은 실망을 안겨줄지도 모르기 때문 이다."

이때의 저항 자체는 미국의 대한정책의 전환을 요구하는 것이었다. 그러자 박정희정권은 좌익간첩사건 등을 잇따라 발표했다. 4월 25일 에는 학생들의 저항운동, 이른바 민청학련의 활동에 대해 「폭력데모로 노농정권(勞農政權) 수립기도」라고 발표했다. 이 사건은 4월 3일에 봉 기를 계획하여 청와대 점거까지 계획했으며, 배후에는 "인민혁명당(이 하 '인혁당'으로 약칭)조직과 재일조총련계와 일본공산당, 국내 좌파혁신 계가 복합적으로 작용했다"고 발표했다. 이미 240명을 체포해서 조사 하고 있는데 그중에는 타찌가와 마사끼(太刀川正樹), 하야가와 요시하 루(早川嘉春)라는 일본인도 있다고 대대적으로 보도하는가 하면, 중앙 정보부의 전직 간부도 포함되었다고 했다(4월 30자 「박영복(朴永復)사건 수 사전모 발표」). 정보부 간부가 어떤 역할을 맡고 있었는지는 확인할 수 없었다. 얼마 지나지 않아 「여간첩 등 7개망 30명 검거」라는 간첩사건 이 또다시 발표되었다. 이번에는 교수·정당원·공무원 등이 끼였다고 했다(5월 6일자).

치안당국의 발표로는 아무도 진상을 모른다. 모두가 독재정권이 날 조한 수많은 사건 중 하나로서 어떻게 다루어졌는지도 모르는 채 오리 무중 미궁 속으로 묻혀갔다. 이렇게 혼미한 정국 속에서 박정희는 "반공교육을 재정비 강화해야 한다"고 발언하고, 신문기사 등에 대해서는 "민주주의가 무엇인지를 모르는 행위"라고 공격했다. 그리고 정부여당을 향해서는 "시국의 중대성을 인식하도록 하라"며 다음과 같이 경고했다.

"지금 우리가 당면하고 있는 시국의 중대성이 얼마나 심각하냐는 것과 그 중대성의 핵심이 무엇이냐 하는 것을 정확히 인식하고 이를 극복하기 위해 자신을 가지고 노력하여 국민 각계각층이 총화유신을 기할 수 있도록 해야 할 것이다."(5월 10일자)

이뿐만이 아니었다.「반일감정 이용 한·일 이간획책」이라고 하며 자수한 간첩의 기자회견(5월 14일자)이라는 것을 대대적으로 보도하는가 하면, 5월 21일에는「무장간첩 3명과 총격전 목포 남쪽 추자도서, 대간첩대책본부발표 1명 사살·2명 추격」이라고 발표했다. 여기서『동아일보』는「무장간첩과 국민총화」(5월 23일자)라는 사설을 내고 다음과 같이 결론지었다.

"거듭 말하거니와 우리 측의 총화와 단결이 다져지면 다져질수록 북괴의 어떠한 남침야욕도 발붙일 곳이 없다는 것을 이번 추자도의 경우에서도 역력히 입증케 된 것이라고 말할 수 있을 것이다."

북의 협박을 내세워 박정희의 반영구적 집권을 유지하려던 것이다. 그래서 이 시대의 정치적 형사사건은 어느 정도가 사실이었는지를 확인하는 것이 용이하지 않다. 민주화세력은 그 대부분이 날조된 것이라고 생각하여 신문기사도 사설도 신뢰하지 않았다. 강압적 지배하에서 이따금 정론을 전개하면 그것은 한가닥 구원의 빛으로 생각되었다. 그러나 박정희지배가 종말에 가까워지면 질수록 신문이 간신히 내쉬고 있던 호흡도 꺼져갔다.

마침내 74년 5월 27일에는 비상군법회의 검찰부가 1,024명을 조사해서 745명을 훈방하고 54명을 "대통령긴급조치 제4호 위반과 국가보안법 반공법 위반, 내란예비음모 내란선동 대통령긴급조치 제1호 위반 등 죄명"으로 구속기소했다고 발표했다.「학원 내 적화기지 구축획책」이라는 보도는 실로 과장된 것이었다. 타찌가와와 하야가와는 폭동에 필요한 무기를 북에서 입수하도록 알선했으며 재일공산세력과 제휴와 지원을 교섭하기로 약속하고 자금 일부를 제공했다는 죄목이었다.

5월 27일자 신문 4개 면을 통해 발표된「민청학련'사건, 공소사실요지」는 참으로 놀라운 것이었다. '북괴' 그리고 '인혁당재건위'로 이어지는, 말단에 이르기까지 혁명조직단이라는 사실에 모두가 눈이 휘둥그레질 정도였다.『동아일보』는 이 사건에 대한 해설로 종교계, 학생 그리고 학부형과 학교당국에 경고를 보내면서 다음과 같이 끝을 맺었다.

"선량한 대다수 학생들의 일상활동이 자기도 모르는 사이에 반국가적 불순분자들의 마수에 휘말려 스스로의 불행은 물론 국가의 안전보장에까지 위해를 미치는 일이 없도록 각별히 학생을 선도하고 적의 마수가 주변에 끼여들지 못하도록 새로운 결의를 다져야 하겠다."(5월 28일자)

박정희는 "지금 우리의 정신적 지주는 두말할 나위도 없이 자유민주사회의 건설"이라고 반복하는 것을 잊지 않았다. 민주사회는 "반공사상 위에서만 건설될 수 있는 것"이고, 그의 군사정권을 비판하면 다름아닌 공산주의에 가담하는 것이며 그것은 북한정권의 입장에 동조하는 것이라고 강조했다. 즉 자신에게 반대하면 공산주의자라고 단정짓는 것이었다. 거기에 어떠한 모순, 부정, 부패가 있더라도, 어떠한 독재가 있더라도 반공적인 측면에서 '민주사회 건설'을 지향하겠다는 의지의 표명이었다. 그때 이미 13년간이나 계속되어 이제는 명목적인 대통령선거도 없이 반영구적으로 지속될 것처럼 보이는 부패한 정권을 반공정권이라는 이유로 민주적인 정권 혹은 민주주의를 지향하는 권력이라고 주장했던 것이다(5월 31일자).

『동아일보』는 다른 신문과 마찬가지로 권력에 굴복할 수밖에 없었지만 김대중사건과 민청학련사건에 관련된 두 명의 일본인 체포에 대해서 가끔 언급하는 것을 잊지 않았다. 토오꾜오 특파원의 「굴절하는 한일관계」도 그런 가운데서 『동아일보』에 게재되었을 것이다. 적어도 한국의 경제는 일본을 필요로 하고 있지 않은가, 하며 한국정부를 향해 다음과 같이 호소했다.

"일본을 하나의 빛깔로, 또는 한 갈래의 흐름으로 파악할 때는 지난 것 같다. 그 갈피를 잡아 파악해야 하는, 말하자면 선별의 안목을 갖출 때가 온 것이다."(6월 4일자)

김대중문제, 국내에서 민주화세력의 대두, 그리고 이에 관련된 일본과 미국의 대응 등으로 매우 혼란한 나날이 계속되었다. 이를테면 김대중을 1967년 대통령선거법 위반을 이유로 법정에 소환하자(6월 5일자) 일본은 김대중 납치사건 때에 그의 자유를 약속하지 않았는가, 하고 한국에 추궁했다. 그러자 한국은 그것은 1967년의 일이며, 이번 일은 납치사건과는 관계가 없으니 일본과 한 합의를 위반한 것은 아니라고 했다. 일본의 대한원조를 둘러싸고 이러한 음울한 거래가 계속되었다.

일본 측도 일본의 여론이 있으니 김대중문제라고 하면 그냥 방치해둘 수는 없었다. 그래서 『동아일보』의 「무영탑」이라는 촌평란에 "일(一)피고의 법정소환 문제로 한일간에 말썽. 남의 집 울타리를 넘보면 싫은 게 이치"(6월 6일자)라는 말도 쓰게 되었다. 이런 혐오감을 피하기 위해서라도 일본은 일본내의 여론에 신경을 쓰면서도 대한원조를 종래대로 계속해야 한다고 생각했다. 더욱이 일본에는 경제계의 압력도 있었다. 음습한 거래가 공공연히 이루어지던 시대였다. 미국과도 크든

적든 이러한 거래 또는 저차원의 교섭이 이어졌다.

예컨대 일본의 히타찌(日立)사에서 재일한국인에 대한 취업차별문제가 생기자, 『동아일보』는 「박종석(朴鍾碩)군의 교훈」(6월 10일자)이라는 사설까지 내세워 일본에 대한 비난을 반복했다. 일본인의 '민족적 편견'을 들어 국민의 눈을 김대중사건에서 돌리고 아전인수 격으로 민족주의를 고취하려고 했던 것이다. 이 사설의 마지막 구절을 여기서 인용해보자.

"일인들의 우리에 대한 그릇된 민족적 편견을 뜯어고치기 위해서는 먼저 우리 자신에게 의연한 민족적 긍지가 있어야 한다. 박종석군의 이번 투쟁은 비단 박군 개인에게뿐 아니라 우리 한국을 위한 귀중한 교훈이 된다는 것을 다 같이 깨달아야 하겠다."

이것은 김대중 납치사건으로 반인권적이라는 비난을 받던 한국정부의 일종의 공격적 태도라고도 할 수 있다. 일본에 대한 압력은 동시에 한국에 대한 일본의 압력을 배제하기 위해서 한층 강조되었다. 결국 타찌가와 마사끼와 하야가와 요시하루 두 사람을 민청학련사건에 관계되었다고 체포한 것도 이러한 정치적 의도에서 비롯된 것이었다. 이런 가운데 1974년 6월 20일자 『동아일보』는 「민족차별에 경종」이라는 제목으로 박종석의 취업차별문제가 요꼬하마 지방재판소에서 승소판결을 받았다고 보도했다.

이처럼 국내외 상황이 혼란한 가운데 민청학련사건에서 북의 지령에 직접 결부시켜 인혁당 관련자로 법정에 세운 21명 가운데 결국 7명에게는 사형, 8명에게는 무기징역을 구형했다. 나머지는 징역 20년 자격정지 20년이었다(7월 8일자). 그 다음날에는 민청학련사건 관련자 중에서 학원·종교계 관계 피고 7명에게는 사형, 다른 7명에게는 무기, 나머지 18명에게는 15년에서 20년의 징역을 구형했다. 그리고 7월 11

일 비상보통군법회의 판결공판에서는 사형 7명, 무기징역 8명, 6명에게는 징역 20년 자격정지 15년을 선고했다. 이 재판이 어떠한 것이었는지 알기 위해서 『동아일보』가 보도한 판결문에서 그 일부를 인용하기로 하자.

"피고인들은 북괴의 이른바 인민혁명 수행을 위한 통일전선에 영합하여 공산국가를 수립할 것을 결의, 불순세력들을 규합하여 반국가 비밀지하조직인 인혁당을 조직한 후 조직적인 학생데모를 유발, 이를 민중봉기로 유도하여 유혈폭력혁명으로 정부를 전복키 위해 이철(李哲), 유인태(柳寅泰) 등 학생들을 포섭, 민청학련을 조직케 해서 전국적 규모의 학생데모 유발을 배후조종하는 등 내란을 모의했다."

타찌가와, 하야가와 두 사람에게는 20년의 유기징역을 구형했다(7월 12일자). 7월 13일에는 다시 군법회의에서 7명에게 사형, 7명에게 무기, 12명에게 20년 징역, 6명에게 15년 징역을 선고했다. 무엇보다도 형량이 크다는 것이 놀라운데 박정희정권이 본보기로 내세우기 위해서 협박적으로 취한 것임은 물론이었다. 한국신문도 일본정부도 형량에 할 말을 잃고 다만 경악할 따름이었다. 『동아일보』는 김수환(金壽煥) 추기경과 3백여명의 성직자가 명동 대성당에 모여 밤을 새워 기도했다고 간략하게 전했다. "고생하는 사람들을 위한 기구와 민주주의를 위해 일하는 사람들을 위한 기구 등을 했다"(7월 11일자). 독재와 침묵하는 민중, 다만 때때로 학생을 중심으로 한 저항의 외침이 희미하게 들리던 시대였다. 그러므로 『동아일보』의 사설 「민의와 국회」(7월 13일자)는 다음과 같은 신음소리를 낼 수밖에 없었다.

"금년 들어 국회는 7개월이나 되도록 단 한번도 소집되지 않고 있어 무엇 때문에 있는 국회인지 알 수 없다는 불평과 비난의 여론조차 들려오고 있다."

또 『동아일보』는 「난기류······ 현해탄」이라는 주일특파원의 기사를 전했는데, 그 서두는 다음과 같은 문장으로 시작되었다.

"한일 양국은 각각 상대 주재국 대사를 소환하게 되었다. 평상시 정상관계로는 있을 수 없는 일이며 더욱이 그 시기가 민청학련사건 관련의 두 일본인에 대한 판결을 앞두고 있다는 점에서 주목된다. '악화'라고까지 표현되는 한일관계의 당면 현안의 '현주소'와 향방을 살펴본다. 독도는 한국의 영토다. 한국인으로서 이 엄연한 사실에 대해 의문을 갖는 사람은 없다. 그러나 일본정부는 주일한국대사관을 통해 1년에 한번씩 독도를 일본의 영토라고 주장하는 문서를 보낸다. 일본의 정기적인 '영유권 주장'은 당면의 불이익을 최대한으로 막는 동시에 언젠가 다시 말썽이 될 경우에 대비하기 위한 것일지 모른다."(7월 13일자)

더욱이 지금은 김대중사건 문제가 있다. 게다가 비상보통군법회의는 7월 15일 타찌가와와 하야가와에게 각각 징역 20년, 자격정지 15년을 선고했다. 두 사람은 반정부 학생운동 지도자들과 접촉하고, 정부 전복을 위한 무력봉기를 지원하기 위해서 북에서 무기를 입수했으며, 일본 공산당세력과 민청학련의 유대와 내란을 선동하고 그 자금까지도 지원했다는 죄목이었다.

이런 상황을 만들어놓고 한국은 '일 수뇌 방한'을 요청하고, 두 사람의 일본인 문제에 대해서 '정치적 해결'을 바라며, 그 한편으로 8월 또는 유엔총회 후인 10월 이후에 '한일 정기 각료회담'을 요청했다(7월15일자). 그리고 그날 『동아일보』의 사설 「일 정국의 진통과 한일관계」는 본국에 소환된 한일 양국 대사 문제에 관해 언급하고 한일 상호간의 이해와 반성을 구하며 다음과 같이 끝을 맺었다.

"한일 양국은 정치·경제·안보 면에서도 상호보완, 의존관계에 있는 공동운명체적인 처지에 놓여 있다는 점을 새삼 재인식하고 한때의 시련을 오히려 귀중한 교훈으로 삼아 두 나라의 호혜평등 선린관계가 끝내 유지 발전되어나갈 것을 바라마지 않는 바이다."

이에 대해서 새로운 일본 외상 키무라 토시오(木村俊夫)는「김대중 씨 사건·민청학련 두 일인사건, 각료회담 전 해결 요구」로 응했으나(7월 18일자), 한편 박정희정권은「거사자금지급 등으로 내란선동」을 했다며 윤보선(尹潽善) 전 대통령, 연세대학교에서 추방당한 김동길(金東吉), 김찬국(金燦國) 두 교수와 박형규(朴炯圭) 목사 등을 군법회의 법정에 세웠다(7월 16일자). 박정희는 헌법제정 26주년인 7월 17일 제헌절에도 '반공이 곧 민주수호의 길'이라고 강조하며, 반공을 위해서야말로 10월유신, 즉 선거 없는 반영구적 정권인 자신의 지배가 유일한 길이라는 동어반복을 되풀이할 따름이었다. 그리고 그 지배를 위해서 7월 17일에도 대법원에서는 긴급조치 위반으로 서울대학교와 연세대학교의 의과대학생 10명에게 7년에서 3년의 징역 또는 3년의 집행유예 등을 언도했다. 법정의 재판이라고는 해도 형량은 모두 중앙정보부에서 정해지는 시대였다.

이러한 지배언어와는 달리 제헌절 전날인 7월 16일 앰네스티 한국지부는「법과 인권」이라는 제목의 강연회를 열었다. 그 자리에서 "더욱이 정보산업사회에서 언론의 자유가 보장되지 못할 때 개인의 인권은 모든 부문에서 침해받지 않을 수 없으며 침해받아도 호소할 길이 없어진다"고 한양대학교 장용(張龍) 교수가 말했다. 함석헌(咸錫憲)과 같은 재야 지도자의 출석과 강연은 금지당한 강연회였다. 박정희의 말과 앰네스티 강연회의 말은 전적으로 서로 대립하는 것이지만『동아일보』는 전자를 일면 머리기사로 크게 전하고 후자는 5면에 작은 기사로 전할 뿐이었다(7월 18일자). 신문 읽는 방법이 문제라고 하던 시대이며, 실제로 신문 읽는 방법이 풍문이 되던 시대였다. 이를테면「정가산책」

이라는 칼럼기사에 다음과 같은 글이 실렸는데 국민의 마음을 지배하는 내용이었다.

"국회가 의정사상 최장의 장기폐회를 기록하는 가운데 의원 세비를 현재의 69만원에서 105만원으로 52%를 인상하려는 계획이 밝혀져 비판의 소리가 높다."(7월 20일자)

7월 24일에는 또다시 동해의 울릉도를 거점으로 하는 북한 간첩이라고 하며 '5명 사형·3명 무기'를 포함하는 32명에 대한 선고가 발표되었다. 그들 중에는 무직, 농업, 선장 등도 포함되었으며, 의사, 대학교수, 목사 등도 있어 기묘한 구성이었다.

그때 겨우 숨이 트이는 듯한 소식이 하나 전해졌다. 미국 하원이 7월 30일 한국 관계 청문회를 열었다는 것이다. 더욱이 전 주일대사 라이샤워(Edwin O. Reischauer) 하바드대학 교수가 "미국정부가 한국에 대한 군사원조를 삭감하고 주한미군 3만 8천명의 일부를 철수시킬 것을 주장했다"는 내용이었다. 이것은 미국이 박정희정권에 압력을 가하기 시작했다는 것을 의미하는 것으로 받아들여졌다. 한국정치에 대한 미국의 영향은 거의 결정적이라고 생각되던 때였기 때문이다.

또 한가지 소식은 마침내 226일 만에 국회가 소집된다는 것이었다. 민주화투쟁을 확대하기 위해서는 국회내에서 야당의 투쟁은 필수적이었다. 그 투쟁은 박정희정권의 폭력기구에 의해서 억압당하기는 하지만 국민 그리고 민주화세력을 격려하는 것이었다. 뉴스의 대부분은 통제된다고 해도 국회내에서 벌어진 투쟁은 매스컴을 통해서 다소는 보도될 것임이 틀림없었다. 국회내에서 벌어진 투쟁은 국민 감시 아래에서 한 투쟁이라고 할 수 있다. 국회에서는 내각 책임자들이 출석하여 답변해야 한다. 그것은 종종 박정희정권을 궁지에 몰아넣는 일이 되었다. 특히 국회가 열리면 우선 긴급조치 철폐가 야당 측에서 제기될 것임이 틀림없었다. 지금까지 국회는 긴급조치에 의해서 소위 1972년 10월유신 이래 실질적으로는 군정 치하에 있었다. 박정희정권이 계엄령을 선포하지 않는 것은 계엄사령관이 정권을 뒤엎을 것을 두려워했기 때문이었다. 그래서 위수령이라고 하면서 가끔 군의 일부를 동원하여 데모를 진압해왔다.

74년 8월 1일 「89회 임시국회 개회」는 한국 민주화운동에서 획기적인 일이었다고 할 수 있다. 그날도 미 하원 외교위원회 소위원회는 한국문제에 관한 청문회를 계속한다고 보도되었다. 게다가 어찌된 일인지 가톨릭교회 주교 지학순(池學淳)이 김지하(金芝河)에게 운동자금 108만원을 건네주고 민청학련의 자금을 지원했다는 이유로 이날 오전 비상보통군법회의 법정에 서게 되었다. 이 일은 한국 민주화운동에 가톨릭교회가 가담하게 되는 결정적인 계기가 되었다. 「지학순씨 기소공판」이라고 『동아일보』에도 비교적 크게 보도되었다(8월 1일자).

다음날 『동아일보』는 예상했던 대로 「긴급조치 해제안 싸고 파란」 「1~4호 해제 오늘 제안(야)」 「국무위원 출석결의 거부(여)」라고 보도했다. 게다가 비상보통군법회의에서 지학순 주교는 "유신체제는 기필코 폐지시켜야 한다는 데 합의하고 이를 실현하기 위해 신구교 학생을 주축으로 하는 전국적인 조직을 결성, 4·19와 같은 대대적인 봉기를 해야 한다"는 김지하의 의견에 동의하고 자금을 제공했다고 솔직히 시인했다. 가톨릭교회 지도자로서 지닌 양심에서였다.

한편 국회에서는 신민당이 공화당의 반대에도 불구하고 '긴급조치 1~4호 해제안'을 제출했다(8월 3일자). 이로 인해 국회는 4일간 공전하다가 가까스로 8월 7일에 재개되었지만 「망신당한 '강경허세'」(8월 7일자)라고 신문에서 비난당할 정도로 소수 야당세력은 참담했다. 긴급조치를 해제시키지 못한 채 12일간의 회기를 마침으로써 국회에 대한 국민의 비난을 고조시켰을 뿐이었다(8월 12일자). 이 때문에도 그간 미국 닉슨(Richard M. Nixon) 대통령이 결국 사임하게 된 일이 커다랗게 보도되어 주목을 받았다.「역시 미국이란 나라는 크다」「닉슨 사임 우리 정가에도 큰 충격」이라고 『동아일보』는 표제를 뽑았다(8월 9일자).

그와는 대조적으로 한국국회는 무능했으며, 8월 10일 『동아일보』는 「학생선동 용서받을 수 없어」라고 하며, 9일 군사법정에서 윤보선, 박형규, 김동길, 김찬국, 지학순 5명에게 15년에서 10년이 구형되었다고 보도해야 했다. 이러한 패배는 단순한 패배가 아니라 더욱더 국민적인 분노로 고조되어갔다. 국회에서 야당이 패배한 것도 마찬가지였다. 그러나 국회의 경우는 대부분이 자기보존을 위한 패배였기 때문에 비열해 보였고, 의원들의 이미지는 크게 실추되었다.

실제 유신헌법에 의한 국회는 72년 10월유신 쿠데타 이후 다음해 2월 말에 이루어진 국회의원선거에 의해서 선출되었다. 의원 219명 가운데 여당 공화당이 73명, 야당 신민당이 52명, 통일당이 2명, 무소속이 19명이었으며, 이밖에 국정의 안정을 위해서라는 명목으로 대통령이 추천한 73명의 의원이 유신정우회(維新政友會, 이하 '유정회'로 약칭)를 구성하여 참가하고 있었다. 그러므로 여당세력은 항상 3분의 2를 넘었다. 게다가 야당이나 무소속 의원 중에도 박수부대라고 일컬어지는, 여당을 편드는 의원들이 있었다. 그리고 이에 저항하면 북의 체제에 동조하는 공산주의자로 몰아가고는 했다.

그런 국회라도 긴 휴회 끝에 개회되는가 싶더니 겨우 12일간의 회의로 끝이 났다. 휴회뿐인 국회였다. 8월 13일 『동아일보』 사설「국회운영에 대한 반성」은 다음과 같이 시작했다.

"7개월 만에 국민의 큰 관심과 기대 속에 열린 임시국회가 너무나도 어이없이 끝나 태산명동(泰山鳴動)에 서일필(鼠一匹)이라는 실망감을 금할 수 없다."

회기 12일도 전체 회의는 겨우 3일간이니 이래서는 "의회제도 무용론"이 대두될지도 모른다고 사설은 이어갔다. 그리고 「국회가 있었던가' 자문한 12일」이라고까지 비꼬았다. 같은 날짜 다른 지면에 윤보선 피고인 등 5명에 대한 군법회의 선고공판에 관해서도 보도했다. 징역 15년, 자격정지 15년에서 10년이라는 판결이었는데, 윤보선에게만은 "과거 대통령으로서 국가에 기여한 공로"를 인정하여 징역 3년 집행유예 5년을 선고했다.

이런 와중에 광복절 기념식전에서 대사건이 일어났다. 재일한국인 문세광(文世光)이 박정희 저격을 시도했는데 대통령은 무사하고 대통령 부인과 합창단 여고생 한명이 사망했다. 범행 권총은 일본경찰한테서 훔친 것이라고 했다. 다음날 8월 16일부터 범인이 마오 쩌뚱(毛澤東), 김일성(金日成)을 숭배하며, 김대중이 일본에 있을 때는 그의 강연회에 종종 출석했다는 등의 내용을 알리며 북한과 일본 그리고 김대중이 얽힌 사건이라고 전모를 밝혔다. 잇따라 반공, 반일운동이 거세게 일어났다. 그로 인해 민주화운동은 침묵하는 듯했다. 그리하여 이제까지의 긴급조치 1호, 4호는 해제되었다. 그리고 박정희는 이 사건은 북한 공산주의자의 기도라고 단언하고, 이 사건으로 국민은 하나가 되었다고 단정지었다(8월 23일자).

한국의 공기는 강경한 반일여론 쪽으로 움직여갔다. 마침내 9월 19일, 시이나 에쯔사부로오(椎名悅三郎) 자민당 부총재가 타나까 카꾸에이 수상의 친서를 가지고 내한하는 것으로 사태는 일단락되었다. 한 달 남짓한 혼란이었으나 일본은 한국의 요구에 응하여 유감의 뜻을 표명하고 수사에 협력한다고 답했다(9월 10, 20일자).

이 사건은 해명되지 않은 많은 의혹을 남겼다. 독재정권 아래서 정치적 사건이 공정한 심판을 받아 국민의 납득을 얻는다는 것은 불가능했다. 감정적인 폭풍 또는 정부에 의해 허가된 반일, 반북한 데모가 끝남과 동시에 민주화운동은 다시 불타올랐다. 『동아일보』의 「민주회복 기도회 명동성당서 1천여명 모여」나 「구속학생석방 서명운동 이화여대학생 4천여명」(9월 23일자) 등의 표제는 폭풍 전 고요하던 민주화운동이 다시 바람이 되어 불기 시작했음을 나타낸다.

명동 가톨릭성당에서 연 회합은 "조국과 정의와 민주회복"을 위해서 한국가톨릭노동청년회와 한국기독학생회총연맹 등 신구기독교 12개 단체가 연합하여 연 것으로 "구속된 성직자, 기독교인, 교수, 학생, 변호사, 지식인들"을 위한 기도회였다. 이 회합은 다음과 같은 5개 항목에 걸친 「우리의 선언」을 채택했다.

"① 삼권분립으로 참된 민주주의를 실현하라. ② 긴급조치를 전면무효화하고 구속자를 석방하라. ③ 선교, 언론, 집회, 결사의 자유를 보장하기 위해 우리는 노력한다. ④ 서민대중을 위한 복지정책을 조속히 실현토록 한다. ⑤ 범교회적으로 '한국교회 사회정의구현위원회'의 발족을 선언한다."

이화여대에서는 채플시간에 4천여명의 학생이 모인 강당에서 "구속된 민주인사와 학생들을 즉각 석방하고 학원의 자유를 보장하라"는 등 6개 항목에 걸친 결의문을 채택했다. 그리고 예배가 끝난 후 강당에서 구속학생 석방을 위한 서명운동을 벌였다. 다음날 이화여대에서 이 운동과 관련된 여학생 3명이 경찰에 연행되었다. 감리교신학대학에서는 구속학생 석방을 위한 기도회가 열렸다. 예수교장로회는 정기총회 마지막날 연합기도회를 열고 "불의와 부정부패가 싫다고 주장하다 구속된 성직자들을 하나님이 지켜달라"면서 "위정자들이 인간을 하나님의 뜻에 따라 통치하는 현명한 지도자가 되게 해달라"고 기도했다는 소식이 전해졌다. 이런 작은 기사 때문에 다시 함석헌, 천관우(千寬宇, 전『동아일보』주필)가 "모(某) 기관"에 연행되었다는 보도도 있었다(9월 24일자).

9월 25일자『동아일보』는 제법 큰 기사로 세계교회협의회장 쵸오키요꼬(長淸子) 일행 4명이 19일 내한하여 21일 이한다고 보도했다. 그들은 한국에서 벌어진 기본권에 대한 침해가 "세계교회의 관심의 촛점"이 되었다고 전했다. 그리고 투옥된 목회자 가족과 정부당국자 그리고 교회지도자와 이야기를 나누었다. 한국의 민주화를 위한 투쟁은 세계교회의 관심사가 되어갔다. 이것은 박정희 정권이 민주화투쟁을 공산주의자의 활동이며, 북한 공산정권의 선동 또는 지령에 의한 남한 공산세력의 소행이라고 몰아부치는 것에 대해서 크게 저항하는 것이기도 했다.

이런 의미에서 민주화운동이 국내외적으로 기독교회와 연대한 것은 큰 강점이었다고 할 수 있다. 박정희정권이 민주화운동을 공산세력에 의한 것이라고 단정지으려고 하면 할수록 기독교와의 연합은 전략적으로도 중요했다. 해외 선교단체와 여론의 영향도 그렇지만 국제정치에 대한 영향 역시 큰 것이었다. 박정권은 국제적으로 더욱더 고립되어갈 수밖에 없었다.

명동성당은 운동의 중심이 되어갔다. 예를 들면 9월 26일 저녁에는 다시 명동성당에서 "신부 60여명과 신도 1천여명"이 "순교자 찬미와 고통받는 이들을 위한 기도회"를 열고, 집회가 끝나자 "민주헌정 회복하라" "인권을 회복하라"며 촛불을 들고 가두시위를 전개했다. 가톨릭교회는 무엇보다도 투옥된 지학순 주교의 석방을 외쳤는데 외국인 신부들도 참여하는 추세였다. 박정권과 벌인 투쟁은 이처럼 기독교를 통해서 국제적인 연대에 의한 투쟁으로 발전했다는 의미에서 특기할 만하다.

미국의 포드(Gerald R. Ford) 대통령이 74년 11월 22일부터 23일까지 방한한다는 사실이 전해지자 반정부활동이 더욱 격렬해졌다. 포드의 내한을 앞두고 한국정부는 「반정부활동 혐의로 구속된 학생·민간인 석방을 고려」한다는 보도가 있었다.(9월 28일자). 이런 움직임 속에서 『동아일보』는 「대외관계와 민권문제」(10월 1일자)라는 사설을 내고 다음과 같이 분명하게 말했다.

"미국이 거론하는 민권문제가 인간의 기본권을 옹호하려는 것일 뿐, 결코 내정간섭이 아니라 우방으로서의 우정에 입각하고 있는 것이라면 정부는 이 문제를 신중히 검토하고 미국에 대해 설득력있는 대안을 마련해야 옳을 줄 안다."

실제로 10월 3일 『동아일보』는 워싱턴발 특파원 보고로 「한국 인권문제 미 국무성 특별보고서」에 대해서 보도했다. 미국은 긴급조치에 대해서는 비판적이며 다음과 같은 자세라고 보고했다.

"우리는 명백히 인권문제에 관한 한국의 정책에 찬성하지 않는다. 그렇다고 해도 우리의 견해는 한반도에서의 전쟁방지가 인간의 자유 유지를 향한 가장 중요한 첫걸음이라고 생각한다."

미국의 자세가 너무나도 신중하고 완만하게 보여서 종종 반미적인 비난까지 일어났지만, 한국의 민주화운동에 힘을 북돋워주었음에는 틀림없다. 미국의 자세에 고무된 듯 김영삼은 10월 7일 국회 본회의 대정부질문에서 강력하게 정부를 공격했다.

대정부질문의 첫날인 이날 신민당의 대표질문자로 나선 김총재는 현 정권의 문제점을 지적하면서 ① 인권탄압의 극한 사태는 국제사회에서 외교적 고립을 자초했으며 ② 10월사태는 정권안보를 위한 변칙이요 정변이었으며 ③ 통일문제를 정권의 차원에서 정치적으로 이용하고 있으며 ④ 경제를 정치권력에 예속시켜 자율성과 균형을 잃고 소득의 격차를 극대화시켰으며 ⑤ 중소(中蘇)와의 관계개선을 촉구한다"고 말했다.

김영삼은 "야당, 언론, 학원, 교회를 감시해온 중앙정보부는 해체되어야 할 것"이며 "국민의 실의와 울분을 희망과 활기로" 바꾸기 위해서는 유신헌법을 개정해야 한다고 했다. 또한 "이 나라의 주인은 백성이고 집권자는 큰머슴"이라고 원고에도 없는 말을 세번이나 했다고 신문은 보도했다. 그는 여당의원을 자극하지 않도록 낮은 목소리로 빠르게 읽어나갔다고도 했다. 『동아일보』는 사설에서 이 야당대표 질문에 동의를 표했다(10월 8일자).

이에 대해 박정희는 「유신체제에 어떤 도전도 불용」이라는 자세였다. 10월 8일 오후 그는 "일부 인사가 자기의 정치적 야망을 달성하기 위해 현 헌법이 방해가 된다고 생각한 나머지 이것을 비민주적이라고 한다면 그와 같은 생각은 용납될 수 없다"고 반발했다. 이러한 때 권력을 비판하기 위해서 곧잘 외신, 특히 미국정부의 목소리나 여론을 게재했다. 『동아일보』는 워싱턴에서 온 특파원 보고를 게재하고 미국에서는 "계속적으로 현저하게 인권을 침해하는 정부한테는 대통령이 군원(軍援)을 중단하거나 삭감해야 한다는 것이 의회의 뜻"이라고 하며 「미 의회의 비판론 무마될지 의문」이라고 크게 전했다(10월 9일자).

한편 학생을 비롯한 민주화세력의 반정부데모는 연일 계속되었다. 그러자 정부는 북한이 선동하는 것이라고 신문에 발표했다. 10월 11일 『동아일보』는 미국 하원에서 대한군사차관 삭감안이 12 대 12 가부동수로 부결되었다고 전했다. 이것이 반미감정에 기름을 붓는 격이 되었다. 학생들의 반정부데모는 가라앉을 기미를 보이지 않았다. 10월 11일 고려대학교에서는 「데모사태로 학생 희생을 우려」하여 일주일간 휴강을 발표할 정도였다. 10월 15일 『동아일보』는 「전국 8개 대학서 휴교·휴강」 「데모 등 관련 '수업 계속하면 희생자 증가 우려'」 등으로 보도했다.

'백지광고' 투쟁

1974년 10월 17일을 전후하여, 72년 10월 17일 계엄령을 선포하고 유신헌법을 공포하여 박정희가 반영구적인 집권을 선언한 날로부터 만 2년이 지나면서 반박(反朴) 민주화세력의 투쟁은 정점에 달한 듯했다. 이를테면 10월 16일자 신문의 표제만을 보아도 얼마나 엄청난 상황이었는지 짐작할 수 있다.

「5개 대학 또 휴강」 이로써 「전국에서 13개교가 문을 닫고 1개교는 동맹휴학중」이라고 하는가 하면, 「중앙내 22일까지 휴강 중간시험노 연기」「숭전대 5백명 교내연좌데모」「서울대 법대·문리대·치대생들 시위농성」「충남대 총학생회 해산조치」「데모 관련 중앙대생 3명 7~10일 구류처분」「국민대생들도 성토」「부산대생도 천여명 교문앞서 가두데모」「동아대선 교내시위」「춘천 성심여대생 5백여명 한때 농성」「서울신학대도 시위 19일까지 휴강키로」「경북대 1백여명 성토」
「37명 석방, 셋 또 연행 동국·건국대생」「'당분간 근신하라' 경찰 권유,
한국신학대생 9명 수업 못 받아」로 이어졌다.

　이런 상황이 되자 국회도 투지가 넘쳐 신민당은 헌법개정을 요구하
며 "의원직 사퇴, 투옥 등 강력한 결의"를 주장하고, 김영삼 신민당 총
재는 취임사에서 "총재의 자리는 영광의 자리가 아니라 십자가를 메는
자리"라고 언명했다(10월 17일자). 10월 18일자 신문은 「전국대학 거의
휴강」이라고 전했다. 그리고 「데모주동자 징계논의 서울대·고려대」(10
월 19일자)라는 보도가 있는가 하면, 각 대학은 「'데모생' 처벌 신중」(10
월 21일자)이라고 했다. 『동아일보』 사설은 「강경책만이 능사가 아니다」
라는 제목으로 사태의 수습은 학원의 자율에 맡겨야 한다고 강조했다
(10월 22일자).

　언론의 목소리가 마침내 언론의 자유를 요구하는 목소리로 치솟은
것은 74년 10월 24일이었다. 『동아일보』 기자 180여명이 오전 9시 「자
유언론실천선언」을 발표했다. 언론에 대한 외부의 압력을 배제하고,
기관원, 즉 중앙정보부원의 출입과 간섭에 반대하며, 언론인의 불법연
행을 거부한다는 내용이었다. 다음과 같은 삽입 구절은 언론이 지금까
지 정보부의 간섭 아래 얽매여서 박정권과 싸우는 외부 민중세력에게
는 거의 경멸당할 정도로 전락한 상황을 암시하는 것이라고 할 수 있다.

　"교회와 대학 등 언론계 밖에서 언론의 자유회복이 주장되고 언론
인의 각성이 촉구되고 있는 현실에 대하여 뼈아픈 부끄러움을 느낀다"

　『동아일보』에서 활동이 시작되자 이날 저녁 『한국일보』와 『조선일
보』도 함께 투쟁에 돌입했다. 이 일은 즉시 외신에 크게 보도되었으며,
다른 신문이나 방송에도 파급되었음은 말할 것도 없다. 야당과 국민의
지지도 봇물 터지듯 떠들썩하게 고조되어갔다. 『동아일보』 10월 25일

자 사설「왜 자유언론을 부르짖는가」의 끝에는 다음과 같은 호된 반성의 목소리가 있었다.

"언론계 밖에서 언론자유 회복이 주장되었을 때 우리는 얼마나 부끄러웠던가. 언론계 밖에서 언론인의 각성이 촉구되었을 때 우리는 얼마나 창피했던가. (…) 우리는 자유롭고 책임있는 언론으로 언제나 스스로를 반성하고 채찍질하면서 조국의 수호와 발전을 위하여 맡은 바 소임을 다하려고 염원하고 있는 것이다."

민주화운동이 언론자유투쟁과 함께 크게 활성화된 것은 두말할 나위 없다. 여기서 상세하게 전할 수는 없으나, 전국이 떠들썩해졌다고만 말해둔다. 게다가 김영삼 신민당 총재가 박정희의 반영구적 집권을 가능케 한 유신헌법을 고쳐 대통령 직접선거를 국민에게 돌려주어야 한다며 '삼선금지'를 주장하여 저항세력이 점점 일원화되어가는 듯이 보였다. 「개헌스크럼의 원외투쟁」「여의 '수' 공세에 야 발버둥으로 저항, 의사당 순식간에 난장판」 등으로 보도되었다(11월 15일자). 그리고 대학은 11월 22일경이 되자 서둘러 겨울방학을 결정했다.

11월 22일 내한한 포드 미국 대통령과 박정희의 이른바 한미정상회담이 있었다. 그 때문에 박정권은 반정부활동에 대하여 다소 관대함을 가장하지 않으면 안되었다. 11월 27일에는 민주회복국민회의가 발족하여 재야 원로들이 결속했다. 이때 발표된 「민주회복국민선언」에 대해서 『동아일보』 사설(11월 28일자)은 다음과 같이 논했다.

"정권을 누가 담당하게 되든지간에 진정한 민주제도를 확립해야 한다는 것이 우리의 주장이다. (…) 그러므로 정부여당은 우리 사회의 당면한 시련과 난국을 타개하기 위해 꼭 필요하다면 언제든지 정권도 내어놓을 용의가 있다는 떳떳한 태도를 가지고 국정에 임해야 할 줄 안다."

이런 여세로 『동아일보』는 여당만의 일요국회에서 신년도 예산을 통과시킨 것을 비난하고(12월 3일자), 이에 맞서 「조속히 개헌·언론자유를」 외치며 국회에서 농성을 결정한 야당의 움직임을 크게 전했다(12월 4일자). 그리고 『동아일보』는 「어떻게 지내십니까」라는 칼럼을 만들고 김대중과 한 인터뷰를 맨 처음에 실었다. 그 서두에는 다음과 같은 그의 말이 인용되었다.

"지금 가장 역경에 처해 있지만 실망도 불행도 느끼지 않는 것은 국민에 대한 한없는 신뢰심, 존경심 때문이다. 국민과 나라의 장래를 생각하면서 내 인생의 보람과 가치를 적극적으로 느끼며 지낸다."

12월 14일 오전 10시경 신민당 정일형(鄭一亨) 의원의 발언으로 국회가 아수라장으로 변했다. "본 의원은 70을 넘긴 고령입니다. 어느날 천수를 다하게 될지 알 수 없는 노인입니다. (…) 이제 개인적 욕망을 가질 것도 없고 가져보아야 소용없는 나이로서 세상이 험난하지 않았다면 이미 정치일선에서 물러나 있을 노정객 가운데 한 사람"이라고 하며 "권세를 누릴 만큼 누려온 박대통령"과 허심탄회하게 이야기를 나누고 싶다고 하고 "박정희 대통령께서는 (…) 역사의 뒷전에 물러앉는 일생일대의 결단을 또 한번 내려야 할 싯점에 왔다"고 계속했다. 이로 인해 그는 여당의원들의 완력을 드러내는 저항을 받았다.

1974년 세모 김대중이 『크리스천 싸이언스 모니터』(*The Christian Science Monitor*)와 인터뷰한 기사가 『동아일보』에 실렸는데 그는 다음과 같은 말로 인터뷰를 마쳤다.

"우리는 민주주의 대의를 위한 정신적 지지와 동조를 바랄 뿐이며 또 우리는 미국이 그의 무기들이 평화로운 한국 시민을 억압하는 데 사용되고 있는 데 일부 책임을 질 것을 바란다. 박대통령이 1972년 계엄령을 선포했을 때 그는 미국의 탱크, 소총 및 기관총을 사용했다."(12

월 25일자)

그와 함께 성탄 전야에 김수환 추기경이 기본인권 박탈에 침묵할 수 없다는 메씨지를 발표한 것도 『동아일보』는 전했다. 특히 지학순 주교의 투옥은 "안일 속에 잠들었던 교회를 밑바닥에서부터 흔들었다"고 추기경은 말했다. 박정권이 이런 활동을 모두 활자로 알리는 『동아일보』를 그대로 둘 리 없었다. 『동아일보』에 대해 정부는 「동아일보 광고무더기 해약」으로 압박해왔다(12월 26일자). 정부의 압력으로 기업들은 12월 24일부터 『동아일보』 광고를 철회하기 시작했다.

『동아일보』와 정부, 그리고 신민당과 정부의 대립은 극한을 향해 질주하는 듯했다. 12월 26일 오전 김영삼 신민당 총재 일행이 대구에서 신민당 개헌추진 경북지부의 입간판을 세우려다 상이군경의 폭력으로 10시간 동안 연금당하는 사태가 일어났다. 이에 대해 『동아일보』 사설(12월 28일자 「대구난동을 제지하라」)은 경찰의 태도를 비난하며 "학생데모의 제지에는 그토록 민활한 경찰력이 상이군경 난동의 제지에는 왜 그렇게 무력한가"라고 성토했다.

『동아일보』에 광고게재를 철회시킨 데 대한 투쟁은 격렬하게 계속되었다. 그러자 정부는 『동아일보』를 열차로 지방에 보내는 동안에 도난당하게 한다든가 하는 음습한 방해공작을 자행했다. 민주화운동 측은 전국적으로 『동아일보』를 구하기 위한 구독자 모집과 모금운동을 전개했다. 이 운동은 일본이나 미국 등 해외로까지 번져나갔다. 『동아일보』의 광고문세를 중심으로 한 민중의 투쟁은 박정희집권 18년 남짓한 동안 가장 빛나는 것이었다고 할 수 있다.

12월 27일 『동아일보』의 백지가 된 광고란에는 "신문광고는 민주주의를 위해 곧 반공을 위해서 존재하며 우리 모두가 필요한 생활정보입니다"라는 국민 일반을 향한 호소문이 나왔다. 그리고 12월 30일자 1면에 저항하는 국민의 첫 광고로서 언론계의 원로 홍종인(洪鐘仁)의 「언론자유와 기업의 자유」라는 의견광고가 실렸다. '민주주의와 언론·기업의 자유' '시장의 자유화와 국가통일체제' '광고해약의 위험한 자해행위'라는 항목에서 홍종인은 이 사태를 깊이 우려했다. 1월 1일에는 천주교 정의구현전국사제단의 「언론탄압에 즈음한 호소문」이 게재되었다. 대학에서는 신입생 모집요강을 내고, 일반인은 개인적으로 격려광고를 내기도 했다. 광고에는 민중의 외침이 넘쳐났다.

이러한 투쟁은 1975년 3월 17일 새벽녘, 회사측이 동원한 2백여명의 괴한이 들어와 폭력으로 기자들을 끌어내기까지 이어졌다. 이렇게 추방당한 134명 동아자유언론수호투쟁위원회(이하 '동아투위'로 약칭)의 투쟁은 계속되었다. 이로부터 13년간 언론의 자유가 없는 긴 시대가 이어졌는데 5개월 동안 『동아일보』 백지광고에 실린 시민의 격려글 몇 개를 여기에 인용해본다.

"압박당하는 동아일보를 격려합니다."

"정신중흥의 기수 동아일보"

"긴급조치로 구속된 동료학생들에게 차식비로 전하려 했으나 이 길마저 당국이 차단해서 광고 없는 동아일보에 성금으로 바칩니다."(이대 사회학과 학생)

"벼랑에 핀 꽃 고난을 이기고…… 동아 만만세"

"우리는 결코 불운의 시대에 살고 있다고 할 수는 없습니다. 오히려 우리 한국인 모두가 정의와 진정한 자유에 대한 것을 알고 그것을 갈구하게 되었으니까요. 마음이 젊고 밝은 사람들에게는 정의의 피가 흐릅니다. 정의는 동아, 그 자체라고 믿습니다. 역사는 정의에의 사명을 가진 여러분의 손에 의하여 이루어집니다. 동아는 영원토록 사회의 빛과

소금이 되어야 합니다. 행복하여라! 정의를 위해 싸우다가 목숨을 바친 사람들이여."(모여고 2학년 M반 일동)

"일본 총독부에 대항한 동아의 민족주의와 민주주의 투혼에 경의를 표합니다."(일본인 堀川 · 桂)

"큰언니… 동아가 살아있는 한 자유를 누릴 수 있다. 큰동생… 동아를 위하여 구독신청운동을 벌일 것을 약속. 작은동생… 동아야 힘을 내라!"(세 자매 은행원)

"동아일보는 세계적 권위지다."(일본인 여행자)

"어떻게 원고료를 받겠습니까?"(익명의 필자)

"동아여 휘지 마라 우리가 있다."(정신여고 졸업생 일동)

"민중의 가슴속에 용기를 불어넣고 양심을 일깨워준 동아의 투쟁에 충심으로 감사드린다."(가난한 서민부부)

"동아일보 배달원임을 영광으로 생각합니다."

"전국민 90% 이상이 너 동아를 지지성원한다!"(은행원 최 · 김)

백지광고 사태는 75년 5월 7일까지 계속 이어졌다. 위에 인용한 것과 같은 광고가 산더미처럼 게재되었다. 국내외에서 지원이 밀려왔다. 국내에서는 지원금을 전하는 사람들에게 경찰이나 정보부원이 압력을 가했다. 권력기관의 명령으로 학교 등에서는 지원금을 보낸 학생들을 찾아내느라 정신이 없었다. 결국 『동아일보』가 투쟁에 참가했던 기자들을 추방하고 권력에 굴복하자 지금껏 지원해오던 사람들이 크게 실망한 것은 두말할 나위 없다. 국민들에게 신문에 대한 혐오감을 불러일으켰으니 분명히 언론의 커다란 패배라고 할 수 있다.

여기서 다시 한번 언론의 자유를 쟁취하며 싸우던, 말하자면 폭력의 도입으로 기자들이 쫓겨나기 전날 밤까지 『동아일보』에서 있었던 일,

75년부터 시작된 수개월간의 자유동아의 기사를 더듬어보고자 한다. 그것은 한마디로 말해서 1975년 신년사로 박정희가 내세운 "국론분열"은 "북한 공산주의자들의 재침을 자초하는 비극을 낳게 될 것"이라는 반영구적 집권의 수사법에 대해서 민주주의를 내세우며 민주주의를 위해서 '민주언론'을 부르짖는다는 대립항쟁을 의미했다. 후자가 「전국서 본보(本報) 구독운동」을 전개하자 전자는 「본보 구독자 모르게 '사절' 쪽지를 써붙여」라는 공작을 전개했다는 것이다(75년 1월 1일자).

1월 4일에도 『동아일보』는 「백지광고는 바로 한국언론의 실상」 「우리는 안다 백지광고 속의 의미를…고난 이기며 자유언론의 기수되길」과 같은 표제를 붙여 광고 해약과의 싸움을 상세하게 소개했다. 1월 7일에는 신문의 자매방송인 '동아방송'에서도 광고주가 광고를 해약해왔다. 『동아일보』를 구하려는 운동은 중앙정보부나 경찰의 방해와 탄압에도 불구하고 전국으로 확산되었다. 이번에는 『동아일보』 광고국장, 부장, 모금을 제공한 사람들에 대한 신원조사를 한다고 했다. 그들이 정보부에 연행되면 회사에 남아 있던 『동아일보』 기자들은 그들의 연행이 풀릴 때까지 농성을 계속했다(1월 15일자). 지방에서도 『동아일보』 지국장이 경찰에 연행되는가 하면 독자들까지 조사하는 상황이었다(1월 16일자). 75년 1월 17일자에는 일본의 어느 언론인이 보내온 편지 전문이 게재되어 있어 여기에 그 내용을 소개하기로 한다.

"1월 12일 밤 NHK 텔레비전을 통해 일본국민에 호소하게 된 동아일보 홍승면(洪承勉) 논설주간의 발언에 깊은 감명을 받았습니다. 홍선생은 눈물까지 글썽이면서 자유와 민주주의의 수호를 위해 가난한 사람들마저 헌금하면서 기자들에게 성원을 보내고 있는 현상을 소개하고 '한국민은 정말로 위대한 국민이다'라고 말했습니다. 짧았지만 한국에 체재한 일이 있는 사람으로서 저 역시 진실로 그렇게 생각합니

다."(1월 17일자)

박정희정권에게는 실로 일대 위기였다. 박정권은 반영구적 정권을 보장하는, 대통령선거가 없는 유신체제에 대한 국민의 신임을 묻는 국민투표를 실시한다고 발표했다(1월 21일자). 그러나 아무도 사전에 찬반의사표시를 입에 올려서는 안되며 투표과정에 대한 정당관계자의 참관도 허용되지 않았다. 이른바 박정권 일당의 하나의 축제와 같은 것에 지나지 않았다. 실제 투표는 야당이나 민주화세력의 반대를 무릅쓰고 2월 12일에 실시되었는데, 결과는 투표율 79.9퍼센트, 찬성 73퍼센트였다.

김대중은 이 과정에서 73년 8월에 토오꾜오에서 납치된 이래 처음으로 정치문제와 시국문제에 대한 견해를 발표했다. 그는 "난국 타개의 가장 큰 책임자인 박정희 대통령은 국민투표를 중지하고 이를 포함한 당면한 모든 문제에 대해서 각계의 재야지도자들과 애국적 대화의 길을 열도록 희망한다"고 했다(1월 25일자).

김영삼과 김대중 두 사람은 국민투표 거부운동을 위해서 서로 논의했다. 그들은 날조된 국민투표 결과가 발표될 것이라고 예상하며 한국의 정치적 미래에 대해서 다음과 같이 언급했다고 『동아일보』는 보도했다.

"이 나라에 민주주의가 회복될 날이 멀지않다는 데 의견을 같이하고 그날까지 종전 이상의 협조를 통해 민주세력의 앞장을 서자는 결의를 함께 했다."(2월 7일자)

국민투표 후에 「긴급조치위반 구속자 석방」(2월 15일자) 등으로 대통령 담화가 발표되었는데 민청학련에 관련된 일본인도 2명 포함되었다. 그러나 인혁당 관련자 34명은 제외된다고 했다(2월 15일자). 박정희의 반영구적 독재가 지속되는 정치상황에서 이만한 조치로 민주화세력이 만족할 리가 없었다. 석방조치는 국내외의 비판과 저항을 피하기 위해서이며, 박정권의 나약함을 보여주는 것에 불과하다고 보았다. 석방된 학생들이 '용공허위자백'을 강요당하고 전기고문을 당한 사실을 폭로하여 오히려 반정부운동에 자극을 더할 뿐이었다. 그들을 영웅처럼 맞아들여 「소신을 굽히지 않고 계속 투쟁, 감옥보다 더한 곳도 가겠다」「뜬눈으로 새운 출감 첫날 밤 교회로 바로 달려가 기도회도」라고 『동아일보』가 보도할 정도였다(2월 17일자). 석방인사 148명은 즉시 하야가와, 타찌가와 두 일본인과 접선하고, 인혁당의 조종을 받았다는 것은 정권이 날조한 것이라고 주장하기 시작했다. 그러자 『동아일보』는 사설에서 「'구속중 고문' 진상 밝혀라」라고 주장했다(2월 18일자).

어수선한 분위기에서 정부는 「석방학생·교수 복교 불가능」을 명확히 내세웠다. 그들이 학원에 복귀하면 전학원적 반정부운동에 불을 붙일 것이 분명했기 때문이다. 한편 20일 국민투표에서 대대적인 대리투표가 이루어졌다는 폭로기사가 『동아일보』에 실렸다. 「선위장(選委長)이 묶음 빼내 차 속에서 기표」 등의 내용은 선거사무를 담당했던 사람이 폭로했다(2월 19일자). 신민당 김영삼 총재가 국민투표의 기만실태를 다음과 같이 폭로했다고 『동아일보』는 전했다.

"이번 국민투표에 무려 1천억원에 가까운 자금이 방출되었고 전국 3만 6천여개의 새마을에 최하 50만원 최고 352만원을 주어 '갈라먹는 식'으로 낭비했으며 지난 1월 1일부터 40일 동안 정부가 한은(韓銀) 등에서 1천9백억원을 차입하여 하루 평균 50억원을 탕진했다고 구체적인 숫자를 들어가면서 국민투표를 규탄했다."(2월 24일자)

『동아일보』는 「고문·석방·거국체제」라는 제목으로 영국의 여러 신문이 전한 것을 특파원 보고로 게재했다. 「석방은 국내외 비판세력 무마 위한 듯」(『더 타임즈』), 「거국체제는 총화 흉내낸 겉치레일 뿐」(『가디언), 「고문사실 폭로로 석방조치는 더 불리」(『이코노미스트』 2월 25일자) 게다가 「나찌수용소 연상케 하는 공포의 유령이 전국 배회……」라고 『동아일보』는 용기있게 전했다. 뿐만 아니라 「8대 야당의원 12명이 자술한 고문당한 내용」(2월 28일자)이 커다랗게 신문을 장식할 정도였다. 이렇게 해서 반정부운동은 더욱 거세게 새로운 단계로 나아가게 되었다.

『동아일보』는 윤보선과 김대중 등이 경찰의 엄중한 제지에도 불구하고 민주회복국민회의 이름으로 발표한 「민주국민헌장」에 대해서 기사와 사설을 통해서 상세하게 전했다. 그들은 "민주주의의 실현만이 국민의 연대와 발전"을 가능케 한다고 호소했다. 『동아일보』는 75년 2월 28일의 「한국 천주교 주교단 메시지」(3월 6일자)를 발표하고, 희망의 신학자 몰트만(J. Moltmann)이 연세대학교에서 「민중의 투쟁에 있어서의 희망」(3월 8일자)이라는 제목으로 강연한 것도 보도했다. 『동아일보』 사설은 「종교탄압문제」(3월 11일자)에 대해서 논하는 등 그 무렵 기독교회가 중심이 된 저항의 문제를 제기했다.

그러나 마지막까지 견디고 있던 『동아일보』의 자유언론 투쟁은 그 종언을 맞이하게 되었다. 회사 측은 75년 3월 17일, 날이 새기 전 폭력배 200여명을 동원하여 기자 160여명을 회사 밖으로 끌어냈다. 그후 추방당한 기자들은 동아투위를 조직하여 싸웠다. 이제 지금껏 보아온 것 같은 기사는 『동아일보』에서 찾아볼 수 없게 되었다. 이후로는 민주화운동에 관한 기사라면 박정희정권의 관대하고 특별한 배려에 의한 것이 아니면 신문에서 자취를 찾아볼 수 없었다.

『동아일보』의 투쟁을 지원해온 사람들도 절망하고 『동아일보』에서 멀어졌다. 『동아일보』가 그밖의 신문 예를 들면 『조선일보』 등과 함께 이 시대와 벌인 투쟁은 박정권 아래서의 마지막 언론자유를 위한 투쟁이었다. 『조선일보』 등은 퍽 단기간에 굴복하고 말았지만. 이제부터는

『동아일보』도 박정권 아래서 중앙정보부가 허가한 기사, 또는 대중조작을 위하여 유포하도록 강요한 기사만 실었다. 독자들은 기사의 이면을 파헤쳐가면서 읽을 수밖에 없었다.

국회에서는 여야가 극단적인 대립을 반복했다. 75년 3월 19일 저녁에는 여당인 공화당과 유신회 소속 의원만으로 의원 휴게실에서 1분 동안 안건 25개를 처리하는 사건까지 일어났다. 『동아일보』 기사 제목은 「가설무대 변칙드라마」「여의원들 본회의장 벨신호로 휴게실 집합」「성원보고도 없이 전격진행」 등이었다.

한국의 민주화세력은 미국의 여론과 의회의 자세에 상당한 기대를 걸었다. 실제로 정부가 반체제세력을 공산주의세력으로 날조하여 탄압하는 것은 가톨릭과 프로테스탄트 교회세력이 그 중심을 이루고 있었기 때문에 뜻대로 되지 않았다. 그러한 이유에서뿐만 아니라 국제적인 압력을 불러일으키기 위해서도 그들의 세력이 필요했다. 『동아일보』는 미국 하원의원의 방한을 크게 전하려고 했다. 「미, 동아탄압 등 우려」 등으로 미국의 도널드 프레이저(Donald M. Fraser) 하원의원의 내한을 전하고, 「북한의 군사위협 과대주장 한국의 공신력을 크게 손상」 등으로 『뉴욕 타임즈』가 박정희정권을 비판하는 기사도 전했다(3월 31일자).

이런 상황에 대해서 박정권이 취할 수 있는 방도는 연일처럼 「데모 재발하면 휴업령」(4월 2일자) 등으로 학생들을 협박하는 강경책을 발표하는 일이었다. 신문에는 「연대 6천명 데모, 가두진출하려다 경찰과 대치」(4월 3일자) 등 셀 수 없을 만큼 데모기사로 가득 찼다. 이런 가운데 연세대학교 박대선(朴大善) 총장은 문교부 지시에 저항하며 석방된 학생과 교수 그리고 투옥된 교수와 학생들에게 복교통지서를 보내고, 자신은 학생의 이상을 외면할 수는 없다며 사표를 제출했다(4월 3일자). 연세대학교는 사태를 악화하지 않기 위해서 휴교에 들어갔으며, 총장의 사임에 『동아일보』 사설은 공감을 표했다(4월 4일자). 또한 이런 일에 자극받아 연세대학교에서는 물론 다른 대학에서도 저항운동이 더욱더 격렬하게 타오른 것은 두말할 나위 없다.

이러한 사태는 박정희의 강경책을 한층 격화했다. 그는 「북괴 오판 막게 단결을」이라고 외치며 마침내 4월 8일 대통령 긴급조치 7호를 발동했다. 시위운동이 격렬해지는 고려대학교에는 휴교령을 내리고 군이 진주했으며 「교내집회·시위 일체 금지」뿐만 아니라 이를 위반하면 3년 이상 10년까지 징역에 처한다고 발표했다. 그것은 앞으로 일어날 다른 대학의 집회나 데모에 대해서도 똑같이 대처한다는 내용이었다.

이 이상으로 놀랄 만한 일이 있었다. 1974년 4월부터 민청학련사건으로 긴급조치·국가보안법·반공법 위반, 내란예비음모, 내란선동으로 기소되어 4월 8일 대법원에서 사형이 확정된 8명이 그 다음날 오전 전격적으로 처형되었다. 박정희의 '불퇴전' 공포정치의 선언이었다. 그리고 석방되었던 민청학련사건 관련자 중에서 12명을 다시 체포했다(4월 10일자).

그러나 공포정치로 대학이 침묵에 빠지는 일은 없었다. 오히려 더욱더 비장한 투쟁으로 바뀌어갔다. 4월 11일 서울대학교 농과대학에서는 김상진(金相眞)이 정부의 폭정에 저항하며 할복자살했다. 정부는 김상진의 추도식을 금지하고 강제로 화장을 해버렸다. 『뉴욕 타임즈』는 이 일을 포함하여 인혁당 관련자 8명의 처형에 대해서 보도했다(4월 14일자). 박정희정권은 연명을 기도하며 광기로 치달았다. 사태는 점점더 악화일로의 길을 걷게 되었다.

긴급조치 남발의 시대, 긴급조치에 의한 통치의 시대, 정상적 법적 통치 부재의 시대였다. 긴급조치 8호로 고려대학교에 휴교를 명한 7호를 폐지하고 새로 긴급조치 9호를 발포했다. 75년 5월 13일에 발포된

'국가안전·공공질서를 위한 긴급조치'였다. 「유언비어·학생 정치간여·집회 불허」「위반자 소속체 휴업·폐간·해산조치」를 하고 위반자는 영장 없이 체포할 수 있으며, 벌칙은 1년 이상 사형까지 제한이 없었다. 비로소 폐쇄중인 대학문을 열고 수업을 재개했다. 연세대학교는 휴강 48일 만에 다시 문을 열었다.

당국은 학원의 병영화를 기하려고 했다. 고교 이상의 학교에 기존의 학생회 등을 해체시키고 학도호국단을 둔다는 것인데 대장까지는 임명제였다(5월 21일자). 9월 2일, 긴급조치 9호 아래서 「배우며 싸우는 호국의 역군」 '중앙 학도호국단' 발단식이 이루어져 박정희의 '민족주의'와 '근대화'라는 기치 아래 전체주의적 거국일치가 돌연 대학 캠퍼스 한가운데 만들어지는 듯했다(9월 2일자).

그리고 북을 왕래하면서 간첩활동을 전개하기 위해서 모국 유학을 가장하여 국내 대학에 유학하던 재일교포 사건을 적발했다고 발표했다. "일당 21명", 일본의 관서지방을 거점으로 하던 간첩단이라고 했다(11월 22일자). 그중 한 사람은 일본에 남아 있으며, 주일한국대사관을 방문하여 "필요하면 서울에 가서 정식 자수하겠다"는 의사를 밝혔다고 보도되었다(11월 28일자).

이처럼 박정희의 통치는 간헐적으로 북의 공산주의에 의한 공작 또는 위협을 내세우지 않을 수 없었다. 한편 다소 색깔이 다른 것이 새롭게 나타났다. 1976년 연두에 동해에서 석유 유전을 발견했다는 것이다(76년 1월 16일자). 박정희는 "하늘은 스스로 돕는 자를 돕는다"고 흥분해서 말했고, 신문은 회의적이면서도 정보부의 지시에 따라 연일 놀아나지 않을 수 없었다. 3·1민주구국선언은 이처럼 암울한 정세 속에서 발표된 것이었다.

3·1민주구국선언

—

　명동성당에서 3·1민주구국선언이 발표되었지만 신문 어디에서도 그것에 관한 기사는 찾아볼 수 없었다. 그것이 돌연 76년 3월 16일자 신문에서 문제가 된 것은 국회에서 여야간의 질문 중에 그에 대한 언급이 있었기 때문이다. 신민당은 명동사건 구속인사들의 석방을 요구했고, 그와 관련하여 미국대사도 외무부를 방문했다고 보도되었다(3월 22일자).

　이제 신문은 박정희정권의 선전판이라고 할 수 있었다. 3·1민주구국선언에 대한 「일본언론의 편향보도 비난」이라는 기사가 『동아일보』에 보도되었으나, 일본에서 발행되는 통일교의 『세계일보』 기사를 인용한 것이었다. 스웨덴에서 기독교 관계의 한 월간지가 한국의 반체제운동은 "커다란 재난"을 초래할 것이라고 경고했다고 『동아일보』는 전했다. 또 이와는 반대로 한국정부를 비판한다고 하며 「외국 언론에 '내정간섭' 경향」이 있다고 유정회가 주장한 것을 『동아일보』는 대서특필했다(3월 24일자).

박정희는 기회가 있을 때마다 「명동사건은 학생데모 촉발 의도」를 가진 것이며, 「북괴가 공격을 감행한다면 그 충격파는 월남보다 크다」고 말했다. 그리고 명동사건과 같은 범법행위를 방치하면 폭력사태가 일어난다며 강경정책을 내외에 선전하려고 했다(3월 25일자). 명동사건의 공판은 계속되었다. 관련자 김대중 등 11명은 구속되었고, 윤보선 등 7명은 불구속이었다. 김대중은 73년 8월 토오꾜오에서 납치된 이래 처음으로 투옥되었다.

1976년 세모가 되자 명동사건 공소심 선고가 발표되었다. 18명의 피고 중 김대중, 윤보선, 함석헌, 문익환(文益煥)은 징역 5년 자격정지 5년이라는 판결을 받았다. 지도적인 사람들의 투쟁은 긴급조치와 폭력 그리고 신문 등의 침묵으로 반체제운동이 완전히 진압된 것처럼 보일 때 그 침묵을 대변하고 새로운 대중운동이 봉기하기까지 벌어진 간극을 메우기 위한 것이었다고 할 수 있다.

1977년을 맞이하여 1월 15일자 『동아일보』는 미국의 카터(Jimmy Carter) 차기 대통령이 일본의 후꾸다 타다오(福田赳夫) 수상과 전화를 통해 이야기를 나누고 미국 방문을 요청하면서 한반도 군사정세에 대해서 "밀접한 협의"를 희망한다고 전했다. 이에 박정희는 국가존망의 시기에 「'유신' 깨닫지 못한 사람엔 가차 없는 법의 제재 필요」(77년 2월 4일자)라고 하며 어떠한 정세가 와도 불퇴전의 의지를 견지할 것임을 내외에 언명했다.

3월 22일, 3·1민주구국선언에 대한 대법원 선고는 상고를 기각하고 원심의 형량을 확정했다. 선언이 발표된 지 거의 1년 만이었다. 김대중은 투옥된 채였으며 정일형은 3년 징역 확정으로 의원직을 상실했다. 윤보선 등은 고령으로 형 집행을 정지한다고 전했다(3월 22일자). 이후

『동아일보』는 1977년의 남은 날들을 민주화를 위한 활동이 전혀 존재하지 않는 것처럼 무서운 침묵을 계속했다. 박정권은 민주화운동은 이제 끝났다는 듯 명동사건 관련자의 석방을 보도하기 시작했다. 김대중은 진주교도소에서 서울대학병원으로 옮겨졌다(12월 19일자).

긴급조치 9호 아래서 모든 신문은 중앙정보부가 지시하는 대로 같은 뉴스를 같은 어조로 전해야 했다. 미국과의 사이에서는 '박동선(朴東宣)사건'이라는 박정희정권의 대미국 국회 로비스트 문제가 크게 불거져 한국의 신문도 떠들썩했다. 한미 양국 정부가 이에 대하여 공동성명을 신문에 발표한 것은 78년 1월 1일이었다. 미국의 의도가 무엇인지 많은 사람들이 의문을 품었다. 『동아일보』에 언뜻 새어나온 다음과 같은 말도 그런 심경에서 나온 것이었음이 틀림없다.

"박동선사건 처리에 관한 한미 양국의 합의서명은 31일 오전 외무부에서 불과 10분 만에 끝나 1년여의 진통과정에 비해 대단원의 의식은 싱거운 느낌."(78년 1월 1일자)

그러나 이로써 박정권은 치유할 수 없는 상처를 입었다. 그들의 로비가 이제부터는 미국에서 허용되지 않는다고 언명되었기 때문이다. 『동아일보』 사설 「박동선사건과 한미관계」(1월 4일자)는 당시 언론의 상황으로 보아 박정권의 의도에 반하는 것이었다고 할 수 있다. 마지막 구절만을 여기에 인용해두자. 그후 박동선은 미국으로 건너갔지만 아무런 문제가 없었다.

"박씨의 도미증언만으로 박씨사건이 완전한 해결이 날지 또다른 난제가 나타날지 미지수이기는 하나 어떠한 경우든 한미우호라는 대국적 테두리에서 문제해결에 임하기 바란다. 올해에는 박씨사건을 넘어서 한단계 발전한 한미관계를 정립하도록 노력해야 할 것이다."

역사는 그렇게 전진해나아가는 것일까. 박정희 자신은 1년 10개월

뒤에는 쓰러지고 만다. 신문이 민주화운동에 대해서 지면을 할애하는 일은 거의 없었다. 국내에 들어온 외국 신문은 한국의 민주화운동에 관한 기사가 있으면 시커멓게 먹칠이 되어서 배달되는 형편이었다. 79년 1월 9일 『마이니찌신문(每日新聞)』의 마에다 야스히로(前田康博) 서울특파원이 국외로 추방되고 신문의 한국내 판매가 금지되었던 것도 이러한 상황 아래에서였다. 그가 "한국의 정치정세를 악의적으로 왜곡보도"했다는 것이다. 그래서 한국의 정보는 외국 신문에서 알 수 있다는 풍문과 함께 외국에서 민주화운동 지원을 위해 몰래 보내오는 신문조각들을 다투어 돌려가며 읽었다.

1979년 7월 17일에는 긴급조치 관련자 86명이 석방되었다고 법무부가 발표했다. 미국정부는 즉각 "중요한 조치"라고 환영했다(79년 7월 18일자). 작은 기사에 불과했지만 이 석방은 미국의 압력에 의한 것이었다고 할 수 있다. 박정희정권과 미국의 관계가 잘 드러난 사건으로서 박정권은 미국이 관여하는 한 전체주의적 통치로 나아갈 수는 없었다. 저항세력에 대하여 체포와 석방을 반복할 뿐, 전면적으로 섬멸하고 박정희왕국을 시도할 수는 없었다. 미국 주도의 이른바 자유세계에 있다는 것은 전제체제라고는 해도 북한의 경우와는 그만큼 달랐다고 해야 할 것이다.

신문은 거의 침묵했지만 실제로는 민주화운동이 격렬하게 전개되던 시기였다. 이 무렵 겨우 일부지만 신문에 보도되었던 것은 여성노동자, 즉 '여공'의 투쟁이었다. YH무역 여종업원 170여명이 야당인 신민당 당사에서 철야농성을 전개하다가 경찰에 의해서 강제로 끌려나갔다. 그 과정에서 김경숙(金景淑)이라는 여성노동자가 사망했다. 결사적인 투쟁이었다. 김영삼 총재는 강력하게 정부에 항의하면서 투쟁에 동참했다(8월 11일자).

이 사건은 정부의 엄격한 통제에도 불구하고 신문에 크게 보도되었다. 그것은 침묵에 빠져든 야당과 중앙정보부의 간섭 아래 있던 신문을 위기의 상황으로 끌어들이는 것을 의미했다. '여공'의 투쟁을 지원해온 민주화세력이 더욱 집결할 동기가 생겼다. 그리고 이러한 때에 '여공'사건을 개탄하는 미국 국무성 대변인의 논평이 있었다. 한국 당국은 물론 「진상 모른 채 논평은 유감」이라고 이에 답했다(8월 15일자). 또 반박하는 미국 국무성의 논평이 이어졌다. 그 일부를 여기에 인용하기로 한다.

"지나치고 잔인한 폭력을 사용한 것을 개탄한다. (…) 한국 경찰이 그러한 행동을 취하게 된 경위는 아직 명확하지 않다. (…) 그러나 근로자들의 농성을 해산하기 위해 한밤중에 야당 당사에 강제로 진입하는 데 있어 한국 경찰의 지나치고 잔인한 행동이 있었음은 의심의 여지가 없이 명확하다. (…) 우리는 한국정부 당국이 지나치고 잔인한 경찰 행동에 책임있는 사람들에 대해 적절한 문책을 바란다."(8월 15일자)

미국의 논평 속에서 박정희정권과 미국 당국이 어떠한 관계에 놓이게 되었는지를 엿볼 수 있다. 실제로 외무부장관은 유감의 뜻을 표했고, 미국대사가 이에 변명 또는 항의했다고도 전해졌다(8월 17, 18일자). 결국 YH사건 이후 박정권의 운명은 급격히 기울기 시작했다고 해도 좋을 것이다. 반정부투쟁은 가파르게 상승해갔다.

그 와중에 79년 8월 17일 「목사·시인·여공 등 8명 구속」이라는 발표가 있었다. "무산계급 지배체제 건설 표방, 사회 혼란 조성했다"라고 하며 서울시경은 영등포 도시산업선교회 목사 인명진(印名鎭), 한국신학대학 교수 문동환(文東煥), 시인 고은(高銀), 고려대학교 교수 이문영(李文永) 등과 YH의 20대 전반의 노동자 3명을 포함하여 8명을 구속했다고 발표했다. 이 사건은 미국대사관까지 말려든 'YH정국'이라고 일컬어질 만큼(8월 24일자) 점점 극에 달한 분규로 치달았다. 야당인 신민당도 당사에서 농성하면서 거세게 저항했다.

9월에는 저항하는 김영삼 총재에 대해서 신민당 내의 비주류파를 이용한 여당의 공작이 전개되었다. 총재를 선출한 전당대회에 형을 선고받은 당원 자격 상실자 22명이 있었다는 것이다(9월 8. 10. 11일자). 김영삼은 『뉴욕 타임즈』와의 인터뷰에서 다음과 같이 발언하기까지 했다.

"내가 미국 관리들에게 미국은 공개적이고 직접적인 압력을 통해서만이 박대통령을 제어할 수 있다고 말할 때마다 그들은 한국의 국내 정치문제에 관여할 수 없다고 대답했다."

그리고 김영삼은 미국이 3만명의 지상군을 한국에 파견하고 있는 점을 지적했다. 이란문제도 언급하며 주이란 미국대사관이 이란에서 팔레비 정부의 '약점'을 국무성에 보고하지 않은 것을 지적하면서 "나는 미국대사관이 한국에서 이란과 같은 전철을 밟지 않기를 바란다"고 말했다. 이것을 『동아일보』는 그대로 전했다(9월 19일자). 김영삼 총재는 국회 별실에서 야당의원의 입실을 차단한 채 여당의원만으로 제명 결의에 처해졌다. 『동아일보』는 「김영삼 총재 '제명' 변칙처리, 여(與)단독 회의장 옮겨 10여분 만에」라는 기사를 실었다. 그리고 국회는 휴회에 들어갔다(10월 6일자). 그러고 나서 「대규모 반국가 음모조직 적발」이라는 기사가 대대적으로 신문에 보도되었다. 「남조선 해방전선 준비위 74명 계보파악, 20명 검거」「긴급조치 위반 수형자 등 포섭, 불온전단 살포, 사회·학원 선동」「76년부터 결성…사제폭탄 등 천여 점 압수」 등의 협박적인 발표였다(10월 9일자). 이런 가운데 신민당 의원들은 사퇴서를 제출했고, 여당인 공화당과 유정회가 심사하여 수리한다고 했다(10월 16일자).

혼란중에 부산지역에서는 10월 16일과 17일 학생들을 중심으로 한

시민 소요가 일어났다. 박정희는 전국에 비상계엄령을 선포하면 정권 유지가 곤란할 것으로 판단하고 18일 오전 0시를 기해 부산지역만 비상계엄을 선포했다. 치안본부의 발표를 전하는 『동아일보』 기사(10월 18일자)의 표제만을 보아도 이때 시위의 어마어마함을 알 수 있다.

「부산·동아대생 3천여명 16·17 연이틀 도심서 시위」「경찰 56명·학생·일반시민 등 다수 부상」「파출소 21곳·경찰차량 18대 파괴 방화」「'정권타도' 주장…도청·방송국 등 침입」

박정희는 오로지 강경책으로 임했으나, 10월 27일 『동아일보』는 박정희가 "26일 오후 7시 50분 김재규(金載圭) 중앙정보부장이 쏜 총탄에 맞아 서거했다"고 발표했다. 현행법에 의하면 현재의 최규하(崔圭夏) 국무총리가 최대 3개월간 대통령직무대행이 되고, 그동안에 2,560명으로 구성된 통일주체국민회의를 소집하여 새로운 대통령을 선출해야만 했다. 이렇게 하여 박정희의 '집권 18년 5개월'의 통치는 어이없이 끝나게 되었다(10월 27일자).

비상사태 속에서 전두환(全斗煥) 보안사령관이 수사본부장으로 급격히 부상하여 박정희의 암살은 「김재규 단독계획 범행」이라고 발표하게 된다(11월 6일자). 12월 7일에는 대통령 긴급조치 제9호가 해제되었다. 4년 7개월 만이었다. 서울대학교에서만도 제적된 학생 296명이 다음해 새학기에는 대학에 복교할 수 있다고 했다(12월 11일자). 그러나 전두환이 정승화(鄭昇和) 계엄사령관, 즉 육군참모총장을 박정희 암살에 관여했다고 급습하여 체포함으로써 사태는 급변했다(12월 13일자). 이제부터는 명백하게 전두환의 쿠데타, 정권탈취라는 과정이 진행되는 셈이다.

신문의 사회면에는 「687명 복권」(1980년 2월 29일자), 「김영삼 총재·김대중씨 회담」(3월 6일자) 등으로 나타나는가 하더니, 「대학생 가두데모 사흘째」 등으로 「계엄해제·정치일정 단축 검토」(5월 15일자)를 요구하는 목소리가 높아졌다. 전두환 등 일부 군인이 이러한 사태 속에서 권력을 장악하려고 획책하고 있었기 때문이다. 반동의 시대가 다시 바싹바싹 다가왔다.

광주사건

—

　1980년 5월 18일부터 광주에서 일어난 학생, 시민의 데모와 전두환의 쿠데타는 동시발생이었다고 할 수 있다. 5월 17일 24시를 기해서 전두환 등은「비상계엄 전국 확대」「정치활동 중지·대학 휴교」를 명하고 김대중 등을 체포했다. 그리고「김재규 사형 확정」이라고 발표했다 (5월 20일자). 5월 22일에는「계엄사가 중간 발표한 김대중씨 수사」라고 하며 김대중에게 사형을 선고하기 위한 공작을 전개했다. 김재규 등에 대한 사형은 5월 24일 오전에 집행되었다고 발표했다. 계엄령 아래서 선두환일파의 권력 장악극이 본격적으로 진행되어갔다. 5월 27일에는 광주사건 발생 10일째로「광주 계엄군 전격진입」이라고 발표되었다.

　6월 5일에는 '국가보위비상대책위원회'가 조직되었는데 그 구성은 장군 18명, 공무원 12명으로 전두환은 육군 보안사령관이면서 위원회의 상임위원장에 스스로를 임명했다. 대학은 휴강,「김대중 등 37명 군재회부」라고 계엄사령부는 발표했다(7월 4일자). 그리고 신문에는 「일(日)공산당 · 조총련 등 친(親)북괴세력 김대중 구명운동」(7월 8일자) 등이 대서특필되었다. 또한편으로 「고급공무원 232명 숙정」「사회정화의 전기…대개혁 선풍」 등을 신문에 쓰게 하고는, "건국후 최대"의 개혁 "7·9숙정"이라고 호언장담했다(7월 10일자).

그리고 중앙정보부가 위장하고 있는 서울내외통신을 통해서, 북괴방송들에 의하면 북한 조국전선 서기국장이 김대중을 적극적으로 옹호하고 있다고 한국 매스컴에 발표했다(7월 10일자). 이리하여 김대중 등은 "내란음모 및 국가보안법위반, 반공법위반, 외국환관리법위반, 계엄포고령위반 등"의 이유로 군법회의에 송치되었다고 발표했다(7월 12일자).

8월 8일에는 주한미군의 한 고위당국자가 전두환 장군을 지지한다고 발표했다. 그가 주한미군 사령관이며, 그것이 미국 당국의 의향일 것이라고 추측하는 것은 어렵지 않았다(8월 9일자). 주한미군 사령관 존 위컴(John A. Wickham)이 이날 귀국했다는 보도가 있었고(8월 9일자) 전두환은 『뉴욕 타임즈』와의 인터뷰에서 한국은 새로운 세대의 지도자를 필요로 하고 있다고 큰소리를 쳤다(8월 11일자). 『동아일보』는 그날 「한국을 보는 미국의 눈——한국의 현실과 전두환장군 지지의 배경」이라는 제목의 사설을 게재하고 다음과 같이 끝맺었다.

"원래 미국인의 사고체계가 실용주의에 바탕하고 있다는 점을 상기할 때 보수 물결 속의 미국이 한국의 정치현실을 현실적으로 인식하려 한다는 것은 이상할 게 없다."

한국국민, 특히 지금까지 민주화를 위해 싸워온 젊은 세력이 박정희의 배제와 전두환의 등장을 미국이 승인한 것이라고 인식하게 된 것은 피할 길이 없었다. 한국의 민주화세력, 특히 젊은 세대가 다분히 반미적이며 남북통일 우선이라는 경향으로 기우는 것 또한 피할 수 없게 되었다.

김영삼은 정계은퇴를 선언했다(8월 13일자). 김대중 등 24명은 내란 음모, 정부전복기도라는 명목으로 재판을 받게 되었다. 「공소장 13만 여자(字)···낭독 7시간」 등으로 사건에 대한 보도가 이어졌다(8월 14일 자). 전두환은 최규하의 대통령직을 이어받아, 통일주체국민회의 의원 2,540명 가운데 출석의원 2,525명 중 한 표를 제외한 2,524표를 얻어 대통령에 당선되었다. 1980년 8월 27일의 일로 전두환은 단일후보였 다. 계엄포고 14호로 휴교령이 107일 만에 해제되어 9월 1일부터 개강 에 들어갔다.

『동아일보』는 「전두환대통령 시대의 개막——당선을 축하하며 대임 완수를 빈다」라는 사설(8월 28일자)을 게재하고, 전두환이 몇번이고 입 에 올린 "민주복지국가 건설과 정의로운 사회구현"에 기대를 걸었다. 전두환은 새로운 헌법을 공포하고, 새 헌법에 의해서 다음해에 다시 한번 대통령에 취임하여 그로부터 7년간 그 자리에 눌러앉았다.

9월 11일 군법회의는 김대중에게는 사형, 그외에게는 징역 20년을 구형했다. 이 시대는 「사회악사범 4만 6천여명 검거」(10월 13일자) 등을 정부가 예사롭게 발표하듯이 그야말로 완전한 암흑기였다. 그러나 학 생들은 침묵하려 들지 않았다. 마침내 10월 18일 『동아일보』는 「문교 부 발표, 고대 휴교령」이라고 보도했다. 10월 22일 새로운 전두환 체제 를 위한 헌법의 신임을 묻는 국민투표 결과는 「투표율 95.5%, 찬성 91.6%···사상최고」라고 발표되었다(10월 23일자). 그날 『동아일보』 사설 은 다음과 같이 시작되었다는 것을 기억한다.

"새 헌법의 확정으로 암울했던 한 시대의 막이 내리고 민주복지국 가의 건설을 내건 새시대의 장이 열리게 되었다."

그리고 1개월이 지나 군법회의는 5월 광주사건 관련자 175명의 선고공판에서 "5명 사형·7명 무기형" "163명엔 5년~20년 징역"을 선고했다(10월 25일자). 그로부터 일주일 후 항소심에서도 김대중에게는 사형을 선고했다(11월 3일자). 그리고 신문·방송 통폐합(11월 17, 25일자) 등의 거친 조치가 이어졌다. 「일본, 한국에 내정간섭」(11월 25일자), 「정부, 일본에 계속 강력대응」(11월 27일자) 등으로 신문의 표제가 이어졌는데, 일본 측이 김대중 사형에 대하여 "중대한 관심과 우려"(11월 25일자)를 표명했기 때문이다. 『동아일보』는 「한일관계 다시 겪는 진통──스즈끼(鈴本善幸)내각과 일여론의 자제를 촉구한다」(11월 27일자)와 같은 사설을 게재했다. 그 내용을 인용하면 다음과 같다.

"스즈끼내각은 자제 속에 일본의 성급한 여론에 밀려다니느니보다 한일 양국의 선린우호관계와 동북아의 지역적 협력체 구축이라는 보다 넓고 대국적 시각에서 임해줄 것을 당부한다."

일본에서 김대중을 구출하기 위해 전개한 시민운동이 한국 신문에서는 「조총련 또 가두데모, 김대중 석방요구, 주일대사관 앞서 1천여 명」 등으로 보도되었다(12월 15일자). 그리고 그것은 한일 양국의 선린우호관계를 훼손하고, 동북아시아의 공산세력을 이롭게 하는 것이라는 논리를 폈다. 지금 생각하면 그러한 사태가 한일 양국 국민들의 마음을 얼마나 아프게 했는가, 하고 탄식하게 된다. 그리고 지금도 그 후유증으로 모두가 괴로워하고 있는 것인지도 모르겠다. 근대사에서 일본의 한국 지배도 그렇다. 정치가 선량한 민중이나 시민의 마음을 아프게 한다. 지배하는 측에서도 지배받는 측에서도. 그것이 곧 근대국가가 저지른 죄악이라고 할 수 있다.

김대중이 대법원에서 상고기각 결정이 내려진 직후 무기로 감형된 것은 다음해인 81년 1월 23일이었다. 그 다음날인 24일에는 79년 10월

27일 박정희의 죽음과 함께 선포되었던 계엄령이 456일, 1년 3개월 만에 해제되었다. 전두환은 미국을 방문하고, 5,277명의 선거인단에 의한 간접선거로 대통령 재취임을 선언했다(81년 3월 3일자). 이러한 암흑시대의 정세를 한국 신문에서 더듬는 것은 거의 불가능하다. 다만 그 당시에 한국 신문을 읽는 법이라고 흔히 말했듯이, 신문의 행간을 꿰. 뚫어보아야 한다면 『동아일보』의 「학원사태에 대처하는 길 ── 대학소요를 근본적으로 막는 대책을」이라는 사설(6월 5일자)에서도 무언가 엿볼 수 있다. 문교부장관은 6월 3일 국회에서 다음과 같이 발언했다고 한다.

"최근의 학원사태는 학생들의 불만요인이 과거보다 복합적이며 저항과 불신이 체질화된데다 일부 주장은 좌경화된 데 특징이 있으며 과거의 학생소요가 구체적 정치적 이슈를 내세웠던 것과는 달리 배후조종세력에 의한 이데올로기적 성격이 뚜렷하다는 데 특징을 갖고 있다."

전두환정권은 무엇보다도 정권 자체의 안정을 위해서 일본의 경제협력을 강하게 요구했다. 그 배후에서 미국의 레이건(Ronald W. Reagan)정권이 영향을 미친 것은 두말할 필요도 없다. 7월 26일자 『동아일보』는 「한국 대일차관 60억달러 요청」이라는 토오꾜오 특파원의 보도로 일면을 크게 장식했다.

"일본정부는 한국에 대한 경제협력의 성격을 지금까지의 '복지향상'에서 '안전보장' 측면으로 중점을 옮겨 정부차관을 대폭 증액할 방침인 것으로 25일 알려졌다. 일본정부는 이런 방침에 따라 한국이 내년부터 시작되는 제5차 경제개발 5개년계획 가운데 제2포항제철 건설, 경부선의 고속전철화 등을 위해 향후 5년간 총 60억달러의 대규모 차관을 제공해주도록 일본 측에 요청해온 데 대해 이에 적극 응할 방침인 것으로 보도되었다."

이 배경에는 65년 한일관계가 재개된 이래 일본은 대한교역에서 이미 누계 2백억달러의 흑자를 내고 있다는 사실도 있었다. 더욱이 일본의 방위백서도 북한과의 관계에서 한국의 안정을 강조하고 있는 점, 그리고 일본과 미국 양국 수뇌가 대소(對蘇)인식에서 견해를 같이한 점 등을 들어 전두환정권은 일본에 경제협력을 촉구했다. 『동아일보』도 역시 「일본의 방위백서——새 '한반도 인식'에 상응한 노력 따르기를」(8월 17일자)이라는 사설을 게재하고 이를 지원했다. 그중에서 북의 군사력에 관해 언급한 부분만을 인용해보기로 하자.

"81방위백서는 북한의 군사력이 양과 질에 있어서 한국을 앞서고 있을 뿐 아니라 보병부대의 기계화, 도하(渡河)능력의 향상, 게릴라활동과 파괴활동의 임무를 띤 특수병력의 양성 등 무력강화의 내용이 위험한 경향을 띠고 있다는 새로운 사실을 지적하고 있다."

60억달러 차관이라는 경제원조를 둘러싸고 전두환정권과 일본정부가 벌인 흥정은 양국 정부 사이에 파란을 일으켰다. 1982년 연말에 스즈끼 젠꼬에 이어 나까소네 야스히로(中曾根康弘)가 수상에 취임함으로써 차츰 문제해결의 윤곽이 드러나게 되었다. 83년 1월 나까소네의 방한으로 40억달러의 경제협력차관이 타결되었다. 한일간에 최초의 공식 수뇌회담이었다. 82년 한일간에 일어난 또하나의 중요한 사건은 일본의 역사교과서 문제였다. 이에 대한 자세한 논의는 차치하고 『동아일보』가 12월 21일에 보도한 「한일·일한 의원연맹 합동총회 공동성명 요지」 중에서 마지막 한 구절을 여기에 인용한다.

"양국 의원단은 일본 역사교과서 문제가 양국 우호관계에 금이 가게 한 사실에 대해 유감으로 생각하고 과거의 역사에 대한 올바른 이해가 한일 양국 우호관계의 기본에 직결되는 중요한 문제라는 인식을 새로이 하면서 계속 효과적인 방법으로 공동의 협력을 기울이기로 합의했다. 한국 측 의원단은 일본 역사교과서 문제의 해결을 위한 일한 의원연맹의 그간의 노력을 평가하고 향후 일본정부의 약속대로 시정 작업이 이행되도록 노력을 경주해줄 것을 희망하고 일본 측 의원단은 이를 약속했다."

전두환 강권체제는 박정희의 죽음 이후 광주사건에서 시민학살까지 저질렀으므로 그 존속을 도모하기란 쉬운 일이 아니었다. 전국을 계엄령 아래 두었던 정치이며 외교였다. 그래서 광주사건에 대한 감형·특사를 할 수밖에 없었다. 이윽고 대통령 취임 1주년을 기념한다는 명목으로「김대중사건·광주사태 관련자 포함, 2,863명 감형·특사」「김대중 무기서 20년으로」라고 발표했다(82년 3월 2일자). 김대중은 그해 말 12월 23일 부인과 함께 미국으로 떠났다. 미일 양국 정부도 이를 환영했다.

민중혁명의 시대로

―

　1983년 1월 11일과 12일, 한일정상회담이 열려 일본에 의한 40억달러 경제협력 문제가 다행히 해결되었다고 『동아일보』는 보도했다. 신문을 보면 한일 사이의 여러가지 일은 물론 전두환의 강권 아래서 한국은 무난한 나날을 맞이하고 있다고 누구든지 생각할 것임이 틀림없다. 『동아일보』 또는 한국의 신문들을 따라가면 그렇게 생각하게 된다. 그 당시 신문은 전두환 군사정권에서 명령받은 것, 허가된 것만을 보도하며 현실을 은폐하고 있었다. 후세에 이러한 시대는 어떻게 전해질 것인가. 진실은 은폐되고 허위만이 역사로서 후세에게 전해질 것인가. 역사라는 것은 결국 권력에 의해 날조된 것에 지나지 않는 것일까. 그것에 의해서 후세 사람들은 생각할 수밖에 없는 것일까.

　지금까지 그러한 의문을 가지면서 『동아일보』의 기사를 따라왔지만, 적어도 한가지 사실에 대해서만이라도 『동아일보』의 기사와 「한국

으로부터의 통신(韓国からの通信)」이라는 보고를 대조해보는 것을 양해해주기 바란다.

『동아일보』에는 83년 6월 10일 돌연 「김영삼씨의 단식——'극한의 불행' 사회기능 정상화로 막아야」라는 사설이 실렸다. 그 서두는 다음과 같이 시작되었다.

"그동안 내용을 전혀 밝히지 못한 채 보도되어왔던 '정치관심사' 또는 '정치현안'은 전 신민당 총재 김영삼씨의 단식사태였음이 뒤늦게 공개되었다. 그것도 23일 동안에 걸친 단식을 중단한다는 그 자신의 성명을 계기로 국민이 궁금해하던 진상의 일단이 공표된 것이다."

이 사설 중에서 "우리는 언론의 정상적인 기능을 다하지 못함으로써 비정상의 '유언통로(流言通路)'를 확산시켜온 바를 자성한다"고도 했다. 그리고 마치 어린아이를 설득하는 듯한 한 구절이 삽입되었다.

"아픈 것은 분명히 아프다고 말해야 한다. 불이 나면 분명히 불이 났다고 외쳐야 한다. 그래야만 아픔과 불을 다스릴 수 있다. 입을 막고 덮어둔다고 아픔이 저절로 가셔지고 불이 저절로 꺼지지는 않는다. 또한 일이 있으면 정면으로 맞서 풀어나가야 한다. 그것이 사회의 자정능력이다. 그 정상적인 기능이 쇠퇴할 때 사회의 비정상은 번져간다."

이렇게 사설은 이어졌지만 왜 김영삼은 단식을 했으며, 단식의 중단이 무엇을 의미하고, 이후 그는 어떠한 행동을 취한다는 것인지 사설에는 물론 신문 어디에도 일절 그런 내용이 실려 있지 않았다. 이 일에 대해서 「한국으로부터의 통신」이 선한 내용을 잠시 인용하기로 한다. 『세까이(世界)』(83년 8월호)의 통신 「시대를 떠맡은 사람들」은 「김영삼씨의 투쟁」이라는 항목을 다음과 같이 써내려갔다.

"학생들의 연일 투쟁에 광주사건 3주기, 그리고 권력에 대한 국민비난의 목소리가 날로 높아지는 가운데, 더구나 전두환일파가 헌법 개정으로 권력의 연명을 기도하고 있다는 말이 나도는 가운데, 전 신민당 총재 김영삼씨는 정치활동이 규제되어 가택연금을 당하고 있는 상황을 무릅쓰고 투쟁을 시작했다. 이 나라에서 정치가는 언제까지 이러한 순교자의 자세를 취할 수밖에 없는 것일까."

그리고 5월 18일 「단식에 즈음하여」라는 그의 단식시위 성명문을 인용했다. 여기서는 그 첫 구절만을 인용하기로 한다.

"나는 앞서 발표한 「국민에게 드리는 글」에서 오늘의 현실에 대한 개괄적인 진단을 통하여 현 정권의 장기 군사독재체제 구축의 음모를 목도하고, 그러한 음모적인 획책을 분쇄하기 위한 국민의 각성과 민주인사의 화합과 단결을 호소한 바 있습니다. 나는 오늘 국민에게 밝힌 나의 뜻을 분명히하고, 민주화투쟁에 대한 나의 결의를 확고히 하기 위하여 단식에 들어감을 선언하는 바입니다."

이 투쟁은 김영삼 한사람의 고독한 투쟁으로 그치지 않았다. 김영삼과 함께 정치활동을 금지당한 전 국회의원이나 당 간부들이 '김영삼 총재 단식 대책위원회'를 결성하는가 하면, 함석헌, 문익환 등 재야인사들은 「긴급민주선언」을 발표하고 단식투쟁에 들어갔다. 다음호 『세까이』(83년 9월호)에서 「한국으로부터의 통신」은 이 사회는 '수권(獸權)만의 사회다'라고 쓰고 다음과 같이 계속했다.

"권력을 가진 자들은 자신들이 인간애, 조국애에 불타고 있는 것처럼 호언장담하며 매스컴을 장식한다. 거짓말쟁이가 '진실'을 말하고, 진실을 말하는 자는 침묵을 강요당한다. 그들은 오로지 힘만 가지면 된다. 권력을 유지해야만 광주시민학살의 죄악도 민족을 위기에서 구하기 위한 위대한 행위라는 설화로 만들 수가 있는 것이다."

한국에서는 일절 말할 수 없는 내용이었다. 그러므로 「한국으로부터의 통신」은 일본에서 쓰일 수밖에 없었다. 어두운 뉴스가 이어졌다.

8월 21일에는 마닐라 공항에서 마르코스(Ferdinand E. Marcos) 대통령의 정적 아키노(Benigno S. Aquino) 전 상원의원이 암살되었다. 9월 1일에는 소련전투기가 뉴욕에서 앵커리지를 거쳐 서울로 귀환중이던 대한항공기를 격추시켜 승객 269명과 승무원 전원이 북쪽 바다에서 돌아오지 못하는 사람이 되었다. 10월 9일에는 미얀마를 방문한 전두환 일행이 아웅산 국립묘지에서 폭탄테러를 당했다. 이런 상황 속에서 11월 12일 2박 3일 일정으로 미국 레이건 대통령이 한국을 방문하여 한미상호 방위공약을 더욱 견고하게 하였다고 전했다(83년 11월 12일자).

전두환정권은 정치범의 석방 또는 복권과, 학생의 복교, 그리고 정치활동이 규제되었던 사람들의 해금 등을 속속 발표했다. 신문은 민주화운동 또는 학생들의 저항활동에 대해서는 거의 전할 수 없는 시대였다. 그런가 하면 돌연 신문에 「거리로 나온 학생소요——각계참여 '대학문제 심의회' 구성을 제의함」(84년 10월 13일자)이라는 사설이 실리기도 했다. 학생활동이 이미 폭력도 마다하지 않을 만큼 격렬해진 것은 이 사설의 다음과 같은 내용에서도 엿볼 수 있다.

"요즘 들어 거리로 뛰쳐나오는 학생데모가 빈번해지고 있으며 학생들은 데모진압 경찰차에 대한 방화, 파출소 건물 파괴, 화염병 투척, 학교 건물 점거, 철야 농성, 이른바 프락치 린치, 교수 폭행을 하는 등 데모양상이 전에 없이 치열해지면서 과격성을 더해가고 있다. 교수, 학부모, 학교 당국뿐 아니라 전체 사회가 우려해야 할 일인 것 같다."

사설은 학생들의 폭력을 경계하며 '대학문제 심의회'를 구성하는 것이 어떤가 하고 호소했지만, 전혀 응답을 기대할 수 없는 나약한 목소리에 불과했다. 학생 그리고 정부에 비판적인 많은 국민의 눈에는 이미 신문은 권력의 도구에 지나지 않았다. 사설의 그러한 제안은 정부에 의해 권고된 '설교'에 불과하다고 학생들은 받아들였다. 이윽고 국회까지도 여야합의로 학원자율화대책을 모색하고 있다고 보도되었다 (11월 5일자). 문교부장관은 국회에서 학원문제 대응책으로 '공권력 개입'을 요청하지 않을 수 없다고 하며 다음과 같이 덧붙였다.

"일일이 열거할 수도 없으나 그동안 발생한 학원의 자율파괴 실상은 매우 심각한 것이라고 아니할 수 없습니다. 숙직 교직원을 칼로 위협하고 총장실에 난입해 기물을 파괴하고 공문서를 탈취했으며 시위에 동조하지 않는다고 타 대학의 기념식장에 들어가 교수와 일부 학생을 집단폭행하였고 급기야는 대낮에 학원 내에서 일반시민을 감금하고 린치와 고문을 하는 등 도저히 그냥 보아넘길 수 없는 범법행위를 자행하고 있습니다."(11월 9일자)

『동아일보』는 11월 15일 이른 아침에 일어난 민정당사 대학생 농성을 보도하며 연세대 학생들의 습격에 10시간 이상이나 최루탄을 쏘아댔다고 전했다. 그러나 사설 「민정당사의 학생 농성 —— 학생은 자제하고 정치인은 원인 치료를」에서는 다음과 같이 쓰는 것이 고작이었다.

"우리는 오늘의 학원문제의 뿌리가 어디에 있음을 잘 알고 있다. 언론이 제 기능을 못하니 학생들이 언론자유의 신장과 언론기본법의 폐지를 주장하고, 노동자가 노조를 통해 그들의 권리를 제대로 주장하지 못하기 때문에 학생들이 그것을 대변하고 있다는 사실을 모르지 않는다. 그렇다고 해서 학생이 모든 주장을 도맡아하고 모든 문제의 해결에 간여하려 드는 것은 바람직하지 않다."(11월 15일자)

1985년 2월 8일 김대중은 위험을 무릅쓰고 미국에서 귀국했다. 전두환 등장 이래 4년간의 정치적 공백을 거쳐 많은 야당인사가 드디어 2월 18일의 선거에 임했다. 그러나 김대중과 김영삼 등 15명은 정치 피규제자로서 정치활동을 허락하지 않는다는 것이었다. 선거라고는 해도 1선거구 2인 당선이라는 제도로 여당이 과반수를 차지하는 것은 기정사실이었으며, 더욱이 전국구의원 수는 지역구의원 수의 3분의 1이었는데, 지역구에서 다수의 의석을 확보한 당이 전국구의석의 3분의 2를 차지하도록 되어 있었다. 이렇게 하여 여당인 민정당은 148석을 차지했지만 야당인 신민당은 67석에 불과했다.

6월 3일 국회가 열리자 야당은 광주사건의 진상해명과 그 책임을 추궁하며, 대통령직선제를 위한 헌법개정을 요구하여 어수선한 나날이 되었다. 광주사건에 대해서는 사망자 "민간인 164명, 군인 23명, 경찰 4명"에 "중상자 122명, 경상은 730명, 검거 2천5백명" 등으로 국방장관이 국회에 보고했다(85년 6월 7일자).

신문이 침묵을 강요당하는 가운데 『동아일보』는 겨우 「대학 '자율'에 최선을—타율개입 한계 인식하고 더 꼬이지 않도록」(7월 2일자)이라는 사설을 다음과 같이 시작했다.

"경찰은 지난 29일 새벽 서울과 지방의 9개 대학 캠퍼스를 기습수사, 연행했던 66명의 대학생 가운데 17명을 구속키로 했다."

그리고 "이번 경찰의 학원 캠퍼스 내 투입과정은 선후가 뒤바뀐 감이 없지 않다"고 하며 대학 당국과 '사전 협의'가 이루어지지 않으면 안된다고 지적했다. 거기다가 캠퍼스 내를 통제하기 위해 '학원안정법'을 제정하려는 움직임에 대해서 『동아일보』는 분명히 비판적인 입장을 표시했다(8월 9일자 사설 「'학원안정법'의 추진—'정치로 풀 일'과 '법률로 풀 일' 분간을」). 실은 '학원안정법' 시안 중에는 위반한 자에게 7년 이하의 징역을 규정하는 다음과 같은 항목까지 들어 있었다.

"반국가단체의 사상이나 이념을 전파 또는 교육하거나, 그 사상이나 이념이 표현된 문서, 도서, 기타 표현물을 제작, 인쇄, 수입, 복사, 소지, 운반, 반포, 판매 또는 취득하여 학원소요의 요인을 조성하는 행위."(8월 8일자)

이미 반체제적 민주화운동 속에는 이념적으로 반공자세에 상당히 부정적인 경향까지 생겨났기 때문이다. 미국의 대한정책이 반공의 기치 아래서 전두환의 억압적인 정책을 지원하고 있다고 보인 점이 크게 작용했다고 할 수 있다. 아무튼 학원안정법은 국민의 심한 저항으로 보류되고 말았다.

정국은 전두환이 반영구적 집권을 계속하려고 한다면 어떠한 사태로 발전할지 모른다는 생각이 들 정도에 이르렀다. 『동아일보』도 조금씩 힘을 회복하여 논진을 펴게 되었고, 김영삼은 1986년 새해가 되자 2월 6일 신민당에 돌아와 당고문에 취임했다. 또한 김대중의 복권도 더욱 강력하게 요구하게 되었다. 전두환은 전례를 깨고 국회에 출석하지 않은 채 텔레비전과 라디오를 통해 신년국정연설을 하고, 헌법개정 논의는 88년 서울올림픽 이후 89년에 이루어져야 한다고 언명했다.(86년 1월 16일자).

『동아일보』는 학생데모에 대해서 "12명에 징역 10년 구형" 등으로 작게 보도하거나 했으나(1월 29일자 등), 마침내는 「경찰 3천명 서울대에 투입 '서명운동' 학생 252명 연행」 등의 기사도 커다랗게 신문의 지면을 차지했다(2월 5일자). 서명운동이란 대통령 선출을 위한 국민 일반투표를 허용하지 않는 전두환의 쿠데타에 의한 헌법을 개정할 것을 요구하는 운동이었다. 2월 6일자 신문은 「서울대 집회 주동·과격·시위 전력자 모두 구속키로」, 그 다음날에는 「13개 대 187명 구속영장」이라고 보도했다. 『동아일보』 사설 「강경과 과격——또 무더기 학생 구속사태를 보는 마음」(2월 8일자)은 이 무렵의 문제가 어떤 양상을 띠었는지, 적어도 체제에 가까운 측에서 그것을 어떻게 바라보았는지를 잘 보여준다. 서두는 다음과 같은 말로 시작한다.

"왜 이리 시국이 가파른가. 요 며칠 사이 시민들은 또다시 급박해지는 학원사태를 충격과 불안의 눈으로 지켜보면서 일손이 제대로 잡히지 않는다."

아직 데모철이기에는 시기적으로 이르지 않은가. 이 사태를 누가 좋게 받아들일 것인가. "학생들의 과격행동은 종래의 단순한 '학생시위'를 넘어 자유민주주의 체제 자체를 부정하는 정치적 집단행동의 특징을 띠고 있다"고 그 분석은 지적한다. "북에서 즐겨 쓰는 용어를 무분별하게 골라 씀으로써 불필요한 자극과 오해를 사거나 자신도 모르는 사이 불순세력에게 이용당할 소지는 없겠는지……" 그런 말에는 정치의 입장을 대변하는 부분도 있었다. 그리고 무엇보다도 전두환정권은 미국의 영향 아래서 그 지지로 국민 위에 군림한다는 생각을 지울 수 없게 되었다. 20년을 넘는 민주화투쟁 속에서 싸우는 세대가 교체되면서 여기까지 온 것이다.

상황은 급격히 격화될 뿐이었다. 2월 15일 『동아일보』 1면 머리기사는 「전국 114개 대학 수색, 어젯밤 경찰·교직원 2천5백여명 동원」「유인물 등 3만 4천점 압수, 수배학생은 한명도 못 찾아」라고 크게 전했다. 이런 저항의 움직임에 야당도 민간지도자들도 보조를 같이하기 시작한 것은 말할 필요도 없다. 대학에서는 3월에 입학하는 신입생 오리엔테이션에서 체제저항에 관해서 교육시킨다고도 했다. 일명 '의식화교육'이었다.

민정당 대표 노태우(盧泰愚)는 서명운동이 불법적으로 확산되지 않으면 국회에서 논의하는 것도 가능하다고 발표했고, 신민당은 「임기중 민주화 일정 확고히 하면 서명 중지할 수 있다」고 답했다(2월 19일자). 『동아일보』도 같은 날 자성을 담은 「언론의 양식」이라는 사설을 발표했는데 다음과 같이 시작되었다.

"진실한 언론은 우상을 섬기지 않는다. 키우지도 않는다. 언론의 양식은 무엇보다도 진실에의 충성에 뿌리한다. 특히 신문의 경우만을 한정해서 말하자면, 마땅히 인쇄되어야 할 모든 뉴스를 마땅히 인쇄해야 한다. 그 선택에 어떤 '성역'도 끼어들 여지는 없다. 그것이 언론이 갖는 근원적 기능이며 사명이다."

사설은 리프먼(Walter Lippmann)의 말을 인용하면서 "의사사건(擬似事件)"을 전달하여 "의사환경(擬似環境)"을 만들려고 하면 안된다고 강조했다. 그리고 이렇게 마쳤다.

"언론은 뼈저린 자성과 자괴 위에서, 비록 더디나마 작은 한걸음씩으로 원칙에 회귀하는 길목에 이정표를 세워나가야 한다. 그리고 '모든 사람을 언제까지나 속일 수는 없다'는 링컨의 명언을 끊임없는 경종으로 들어야 한다."

그러나 정치적 상황은 냉혹함을 더해갈 뿐이었다. 2월 19일 전국 111개 대학 총학장 회의에서 문교부장관이 한 치사는 "올해는 어떠한 어려움이 있더라도 학원소요를 기필코 종식시키기 위해 가능한 모든 조치를 강구하겠다"(2월 20일자 사설 「대학생과 '정치활동'—총학장 회의에서의 치사와 결의를 보고」)는 일방적인 것이었다. 다음날 신문에는 '범인 은닉죄'를 적용하여 「수배학생 숨겨준 선배에 영장」을 발부했다고 보도되었다. 『동아일보』는 「대학교수의 역할—학문의 자유·교수의 자율을 사회가 도와야」(2월 22일자)라는 사설을 게재했다. 그 한 구절을 인용하면 다음과 같다.

"문교부가 학생회 구성에 대해 5개 원칙을 각 대학에 이미 시달했지만 이번에는 '소요가담 학생에게 장학금을 주지 말라' '소요가담 학생에게는 온정주의를 버리고 엄벌하라' '과거 소요관계 제적학생은 복교시키지 말라'는 등 명령조의 지시가 홍수를 이루고 있다. 여기서 대학교수는 관연 어떤 몸짓을 해야 할까, 나름대로의 양심과 현실의 딜레

마에 부닥쳐 우유부단하게 되는 것 같다."

한편 전두환은 88년 서울올림픽 개최를 마치고 1989년 '대통령책임제'로 할지, '내각책임제'로 할지, 또는 '이원집정제'로 할지를 국민에게 묻고 싶다고 발표했다(2월 24일자). 그때가 되면 그는 7년 임기를 마치고 제2기에 들어가게 된다. 만일 이원집정제가 되어 국방과 외교가 대통령의 권한이라도 된다면 전두환정권은 몇번이고 계속될 전망이었다. 이 정권과 벌인 투쟁은 실로 불가피한 것이었다. 그래서 모든 기회에 모든 형태로 이루어질 수밖에 없었다. 이를테면 2월 졸업식 또한 젊은 이들에게는 투쟁의 장이었다.『동아일보』는「텅 빈 서울대 졸업식」이라는 사설(2월 28일자)을 쓰고 그 모두에서 이 시대의 상황을 다음과 같이 개탄했다.

"제40회 서울대학교 졸업식의 광경은 너무나 엄청난 '현실'이었다, 4천5백88명의 학사, 1천6백11명의 석사, 1백76명의 박사 배출을 증거하는 26일의 졸업식장은 결국 2백명만이 남은 텅 빈 자리가 되었다."

대학가에서는 이념서적이 압수되었다고 대서특필했다. 국가보안법에 저촉되는 것으로 그 수는 55종에 이른다고 했다(2월 28일자). 학원소요 관련으로 입건된 사람은 지난해 901명이었다고 수사기관이 발표했다(2월 28일자). 데모에 관련된 일, 그리고 헌법개정 서명운동에 관련된 일이 정부의 강경책에도 불구하고 연일 보도되었다. 마침내『동아일보』도 사설「서명정국의 향방——'정치인에 의한 정치적 해결'을 기대한다」(3월 6일자)에서 "많은 사람이 그토록 걱정해오던 '위기의 봄'이 다가오고 있다"고 썼다. 시민들이 특히 불안하게 느끼는 것은 1980년 5월 광주사건에서 전두환 군부정권이 학생과 시민의 시위에 발포와 학살도 꺼리지 않았다는 것을 상기했기 때문이다. 누구의 마음에나 위기가 시시각각 다가오고 있는 느낌이었다.「경찰, 서울대 구내에 '지휘소」

라고 『동아일보』에도 쓰일 정도였다(3월 26일자). 반체제활동은 더욱더 격렬해졌다. 공영방송인 KBS에 대한 시청료 거부운동이 확산되어갔다. 『동아일보』는 다시 사설 「언론의 자성——공정한 보도만이 불신을 씻는다」를 게재하고 새로운 자세를 언명했다(4월 7일자). 신문이 저항하는 시민의 목소리에 응답해야만 한다는 자세였다. 이 사설의 첫 구절을 인용한다.

"우리 언론인들은 7일 30회 '신문의 날'을 맞아 여러가지 자성을 하게 된다. 그동안 신문과 방송이 신속하고 풍부한 정보와 공정한 보도를 위해 과연 얼마만큼 노력했으며 그 결과는 어떠했을까. 그 평가는 오직 독자만이 공정하게 할 수 있다고 믿고 보다 나은 봉사를 위해 더욱 분발하기로 다짐한다."

헌법개정과 정권퇴진을 요구하는 운동은 전국적으로 확산되어갔다. 『동아일보』도 「대구시위」 141명 연행, '개헌대회' 뒤 5천명 가두행진, 16명 영장, 42명 대학 인계」(4월 7일자) 등으로 크게 보도했다. 교수들은 시국선언을 내고 운동에 합류했다(4월 10, 11일자). 신문은 내용을 보도할 뿐만 아니라 사설 등에서 「교수들의 '시국선언'——'지성의 목소리'를 겸허하게 들어야 한다」고 썼다(4월 12일자). 서서히 대학 캠퍼스와 언론이 연합하고, 야당과 종교계 그리고 지식인과 시민의 연합이 성립되어갔다. 폭력적 정권에 저항하는 혁명이 가까워왔다. 이렇게 되면 권력에서 이반하는 국민을 막을 수 없다. 권력이 언제 어떻게 끝나는가가 문제일 뿐이라고 할 수 있었다.

권력 측이 저항하는 학생과 국민에 대한 대책을 취하면 취할수록 저항은 거꾸로 크게 격화될 뿐이었다. 학생들을 군에 입소시켜 훈련시키고 하면 대학 전체가 저항한다. 그리고 다른 대학도 자극하게 되어 거의 전국적인 대학투쟁으로 발전한다. 이렇게 1986년 4월 하순은 전국적으로 격렬한 대학투쟁이 벌어지는 나날이 되었다. 그런 가운데 서울대학교 등에서는 학생들이 석유를 몸에 뿌리고 자살로써 저항을 시도하는 이른바 '분신자살'사건이 일어났다. 가장 격렬한 투쟁의 표식(標識)이었다. 그로 인해 전방입소훈련이 일단 중지되었지만, "반미, 반핵, 해방논리 등 일부 좌경 과격이론에 입각한 투쟁"이 나타났다. 그 과격함은 민주화운동 지도자들마저 이를 우려하면서 저항의 자제를 촉구할 정도였다(4월 29일자).

전국적으로 반정부 저항의 폭풍이 거칠게 불었다. 학생들의 분신자살도 이어졌다. 『동아일보』는 사설의 제목을 「극렬학생 운동──폭력은 폭력만을 부른다」(4월 29일자)로 하고 학생들의 과격한 투쟁에 경고를 발했다. 사설의 마지막 구절을 여기서 인용해보기로 한다.

"이번 사태에 직면하여 기성세대 특히 오늘의 정치현실에 책임이 있는 정치인과 그 부조리를 눈여겨 지켜보면서도 할 말을 다 못한 지식인들은 다같이 깊은 반성이 있어야 할 것이다. 지금이라도 학원이 왜 이 지경이 되었으며 학생들이 분신자살로 문제해결을 시도하게 되었는지 깊이 헤아려봐야 한다."

전두환은 여야대표와 회담하고 「국회서 합의하면 임기중 개헌 용의」가 있다고 발언했다(4월 30일자). 그는 어떻게 하면 권력의 일부라도 움켜쥐고 무엇보다도 자신의 신변안전을 도모할까를 생각했다. 5월 3일자 『동아일보』도 5월 2일 하루에 전국 「24개 대 8천여명 시위」가 있었으며, 천주교에서는 "수녀 4천여명"이 "민주화 9일기도"를 시작한다고 보도했다. 대학생의 군입대 훈련에 대한 저항에서 시작한 민주화운동은 날이 갈수록 맹렬하게 타오를 따름이었다.

5월 5일자 신문은 3일 오후 「인천 시위 129명 구속영장」이라고 1면에 보도했다. 사건에 대해서는 그날 사설 「'인천사건'의 파장──급진세력의 폭력은 민주화에 역행한다」에서 잠시 인용하는 것이 좋겠다. 사설은 먼저 "어떻게 치러질 것인지 관심거리이던 신민당의 인천 개헌대회 및 현판식이 학생, 근로자 등의 과격시위와 경찰의 완강한 저지로 무기 연기되었다"는 말로 시작했다. 현판식은 개헌투쟁위원회의 간판을 거는 의식을 가리킨다. 여기에 몰려온 학생과 시민을 쫓아내기 위해서 경찰은 최루탄을 발사했고 인천시가는 마비상태에 빠졌다. 저항세력은 "곳곳에서 투석과 방화를 자행했고 격렬한 시위와 경찰의 강제연행"으로 "최루탄 속의 시가전" 양상을 드러냈다고 전했다. 사설 가운데서 주목해야 할 한 구절을 인용하기로 한다.

"인천대회는 바로 급진세력에 시위의 무대를 제공한 꼴이 되었다. 그들의 구호와 유인물에 나타난 정치적 주장들은 지금까지의 개헌요구와 정권교체 주장이라는 한계를 훨씬 넘어서고 있다. 인천시내에 뿌려진 학생단체와 재야세력 그리고 노동단체들의 전단을 살펴보면 반미선동과 파쇼정권 타도를 외치는 격렬한 문구들로 가득 차 있다."

저항세력은 급진적이고 좌경적이며, 미제타도를 외쳤다. 『동아일보』도 「혁명이냐 개혁이냐」(5월 6일자)라는 사설을 게재했다. 저항세력의 외침 속에서는 "우리의 철천지원수 미제와 그 앞잡이 깡패적 반공정권의 심장부에 해방의 칼을 꽂자"고까지 했다. 미국과 전두환의 반공연합 아래서 한국인은 끝없는 고통을 맛보고 있지 않은가 하는 내용이었다. 『동아일보』는 5월 7일의 사설 「정치와 죽음과—양극단의 과격성 완화 위해 '정치의 자성'을」에서 저항으로 죽음을 선택하는 학생과 저항하는 학생들의 투석으로 죽어가는 전투경찰의 일을 슬퍼하며 다음과 같이 개탄했다.

"과격시위와 과격진압의 악순환이 되풀이되는 속에서 인간의 존엄성과 동족애를 말하는 것은 공허한 일이다."

이러한 소용돌이 속에서 미국 레이건정권의 조지 슐츠(George P. Shultz) 국무장관은 5월 7일부터 8일까지 한국을 방문했다. 그는 「한국 민주화 진행중, 88년 평화적 정권교체 확신」이라고 말했다. 신문은 미국의 개입을 몇번이고 크게 전했다. 「슐츠의 서울 24시간」이라는 사설까지 게재하고 88년의 정권교체를 위해서 국민은 타협해야 한다고 호소했다.

전국적으로 민주화선언운동이 확산되어갔다. 대학, 교회, 초중고 교사에게로까지 퍼져나갔다. 이에 대해 문교 당국이 조사 또는 징계를 운운하자 『동아일보』는 「교육민주화 선언'——정치적 중립의 요구를 왜 징계해야 하는가」(5월 15일자)를 게재하고 다음과 같이 논했다.

"적어도 민주를 표방하고 또한 민주를 추구한다는 정부라면, 그들의 선언을 정치적이라거나 반정부적이라고 배척할 수는 없다. 도리어 교육자의 깊은 고뇌 속에서 우러난 그 '현장의 목소리'를 뼈저린 자성 속에서 들어야 하며, 나아가 교육정책의 전개에 반영하는 것이 도리다."

이러한 혼란이 또다른 군부쿠데타를 불러올지도 모른다는 우려도 있었다. 신문은 5월 16일이 되자 1961년 박정희일당이 군부쿠데타를 일으킨 것을 상기시켰다. 86년 5월 17일의 사설 「5월의 어제와 오늘——폭력과 증오 버리고 화해와 포용의 길로」가 그것이다.

"'은인자중하던 군부는 드디어 금조미명(今朝未明)을 기해서 일제히 행동을 개시하여 국가의 행정, 입법, 사법의 삼권을 장악하고 이어 군사혁명위원회를 조직하였습니다. ······'

1961년 5월 16일 새벽 군의 정치적 중립이라는 울타리를 뛰어넘어 한강다리를 건넜던 혁명의 제일성이다."

그로부터 4반세기 지금까지 "폭력과 증오를 키워온 기간이었다면"

앞으로 4반세기는 "화해와 포용으로 가는 길"이어야 하지 않겠는가 하는 내용이었다. 박정희의 죽음 이후 1980년 광주에서는 5·18시민학살을 낳지 않았는가. 그런 역사를 딛고 1980년대 말 정치적 변혁은 어떠한 것이어야 하는가고 국민에게 반성을 촉구했다. 위기를 앞두고 다시 일어날지도 모르는 군사쿠데타에 경고를 보내는 것이기도 했다.

"'잔인한 5월'이 하순으로 접어드는데도 대학가 주변은 여전히 최루가스로 날이 새고 해가 진다. 우리는 언제쯤에나 이 암울한 악순환의 터널에서 벗어날 수 있을 것인가."(5월 21일자 사설 「최루가스에 시드는 봄」)

대학에서 분신자살이 이어졌다. 그에 따라 격렬한 데모가 폭발했다. 미국 하원에서는 「한국의 민주화촉구 결의」가 있었다고 전해졌다(5월 22일자). 그러나 데모학생은 물론 민주화를 외치는 지도자의 체포도 계속되었다(5월 23일자). 데모에 데모가 잇따르고, 체포와 폭력에 날이 새고 저무는 이 시대를 따라가면서 기록하는 것은 용이하지 않다. 여기서 다시 『동아일보』의 사설 「난국타개의 길──정치의 '안개'를 걷는 결단이 요구된다」(5월 24일자)에서 그 서두를 인용하기로 한다.

"새삼스럽게 정국의 혼미를 걱정하는 소리들이 들린다. 굳이 '새삼스럽다'고 말하는 뜻은 분명하다. 돌이켜보면 80년 봄의 '안개정국' 이래, 우리의 정치가 투명하게 전개되었던 날이 있었던가. 같은 말의 되풀이로 들릴지도 모르나, 거듭되는 정국의 혼미는 우선 그 정치의 불투명성에서 연유한다."

신문은 이렇게밖에 말할 수 없었으나, 그 의도하는 바는 전두환 군부독재가 종언의 날에 가까워 민주화의 길 외에 선택의 여지가 남아 있지 않다고 하는 것이었다. 사설을 읽는 국민은 모두 알고 있었다. 전두환은 「동의 없는 통치」(5월 29일자 사설)라는 정치적 현실을 언제까지 지속할 것인가. 투옥자만 1,500명이라고 하는 정치범의 시대를 극복하는 길은 그의 퇴진밖에는 없었다. 그러나 전두환정권은 "5월 27일 밤 8시부터 3시간 동안" 「전국서 일제 검문검색, 2천9백여명 검거 833명 영장신청」이라고 발표할 따름이었다(5월 28일자).

전두환정권을 지지해온 미국에 대한 항의도 거세게 계속되었다. 5월 21일 「대학생 부산 미문화원 점거, 1시간 만에 경찰투입 연행」이라고 보도되는가 하면, 5월 30일에는 노동자들이 서울 영등포 한미은행을 한때 점거하여 성조기를 불태우며 반미구호를 외쳤다고 했다.

이런 긴박한 상황 아래서 권력 측의 후퇴는 분명해졌다. 법정은 개헌시위에 무죄를 선고했다. 「개헌은 이젠 시대적인 흐름」이라는 판정이 보도되었다(6월 10일자). 그리고 「시위대학생 석방 잇달아」라는 기사가 뒤를 이었다(6월 11일자). 『동아일보』는 문교부가 국회에 제출한 자료를 인용해 「시국선언 교수 783명, 3년간 90만명 시위…80년 이후 1천6백20명 제적, 작년 11월 이후 최루탄 맞아 대학생 13명 다쳐」라고 발표했다. 더욱이 80년 이래 분신자살자는 6명을 헤아린다고 했다(6월 18일자). 그래도 전두환일파는 정권의 방위를 포기하려 들지 않았다. 국민의 저항이 강해지는 듯하면 뒷걸음질치다가 이로써 국민이 소강상태에 접어드는 듯하면 다시 강경책으로 돌아오곤 했다.

이런 싸움이 계속되는 가운데 86년 7월 17일에는 위장취업을 한 여대생이 경찰수사관에 의해 성적 모독을 당하는 사건이 발생했다. 경찰의 파렴치함을 규탄하는 저항세력의 활동을 경찰이 억압하는 가운데 신민당 건물에는 "파헤치자 고문진상, 타도하자 고문정권" "성고문 문귀동을 구속하라" 등의 플래카드가 내걸렸다. 그리고 "독재타도"라는 구호가 울려퍼졌다(7월 19일자).

이런 상황에서 여당이 준비하는 '내각제 개헌안'(7월 18일자)으로 시국을 이겨내고, 전두환 또는 군부대통령이라는 틀을 유지하려는 안은 결코 난국을 수습하는 길로는 보이지 않았다. 「임시국회 열라」(7월 22일자)고 하는 『동아일보』의 사설은 조심스러운 말로 다음과 같이 호소했다.

"호헌을 내세울 때의 몇달 전과 지금은 근본적으로 그 흐름과 맥이 다르고 논리도 같을 수 없다는 사실을 염두에 둘 필요가 있다. 옛날의 그 진용 그대로 과연 지금의 난국을 극복하고 설득력있는 국정을 펴나갈 수 있을 것인지 정부 당국으로서는 심각하게 검토해봐야 할 싯점이라고 느끼는 것이다."

신민당은 8월 4일 여당의 '내각제 개헌안'에 반대하고, 「대통령직선 권한은 대폭축소」 "임기 4년 1차 중임"으로 발표했다. 헌법개정 문제는 국회 안에서 적극적으로 논의되는 듯이 보였다. 그 진행상황에 주목하던 『동아일보』는 「합의개헌과 실세대화」(9월 4일자)라는 사설을 다음과 같이 시작했다.

"신물이 날 정도로 빛바랜 물음이지만 과연 '대타협'은 가능할 것인가. 여야의 속셈과 가는 길이 저토록 판이한데도 정말 합의개헌은 가능하다고 믿어도 좋을 것인가. 저러다가 만약에 실패라도 하는 날이면 나라꼴은 어찌 될 것인가."

9월 20일부터 제10회 아시안게임이 열렸지만 학생들의 저항은 가라앉지 않았다. 10월 10일에는 서울대학교 게시판에 북한의 기관지 『민주조선』 10월 5일자 사설에서 발췌한 내용이 게시되어 문제가 되었다. "미국과 남조선 측은 우리의 평화발기에 하루빨리 응해 나와야 한다"는 내용이었다고 보도되었다(10월 14일자). 이런 사건은 다른 대학에서도 잇따라 일어났다. 이윽고 배후인물로 서울대생 서진석(徐眞錫)과 두명의 여학생 박유상(朴裕祥)과 박옥주(朴玉珠)가 검거되었다(10월 17일자). 학생들이 급진화되어가는 조짐이 뚜렷이 보였다.

이러한 상황변화를 맞이하여 미국은 대한정책도 전두환을 지원하는 자세도 다소 수정하는 듯 보였다. 국회에서 신민당 유성환(兪成煥) 의원이 "우리나라의 국시는 반공보다 통일이 되어야 한다"고 발언하여(10월 15일자) 좌익으로 체포되는 소동이 일자(10월 16, 17일자) 미국 국무성은 10월 16일 다음과 같은 성명을 발표했다(10월 17일자).

"우리는 한국에 북한으로부터의 아주 현실적인 위험이 있음을 이해하고 있지만 모든 개인은 그들의 의견을 자유롭게 표현할 수 있는 권리를 가져야 한다고 믿고 있다."

그리고 이임하는 주한미국대사는 9월 30일 『로스앤젤레스 타임즈』와의 인터뷰에서 한국에 대해 다음과 같이 발언했다고 『동아일보』는 뒤늦게 보도했다(10월 20일자).

"처음으로 완벽한 합법성을 가진 정부를 선출할 기회를 맞았으며 이를 놓치면 정치적으로 20년 후퇴하게 될 것……"

미국정부가 대한정책에 관여하고 있다는 것은 두말할 필요도 없을 것이다. 여기서 커다란 정치적 변동의 시기에 미국정부의 대한정책으로 나타난 경향에 대하여 총괄적으로 한마디 하고 싶다. 적어도 박정희정권에서 전두환정권에 이르는 30년에 가까운 세월 동안 미국은 군사독재를 권할 때는 주한미군 사령부로 하여금 받아들이게 하고, 민주정치의 방향을 권고할 때는 미국정부의 대변인 또는 미국대사 등 문관으로 하여금 말하게 했다는 것이다. 그리고 그 말들이 단순한 논평 이상으로 정치적 의미를 가졌던 것은 말할 것도 없다. 이러한 미국 측의 자세로 보아 1987년 후반의 미국정부 또는 미국대사관 측의 전두환정권에 대한 비판적인 발언은 주목할 만하다고 하겠다.

연이어 학생들의 좌경적인 활동이 보도되었다. 86년 10월 24일자 『동아일보』 1면에 커다란 표제로 「마르크스 레닌주의당 결성 기도」라고 보도될 정도였다. 부제를 보면「검찰발표, 학생 근로자 등 27명 검거 13명 구속」「'민족해방혁명' 노선을 표방, 공단중심 '노동자동맹' 조직」「모두 101명 적발, 74명은 수배」라고 되어 있다. 대학내 "급진좌경 세력"이 노동자들을 "혁명의 주력군"으로 조직할 목적으로 "로동당과 동일한 성격의 마르크스 레닌주의당(ML당)" 조직을 시도했다고 서울지검 공안부가 발표했다.『동아일보』는 이에 대해「ML당사건의 충격」이라는 사설(10월 25일자)을 게재하고 "날로 불덩이처럼 달아오르는 학생운동"에 대해 깊이 우려하면서 "자유민주주의 그 자체를 부정하는 조직이나 언행에 대해서만은 어떤 경우에도 우리는 동의할 수가 없다"고 단언했다. 이러한 설득에도 학생들의 활동은 더욱 급진적이 되어갔다. 실제로 긴 학생운동 기간 동안 언론은 권력에 대항할 수 없는 취약한 존재라는 인상을 국민에게 심어주었다. 투쟁하는 젊은 학생들 사이에서는 특히 그랬다.

86년 10월 29일자『동아일보』는 28일 건국대학교에 집결한 26개 대학 학생 2천명의 데모에 대해서, 경찰은 밤을 새워 농성중인 9백명 전원을 연행하기로 했다고 보도했다. 또다시 이른바 "용공대자보와 인쇄물"이 등장했다. "조국통일 가로막는 식민지 분단이데올로기 반공이데올로기 분쇄투쟁 선언문"이라는 대자보도 나타났다. "미군철수"를 주장하며, 1950년 한국전쟁은 "남녘땅에 친미예속적인 괴뢰정권을 세우고 분단을 영구화시키려는 미제에 대항한 민족해방투쟁"이었다고 했다. 그리고 "반공이데올로기는 분단이데올로기, 식민지이데올로기, 독재이데올로기"에 불과하다고 당당히 주장했다. 데모 4일째인 10월 31일 헬리콥터 2대와 8천여명의 경찰력을 동원함으로써 농성은 진압되었다. 참으로 폭력적인 공격에 폭력적인 저항이었다. 경찰의 폭력에 시민도 돌을 던질 정도로 치열한 싸움이 전개되었다. 많은 학생이 부상을 당해 입원했다. 전국의 대학에서 건국대 사태에 동조하는 "교내시위" "수업거부" 사태가 이어졌다(11월 5일자). 경찰은 국회에 제출한 자료에 「올해 최루탄 사용 31만발 59억어치」라고 기록했다(11월 8일자).

시국은 결정적으로 민중봉기의 상황으로 기울어져갔다. 가톨릭의 「사제단 시국선언 발표」(11월 18일자)가 이어지는가 하더니, 마침내 11월 29일에는 신민당이 '제1회 대통령 직선제개헌 쟁취 및 영구집권음모 분쇄 범국민대회'를 개최하려다 3만의 경찰과 격돌하는 사건으로 발전했다. 이 어마어마한 상황에 대해서 『동아일보』의 큰 표제만을 인용해보기로 한다.

「최루가스 덮인 서울도심」
「30~40명만 몰려도 발사…강제해산」
「시민들 '왜 통행제한하느냐' 항의」(11월 29일자)
「서울대회 연행자 2255명」(경찰 발표)
「경찰 과잉연행…시민들 항의 빗발」
「식당·다방 손님까지 끌어가」
「약 사러 나왔던 시민 봉변도」
「1만 5천여명 시내 곳곳서 산발시위」
「버스 기다리던 시민 최루탄에 실명위기」(12월 1일자)

이런 상황에 대한 미국 국무성 대변인의 성명 일부를 인용하면 다음과 같다.

"한국정부가 헌법에 보장된 집회와 언론의 자유를 보장하는 것이 우리의 희망이다. (…) 우리는 양측 모두가 협상과 타협을 통해 그들의 목표를 추구해나가기를 희망한다."(11월 29일자)

"모든 당사자들이 민주제도의 기본 틀 안에서 협상과 타협을 통해 그들의 목표를 추구해야 한다. (…) 지난 2월 평화적인 봉기로 '마르코스'정부가 무너졌던 '필리핀'의 경우보다는 한국의 민주발전 속도가 점진적이어야 할 필요가 있다."(12월 2일자)

이런 소란 속에서 1986년은 저물어갔다. 1987년 1월 1일 『동아일보』는 사설 「신년사」의 제목을 「민주성숙을 생각한다」로 정했다. "올해만큼 '정치의 범람'이 눈앞에 와 있는 새아침이 또 있을까" 하는 것이 그 서두의 말이었다. 국민 누구나가 "민주정치하는 백성의 자긍심을 가져야 한다"고 간절히 타이르는 듯한 글이었다.

그러나 이러한 호소에 응할 군부정권이 아니었다. 전두환은 1월 3일 신년 초 순시로 오전 1시 40분부터 다섯 시간이나 예고 없이 정부청사에서 검문소까지 방문하고는 "북한 공산집단은 우리의 동계 야간작전 능력이 취약하다고 보고 도발기회를 노리고 있다"고 호언하는 것을 잊지 않았다(87년 1월 5일자). 한편 『동아일보』는 이미 김영삼과 김대중 두 사람 사이에 격심한 정치적 싸움이 움트기 시작했다는 우려의 목소리를 냈다(1월 8, 9일자).

전두환은 민주화는 불가피하다고 보고 있었음에도 그 자신과 여당인 민정당이 민주화라는 구실 아래서도 어떻게 계속 실권을 잡을 수 있을까를 부심하고 있을 뿐이었다. 이때 결정적인 사건이 일어났다. 서울대 언어학과 3학년 박종철(朴鍾哲)이 치안본부 대공수사2단에 연행되어 조사를 받던 중 14일 사망한 것이다(1월 16일자). 1월 19일 신문에 「물고문도중 질식사」라고 발표되었다. "머리를 욕조물 속에 집어넣어 욕조턱에 목 부위 눌려 숨졌다"고 『동아일보』는 보도했다. 이 사건이 '고문정국'이라는 파란을 불러일으켰다.

14일 오전 치안본부의 전문의 오연상(吳演相)은 경찰의 압력에 저항하며 사건을 공표했다. 경찰은 사인도 밝히지 않은 채 유해를 화장했다. 이 파문은 민주화세력과 야당과 언론은 물론이고 전국을 완전히 소용돌이 속으로 휘말리게 했다. 그리고 전두환세력을 민주화세력 앞에 굴복하지 않을 수 없는 막다른 지경으로 몰고갔다. 정치적 대변동은 의외의 죽음을 통해서 다가오는 것일까. 그러나 그 과정은 아직 험난한 도정이었다. 87년 2월 7일에 열리기로 된 박종철 추도행사에 대해서 서술하고자 하는데 「지방차출 등 3만여 경관 동원키로」 했다는 『동아일보』의 기사 첫머리만을 인용하기로 한다.

"경찰은 야권이 오는 7일 오후 2시 서울 명동성당을 비롯, 부산, 대구, 광주 등 일부 지방도시에서 개최할 예정인 '2·7 박종철군 추도회'를 원천 봉쇄키로 최종 방침을 정하고 전국 일제검문검색, 재야단체 압수수색 등을 통해 주최 측의 준비활동을 사전차단하고 대회 당일에는 주최 측 인사 가택보호, 대회장 주변통제 등을 실시하기로 했다."(2월 5일자)

그날은 교회, 성당, 사찰 등의 타종도 일절 할 수 없도록 했다. 당일에는 「서울, 부산, 광주서 산발시위」가 있었고, "노상추도회" "연좌농성"이 이루어졌다(2월 7일자).

다시 미국의 그림자가 어른거렸다. 미국 국무성의 관여였다. 『동아일보』의 「2·7 추도회와 미국의 충고」(2월 9일자)라는 사설에서 잠시 인용해보기로 한다.

"우리의 민주발전을 가장 관심있게 지켜보아온 미국은 오늘 같은 상황을 예견이라도 한 듯 우정있는 충고를 내놓았다. 씨거(Gaston J. Sigur) 국무차관보의 연설은 첫째로 '한국이 정치를 영구적으로 문민화해야 하는 과제에 직면해 있음'을 지적하면서 지금까지는 군이 한국의 발전과정에 중요한 역할을 해왔으나 이제 한국은 새시대로 옮겨가고 있다고 강조했다.

다음으로 그는 '합헌개헌만이 한국의 정치를 계속 발전시키고 폭력적 정부교체의 악순환을 제거시킬 것'이라면서 헌법은 물리적 힘의 남용이나 대결로써가 아니라 모든 정치집단간의 타협과 컨쎈서스(의견일치)로 얻어져야 하며 그러기 위해서는 개인적인 야망이나 과거의 죄과, 불만 등은 접어두고 모두가 미래를 위해 함께 노력해야 한다고 덧붙였다."

여기에는 앞으로 한국의 정치적 방향이 그대로 드러나 있으며 그 방향을 향해서 미국은 정치적 영향력을 행사할 것이라는 의지가 담겨 있었다. 1945년 이후 미국은 그와같이 한국의 정치·사회에 영향력을 행사해왔다. 한국사회의 발전에 따라서 표면적인 것에서 이면적인 것으로 이행했고, 저항하는 세력을 처음에는 공공연하게 배제했지만 차츰 그것은 서서히 그 모습을 감추게 되었다. 이런 의미에서 한국의 정치는 미국의 동북아시아정책의 수중에 있었다고 해도 좋을 것이다.

서울대 졸업식장에서는 그해도 역시 축사를 하기 위해 총장과 함께 단상에 선 문교부장관에게 졸업생들이 야유를 퍼부었다. 단상을 향해 등을 돌리고 「친구」「아침이슬」「농민의 노래」「임을 위한 행진곡」 등을 소리 높여 부르는가 싶더니 졸업생 5천여명이 대부분 퇴장해버렸다 (2월 27일자). '박종철군 49재'와 '고문추방 민주화 국민평화대행진'이 전국 주요도시에서 열리려고 하자 이를 저지하기 위해서 6만의 경찰이 동원되었다(3월 3일자). '3·3대행진'에서 연행된 사람은 전국에서 439명으로 학생이 293명, 일반인이 146명이었는데, 그중에는 여성 90명이 포함되었다. 이러한 상황에서는 경찰도 연행자의 대부분을 '즉심·훈방'으로 석방하지 않을 수 없었다(3월 4일자).

미국 측은 실로 발빠르게 움직이며 발언을 거듭했다. 3월 6일 슐츠

미 국무장관이 서울을 방문했고, 전두환은 다음해 2월 임기만료와 함께 퇴임할 것을 확약했다(3월 9일자). 『동아일보』는 「인권은 한미 공동관심사」(3월 17일자)라는 커다란 기사를 게재하고 미 국무성 인권담당 수석부차관보와 전화로 통화한 내용을 발표했다. 그 내용은 이 시기에 미국이 한국에 대해서 어떠한 자세를 취하고 있었는가를 명확히 드러낸 것이며, 미국이 전두환정권의 붕괴를 의도하고 있음을 넌지시 비친 것이었다. 또한 한국에서 일어난 민주화운동을 의도적으로 격려했다. 『동아일보』는 대화 내용을 상세히 보도하면서 다음과 같이 코멘트를 가했다.

"몽고메리 부차관보는 인권문제에서 국민들의 진정한 바람에 부응하지 못하는 체제나 권리를 남용하는 체제는 미국의 이익에 위배된다고 주장했다. 그는 또 한국 정치발전과 관련, 국민들이 표현의 기회와 창의의 기회, 자유를 향유할 수 있는 기회를 갖도록 하는 정치 진전이 이루어지기를 희망한다면서 그 해결책은 한국국민들이 찾아야 할 것이라고 말했다."

이것은 대체로 미국의 명백한 내정간섭이라고 할 수 있었다. 『동아일보』 지면상에서 이러한 기사는 계속되었다. 그러나 당시에는 한국의 민주적 발전을 바라는 양식있는 목소리로 받아들여진 것은 말할 나위 없다. 이러한 목소리가 없다면 저 격렬한 민주화투쟁에 특히 대량의 피를 흘리는 일 없이 승리할 수 있을까 하고 많은 사람들은 마음속으로 느끼고 있었다. 1980년 전두환의 집권을 가능하게 한 주한미군 사령관이 한국국민은 '레밍'(lemmings)[1]과 같이 어떤 통치자에게도 잘 따라간다고 서슴없이 발언하던 것을 고통스러운 마음으로 상기하면서

---

1 북극산 쥐의 일종으로, 군중심리에 휩쓸려 행동하는 사람들을 가리킨다—옮긴이.

도 말이다.

이러한 정치정세 속에서 여당인 민정당과 야당인 신민당의 정치적 홍정은 계속되었고, 아직 정치활동이 자유롭지 못한 김영삼과 김대중도 움직이기 시작했다. 전두환과 군부는 의원내각제를 내세우며 대통령직에 집착했다. 그렇게 하면 군부지배집단의 다수가 살아남을 수 있을 것으로 생각했다. 양 김씨는 저항했다. 그러나 두 사람은 지금까지는 군부정권과 싸우면서 서로 협력했지만 새로운 정치상황을 앞두고 집권을 노리며 분열의 조짐을 보이기 시작했다(3월 18일자). 이렇게 하여 강대한 군부세력과 싸울 때는 학생이나 국민 일반과 전선을 함께했던 재야 정치세력은 국민한테서 멀어져서 단순한 정치가로 기울어지고, 민주주의를 위한 투쟁 속에서 형성되었던 그들의 카리스마는 급격히 무너졌다. 국민이 차지한 승리를 정치가 사유(私有)하여 낭비하고, 사리(私利)를 위해 남용한 것이라고 하겠다. 그런 의미에서 군부통치 시대에는 카리스마적인 개인은 있어도 참정치는 없었다고 해야겠다. 역시 이 민족은 고난에는 강하고 안락에는 약한 것일까.

김대중, 김영삼 양 계열은 마침내 분열하여 87년 4월 8일 김대중은 신당 결성을 선언하게 되었다. 이로써 군부집권세력에게는 어부지리의 가능성이 생겼다(4월 8일자). 『동아일보』는 사설 「야당의 비극」(4월 9일자)은 그 첫머리를 다음과 같이 시작했다.

"'분당' '분당' 하던 신민당이 마침내 두쪽으로 갈라서고 말았다. 식솔들을 거느리고 뛰쳐나가는 쪽이나 껍데기만 남아 머쓱해진 잔류파나 변명들은 많지만 국민들의 눈에는 한심하기가 짝이 없다.

하루이틀도 아니고 석달 열흘간이나 그 지겨운 분란이 계속되는 동안 당의 지도층들은 무슨 일을 얼마나 잘했다고 생각하는지는 몰라도 시중에 나가보면 손가락질과 혀 차는 소리들뿐이다."

야당이 분열하자 전두환은 4월 13일, 헌법개정은 88년 올림픽 이후에 고려해야 할 것이며, 국민의 직접선거를 거치지 않고 금년중에 차기 대통령을 정할 것이라고 선언했다. 군부의 누군가를 대통령에 임명하고 자신은 후견인으로서 권력을 계속 잡으려는 속셈이었다. 야당의 분열로 자신의 연명이 가능해졌다고 판단한 것이다. 이런 암담한 상황속에서 한국의 민주화라는 과제는 또다시 한국민중 자신의 손에 되돌려졌다.

　난국을 앞두고 다시 움직이기 시작한 것은 학생을 중심으로 한 세력이었다. 먼저 가톨릭 신부들이 움직였다. 부산대학교에서 구속·연행된 학생들 3천여명의 석방을 요구하는가 하면(4월 16일자), 4월 21일 저녁에는 광주의 신부 13명이 직접선거를 요구하며 무기한 단식에 들어갔다(4월 22일자). 야당 정치인들의 권력욕으로 말미암아 국민의 민주화 열의가 후퇴했고, 군부정권이 이것을 이용하여 권력을 계속 잡으려 들자 이를 용서할 수 없다는 결의가 이처럼 국민 사이에서 분출했다. 광주는 80년 광주사건의 땅이며, 군부권력은 피의 탄압을 가하고서도 6년이나 지속되었다. 광주는 이 역사를 상기하면서 투쟁을 시작한 것이다.

　전국의 대학 캠퍼스는 야당 분열에 대한 환멸과 실망에서 다시 일어섰다. 광주에서 일어난 가톨릭의 저항은 전국의 신구기독교회로 이어졌다. 문인 193명이 헌법개정을 요구하며 성명을 발표했다(4월 29일자). 「서강대학 교수 28명 시국성명」(4월 30일자)이 발표되는가 하면, "서울대학교 교수 122명"(5월 2일자) 등으로 각 대학이 뒤를 이었다. 미국에서는 하원이 전두환의 '4·13조치'를 비판하는가 하더니(5월 7일자) 상원 외교위에서는 '4·13재고'를 결의했다고 보도되었다(5월 14일자). 『동아일보』는 5월 15일의 사설 「미 상원의 대한결의안」의 서두를 다음과 같은 말로 시작했다.

"어쩌다가 우리가 남의 나라로부터 이런 수모까지 받아야 하는지 생각하면 할수록 참으로 부끄럽고 답답하고 착잡한 일이 아닐 수 없다. 미 상원 외교위원회는 현지시간으로 지난 12일 개헌논의를 유보시킨 한국의 '4·13조치'와 관련하여 개헌논의 중단 결정을 재고토록 촉구하는 강력한 내용의 대한 결의안을 통과시켰다고 한다."

결의안은 "개탄한다"는 용어까지 사용한 강력한 것이었다. 『동아일보』가 "남의 나라로부터 이런 수모까지 받아야 하는지"라고 개탄한 것은 전두환정권에 대한 강력한 저항을 내포한, 어떤 의미에서는 국민을 향한 호소를 담은 것이었다. 마침내 불교계에서도 751명의 조계종 승려가 「민주화 위한 견해」를 발표했다(5월 16일자). 그들은 4·13조치 철회와 민주개헌을 외치면서 박종철 고문치사사건으로부터 4개월이나 지났지만 "검문검색, 불법연행, 민주인사에 대한 연금과 구속"은 여전히 계속되며 아무런 변화를 보이지 않는다고 추궁했다.

이런 가운데 박종철 고문치사사건으로 체포된 경찰관 두명이 그들 외에도 경찰관 세명이 더 사건에 관련되었음을 폭로했다고 검찰이 발표하는 사태가 일어났다. 이에 저항하는 전국적인 학생운동이 일어나게 되었다. '6월시국'이라고 하는 난국이었다. 3월에 새학기를 맞아 아직 전열이 정돈되지 않은 시기에 야당의 분열이라는 혼란에서 빠져나오지 못하던 학생들이 저항의 행동으로 다시 집결했다. '민주헌법쟁취 국민운동본부'는 6월 10일 '박종철군 고문치사 은폐조작 규탄대회'를 서울시청 근처 성공회교회 안에서 개최한다고 했다. 정부는 이것을 「경찰병력 동원 원천 봉쇄키로」 결정했다(6월 5일자).

한편 전두환은 국민의 직접투표 없이 자신의 후임 대통령으로 군 동기인 노태우 장군을 밀기로 결정했다. 민정당은 6월 10일 전당대회를 열고 노태우를 대통령으로 지명하려고 했다. 전두환은 노태우를 표면에 내세우고 이를 지배한다는 정권의 이중구조, 즉 이원적 집권을 구상하고 있었다. 『동아일보』는 「믿음있는 정치를——이 공동체 위기의 실체는 불신이다」(6월 6일자)라는 사설을 싣고 그 서두에서 다음과 같이 썼다.

"정치가 한심하니 무엇 하나 제대로 되는 일이 없다. 국회라는 것이 열리기는 했으나 '예정대로'의 불참과 단식농성으로 꼴만 사납게 되어버렸고, 무슨 일이 터져도 크게 터질 것 같은 불안한 예감으로 사람들은 '6월 10일'을 맞기조차 겁난다."

6월 9일 『동아일보』에서는 「경찰 5만 8천 투입 6·10봉쇄작전, 성공회 주변 내일 2만명 3중 차단」이라는 큰 표제가 눈에 띄었다. '6·10고문살인 은폐규탄 및 호헌철폐 국민대회'가 열릴 예정이었기 때문이다. 그리고 '재야인사 가택연금' '110개 대 야간 전격수색'이라고 했다. 『동아일보』의 사설 「6·10 전야 마지막 권고——이성과 자제로 큰 불상사 없기를 바랄 뿐」의 서두는 다음과 같이 숨이 막힐 듯했다.

"마침내 붙는 일만 남았다. 붙되 어떻게 붙느냐만 남았다. 너나없이 피할 수만 있다면 피해가기를 그토록 당부했건만 여는 예정대로의 '대통령 후보지명 전당대회'를 야는 계획대로의 '고문살인 은폐규탄 및 호헌철폐 국민대회'를 한치의 양보도 없이 밀어붙이는 데까지 밀어붙일 모양이다."

6월 10일을 맞이하여 여당의 전당대회에서는 노태우를 대통령후보로 뽑으면서 가수와 치어리더를 동원하여 분위기를 고조시켰다. 재야세력 사이에서는 경찰과 벌인 격렬한 충돌 속에서 연세대생 이한열(李韓烈)이 최루탄 가스 직격탄을 머리에 맞고 중태에 빠지는 사건이 일어났다. 그것은 박종철의 죽음에 이어 민주화를 추진하는 또하나의 커다란 희생이 되었다. 국민대회는 전국적으로 전개되며 경찰과 충돌했다. 미국 국무성 부대변인은 이 사태에 대해서 "미국은 이같은 행위를 혐오한다." "평화적인 집회의 권리에 대한 미국의 지지는 확고한 것"이라고 논평했다고 보도되었다(6월 11일자).

6·10저항은 종래의 데모와는 달랐다. 3, 4일이 지나도 데모대의 민중은 침묵으로 돌아가려 하지 않았다. 주요 민주인사는 모두 체포되었지만 데모대는 밤을 새워 경찰과 대치했다. "헌법상의 모든 조치 발동 가능성"(6월 13일자)이 있다고 해도 데모대는 마이동풍이었다. 시민들은 그들을 박수로 격려했다. 전투경찰이 학생들을 향해 최루탄을 쏘려고 하자 1천여명의 시민이 경찰의 발포를 막을 정도였다. 그러자 『동아일보』는 급박함을 고하는 상황에 발을 구르며 「이래서는 안된다─여야 집권의 차원 넘어 역사교훈 살리라」는 사설(6월 13일자)을 다음과 같은 말로 매듭지었다.

"이제 스스로 정치지도자들은 여와 야 또는 정권적 차원이 아닌 국가, 민족의 차원에서 판을 바꾸기 바란다. 집권의 차원이 아니라 역사적 요청인 국권안정, 민주화의 차원으로 돌아가라. 스스로 못 돌아가면 결국 타율적으로 돌아가야 된다는 역사의 섭리 앞에 모두 경건하자."

숨막히는 상황 속에서 『동아일보』기자가 명동성당 내의 상황에 대해 신문의 칼럼에서 전한 마지막 몇 구절을 여기서 인용해보기로 한다.

"이 미사를 집전한 오태순(吳泰淳) 신부가 떨리는 목소리로 강론을 시작했다.

'그러나 이 세상 어느 고통도 하나님 앞에 중요치 않은 것은 없습니다. 우리를 가로막아야 하는 저 전경대원들의 고통도 우리는 함께 나누어야 할 것입니다.'

잠시 분위기는 숙연해졌다.

이날 밤 미사가 끝난 뒤 성당 안에서 농성을 다시 계속한 시위학생들은 문화관 2층 좁은 의자에서 새우잠을 청하고 그나마 자리를 구하지 못한 학생들은 시멘트 바닥에 누워 하늘을 바라보며 잠을 청하기도 하고 밤을 지새우기도 했다. 성당 주변에는 고요한 어둠이 깃들었다.

성당 입구에서 인의 바리케이드를 치고 있던 전경대원들도 성당 안이 조용해지자 사흘 동안 계속된 시위진압으로 지친 탓인지 하나둘씩 아스팔트에 길게 눕기 시작했다.

'며칠 만에 자는 거지'라고 기자가 묻자 한 전경대원은 '아무려면 어때요. 전경이 사람입니까. X지요'라고 대답했다."(6월 13일자)

X라는 것은 개라는 단어였음이 틀림없다. 독재권력자는 국민을 이런 상태로 방치해두고 어떤 꿈을 그리고 있는 것일까. 명동성당의 농성은 6일 만에 해산되었다. 경찰과 정부 당국이 학생들의 안전한 귀가를 보장하기로 가톨릭교회 측에 약속했기 때문이다. 『동아일보』 사설은 '극적인 해결'로 높이 평가했다(6월 15, 16일자).

미국 국무성은 다시 한국정부와 접촉하고 있다고 시사하면서 다음과 같이 미국정부의 입장을 밝혔다.

"미 행정부는 금년 한국이 더 개방된 정치체제로 발전해야 될 필요가 있다고 자주 언급해왔다. 시거 차관보는 지난 2월과 5월 이 문제에 관한 미국의 정책을 다소 구체적으로 밝혔다. 우리는 또 언론의 자유와 평화적인 집회와 같은 기본적인 인권을 지지하고 폭력과 힘의 남용을 반대한다는 입장을 여러 차례에 걸쳐 분명히해왔다. 한국은 지금 전환기에 놓여 있으며 그에 수반된 전개상황은 한국의 독특한 문화와 역사에 기인한다. 영속적인 유일한 해결책은 한국민들을 위해 만들어지는 것이어야 하며 국민들의 광범위한 지지를 받을 수 있어야 하겠다는 의지와 대화를 통해서만 가능하다고 생각한다. 지난주의 사태는 바로 그러한 과정이 절실히 요청된다는 점을 잘 보여줬다."(6월 17일자)

미국의 의도가 명확히 드러났다. 미국 대통령의 친서가 전두환에게 전해질 것이라고 몇번이고 신문은 전했다. 이러는 사이에 학생, 시민의 저항은 전국적으로 확대되어갔다. 6월 17일자 『동아일보』의 표제는 다음과 같았다.

「전국 8개 도시 격렬 시위」
「부산·진주 파출소 7곳 습격 화염병」
「남해고속·경부국도 점거 한때 불통」
「65개 대생 참가⋯3천명 19곳서 철야농성」
「대전선 심야 1만여명 도청 앞까지 진출」

전두환이 진두에 내세운 노태우와 야당의 김영삼이 '개헌논의'를 위해 협의할 것이라고 보도되었다(6월 18일자). 그러나 김영삼은 노태우가 아닌 대통령 전두환과 대담을 제기하고 김대중의 연금을 해제하라고 주장했다. 전두환은 김영삼과는 대담을 하고, 김대중은 떼어놓는다는 정책을 취하려고 했다. 「전국 대도시서 심야시위, 8만 6천여명 도심상가철시 교통마비」(6월 19일자)로 사태는 더욱더 격화되어갔다. 『동아일보』는 「여당의 결단을 촉구함──미봉책말고 민주화로 방향전환을」이라는 사설을 게재했다. 서두는 다음과 같다.

"서울을 비롯한 전국 도시에서의 시위가 날로 가열되고 있다. 곳곳에서 도심의 교통이 마비되고 상가가 철시되는가 하면 경찰장비가 불탄다."(6월 19일자)

데모학생에 의해 서울에서는 「남대문서 포위 화염병 던져」, 부산에서는 「서면로터리 점거 도심 마비」, 대전에서는 「역구내 철로 막아 열차 15분간 불통」 등으로 전국이 혁명적 상황으로 접어드는 듯했다(6월 19일자).

미국 의회의 움직임도 크게 보도되었다. 한국은 "민주화 중단으로 불안이 심화"되었기 때문에 케네디(Edward M. Kennedy) 의원 등에 의해 「87 한국 민주주의 법안」이 제기되었다고 했다(6월 19일자). 6월 19일 마침내 전두환은 레이건 대통령에게서 친서를 받았다. 한국의 사태를 크게 우려하며 민주화를 위한 대화를 권한다는 내용이었음은 두말할 필요도 없었다. 『동아일보』의 사설은 김대중의 연금해제를 주장하며, 85년 귀국한 이래 김대중이 당한 가택연금은 54회로 그 '통산일수가 1백80일에 이른다'고 했다(6월 20일자). 6월 20일에는 "파출소 31곳"이 습격당했다.

씨거 미국 국무성차관보는 급거 한국을 방문하여 '한국사태 군부개입은 적절한 해결책 아니다'라며 군부를 견제했다(6월 22, 24일자). 전국의 주요도시에서 철야시위가 계속되었다(6월 22일자). 미국은 군부의 재등장을 우려하며 「군부개입은 한국 국익 크게 해쳐」(6월 23일자) 등으로 반복 경고했다. 이러한 위태한 상황 속에서 6월 24일, 전두환과 김영삼이 회담하고 여야합의로 헌법개정, 그것을 위한 국민투표, 그리고 김대중의 연금해제에 의견을 하나로 모았다고 발표했다. 그 다음날 김대중은 자유의 몸이 되었다.

6월 26일에는 오후 6시를 기해 서울, 부산, 대구, 광주, 전주, 인천, 대전 등의 대도시를 비롯하여 37개 시·읍에서 '국민평화 대행진'이 전개되었다. 『동아일보』는 밤 10시 현재 대도시들에서 각각 4만명에서 5만명의 시위가 전개되고 있다고 보도했는데, 시위는 27일 새벽녘까지 계속되었다. 경찰이 3,467명을 연행했다는 데모였다. 폭력은 자제했으나 '직선제 개헌' '민주쟁취' '독재타도' 등을 부르짖었다. 길 가는 많은 차량은 격려의 경적을 울렸고, 시민들은 태극기나 손수건을 흔들었다. 온국민이 혁명의 열기에 휩싸였다(6월 27일자). 이날의 「가두대결은 이제 그만」이라는 『동아일보』의 사설은 다음과 같이 시작되었다.

"온 국민의, 아니 세계적인 관심 속에서 열린 26일의 평화대행진이 끝났다. 이날 저녁에 터뜨려진 최루가스는 시위참가자의 옷깃에만 묻어온 게 아니라 다음날 출근길의 시민들에게까지 재채기를 유발했으며 또 수많은 연행자와 기물파괴를 가져왔다."

민주화를 받아들여 실행하겠다고 하면서 자제하며 행동하는 시민을 향해 대체 이게 무슨 짓인가. "개헌을 한다고 해놓고 손바닥 뒤집듯 호헌으로 돌아서고 이제 와서 다시 4·13조치를 철회한다고 해도 믿지 않으려는 것이 국민이다. 이런 불신풍조를 만든 것이 누구인가." 그리고 다음과 같은 말로 끝을 맺었다.

"이제 정치권이 민심을 수렴한 바탕 위에서 정치적으로 문제해결을 시도할 때이다. 이래도 민의의 소재를 모른다면 더이상 정치할 자격이 없다. 더 늦기 전에 정치가 돌이킬 수 없는 막다른 골목으로 몰리기 전에 집권당은 수습방안을 내놓아야 할 것이다."

군인은 정치를 해도 적을 속이듯이 국민을 속이는 것일까. 여기에 미국의 적극적인 개입이 있었다는 것을 인정해야 한다. 미 국무성 동아시아 및 태평양담당 씨거 차관보는 이번 한국방문에서 상당히 명확한 견해를 표시했다. 전두환에게 강력하게 양보를 촉구한 듯 긴 기사 중에는 분명하게 다음과 같은 말이 들어 있었다.

"우리는 한국이 역사적 분기점에 있으며 그들이 성취하려는 평화적 권력이양이 이루어져 보다 광범위한 민주제도를 갖게 될 것으로 믿는다. 우리는 이같은 한국민의 노력을 전폭적으로 지지한다. 한국민들은

106

우리가 자신들을 지지하고 있음을 안다. 나는 그들이 현 싯점에서 우리가 더이상 어떤 것을 하기를 원한다고 생각하지 않고 있다."

"우리는 한국국민들과 원하는 바를 성취할 수 있는 그들의 능력에 대해 확고한 믿음을 갖고 있다. 의심할 바 없이 한국국민들은 민주주의에 대해 엄청난 욕구를 갖고 있다고 생각한다. 그러나 그들은 그들 자신의 방법으로 그 목적을 이루어야 한다."

"현 싯점에서 미국이 아주 분명히하고 있는 바는 현 상황에 대한 군부의 어떠한 개입도 용인되지 않으며 우리는 그것을 반대하고 있다는 사실이다. 우리는 그 점을 아주 분명히 언급했다."(6월 27일자)

전두환이 후임으로 앉힌 민정당 노태우 대표위원은 마침내 6·29선언을 발표했다. '직선제 연내 개헌' '김대중씨 사면복권' '구속자 석방' 등을 전두환에게 건의한다고 했다. 김대중을 사면복권시키고, 연내 대통령선거를 통해 다음해에는 정권을 이양하고, 그리고 언론자유, 지방의회 구성을 추진한다고 했다(6월 29일자). 『동아일보』는 그날 사설에서 「민주화를 향한 대 결단」 "대화합과 위대한 국가로 전진하는 것"이라고 일컬었다. 미국도 곧 6·29선언을 크게 환영했다. 슐츠 국무장관은 미 NBC 텔레비전을 통해서 "한국국민들이 경제적 기적을 이룩했듯이 정치적 기적도 이룩할 수 있는 상당한 기회가 있다" "미국은 한국인들이 이를 해낼 수 있도록 돕고 있다"고 논평했다(6월 29일자). 이처럼 한국의 민주화는 한국국민의 용기와 지혜로 달성된 것이면서, 역시 최종적으로는 미국의 '간섭'에 의해서 성립된 것이라고 할 수 있다. 씨거 차관보도 미국 ABC와의 대화 마지막에서 다음과 같이 말했다고 전해졌다(6월 30일자).

"우리는 지금 일어나는 모든 것을 전폭 지지한다. 우리는 지금 여당의 발표, 야당지도자들의 반응에 대단히 고무되고 있다. 그리고 그들이 세부작업에 착수하면서 다음 한달여 모든 것이 잘 되어나가면 한국은 진실로 아주 광범위한 지지기반을 가진 정치체제를 가질 수 있을 것이다. 즉 한국말로 민주주의가 만개될 것이다."

7월 6일 최루탄 직격탄을 맞고 입원중이던 연세대생 이한열이 입원 27일 만인 5일 이른 아침 끝내 숨을 거둔 사실이 알려졌다. 『동아일보』는 사설 「이한열군의 죽음」이라는 글을 다음과 같이 시작했다.

"민주주의란 나무는 피를 먹고 자란다더니 우리 민주주의의 완성을 위해서도 또 젊은 목숨의 희생이 필요했던가."

『동아일보』는 7월 9일 장례에는 「이한열군 영결…인파 수십만」이라고 보도했다. 옥중에서는 정치범 2,335명이 석방되었다. 그리고 김대중의 「대통령 불출마선언 백지화」가 보도되었다(7월 9일자). 수일이 지나 『뉴욕 타임즈』와 『워싱턴 포스트』가 「두 김씨 모두 출마 땐 패배 가능성」이라고 보도했다고 『동아일보』는 전했다(7월 13일자).

한편 『동아일보』는 「노사분규 과격 양상」(7월 29일자), 「노사분규 급증…생산활동 위축」(7월 30일자) 등도 전했다. 이미 울산공단에서는 「태광산업 파업 5일째, 전 시내버스 운행 거부」(7월 31일자), 「현대자동차 나흘간 휴업」 「48개사 2만여명 철야농성」(8월 7일자) 중이었다. 지금까지 억제되어왔던 노동쟁의가 분출하는 파업의 시대가 왔다고도 할 수 있었다. 8월 17일에는 현대그룹의 「현대 6개사 휴업, 3만 근로자 시위」라고 보도되는가 하면, 서울의 구로공단에서는 「가족들도 농성에 합세 트럭 앞세우고 시가로」라고 전해졌다. 전국의 분규가 1천건을 넘는다는 집계였다(8월 18일자). 이제 학생들의 저항에 뒤이어 노동자의 저항이라고 해야 할 정도가 되자 민주화에 파국을 가져오는 것이 아닐까 하는 우려를 자아냈다. 전두환정권은 "좌경세력"이 침투하여 "폭력혁명을 기도"했다고 단정하려고 했다(8월 27일자).

헌법개정에 관한 여야 정치회담이 합의에 도달한 것은 87년 8월 31일이었다. 대통령 임기를 5년으로 하고 중임은 허용하지 않는다는 내용이었다(9월 1일자). 10월 10일 김영삼은 대통령 출마를 공식적으로 발표했다. 대통령직선제 헌법개정안이 10월 12일 국회에서 의결되었다. 재적 258명 중 찬성 254표, 반대는 4표에 지나지 않았다. 김영삼과 김대중은 민주당을 양분하여 대통령선거에 함께 출마하기로 마음을 정했다. 두 사람의, 특히 김대중의 반독재 반군부 세력으로 쌓아올린 카리스마는 소리내어 무너져갔다. 여당의 군부 출신 노태우가 이에 힘을 얻은 것은 두말할 필요도 없다(10월 14일자). 『동아일보』의 「단일화를 거듭 촉구함」(10월 15일자)이라는 사설은 다음과 같은 내용으로 시작했다.

"민주당의 당내 사정이 날이 갈수록 악화하고 있다. 다음 대통령선거를 앞두고 유력한 수권정당으로서 성숙되고 단합된 모습을 보여야 할 때에 두 계파는 서로 등을 돌린 채 딴 궁리만 하고 있으니 보기가 딱하고 안타깝고 때로 역겹기도 하다."

대통령선거를 2개월가량 앞둔 민주당의 모습이었다. 민주화운동을 하는 사람들과 민주당의 소장당원 등은 '적전 분열'이라고 외쳤고, 저항해온 젊은이들은 절망에 빠졌지만, 당은 이미 '공동화'되어갔다(10월 15일자). 이렇게 해서 12월 대통령선거를 향해 전두환정권을 이어받은 노태우, 그리고 박정희정권에서 살아남은 김종필, 거기다 오랫동안 군부정권과 싸워온 경상도 출신의 김영삼과 전라도 출신의 김대중이 겨루는, 속된 말로 '4파전'으로 굳어져갔다. 10월 26일 김대중은 민주당을 탈당하기로 통고하고, 10월 30일 평화민주당(평민당)을 발기하여 12월 16일의 대통령선거전에 돌입했다. 김영삼의 출신지 경상도와 김대중의 출신지 전라도라는 이른바 영호남의 대립은 피할 수 없는 정치적 운명이 되었다.

거대한 민주화세력이 김영삼과 김대중으로 분열해가는 것은 위기적 상황이라고 하지 않을 수 없었다. 무엇보다도 권력에 있는 군부세력이 획책하는 부정선거에 커다란 구실을 주게 되는 것은 아닌가 하고 많은 사람들이 불안해했다. 『동아일보』는 「이 망국적인 선거양상」(11월 16일자)이라는 사설을 게재하고 선거에서 양 김씨의 패배를 상정하면서 다음과 같이 써내려갔다.

"그들이 아무리 부정선거 또는 타락선거로 낙선했다고 주장하더라도 산표(散票)에 의해 진 게 분명하다면 그 주장은 설득력을 잃을 것임을 알아야 한다."

양 김씨는 이러한 '후보단일화'를 바라는 국민의 목소리에 귀를 기울이려고 하지 않았다. 그러므로 여당이 부정선거를 획책하고 있다고 그들이 주장해도 국민에게 그다지 설득력이 없었다. 김대중의 유세는 압도적인 인파를 모으는 것처럼 보였다.

12월 1일 페르시아만 중부 바그다드를 출발한 대한항공기가 공중에서 폭발하여 흔적도 없이 사라지고 마는 사건이 일어났다. 중동에 외화벌이로 갔다가 귀국중이던 노동자들이 희생되었다. 아부다비에서 비행기를 떠난 공작원 두 사람은 바레인에서 체포되었지만 독을 삼키고 자살을 기도하여 남성은 죽고 젊은 여성은 병원에서 살아나 한국까지 호송되어 왔다.

이 사건에 북한은 어느 정도 관여한 것일까. 왜 북한은 이 시기에 이러한 공작을 전개했으며, 한국의 정보부는 어디서 어느 정도까지 알고 있었던 것일까. 대통령선거와는 어떤 관계가 있는 것인가. 북의 소행이라고 한다면 그들이 바란 것은 무엇일까. 많은 의문에 쌓인 채 12월 16일 선거를 치렀다. 노태우가 825만표를 획득하여 2위인 김영삼을 2백만표 가까이 따돌리고 당선되었다. 김영삼과 김대중은 20만표 가까이 득표차를 보였지만, 양 김씨의 득표를 합치면 1,238만표를 넘어 노씨를 4백만표 이상이나 앞섰을 터였다. 『동아일보』는 이 현상을 양 김씨의 단일화 실패가 가져온 결과이며, 그 때문에 국민이 돌아섰다고 비판했다(12월 17일자). 부정선거가 있었다는 항의가 당분간 이어졌지만, 그것으로 야당 분열의 책임을 물으려는 국민을 납득시키기는 어려웠다. 오랜 기간 희생이 많았던 민주화투쟁은 두 사람의 정치가의 야심으로 짓밟혔다고 하겠다.

노태우는 36.7퍼센트로 당선된 것, 그리고 국민 사이에서 부정선거라고 고발하는 목소리가 끊이지 않는 것을 의식하여 1년 후 서울올림픽이 끝난 다음 국민에게 신임을 묻고 거기서 부결되면 대통령직을 사임할 각오라고 했다(12월 24일자).

9월에 개최될 서울올림픽에는 소련도 참가한다고 『타스통신』은 공식적으로 전했다. 북한의 참가는 기대하지 못하더라도 민주화된 한국은 폭넓게 국제사회에 받아들여질 것으로 기대되었다. 서울올림픽에는 161개국이 참가를 신청했는데, 그 수는 84년 로스앤젤레스 올림픽에 참가한 국가보다도 21개국이나 많은 숫자라고 했다(88년 1월 18일자).

노태우는 88년 2월 25일 대통령에 취임했다. 그는 취임식에서 "민족자존의 새 시대" "위대한 보통사람들의 시대"를 열어갈 것을 서약하면서 "제가 이끄는 정부는 민주주의의 시대를 활짝 열어 모든 국민의 잠재력을 꽃피게 할 것"이라고 말했다. "한반도의 평화와 민족의 재결합"을 위해서 노력할 것이며, 자신에게 표를 주지 않았던 사람들과도 대화하여 그들의 마음도 국정에 반영할 것이라고 했다.

그의 정치적 미래는 군부지배의 악유산을 물려받아 다난할 것이라고 국민들은 생각했다. 이리하여 한국은 민주주의적 정치라는 시련의 장에 던져졌다.

제 2 부

「한국으로부터의 통신」이
전한 것

비관과 거절

「한국으로부터의 통신」(이하 「통신」으로 약칭)은 1972년 11월 15일에 시작되었다. 한국에서 그해 10월 17일 박정희 군사정권이 대통령 특별선언을 발표하여 국회를 해산하고, 전국에 비상계엄령을 선포하여 대학은 휴교, 신문·통신은 사전검열 아래 놓였음을 알리는 내용이었다. 그것이 『세까이(世界)』에 게재된 것은 다음해 5월호에서였다.

첫 통신은 「비관과 거절」이라는 표제의 글이었다. 이름이 밝혀지지 않은 어느 선교사가 미국 본국에 있는 선교본부에 보낸 「한국의 상황에 대한 보고」라는 영문서류를 인용했다. 계엄령은 권력을 횡탈하여 1인지배를 영구화하려는 것이었다. 선교사는 계엄령 통치에 대해서 결코 낙관하지 않았다. 그는, 한국인은 본성에 따라 독재의 횡포를 결코 받아들일 수 없을 것이라며 다음과 같이 논평했다.

"한국인은 전통적으로 두가지 태도를 가지고 있다. 한편으로는 힘

앞에서는 물러나 바람 부는 방향에 따라 굽히며 폭풍우가 지나갈 때까지 숨는다. 그런가 하면 또 한편으로는 한계점에 도달하면 폭발하여 격렬한 행동으로 이어진다."

한국인의 심정과 자세에 대한 적절한 견해라고 해도 좋을 것이다. 이러한 투쟁이 적어도 1987년경까지 15년 이상이나 계속되었으니 말이다. 그동안 「통신」은 권력을 고발하면서 투쟁을 계속했다. 『세까이』 1973년 5월호에서 이미 유신체제에 대한 저항으로 「교회를 파시즘이 습격하다」(73년 1월 10일 발신), 「여공들의 노랫소리」(73년 2월 15일 발신)와 같은 글을 전했다. 「통신」은 체포된 전라남도 전주시 남문교회 목사 은명기(殷命基)의 저항을 전하면서 "교회는 이 사건으로 파시즘의 교회 탄압이 시작되었다는 무언중의 통일된 의지로, 이 선에서 무너지면 교회가 총붕괴할 것이라며 저항하고 있다"고 전했다. 한편 이제부터 더욱 "굳어진 한국사회에서 분화구와 같이 연기 나는 지대"로서 노동자의 영역, 특히 "가톨릭노동청년회와 개신교 도시산업선교회"가 활동하고 있는 "여공지대"를 들었다. 그리고 대한모방주식회사 여공들의 투쟁을 그 예로 전했다. 휴일 없는 1일 18시간의 중노동을 고발하는 그 글은 다음과 같이 호소했다.

"우리는 우리의 자손들에게 겁쟁이라서 정당한 주장을 할 수 없었다는 말을 들려줘서는 안됩니다. 우리의 친구들이 당하는 고통을 자신의 고통이라고 생각하고 힘과 마음을 합쳐 우리의 정당한 권리가 완수되도록 합시다."*2

11월 21일에는 헌법개정을 위한 국민투표가 이루어졌는데, 91.5퍼센트라는 압도적인 지지를 얻었다고 했다. 그리하여 통일주체국민회

---

2 인용된 『동아일보』 등 국내 언론의 기사와 민주화운동 사료는 한국어 원문을 인용하기로 하지만, 원문을 찾지 못하고 게재한 경우에는 *표를 해두기로 한다―옮긴이.

의라는 어용기관을 만들고, 12월 27일 박정희는 통일주체국민회의에서 선출된 대통령으로서 스스로 그 직에 재취임하여 '유신헌법'이라는 것을 공포하고 '10월유신'이라고 이름지었다. 1인독재의 반영구적 체제였다. 통일주체국민회의는 국민투표로 선출된 2천여명의 '유지'로 구성되어 6년 임기의 대통령을 선출할 때만 활동했다. 또하나 통일주체국민회의에 부과된 임무가 있었다. 대통령이 추천한 국회의원의 3분의 1, 이른바 유신정우회 국회의원을 승인하는 일이었다.

모든 과정이 관영, 이른바 정부주도의 개입으로 정해진다. 그 때문에 「통신」은 11월 21일의 국민투표 실태를, 특히 군대 내의 사례를 들어 보고했다. 지난 호에서 한 달 건너 1973년 7월호 『세까이』에 게재된 통신 「군부 내의 '국민투표' 실태」에서였다.

"X대대의 경우는 80퍼센트가 본인이 투표하지 않고 대리투표했다고 한다. 어느 병사의 말, '소대장님, 저에게는 투표용지가 오지 않았습니다' '걱정할 필요 없어. 인사계가 처리했으니까' 대부분이 이런 방식이었다."

이런 정치에 대한 한국국민의 저항은 유신체제 이전의 군부통치 때와 마찬가지로 유신의 시작과 거의 동시적이었다고 할 수 있다. 유신체제 이후에도 저항활동은 기독교회의 소수자에서 대학으로 그리고 일반국민으로라는 도정을 걸었다. 1960년 4·19학생혁명 당시와는 양상을 달리하고 있었다. 4·19의 경우에는 이승만(李承晚)의 부정선거로 민중의 저항이 더욱 폭발적인 형태로 터져나왔다. 그에 비해서 군사정권에 대한 저항은 실로 장기적으로, 군사쿠데타가 일어난 1961년에서 1979년 박정희가 암살된 때를 거쳐 1987년까지 20년 이상의 긴 세월에 걸쳐 계속되었다. 군부지배체제가 4·19혁명과 같은 저항도식에 대해서 철저한 자기방어체제를 취했기 때문이다. 군부세력은 4·19

의 역사에 대해서 잘 알았다. 그런 의미에서도 4·19 이전의 체제에 비해 훨씬 가혹했으며, 근대화라는 명목으로 이전과는 비교가 안될 정도로 교묘했다. 지배세력은 자신의 비호세력을 충분히 육성했다.

또한 72년 유신시대로부터, 특히 기독교세력이 저항의 투쟁에서 중요한 역할을 담당할 수밖에 없었던 이유가 있다. 종교적 결단 없이는 근대화, 즉 대중화 사회에서 저항에 발을 내딛을 수 없었다. 그 때문에 유신체제 아래서 벌어진 투쟁은 선언서 등에서 볼 수 있듯이, 또 많은 투옥자에게서 볼 수 있듯이 종교적 또는 순교자적 정열로 채색되었다. 정치적인 투쟁이라기보다는 종교적·도의적인 투쟁이라는 양상을 띠었다. 그리고 정부가 그들의 저항을 북의 공산주의에 동조하는 것이라고 단정하면 할수록 저항의 주류는 종교적 색채를 띠어갈 수밖에 없었다.

72년 10월 이후, 소위 박정희정권의 유신체제에 대한 저항은 종교계에서 또는 종교적 색채가 짙은 영역에서 시작되었다. 「통신」은 1973년 7월호에 게재된 「'4·19' 전후」라는 글에서 4월 22일 오전 5시 서울 남산 야외음악당에서 부활절 집회중에 일어난 박형규 목사 등의 전단 살포사건을 보고했다. "회개하라, 때가 가까웠느니라. 회개하라, 위정자여. 주여! 어리석은 왕을 불쌍히 여기소서. 민주주의의 부활은 대중의 해방이다"라는 유인물이 뿌려졌다. 또 5월 9일 즉 음력 사월초파일 석가탄신일에는 불교도의 화려한 행렬 사이에서 "불자들이여, 과감히 보살의 길을 가자. 물질주의, 공산주의, 전체주의, 폭력주의, 독재주의, 정보주의, 공포정치를 한반도에서 몰아내자. 중생의 불성을 기반으로 한 중생을 위한 중생에 의한 주권재민정치를 위해 싸우자"*라는 전단이 뿌려졌다.

이들의 움직임은 반군부통치가 북한 공산주의세력의 영향 아래서 이루어지는 투쟁이라고 치부하는 박정희 군부지배의 구실에 저항하려는 것이었다. 사랑과 양심, 순교적 자세가 이제부터 군부통치에 대하여 저항하는 터전이 되었다. 저항하는 사람들을 체포하여 투옥하면 할수록 정치세력은 단순한 집정자라기보다는 민중시인 박지수(朴智帥)가 노래한 것처럼 "음험한 얼굴 얼굴" "도적"으로 보였다(『세까이』 1973년 7월호. 이하 「통신」의 인용일 경우 제목과 호수만 밝혀둔다). 이처럼 한국에서 일어난 1970, 80년대의 반체제운동은 종교적 색채를 짙게 띠며 출발했다. 그래서 1973년 5월 10일 발신으로 된 「통신」은 다음과 같은 말로 끝을 맺었다.

"동족지배의 이 가혹함에 고통의 눈물을 흘리고 있는 민중, 특히 젊은이들의 심정을 생각하면 눈물을 머금지 않을 수 없다. 그러나 이러한 감상에 빠져 있을 수만은 없다. 어서 빨리 저항의 전열을 가다듬지 않으면 안된다."

이렇게 시작된 박정희의 유신체제이지만, 어떤 의미에서는 1971년 4월 신민당의 김대중 후보와 싸운 대통령선거전과 같은 것을 두번 다시 되풀이하지 않겠다는 박정희의 결의가 구체적으로 표현된 것이라고 할 수 있었다. 그는 유신헌법으로 반영구적인 권력을 손에 쥐고 라이벌 김대중을 제거해야 한다고 생각했다. 특히 73년 10월 17일의 계엄령 직전에 신병치료를 위해 일본으로 건너간 김대중이 해외에서 반정부운동을 대대적으로 전개하려고 할 때, 박정희는 자신의 집권에 대한 최대의 위협이리고 간주했다.

그래서 1973년 8월 8일 김대중 납치사건이 일어났는데, 박정희가 김대중 납치와 살해를 노린 것이었으나 국제적인 압력으로 미수에 그쳤다. 그를 납치해서 바닷속에 가라앉히려는 계획이었으나 갑자기 발동소리, 비행기 엔진 같은 소리가 터져나오고 미친 듯이 배가 동요하는가 싶더니 그의 몸을 바다에 가라앉히려던 계획이 중단되었다고 한다. 김대중 살해계획이 중단된 것이다. 이 움직임은 누구에 의한 지령이었는가. 지금까지 아무도 밝히지 않은 일이다. 김대중 살해를 명령한 것은 한국의 어떤 세력인가. 또 그의 생명을 마지막 순간 구해내도록 명령한 것은 어느 나라의 누구인가. 73년 8월에 일어난 일로, 김대중은 8월 8일 토오꾜오의 그랜드팰리스 호텔에서 납치되어 닷새 만인 13일 밤 서울의 자택에 돌려보내져 내외 기자 앞에 모습을 나타냈다.

「통신」은 이미 7월 10일의 보고에서 유신통치에 대해서 「의미 모를 정치」라 쓰고, 박정권의 말기적 정치의 미래를 아무도 예측할 수 없다고 개탄하면서, "이런 상태에서 상당히 많은 지식인이 국외에 있는 김대중씨의 일을 우려하고 있다. 그는 박정권에 굴하지 않는 거의 유일한 정치적 가능성이라고 대개가 인정하고 있다"고 전하면서 앞으로 그에게 닥칠 운명을 우려했다.

그때 돌연 김대중사건이 일어나자 「통신」은, 이 사건은 박정희 자신이 직접 명령한 것이라고, 한국의 정치상황에서 설명하고자 했다. 그리고 다음과 같이 매듭지었다.

"그 결과 여하에 따라 자신의 운명이 좌우될 만한 계획을 실행에 옮기는 데는 그 한 사람을 빼놓고 책임있는 용기를 낼 만한 관리가 아무도 없기 때문이다. 한국에서는 그러한 일을 윗분 한 사람에게 허락받지 않고 독단으로 행할 수 있는 사람은 아무도 없다."(73년 10월호)

한국에서 1961년에서 87년까지 이어진 군부통치를 생각하면 군부에 의한 쿠데타는 세번이라고 상정할 수 있다. 첫번째는 1961년 5월 16일 박정희에 의한 쿠데타이고, 두번째가 1972년 10월 17일 박정희에 의한 10월유신이라는 쿠데타이며, 그로부터 79년 10월 26일에 박정희가 암살되고 나서 전두환에 의한 쿠데타를 헤아려야 한다. 「통신」은 박정희의 두번째 쿠데타에서 시작해서, 전두환에 의한 세번째 쿠데타가 87년 「통신」이 말하는 6월 민중혁명으로 그 종언을 맞이할 때까지 이르고 있다.

김대중사건은 박정희의 두번째 쿠데타와 함께 일어났는데, '10월유신'시대란 박정희가 스스로 종신 대통령의 위치에 앉아 임기를 6년으로 하고, 여당 외에 대통령이 추천한 유정회의원이 국회의원의 3분의 1을 점하여 여당은 항상 국회의 3분의 2 이상을 차지함과 동시에, 야당인 신민당은 준여당이라고 할 만큼 여당의 정치자세에 이의를 주장할 수 없었던 시기였다.

이러한 시대에 「통신」은 토오꾜오에서 일본은 물론 세계를 향하여 한국의 상황과 그에 저항하는 한국의 민주화운동에 대해서 발신하고, 또 국내를 향해서는 그 저항운동을 격려하고자 했다. 그러므로 김대중 납치사건이 일어나자 이에 대한 정부의 대응 이상으로 한국국민의 대응에 시선을 집중시켰음은 말할 나위 없다. 김대중 납치사건이 박정희의 명령으로 한국의 중앙정보부에 의해 저질러진 일이라는 것은 한국국민 누구의 눈에도 분명했다. 그러한 일을 할 수 있는 세력은 당시 한국에서 지배세력 이외에는 있을 수 없었다. 그리고 그 지배세력이 박정희의 지시 없이 이러한 사건을 만들어내고 무사할 수 없다는 것을 한국국민은 너무나도 잘 알고 있었다.

『조선일보』의 주필 선우휘는 「소감」이라는 글에서 은근히 다음과 같이 썼디.

"그러므로 나는 그 구국동맹 행동대 청년들에게 떳떳이 나서서 합당한 법의 심판을 받기를 권면한다. 정녕 무사(無私)한 애국충정이 그 동기였다면 두려울 것이 무엇이겠는가."(『조선일보』 73년 8월 14일자)

물론 김대중을 납치한 '구국동맹 행동대'라고 자칭하는 자가 떳떳이

나설 리 없었다. 선우휘는 9월 7일자 사설 「당국에 바라는 우리의 충정──결단은 빠르면 빠를수록 좋다」를 기습적으로 신문에 끼워넣었다. 한국정부는 이 사건에 관여한 바가 없다고 시치미를 떼던 때다. 선우휘는 진상을 밝히고 더이상 한일관계와 '한국국민 자신의 인간적 권위' '도덕적 긍지'를 손상시키는 일이 없도록 하라고 당국에 호소했다.

이 사건과 함께 「통신」은 수시게재라는 방침을 변경하여 1973년 10월호부터 88년 3월호까지 한달도 거르지 않고 매달 게재되었다. 한국의 신문이 박정희정권에 대한 민중의 저항을 거의 전할 수 없게 되자, 「통신」이 차츰 커뮤니케이션의 유일한 매체가 되어 일본 그리고 세계에 한국의 반정부운동에 관한 정보를 전하게 된 것이다.

박정희의 이른바 유신체제가 날이 갈수록 강화되어갈 때, 그리고 신문도 독재정권에 어쩔 수 없이 협력하는 가운데, 거의 최초의 저항이라고 할 만한 것은 박형규 목사 등이 일으킨 부활절 사건이었다. 서울 남산공원 야외음악당에 8만의 신자가 부활절 기도에 모인 가운데, 박형규 등 기독교 신자 10여명이 "주여! 어리석은 왕을 불쌍히 여기소서" 등의 내용이 실린 4백장 정도의 정부 비판 유인물을 뿌렸다. 그러자 그들은 집회에 모인 사람들을 선동하여 중앙방송국과 중앙청을 점거하려 했다는 이유로 체포, 투옥되었다.

이 사건은 박정희가 아무리 강경한 정책을 취하더라도 한국국민이 그로 인해 침묵하는 일은 없으리라는 역사를 예고하는 것이었다. 그로부터 한국의 민주화운동은 구체적으로 김대중과 결부되지 않을 수 없게 되었다. 한국의 민주화운동은 정치적인 세력과 직접 협력하고 연합하는 일을 오랫동안 기피해왔다. 현실정치에 관여하는 세력은 언제 표변하게 될지 모르는 일이기도 했지만, 무엇보다도 그 동기의 순수성을 지키기 위해서였다. 정치적 이해에서가 아니라 오로지 애국적인 동기에 의한 것이고자 했기 때문이다. 김대중이 해외에서 납치되어 국내 정치세력과 맺고 있던 관계가 단절되자, 그와 비정치적인 세력이 접근 하거나 연합할 가능성이 생겨났다. 그러므로 「통신」은 『세까이』73년 12월호에 보낸 글에서 다음과 같이 쓰기 시작했다.

"서울의 자택에 연금되어 있는 김대중씨야말로 이 무렵 한국에서 일어나고 있는 모든 트러블의 촛점이며 심볼이라고 해도 결코 과언이 아닐 것이다."

순교의 시대

—

　폭력적인 체제는 기본적으로 그 폭력을 역사와 함께 경감해가는 것이 아니라, 더욱더 강화하여 마침내는 폭발점까지 확대하고 마는 것이라고 해도 좋을 것이다. 이러한 과정이 박정희정권, 전두환정권으로 이어지는 1961년에서 87년까지 26년간 한국현대사에서 계속되었다고 할 수 있다. 한국의 민중은 굴복하지 않았다. 억압받고, 투옥되고, 추방당하면 일시 침묵하는 것처럼 보였지만 점차 그 저항의 물결은 크게 증대하면서 전개되어갔다.

　김대중이 납치되고 나서 새로운 큰 물결이 일어나는 데는 그리 오랜 시간이 걸리지 않았다. 1973년 10월 2일 서울대학교 학생들이 궐기했다. 3백여명의 문리대학 학생들이 "오늘 우리는 전 국민대중의 생존권을 위협하는 이 참혹한 현실을 더이상 좌시할 수 없어 스스로의 양심의 명령에 따라 무언의 저항을 넘어서 분연히 일어섰다"고 외쳤다. 정보정치의 폐기, 대일예속화의 중지, 김대중사건의 진상규명, 기성정치인과 언론인의 각성 등을 외쳤는데, 이 외침은 박정희정권의 붕괴, 군부지배의 종언까지 계속되었다. 그 당시 저항적인 젊은이들 사이에서 박정희와 김대중의 대립된 이미지가 다음과 같았다는 것은 특기할 만한 일이다.

"도대체 박정희란 어떤 사람입니까. 한국의 언론, 기독교, 지식인과 학생, 이것은 애국의 최대 상징입니다. 이 사람들이 일제하에서 고통받을 때 그는 무엇을 했습니까. 만주에서 무엇을 했다는 겁니까. 이승만 아래서 민주주의를 위해 투쟁할 때 그는 무엇을 했습니까. 그는 반공을 입에 올리지만, 그것도 이 사람들이 한 것입니다. 그는 공산주의단체에 들어가서 위험이 자신에게 미치자 많은 동지들을 배신하고 조직을 폭로하여 죽음의 밀고를 하지 않았습니까. 인간적으로 너무나도 퇴폐했습니다. 그가 이 애국의 상징을 부수고 있는 겁니다."(74년 1월호)

그런가하면 『세까이』에 실린 같은 「통신」에서 김대중에 대해서는 "고난 속에서 그토록 애써서 이미지를 이룩해온 사람을 잃어서는 안된다. 잃으면 한국의 민주화투쟁은 어렵게 된다"고 하면서 다음과 같이 계속했다.

"우리 국민은 지금 마음속으로 김대중씨를 아주 소중하게 생각하고 있어요. 그가 없으면 큰일이라구요. 그가 승리하게 되면 한국인은 통치자에 대해서 처음으로 특수한 감정을 가지게 될지도 모르지요."

박정희, 김대중 두 사람에 대한 이러한 발상은 「통신」이 끝날 때까지 거의 변함이 없었다. 오히려 혁명적 상황이 격화되어감에 따라 이러한 사고방식도 배가해갔음이 틀림없다.

유신체제가 지속됨에 따라 학생세력, 민주인사들의 저항은 날이 갈수록 격렬해졌다. 그에 대해서 박정희정권은 유신헌법으로 가능해진 긴급조치를 발동하기 시작했다. 원래 긴급조치란 유신헌법에서조차 천재지변, 전시 등에 행사할 수 있는 것이었지만 박정희는 제한 없이 발동했다. 제1호가 발포된 것은 1974년 1월 8일이며 제9호는 75년 5월에 발포되었는데, 긴급조치시대는 79년 그의 죽음으로 정권이 붕괴하기까지 지속되었다. 헌법도 정치도 없는 치안만이 지배하는 무법시대가 4년 7개월이나 지속되었다는 것을 의미한다.

"대한민국 헌법을 부정, 반대, 왜곡 또는 비방하는 일체의 행위를 금한다." 이것이 긴급조치 제1호 1조다. 헌법의 개정을 논해서는 안된다. 유언비어를 유포해서는 안된다. 이러한 행동을 전하는 것도 안된다. 저촉하면 법관의 영장 없이 체포, 구속, 압수, 수색하여 15년 이하의 징역과 함께 15년 이하의 자격정지를 병과(倂科)한다는 것이었다. 이 법을 범한 자는 군법회의에서 재판을 받았다. 긴급조치는 점점 강화되어 문교부장관에게 대학을 폐쇄하는 권한까지 부여한다고 했다. 실로 폭력적인 조치가 아닐 수 없다.

그런데도 저항은 계속되고 더욱 격렬해졌다. 긴급조치로 제한 없이 체포해갈수록 오히려 저항활동에 기름을 붓는 격이 되어 체포와 석방이 반복되었다. 저항의 언어도 더욱 격렬하게 격화되어갔다. 74년 4월 3일 서울대학교, 성균관대학교, 이화여자대학교 등에서 전국민주청년학생총연맹의 이름으로 일제히 불을 뿜은 「민중·민족·민주선언」은 일찍이 볼 수 없었던 만큼 격렬한 것이었다.

"보라! 자유를 박탈하여 노예상태를 강요하는 저들 깡패 집단을!

보라! 호화방탕을 일삼으며 민중의 살과 뼈를 삼켜 살찐 저 도둑무리들을!

보라! 이 땅을 신식민주의자들에게 제물로 바친 저 매국노들을!"

이처럼 저항의 행동과 언어는 격렬해져갔다. 그날 밤 10시에 발동된 긴급조치 제4호는 이러한 저항활동에 어떤 형태로든 조금이라도 동조한 자는 엄벌에 처한다는 것이며, 문교부장관은 그들이 있는 대학을 폐교 처분할 수도 있다는 내용이었다. 박정희는 특별담화문을 발표하여 이들에게 공산주의자 혐의를 씌웠다. "나는 작금 우리 사회의 일각에서 공산주의자들이 상투적으로 전개하는 적화통일을 위한 이른바 통일전선의 초기 단계적 불법활동 양상이 대두되고 있음에 감하여"라는 것이었다.

반정부적이라고 간주되면 사형에 처하는 것도 폐교하는 것도 가능케 하는 대통령 긴급조치 제4호 발포에 대한 한국신문의 자세를 「통신」은 다음과 같이 설명했다.

"그런데 긴급조치 4호 이래 주요신문은 정부발표를 그대로 전하고 있을 뿐이다. 해설도 사설도 쓰지 않는다. 이것이 그들이 할 수 있는 최대의 저항일지도 모른다."

그리고 이처럼 "대중적인 활동이 정말로 봉쇄되고 만다면 테러와 순교가 두개의 가능성으로 남을지도 모른다"고 통신은 전했다. "게릴라 전법에서 순교적 전법으로 이행"이라고 할 수 있다면서, 74년 6월호 『세까이』에 「순교의 시대」라는 통신을 보내며 그 글을 다음과 같이 매듭지었다.

"한국의 겨울은 혹독하고 길지도 모른다. 물론 이런 의식이 한국의 봄을 기대하지 않는 패배감이어서는 안된다. 거꾸로 그것은 우리의 투쟁에 대한 불퇴전의 의지를 견고하게 하는 것이어야 한다."

1974년 8월 15일, 광복절 기념식장에서 대통령 부인 육영수(陸英修)가 재일한국인 문세광의 권총 탄환에 의해서 살해되는 사건이 일어났다. 이 사건도 박정희 통치하에서 미궁으로 빠져버린 사건의 하나이다. 박정희는 북의 소행이라고 주장했지만 증거는 어디에도 없었다.

죽음을 각오하고 이런 행동을 했을 문세광의 정체는 전혀 알려지지 않았다. 그는 처형되었다고 하지만 정말로 어떻게 처치되었는지를 확언할 수 있는 사람은 없다.

문세광이 재일한국인이기 때문에 일본이 북한의 공작기지라고 해서 떠들썩했지만 「통신」은 「슬픈 일」이라는 부제의 8월 17일 통신에서 다음과 같이 썼다.

"이 사건은 형사사건으로 수사되는 것이 아니라 점점 정치화되어 결국은 김대중사건과는 다른 의미를 가지면서도 똑같은 미궁으로 빠져들고 마는 것이 아닐까. 또 북한을 들고 나올 것이다. 일본과 얽힌 관계에 이용할 것이다. 김대중씨 문제와 결부시키려고 할지도 모른다. 지금도 여학생이 맞은 탄환은 누가 발사한 것인지 밝히려고 하지 않는다. 이 사건에서 가엾게도 잃어버린 생명을 생각하기보다는 다만 박정권 연명의 수단을 찾으려고 할 것이다. 그래가지고 어디까지 속여넘길 수 있을 것인가. 국민은 이런 정부의 조작에는 냉담하다."(74년 10월호)

박정희는 이 사건을 대대적으로 반일·반공운동에 이용하려고 했지만 「통신」은 "극히 포악한 박의 성격"에는 변함이 없을 것이며, "저 상태로는 박에게 언젠가는 비극적인 최후가 찾아올 것"이라고 전망했다. 그것을 「광기의 지배」라고 하고, 그 속에서는 "증오가 비논리적으로, 사실을 확인하지 않고서" 오직 "윗분 한 사람"의 눈을 의식하여 암약하고 있음에 지나지 않는다고 했다(74년 11월호).

반정부운동을 하는 사람들은 그들의 저항운동을 기사화하지 못하는 언론, 특히 신문을 오래도록 비판하고, 현장에 나타나는 기자에게 모욕적인 말까지 입에 올릴 정도였다. 마침내 10월 24일 『동아일보』에서 기자 2백여명이 「자유언론실천선언」을 발표하기에 이른다. "언론계 밖에서 언론의 자유회복을 주장하며 언론인의 각성이 촉구되고 있는 사실에 대해서 뼈에 사무치는 치욕을 느낀다"고 했다. 그리고 다음과 같은 결의를 했다.

1. 신문, 방송, 잡지에 대한 어떠한 외부 간섭도 우리의 일치된 단결로 강력히 배제한다.
1. 기관원의 출입을 엄격히 거부한다.
1. 언론인의 불법연행을 일체 거부한다. 만약 어떠한 명목으로라도 불법연행이 자행되는 경우 그가 귀사할 때까지 퇴근하지 않기로 한다.

이러한 『동아일보』의 움직임은 『조선일보』『한국일보』 등으로 이어졌고, 73년 11월 30일 이미 언론의 자유를 요구하며 싸워 투쟁의 선구가 되었던 『중앙일보』도 「언론자유수호 제2선언」을 내고 언론에 대한 권력의 간섭을 배제하려고 했다. 이러한 활동은 거의 모든 언론에 파급되었으며, 그중에서 민주화운동, 특히 기독교 측의 반정부운동과 연대하는 조짐이 보이기 시작한 것은 특기할 만하다.

예컨대 『동아일보』는 이미 11월 11일 「정치와 종교인의 인권운동」이라는 뜻깊은 사설을 게재했다. 김종필 총리가 "정부의 기능에 도전 또는 그 전복을 꾀하는 자"에게는 심판을 가할 것이며, 주한외국인 선교사도 이에 동조하는 경향을 보이면 그에 상응하는 처벌을 받을 것이라고 시사한 네 대해서 비판을 전개했다. 사설은 한국의 기독교가 전통적으로 "민족을 사랑하고 동족의 장래를 걱정하는 정열"을 전승해온 것을 상기하며, 외국인 선교사의 "범인류적 신앙의 양심"을 칭송해 마지 않았다. 74년 11월 12일 가톨릭교회의 인권회복과 구속자 석방을 요구하는 기도회에 관한 기사를 둘러싸고 『동아일보』에서는 구체적인 저항이 폭발했다. '7면 중간 톱 4단에 사진과 함께 보도한다'는 편집국장의 방침에 기자들은 '7면 톱 또는 1면 톱으로 취급할 것'을 요구하여 결국 12일의 신문은 휴간되기까지 이르렀다.

「통신」은 『동아일보』의 투쟁을 자세히 보고했다(75년 1월호 「겨울이 오면」). 정부가 『동아일보』의 기업광고를 전면적으로 중지시키자 민주화를 외치는 개인 또는 단체가 백지화한 광고란을 채우려고 쇄도하기에 이르렀다.

> 정의! 그것은 우리의 생명——S대의 한 역사학과 교수와 가족
> 생활비를 절약하여 동아에게!!——가정주부 윤미란
> 학생들의 동아 격려운동을 억압해야 하는 슬픔에——Y고교 교사
> 삼천만 동족의 자유의 숨통을 막는 자들이여, 하나님과 민족의 심판
> 이 두렵지 않은가——서독 1천미터 지하에서 장현길

『동아일보』(75년 2월 28일자)가 보도한 고문 사실 기사의 타이틀만을 골라보아도 다음과 같다.

> 「나체로 벗겨 72시간 잠 안 재우고 전신 구타」
> 「헌병대서 옷 벗기고 구타해 실신하자 물 끼얹고 또 때려」
> 「거꾸로 매달고 물 부어 실신 치욕과 고문으로 자살기도도」
> 「알몸에 손발 묶고 목봉 끼워 거꾸로 매달고 코와 입에 물」
> 「정신 차리니 알몸으로 묶여 처도 연행 온갖 수모 겪어」(75년 5월호
> 「다음에 올 전선」)

「통신」에서 「동아의 사태」라는 부제 속에 씌어진 문장 하나를 인용

하기로 한다.

"시골에서는 동아일보는 볼 수 없다. 본다면 압력으로 불 땔 장작한 단도 해올 수가 없다. 시골 사람들은 도시에 나가 동아일보의 백지광고란을 보고 놀라서 눈이 휘둥그레지는 형편이다. 동아일보를 팔던대학생들이 기부금 모집 위반, 도로교통법 위반으로 구속된다. 동아일보에 광고를 낸 출판사는 세무조사 때문에 폐점을 하고 말았다. 그 출판사 책의 제본을 담당하던 업자도 세무조사를 한다고 해서 전전긍긍하고 있다는 것이 동아일보를 지켜봐야 하는 독자들의 목소리다. 동아일보에 광고를 낸 여학생들이 구타를 당하고 자퇴서를 제출하도록 강요당한다. 이런 상태에서 동아일보에 기자 대량 해고선풍이 불었다고한다면 도대체 한국민중은 그 진상을 어떻게 해석할 것인가."

「통신」은 이어서 "새벽 3시가 지나서 회사 측이 동원한 폭력배 2~3백 명이 술에 취한 채 곤봉과 해머, 산소용접기를 들고 2층 공무국 철문을 부수고 난입하여" "5일간 단식으로 쇠약해진 기자들"을 몰아낸 사실을 전했다. 어처구니없는 폭력의 현장이었다. 「통신」은 "실제 국민은 동아일보가 얼마나 오래 싸울 수 있을지 불안한 마음이었다. 6개월 정도 버텨주면 한계일 것이라고 생각했지만 3개월 정도로 무너졌다고 한탄한다"는 내용도 전했다.

적·아군이라는 전쟁터 같은 상황. 지배자 측의 폭력, 그리고 지배당하는 측의 순교자적 자세는 더욱 격화되어갔다. 75년 6월호 「통신」의 타이틀은 「진인한 계절」이었다. 그 가운데 4월 15일 발신된 '통곡의 사형'이라는 부제목을 단 통신은 다음과 같이 써내려갔다.

"설마 이런 일이 있을 수 있다고는 생각지 못했다. 박정권에 대해서 이렇게도 몰랐던 것일까. 우리는 폭력정권 정도로밖에 생각하지 않았던 것이다. 그러나 그것은 살인정권이었다. 우리는 대통령이 아직은 인간이라고 생각했다. 부인을 잃은 슬픔을 그는 알고 있을 거라고 생각했다. 하지만 이제는 그야말로 부인의 죽음에 대한 의문의 배후에 있는 사람이라고 국민 사이에 떠도는 소문을 되돌아보아야 할는지도 모른다."

이처럼 "그는 이미 짐승이 되어버린 것인가"라고 썼던 이유는 4월 8일 오전 10시 인혁당사건의 피고 8명에 대한 대법원 상고심 판결공판을 10분 만에 마치고, 피고 전원을 아무도 만나지 못하게 하고 그 다음 날 10시 반에 처형해버렸다는 뉴스가 라디오에서 흘러나왔기 때문이다. 「통신」은 "KCIA의 잔인성은 절정에 달했다. 그것은 박정희의 광기 탓이다. 그는 미친개다. 아무에게나 달려들어 물어댄다"라고 사람들이 은밀히 수군거리고 있다고 전했다.

폭력에 대한 저항은 더욱더 순교자적인 색채를 띠어갔다. 1975년 4월 11일 서울대학교 농과대학의 김상진은 「양심선언」에서 다음과 같이 부르짖고 스스로 죽음의 길을 택했다(75년 7월호 「무서운 증언의 역사」).

"들어라! 동지여! (…) 우리는 유신헌법의 잔인한 폭력성을, 합법을 가장한 유신헌법의 모든 부조리와 악을 고발한다. (…) 우리는 이제 자유와 평등의 민주사회를 향한 결단의 깃발을 내걸어 일체의 정치적 자유를 질식시키는 공포의 병영국가가 도래했음을 민족과 역사 앞에 고발코자 한다. (…) 저 지하에선 내 영혼의 눈이 뜨여 만족스런 웃음 속에 여러분의 진격을 지켜보노라. 그 위대한 승리가 도래하는 날! 나! 소리없는 뜨거운 갈채를 만천하에 울리게 보낼 것이다."

75년 4월 월남 붕괴는 박정희에게 자신의 체제를 강화해야 할 절호의 기회로 생각되었다. "전 고교, 대학을 학도호국단조직"으로 끌고가 그야말로 '병영국가'를 노렸다. '대한구국선교단'을 조직하여 기독교회 일부에까지 3일간의 병영생활을 강요하고, 명예총재에 박정희의 딸 박근혜(朴槿惠)를 앓혔다. 그리고 17세에서 50세까지의 남자로 민방위대를 조직했다(75년 8월호 「패배를 향한 통치」).

「통신」은 "'유령국회'라기보다는 '광인국회'다, 아니, 이 나라 전체가 한사람의 광인 아래서 '광인국가'가 되고 있는지도 모른다"고 썼다. 그리고 이제는 박정희의 죽음 이외에 나라를 정상적인 상태로 돌릴 길은 없다고 생각하면서, 이 나라가 그후에도 민주화의 정상적인 길을 가기는 어려울 것이라며 다음과 같이 기술했다.

"박의 죽음 또는 추방 후에도 곤란한 상황은 간단히 해소될 수 없을지도 모른다. 국민은 그의 죽음으로 한숨 돌릴 것이다. 그러나 권력을 탈환하여 국민에게 돌려주기 위해서는 그만큼의 민중의 힘, 저항의 조직, 그 사상과 실천이 없으면 안된다."(75년 9월호 「소리없는 백성」)

월남이 붕괴하고 박정희는 "선거도 신문도 없는 체제"(75년 11월호 「조용한 전선」)를 만들어 한때 태평한 듯이 보였다. 그러나 그것은 실로 잠시 동안의 불안한 휴식에 지나지 않았다. 76년 3월 1일 명동 가톨릭 대성당에서 열린 신구기독교도 7백여명의 합동기도회에서 「민주구국선언서」 낭독이 있었다. 함석헌, 윤보선, 정일형, 김대중 등 12명에 의한 선언이었다.

"오늘로 3·1절 쉰일곱 돌을 맞으면서 우리는 1919년 3월 1일 전세계에 울려퍼지던 이 민족의 함성, 자주독립을 부르짖던 그 아우성이 쟁쟁히 울려와서 이대로 앉아 있는 것은 구국선열들의 피를 땅에 묻어버리는 죄가 되는 것 같아 우리의 뜻을 모아 민주구국선언을 국내외에 선포하고자 한다."

이것이 그 서두에 기록된 말이다. 그리고 "이 나라는 민주주의 기반 위에 서야 한다" "경제입국의 구상과 자세가 근본적으로 재검토되어야 한다" "민족통일은 오늘 이 겨레가 짊어진 지상의 과업이다"라는 항목이 이어졌다. 「통신」은 이 사건을 전하면서 "이 진실한 그러면서도 온화한 발언에 왜 권력은 그토록 격분하지 않으면 안되는 것인가"라고 묻고 "박정희는 한장의 선언서에 그 운명이 걸릴 정도로 상처투성이이며 부정투성이"이기 때문이라고 전했으나, 검찰은 "봄을 기하여 민중선동에 의한 국가변동을 획책했다"고 격앙했다.

당시 한국의 저널리즘이 어떠한 상태에 놓였었는지는 『조선일보』의 「한국민의 생각·1976——3·1절에 있은 정부전복선동사건에 부쳐」(3월 14일자)라는 사설의 일부 내용을 인용하는 것만으로도 충분히 설명할 수 있다.

"땀 흘려 일한 뒤 잠을 필요로 할 때, 수학문제를 풀려고 신경을 곤두세우고 있을 때, 젖을 물려 아기에게 잠을 재우려 할 때 베토벤의 절묘한 심포니도 오히려 그것을 방해하는 소음일 수가 있는데, 하물며 안보와 발전에 질서와 안정이 필요한 마당에 느닷없는 그와같은 정치적인 사건이 어떻게 받아들여질 것인지는 두말할 나위가 없는 것이 아니겠는가."

사설은 이어서 "이 사회의 질서와 안정을 어떻게 바꾸자는 것인지, 바꿔서 어떻게 하자는 것인지, 또 그것이 가능하다고 생각한 것인지"라고 정부의 지시대로 그 말을 대변했다(76년 5월호 「왕조의 시대」). "눈으로는 아무것도 보이지 않는 시대, 매스컴은 아무것도 말하지 못하는 시대였다." 그래서 어느 수녀가 추방된 『동아일보』 기자들에게 「아아, 바람이여」라는 시를 보내 다음과 같이 읊조렸다고 통신은 전했다.

눈으론 아무것도 볼 수 없군요
소리만이라도
아 바람이여

들을 수 있다면
문을 열어야겠어요

이 시가 명동성당 집회에서 낭독되자 가톨릭 사제들도 연행되었다. 그 때문에 3월 15일 밤 다시 명동성당에서는 3·1절 기도회사건으로 입건된 사제들을 위한 미사가 열렸다. 사제 2백여명과 신도 2천여명이 모인 가운데, 김수환 추기경은 다음과 같이 말했다.

"그리스도께서는 백성을 선동했다는 죄명으로 십자가에서 처형되셨습니다. 우리 사제들도 백성을 선동했다는 죄명으로 나라의 호된 심판을 받게 되었습니다. 우리도 그들에게 같은 누명을 씌워야 하겠습니까."

이러한 상황을 알리면서 「통신」은 "폭력적 통치는 그 극단을 달리며 거대한 저항에 부딪혀 스스로 폭발할 때까지 멈출 줄 모르는 것일까"라고 우려했다(76년 6월호 「이 마음의 번민을」). 박정희정권이 스스로 폭발할 싯점으로 돌진해가고 있음을 전망했기 때문이다. 그리고 그후에 일어날 사태에 대비하여 민중이 무력하다는 것을 되풀이해서 개탄했다.

희망의 저류

―

민주구국선언 사건에 대해서 쓰자면 끝이 없다. 「통신」도 수개월에 걸쳐서 재판 보고를 계속했다. 1976년 10월호『세까이』에 게재된 통신은, 8월 5일 법정에서 최후 진술시간이 주어졌지만 대부분 변호사가 없는 법정이라 진술을 거부했으나 이태영(李兌榮)만이 진술을 계속했다고 보고했다. 이태영은 "이 나라 최초의 여성변호사로서 여성의 인권을 위해 늙은 몸을 이끌고 뛰어다니는 나를 투옥해서 어쩌자는 것인가"라고 하며 다음과 같이 말을 이었다.

"검사는 논고에서 우리가 입으로만 애국자라고 했다. 그럴까, 몇번이고 독립운동을 이유로 투옥되었어도 그런 것인가. 이 애국자들이 일제시대에 옥중에 있을 때 당신들은 어디에 있었는가. 현재 정부에서 권력을 쥐고 있는 사람들은 어디서 무엇을 하고 있었는가. 만주에서 이런 애국자를 고문하기 위해 총을 들고 있던 자는 없는가. 애국자들이 독립운동 전선을 만들어 싸우고 있을 때 무엇을 하고 있었단 말인가."[3]

재판의 결과 18명의 피고에게 8년, 5년, 3년, 2년의 징역이 언도됐지만, 피고들은 모두 어이없는 일이며 일고할 여지조차 없다고 생각했다. 박정희정부의 죽음이 임박하여 국민 모두가 그 임종의 날을 기다리고 있었기 때문이다.

같은해에 이상한 일, 실로 우스꽝스러운 일로 석유가 분출한다고 떠들썩했던 일이 있었다. 동해안 영일만에서 석유가 솟아나오게 되었다고 5월에 대통령이 담화를 발표했다. "나라를 위해 그토록 노심초사하고 있으니 신이 가엾이 여겨 석유까지 주시는 게 아닌가" 그러나 그것은 유언비어였다. 그래도 긴급조치에 걸리지 않았다. 그해 말에는 석유발굴이라는 환상의 꿈을 대신하여 원유가를 10퍼센트나 인하한다고 발표했다(76년 4월호 「용기있는 전환」). 이 일이 보여주는 것처럼 이때는 전적으로 국민기만의 시대였다. 어떻게 그런 일이 가능하다고 생각했을까. 마지막 단계에서 독재자의 이상심리상태라고 하는 것 이외에 해답이 보이지 않는다. "독재자란 그런 것인가. 분명 이상성격의 소유자로밖에는 생각할 수 없다"(77년 1월호 「어리석은 시대」)고 「통신」은 되풀이해서 썼다. 그래서 그는 결국 측근에게 암살되기에 이르는 것이 아닐까.

1976년 11월 미국에서는 카터가 대통령에 당선되었다. 박정희정권은 실망했으며, 민주세력은 크게 고무되었다. 77년 3월 22일 3·1민주

---

3 한국기독교회협의회 인권위원회가 발행한 『1970년대 민주화운동: 기독교 인권운동을 중심으로』 2(1986)에는 이 법정진술에 대해 다음과 같이 기술되어 있다.
  "60년 동안 이 땅에서 나서 살아왔다. 대한민국에서 여자변호사로는 처음이다. (…) 검사님은 논고에서 말로만 애국하지 말라고 꾸짖었다. 독립운동 때에 현 정부 여러분은 친일파나 아니었는지. 민주주의를 한다면서 대한민국의 독립을 선포하고 국제승인을 얻으려고 심혈을 기울일 때 오늘의 정부 여러분은 무엇을 하고 있었는가?"(787면)─옮긴이.

구국선언 사건에 대한 대법원 판결이 있었는데 18명의 피고 중 김대중, 윤보선, 문익환, 함석헌에 대한 형량은 징역 5년이었다. 그중에서 윤보선, 함석헌은 고령으로 불구속이었다. 그날 다시 이들에 의해서 「민주구국헌장」이 발표되었다. '유신헌법과 긴급조치의 철폐와 무효선언'을 포함한 것이었다. 이 소식을 전하며 「통신」은 박정희의 "불치의 가학증으로 인한 이 민중의 고통은 도대체 언제까지 계속될 것인가" 하고 한탄했다. 『동아일보』와 『조선일보』에서 추방된 기자들이 3·1민주구국선언사건 구속자 가족 등 민주화운동 인사들과 함께 민주화를 기원하는 회합을 가졌다. 「통신」은 "이 공동의 정신으로 박정권의 폭력도 언젠가는 무너질 것이라고 나는 믿고 있다"고 했다(77년 6월호 「4월 선언」).

박정희 부인의 죽음 이후, 그 무렵 번번이 퍼스트레이디의 대역으로 정치무대 정면에 나서게 된 박정희의 큰딸 박근혜에 대해서 「통신」이 전한 것을 여기서 잠시 언급하고자 한다. 박정희의 아들 박지만(朴志晩)이 고교졸업식에서 일반적으로 수석우등생이 대표로 받기로 되어 있는 졸업증서를 받는가 하면 파격적으로 박정희의 영양이 학부모를 대표해서 축사를 했다. "국가를 위하여 힘차게 일하는 젊은이가 되어달라"고. 「통신」은 다음과 같이 이어갔다.

"박정희가 그의 영양을 텔레비전에 내보내 자신의 이미지를 높이려는 노력이 최근 갑자기 늘어났다. '이제야말로 우리나라는 자랑스러운 나라가 되었다.' '그러나 경제성장에는 정신의 성장이 따라야 한다.' 이런 '가르침'도 있었지만, 아버지 또는 아내를 잃은 남편으로서 박정희 씨의 윤리적인 인간관계를 칭송하는 말이 끝이 없다. '새로운 건설 등 훌륭한 일이 이룩되었을 때, 아버지는 어머니가 계셨더라면 하고 생각하시는 것입니다. 어머니의 격려가 가장 필요한 것이었습니다.' '아버지는 가난한 가정에서 자라셔서 오직 부강한 나라를 만드는 일을 꿈에도 잊지 못하시는 것 같습니다.' '아버지의 베갯머리에는 항상 메모가 있는데, 거기서 아버지께서 나라를 생각하시는 모습을 뵙는 듯한 느낌입니다.' '아버지는 말없이 계셔도 항상 무언가를 생각하시는 것처럼 보이십니다.'

그녀의 소박한 '충효도의'가 서민 사이에서 무언가 효과를 내고 있다고 생각하는 것일까. 그렇지 않으면 그 고교졸업식 때와 같이 모든 것이 오직 윗분 한사람의 만족을 위한 한토막의 드라마일까. 다만 부끄러운 생각을 반추할 따름이다."(77년 3월호 「3·1 법정 어록」)

"이 무렵에는 충효를 내걸고 '새마음 갖기' 운동이 시작되었다. 전국적으로 국민을 동원하여 '새마음 갖기' 대회를 열었다. 그리고 박정희 씨의 젊은 영양이 '새마음 갖기 운동은 우리 민족정신의 기본인 충효사상을 오늘날에 맞게 되살려 정신적인 참 가치와 확고한 도덕관을 우리 사회에 심는 기반을 만든다고 하는 특징을 가지고 있습니다'라고 훈시를 하는 것이다."(77년 7월호 「유언비어의 나날」)

「통신」은 박정희 암살시도가 있었음을 알리기 시작했다. 그리고 그런 소문이 도는 것은 피할 수 없는 일이라고 하며 다음과 같이 기술했다.

"이런 소문이 나도는 것도 절망 끝에 그를 암살하는 길밖에 방도가 없다고 민중 사이에서 은밀히 말들을 하고 있기 때문일 것이다. 폭력적인 탄압 이래서 민심도 폭력화하는 것이 아닌가 하여 참으로 두려운 마음이 들 뿐이다."(77년 8월호 「죽어서 살리라」)

1977년경부터 대미관계가 어렵게 움직이면서, 1963년부터 1969년까지 중앙정보부장을 지낸 김형욱(金炯旭)이 미국에 망명했고, 박동선이나 김상근(金相根), 이한조(李漢祚) 등의 뇌물에 의한 대미공작이 미국에서 폭로되는 등 연명을 꾀하고 있는 박정희정권을 흔들 만한 사건이 이어졌다. 어디서 무엇을 의도한 것이었는지 한국의 일반국민은 알 도리가 없는 일이었다. 『세까이』의 「다큐멘트 김대중씨 납치사건」은 사건을 제법 상세하게 보도했다. 그것은 한국국민에게 거의 알려지지 않은 내용이었다. 이런 국제적 스캔들도 국내에서 벌어지는 민주화운동과 마찬가지로 한국의 매스컴에서는 대체로 「삭제된 역사」(78년 1월호)였다. 배후에 어떠한 정치적 의도가 있었는지 알 까닭이 없었다. 박정희가 방어적인 자세를 취하고 있었던 것은 분명하다. 한국의 매스컴은 전면적으로 조작되었다. 여기서는 「삭제된 역사」의 기술을 조금만 인용하는 데 그치기로 한다.

"신문이 이러한 권력에 협력하고 있는 모습은 그 극한에 달하고 있다. 일례를 드는 것만으로 충분할 것이다. 미국 하원 공청회에 나타난 전 주미한국대사관 참사관 김상근씨의 증언 등은 거의 내용이 알려지지 않았다. 김씨는 주미대사관에 근무할 때 미의원을 매수하는 백설(白雪)작전에 참가했다. 지금은 미국정부에서 매월 910달러의 생활비에 의료와 영어학습에 대한 보조를 받고 있다——이것이 신문보도의 전부다. 증언의 내용은 전혀 없고, 미국정부에 그가 고용되어 있다는 인상만을 주려고 하는 보도다. 그리고 박동선에 대해서는 박씨의 사무실에서 발견되었다는 서울에서 보낸 장문의 문서를 장황하게 보도하고 있다. 박씨는 '미국정계와 폭넓은 접촉을 가지고 있으며, 독신자이기 때문에 많은 활동시간을 할애할 수 있고 상류사회에 현란한 설득력과 좋은 인상을 심는 사람'이라고 넌지시 '격찬'하고 있는 것이다. 그러면 그러한 우수한 '애국자'를 쓸 수 있었던 박정희씨도 '격찬'해도 좋을 것이 아닌가. 사실이 삭제되고 허구가 날조된다. 그 위에 박정권은 서 있다. 그 허구를 국민에게 믿게 하려는 이 정권의 광기어린 작태다."

140

학생들의 저항은 다시 크게 불을 뿜게 된다. 10월 7일 서울대학교 사건이 일어나는가 하면, 10월 25일에는 연세대학교에서 5천여명의 "유신체제 5년, 최대의 학생저항"이 일어났다. 성명은 제목부터가 종래의 것보다 비장한 「77 연세 민주수호결사투쟁선언」이었다. '77'이란 1977년이라는 뜻이며, 참으로 격렬한 내용이 실렸다. "이제 질식할 듯한 기성독재의 최후적 발악은 전체 국민의 생명과 자유를 위협하고 있다"고 하며 박동선사건에 대해서 다음과 같이 규탄했다.

"국민의 고혈을 짜낸 세금으로 정권유지를 위해 외국의 일개 정치객에게 뇌물을 먹이다니 이것이 국민의 대표가 할 짓인가? 코리아라는 말이 혐오감의 대상까지 되게 한 이 사건을 국민에게 그 진상을 밝히려 하지 않고 계속해서 회피와 정권안보를 위해 묘한 민족감정을 조장시키는 악랄한 수법을 쓰는 것이 국민의 대표인 정부가 할 짓인가? 우리는 현 정권을 부정한다."

그리고 '우리의 결의'로서 다음과 같이 주장했다.

1. 유신헌법 철폐를 위해 싸운다.
2. 박동선사건을 해명하라.
3. 노동자의 인권을 보장하라.
4. 학원의 자율을 침해하지 말라. 총학생회를 부활시키라.
5. 이 모든 것의 원흉인 독재정권 타도를 위해 싸운다.

바야흐로 '혁명시대의 개막'이라고 할 수 있었다. 10월 31일에는 이화여대에서 2,800백여명이 강당에 모여 농성을 하면서 저항했다. 11월 7일에는 서울대에서 5천명 이상의 학생데모가 이어졌다. 「통신」은 "내년 봄이 다가오면 한국의 정국은 결코 무사하다고 생각할 수 없다. 이

미 새로운 유혈저항이 시작되고 있다"고 했다.

학생들의 저항은 점점 크게 격화되어갔다. 더욱이 78년 7월 6일 박정희는 통일주체국민회의라는 괴뢰기관을 통해서 다시 한번 6년 임기의 대통령에 선출되었다고 발표했다. 「통신」은 다음과 같이 전했다.

"7월 6일 박정희는 단독 입후보하여 자신이 의장으로서 사회를 본 이른바 통일주체국민회의에서 대통령에 선출되었다고 선언했다. 2,578명의 대의원이 모인 가운데 한표의 무효표를 제외한 2,577표의 찬성을 얻었다고 했다. 한표의 무효표는 '자유투표'를 위장한 쑈였을 것이다. 그러나 서울에서는 지금 그것은 박정희씨의 이름을 '박정호'라고 잘못 적었기 때문이었다는 유언비어가 돌고 있다. 그것은 민중의 목소리다. 그것이 말하려는 바는 그 대의원들이 박정희씨의 이름도 제대로 적지 못하는 상식이하의 무책임한 패거리라는 것이다."(78년 9월호 「희망의 저류」)

임기 6년의 또하나의 선거, 국회의원 선거가 12월 12일에 치러졌다. 선거결과는 항상 여당의 압도적인 승리로 정해져 있다. 대통령이 추천한 3분의 1의 유정회 국회의원이 별도로 존재했다. 이때 이란의 팔레비 정권이 붕괴했다는 뉴스가 전해졌다. 「통신」은 한국에서도 반미적 경향이 강력하게 대두하고 있다고 전하면서 "박정희씨는 6년의 집권을 꿈꾸는지 모르지만, 2년 이상 지속될 리가 없다"고 추측했다(79년 3월호 「대사(大赦)라는 사기」). "세계사의 한 형태로 볼 때 최후 단계는 희극이다"라는 맑스의 말을 생각하게 된다. "그것은 인류가 명랑하게 자기 과거와 결별하기 위해서다"로 이어진다.(맑스『헤겔 법철학 비판 서설』).

12월 27일 박정희가 집권 23년을 노리며 6년 임기의 대통령에 취임한다고 해서 양심범이 일부 석방되었는데 이중에는 김대중도 포함되었다. 2년 9개월 만의 석방이었다. 이듬해인 79년 3월이 되자 3·1운동

60주년을 맞이하여 윤보선, 함석헌, 김대중 세사람의 명의로 다시 「3·
1운동 60주년에 즈음한 민주구국선언」이 발표되었다. 선언은 박정희
정권이 이른바 '유신체제' 없이는 정권을 유지할 수 없게 되었다는 것
을 지적하면서 다음과 같이 분명하게 언명했다.

"우리 민중은 이른바 유신체제를 거부한다. 일방적인 여건 속에서
행해진 작년의 국회의원 선거에서조차 현 정권은 패배한 것이다."(79년
5월호 「깨어진 60주년」)

박정희정권은 국민탄압을 한층 강화했다. 이런 중에 정국을 크게 전
회시킨 것은 1979년 5월 30일 신민당의 전당대회에서 김영삼이 승리
한 것이다. 김영삼은 과반수를 2표 상회하는 득표로 당선되었다. 행정
기관, 경찰 그리고 CIA의 압력에도 불구하고서였다. 권력 주변에서는
민주주의는 죽어서 더이상 존재하지 않는다고 하는데도, 신민당은 정
부의 폭압에 굴복하지 않고 민주주의적 프로쎄스를 통해서 "나의 당수
도전은 정권에 굴복할 수 없다는 것에서 출발했다"고 언명한 김영삼을
당수로 뽑았다. 마포구에 있는 신민당 당사를 에워싼 3천여명 군중이
'김영삼 만세'를 외쳤고, 김영삼은 김대중의 자택으로 달려가 그를 포
옹했다. 김대중은 다음과 같이 감동적으로 말했다고 「통신」은 전했다.

"전당대회 소식은 방송에서 들었다. 김총재는 필요한 때에는 언제
나 원군을 얻어 승리해왔다. 마포시대는 이제야말로 김총재와 함께 개
막되었다."

대의원 몇몇인가는 울면서 투표했다고 한다. 지금까지 겪은 고통스
러운 야당생활을 생각하며 민주주의의 재생을 비는 마음에서였다. 여
기에 김영삼은 다음과 같이 답했다.

"민주주의는 꽃피기 시작했다. 마침내 실현되는 것이다. 신민당과
재야의 커다란 힘 사이에 이제는 털끝만큼의 틈새도 없다. 나도 인간

이므로 지금까지 모든 것이 옳았다고는 할 수 없다. 용서를 바란다. 김영삼은 오늘부터 새로운 김영삼으로 출발할 것이다."

사실 김대중은 가까운 대의원들에게 은밀히 김영삼에게 투표하도록 단단히 권했다. 그리고 투표 전날 밤 김영삼을 지지하는 '민권의 밤'에 출석하여 7년 만에 김영삼의 손을 잡고 한시간 동안 연설을 했다. 김대중은 "이번 전당대회는 김영삼, 이철승(李哲承) 두 사람의 싸움이 아니라 반유신과 친유신, 친민주와 반민주 사이의 싸움이다"라고 역설했고, 김영삼은 "민주회복의 그날까지 동지로서 단결하여 싸우자"고 맹세했다. 배후에는 윤보선, 함석헌을 비롯한 민주세력의 강력한 지원이 있었다. 이날은 '정치세력, 저항적 지식인, 민중'이 하나가 되었다고 할 수 있다. 일반적으로 지식인들이 야당의 정치적 자세에 항상 의심을 품고 그들과 하나가 되는 것을 기피해온 한국역사상에서 이것은 실로 보기 드문 일이었다. 「통신」은 한국의 상황을 "이란 혁명의 전야와 같이 관권의 부패와 인플레, 그리고 근대화의 파산"이라는 시기에 처해 있다고 전하고, 앞으로도 계속될 박정희정권의 폭력과 계략을 경계하면서 다음과 같이 기술했다.

"이 다난한 전도에 김영삼씨에게 행운이 있기를 빌자. 신민당에 대해서도 또 재야 민주세력에도. 그리고 무엇보다도 고령의 윤보선 전 대통령과 김대중씨에게. 한국민중은 드디어 승리할 것이라고 마음속에 맹세하면서. 오늘은 더 많은 것을 보고해야겠지만 나도 이 하나된 승리에 취해서인지 불현듯 심한 피로를 느낀다."(79년 8월호 「하나의 전진」)

1979년 10월호에 게재된 통신 「한계에 선 권력」은 8월 13일 발신으로 되어 있는데, 다소 변화의 조짐이 보이고 있었다. 6월 말에 있었던 미국의 카터 대통령의 방한도 일말의 영향을 주었다. 무엇보다도 국내 상황의 변화와 다소 관련이 있었다고 해야겠다. 10월호 「통신」에서는 드물게 「투쟁하는 신민당」이라는 부제를 달고 신민당이 김영삼 총재와 함께 투쟁하는 모습을 전했다. 당국이 삭제한 부분을 공백으로 남긴 채 당 기관지 『민주전선』을 발행하고 가두에서 판매하는 용기를 보였다. 공백투성이 신문에서는 "민주회복을 위해 최후까지 투쟁" "민중의 정당으로서 새로운 역사창조" 등의 언어가 흰 공백 위에서 돋보였다. 일반신문도 한계에 달하고 있었던 것일까. 「통신」은 다음과 같이 전했다.

"신문도 더이상은 침묵하고 있을 수 없게 된 것이다. 긴급조치 아래인데도 신문이 서서히 움직이기 시작한 것은 신민당의 활동과 함께 주목해야 할 것이다."

신문에도 여러가지 사건이 일어나기 시작했다고 통신은 전했는데, 여기서는 통신이 언급한 『조선일보』의 경우를 들어보기로 한다. 6월 14일부터 이 신문은 「새 농정 펴야 한다」라는 10회 예정의 농촌문제 씨리즈를 시작했는데, 「통신」은 이 특별기획에 대해서 상세하게 전했다.

"그 제1회가 「방황하는 농촌」이라는 것으로, 부제로 '가축사료가 되는 보리' '대풍(大豊) 마을 등 노변 방치' '무너진 축산기반' '공단주변 농토들은 공해로 시들고' '이농은 이농을 불러 농가마다 '늙은 일손'만 오락가락'이라는 말이 나열되었다. 이 부제만으로도 그 기사의 방향, 농촌의 현실을 말하고도 남음이 있을 것이다."

신문은 1면에 특별기획 톱기사와 함께 왼쪽 대통령 코너라는 곳에는 "청와대에서 배드민턴을 즐기는 박정희씨의 경쾌한 모습"을 실었다. 물론 기사는 중단을 당했다. "그리고 편집국 기자 4명과 지방신문 기자 8명이 연행되어 2~3일간의 감옥살이를 하고 호된 조사를 받았다. 사장과 편집국장도 한때 연행될 정도였다." 「통신」은 기사를 전하면서도 그것이 대단히 용기있는 신문의 행동이기는 해도, 신문이 정부와 얽힌 유착을 비난받고 독자를 잃어가고 있기 때문이라고 상당히 냉담하게 전했다. 「통신」은 이어서 신문이나 방송의 저항을 전하고, 가발과 봉제품 수출기업인 YH무역 등의 노동자의 투쟁에 대해서 전했다. YH무역에서는 여성노동자 한사람이 사망할 정도였다. 신문들도 이 사건은 크게 보도했다.

1979년 10월 15일 발신의 통신은 「새벽은 머지 않았다」였다(79년 12월호). 9월 16일자 『뉴욕 타임즈』에 김영삼의 인터뷰 기사가 실리고 나서 10월 4일 결국 그가 국회에서 추방되었다는 내용이었다. "나는 한번 살기 위해 영원히 죽는 길을 택하지 않고, 한번 죽더라도 영원히 사는 길을 택하겠다"고 그는 말했다. 「통신」은 한국 국회에서 일어난 초유의 그야말로 「제명 제1호」라고 전하면서 다음과 같이 매듭지었다.

"김총재는 눈물을 보이지 않았다. 부인도 '여보, 차라리 잘됐어요. 당신의 결단이 옳았어요'라고 격려했다고 한다. 그러나 그는 일찍이 비서로서 정치에 발을 들여놓도록 해준 고 장택상(張澤相)씨의 부인을 방문하여 추석인사를 할 때는 눈시울을 붉혔다고 신문은 전했다. 부인이 '너무 심했다'고 흐느꼈기 때문이었다. 그러나 김총재는 끝내 거기서도 눈물을 보이지 않고 부인을 위로했다고 한다. 그는 '죽는 것은 한번뿐이다. 두번 죽는 일은 없지 않은가'라고 기자들에게 반문하고는 '그러나 우리 국민이 가엾어서 견딜 수 없다'고 혼잣말을 했다고 한다. 그렇지만 우리는 그와 함께 '민주주의의 새벽은 머지 않았다'고 믿고, 패배의 그늘에서 민주주의를 향한 국민의 힘과 혼이 성장하고 있는 것을 확인하면서 용기를 잃지 않을 것이라고 생각한다. 패망해가는 권력의 폭력에 현혹되어서는 안된다. 그것은 멸망 전야에 최후의 힘을 쥐어짜 발버둥치면서 가장 극대화되는 것이 아니겠는가."

1979년 10월 26일 저녁 박정희는 쓰러졌다. 「통신」은 11월 2일, 8일, 17일의 발신을 한데 모아 1980년 1월호 『세까이』에 「혁명으로 가는 길」로 실었다. 그리고 전문(前文)에는 다음과 같은 말을 게재했다. 이 사태에 대한 간결한 평가로서 적절한 것이었다고 생각한다.

"독재자의 죽음이 민중의 완전한 승리의 결과가 아닌만큼, 낡은 체제에서 남은 자들이 아직 길을 막고 있다. 그리고 그들은 사라진 독재자와 같은 말투로 '질서유지…'라고 과장해서 되풀이하고 있다. 그러나 전진하기 시작한 민중의 발걸음은 결코 멈출 줄을 모를 것이다."(11월 2일)

"미국 CIA가 관여한다는 풍문이 돌고 있다. 미군 장군들은 한국군 장군들과 그야말로 문경지교(刎頸之交)를 맺고 있다. (…) 또 미국의 CIA는 사방팔방에 손을 댄다. 한편으로는 김재규를 움직이고, 다른 한편으로는 김계원(金桂元)에게도 손을 썼다. 정규 육사 1기생을 중심으로 한 중견장군들과도 서로 이야기가 오갔다."(11월 8일)

"계엄령을 선포해도 저항이 확대되어갈지도 모른다. 그리고 그것은 아직 소수의 활동이기는 해도, 이전보다 더 빠른 속도로 국민 사이로 번져갈지도 모른다. 국민은 저 부패한 잔당의 지배가 계속된다면 다시 떨치고 일어설지도 모른다."(11월 17일)

이때 나라를 뒤덮고 있던 혼미는 비길 데 없는 것이었다. 10월 4일 김영삼이 국회에서 추방되고 나서 미국 측의 움직임도 활발해졌다. 주한미국대사가 소환되었다. 10월 20일에는 미국의 브라운(Harold Brown) 국방장관이 한미안보회의를 마치고 한국방위에 대한 미국의 지원을 소리 높여 확언했다. 그리고 공군의 방위력을 크게 증가시킨다고 했다.

이러한 미국의 움직임에 대해서 「통신」은 박정희 살해의 이면에는 미국이 어떠한 형태로든 관여했다고 보았다. 그리고 한국군부는 다음 권력을 노리면서 발빠르게 움직였고, 그 과정에서 보안군 사령관 전두환이 등장했다고 해석했다. 전두환은 박정희 사후에도 군부지배를 계속하기 위해서 갖가지 공작을 전개했다. 박정희를 '민족중흥과 조국의 근대화를 위해 신명을 바쳤다'고 평가하고 '20세기 세계사에 그 유례가 없는' 지도자로 만들어 장사지내기로 정했으며, 김재규는 정치적 야심 때문에 무서운 죄악을 저지른 자로 만들었다. 그리고 국민의 민주화에 대한 열망을 억누르고, 김대중, 김영삼의 민주주의 정치를 위한 활동도 극력 억제하려고 했다.

이 무렵 「통신」은 부산 시민봉기에 대해서 "데모 군중은 20만명을 넘었고" "시민은 박수로써 이에 응했으며" "콜라와 과일을 나르고, 옥상에서는 경찰을 향해 기왓장이나 화분을 던졌다"고 전했다. 그러나 이처럼 10월 15일부터 시작된 투쟁의 모습을 전하면서도 암울한 앞날의 역사를 전망하지 않을 수 없었다. "박정희는 위대한 영도자라는 신화가 만들어지고, 김재규는 극악무도한 원흉 운운하게 된 데는 역사의 왜곡이 있다. 그것은 밀실정치의 음모다"라고 쓰고, 이란에서도 보았듯이 미국이 한국에서도 역시 실패한 공작을 반복할 것인가라고 한탄했다.

"밀실궁정정치로는 국민의 마음에서 불안이 가시지 않을 것이다. 국민심리를 무시하고 국민에게 무력을 들이대고, 잔재주를 부리는 것이 얼마나 무서운 것인지 밀실의 사람들은 지금 알고 있는지. 국민을 믿고 개방적 태도를 취하는 것이 새로운 역사의 시작이어야 하는데, 돌이킬 수 없는 잘못을 되풀이하는 것 같아서 안타깝다."

박정희 사후의 군부 지배세력, 즉 1972년의 유신체제가 무너진 1979년 10월 26일 이후에 등장한 그야말로 제3의 쿠데타세력의 실체를 분명하게 확인하게 된 것은 11월 24일 이른바 '명동 YWCA사건'에 의해서였다. 집회가 금지된 계엄령 아래서 결혼식이라고 가장하고 1천명 이상의 사람들이 명동 YWCA에 모여서 「통대저지를 위한 국민선언」을 발표했다. 군부가 박정희 영구집권의 앞잡이 기관이었던 통일주체국민회의를 재소집하여 대통령을 뽑는 요식행사를 개최하려는 것을 미연에 방지하려던 것이었다. 이에 상상을 초월할 정도로 잔인한 폭력을 가한 세력은 전두환 소장이 이끄는 육군 보안사령부가 핵심을 이룬 군부세력이었다. 이런 경험에서 민주화세력은 박정희의 사후 군부에 대해서 확실한 인식을 가지게 되었다. 「통신」은 다음과 같이 기록했다.

"민주화세력은 이번에 이런 사건으로 민족의 적, 민중의 적이 누구인가를 분명하게 확인할 수 있었다. 군에 대한 기대는 사라졌다. 그것은 사람의 탈을 쓴 이리였다. 지금까지 그들은 고의로 모든 것이 좋아질 테니 안심해도 좋다는 소문을 퍼뜨렸다. 그러나 민주세력은 결코 분열하지 않을 것이다. 또 결코 굴복하지 않을 것이다. 그들의 폭력이 강화되면 민주세력은 다시 강경노선으로 일치하게 될 것이다. (…) 매스컴의 침묵 속에서도 수난의 이야기는 서서히 민중에게 알려질 것이다. 그리고 국민은 다시 분노를 드러낼 것이다. 그것은 너무나도 괴로운 일이지만 그 길밖에 우리에게는 주어지지 않은 것 같아서 견딜 수 없다."

"소수가 수난을 결의함으로써 악질적인 권력을 잔인한 오버액션으로 밀어낸다. 그리고 그것이 폭력적인 어리석은 권력이 도저히 예기치 못했던 사태를 야기한다"고, 「통신」은 이제까지의 역사를 상기하면서 금후의 역사를 그렇게 포갰다. 그들은 모두 "소(小)박정희"로서 "화살이 다하고 칼이 부리질 때까지 결코 그 자리를 물러나지 않을 것"이라고 전망했다(80년 2월호 「반동의 폭풍이 불어도」).

그후에 전개된 상황은 「통신」의 우려가 현실화된 것이었다. 12월 12일 계엄사령관 정승화 육군참모총장이 전두환 보안사령관에 의해서 체포되는가 했더니, 수도경비사령관, 헌병사령관 등 장군 15명이 차례로 체포되고, 전두환과 노태우 제9사단장이 쿠데타의 중심에 섰다. 그리고 김재규는 발언도 가족의 방청도 자유롭지 못한 법정에서 죽음으로 몰아넣어졌다. 「통신」은 12월 4일 발신의 「반동의 폭풍이 불어도」에서 법정에서 한 그의 발언을 3면 이상을 할애하며 자세히 전했다. 그의 마지막 말은 "제발 나를 강도 취급하지 말아달라. 괴로워서 견딜 수 없다. 아무리 무력으로 흐름을 막아도 자유민주주의는 반드시 꽃피게 마련이라고 믿는다"는 것이었다.

10·26 이후 한국국민의 마음속에는 기대와 불안이 세차게 교차했다. 80년 2월 29일 정부는 687명의 공민권이 부활되었다고 발표했다. 약 2천명을 헤아리는 정치범 가운데 3분의 1 정도가 복권된 것으로, 김대중이 포함되어 화제를 불러일으켰다. 김대중은 3월 1일 내외기자단과 회견하고 「7년 만에 국민 여러분을 대하면서」라는 성명을 발표했는데, "정치보복의 종식"을 말하고 자신의 납치사건에 대해서는 더이상 문제삼지 않겠으며 "오직 당사자들이 누구든지 간에 스스로 겸손하게 뉘우치기를" 바란다고 했다. 「통신」은 그의 성명이 실권을 쥔 군부 전두환계에 대한 메씨지라고 할 수 있으나, 그들에게서 자신이 "이유 없이 미움을 받고 있는" 사실이 문제라고 덧붙였다(80년 5월호 「서울의 봄」).

혁명을 생각하는 마음은 시적이지만, 현실은 어디까지나 산문적이라고했던가. 80년 6월의 통신 「검은 창은 제거되고」는 바로 그러한 갈등의 소용돌이를 기록했다. 4월 17일 발신이었던 통신의 서두에 놓인 다음과 같은 문장은 곧 그러한 상황의 반영이라고 할 것이다.

"지금까지 소외되었던 사람들의 역사참여가 실현되지 않으면, 그것은 끝나지 않는 반동의 연속이라고 해도 좋을 것이다."

"복권 교수의 교실은 학생들로 넘치고 있다. 그 교수들이 학원의 화해를 위해서 노력하고 있다."

"그러나 전도는 어둡다는 심정이다. 계엄령이 길어지는 것이 어쩐지 불안하다. 유신의 유령이 다시 떠돌고 있다."

이런 불안한 사태가 급전직하, 1980년 5월 18일 심야 0시를 기해서 전국에 계엄령이 포고되고 다시 군부지배하의 세상이 되고 말았다. 김대중을 비롯하여 민주화운동을 해온 사람들은 일망타진되었다.「난동군의 지배」(80년 7월호)라는 글의 첫번째 소제목은「심야의 계엄령」(80년 5월 18일 발신)이었는데 그 속에서 통신은 다음과 같이 개탄했다.

"마침내 이 나라의 군인은 이렇게 무모하고 잔인하게 되었는가. 해방후 지금까지 좌우의 대립 속에서 동족을 적으로 생각하고 섬멸하려고 해온 데서부터 그런 잔학성이 키워졌는지도 모른다. 박정권 18년에 그런 증오의 통치는 절정에 달했다. 그 비극이 최대의 악유산을 남겨놓은 곳이 한국의 군부인지도 모른다. 군은 국민을 지키는 존재가 아니라 무엇보다도 국민을 습격하는 이리라는 생각이 든다. 군부의 민족화·민주화 없이는 이 나라의 시민은 안심하고 잘 수 없다. 그 군부에 뒤탈이 없도록 국민은 신중을 기해왔지만 결국 그들은 난동을 일으키고 말았다. 이제부터 어떤 비극이 일어날 것인가. 전율해야 할 날들을 생각하며 펜은 무디어질 따름이다."

지금 군부의 전두환일파는 국민이 민주화로 고조된 가운데 박정희 정권의 잔인성을 계승하려 한다고,「통신」은 격렬하게 비판했다. 그리고 "이 잔인한 군대는 국민을 진압할 수는 있어도 결코 통치할 수는 없다"고 잘라 말했다. "한국 역사 이래 군인에 의한 죄대의 포악"이라고 쓸 수밖에 없는 폭력이 서울에서도 광주에서도 계속되었다. 통신은「광주 긴급 리포트」(80년 5월 25일 발신)라는 제목으로 광주에서 전개된 처참한 상황을 전했다. 그중 한 대목만 인용하기로 한다.

"광주 기독교 병원에서는 총검으로 중상을 입은 학생들을 치료하고 꿰매고 있을 때 군대가 난입해 들어와 총검으로 의사와 간호사를 때려서 쫓아버리고 수술중인 중상자를 2층에서 아래로 내던졌다고 한다. 의사들은 전쟁보다도 더하다, 적과 교전중에도 병원을 습격하는 일은 없다고 탄식하고 분개했다고 한다. 저항한 여성들은 옷을 벗긴 채 나무에 묶고 총검으로 찔렀다. 시민들을 협박하고 공포에 몰아넣기 위해서 그렇게 했을 것이다. 그러나 시민들이 격앙하고 사건은 확대되었다."

「통신」은 일본정부의 냉담한 자세와 미국의 가담을 개탄했다. 무엇보다도 위컴(John A. Wickham) 주한미군사령관은 한미합동사령관으로서 전두환의 폭도적 행동을 허가한 것으로 보아야 한다고 다음과 같이 기술했다.

"미국이란 조금 낫다고 생각했는데, 아주 형편이 없다. (…) 이제부터는 민주화운동이 반미운동의 길을 가는 것이 아닐까 두렵다." "이처럼 모두가 북한을 의식하면서도 반일, 반미의 험난한 길을 가지 않으면 안되는 것인가."

5월 27일 군이 다시 침입했고 그후에는 승자로서 패자를 재판하는 일이 이어졌으나, 여기서는 「통신」이 인용한 가톨릭교회 측의 기록 「증언 I」(5월 22일 오후 4시 현재)에서 한 구절을 인용하기로 한다.

"무차별 학살을 한 군인들은 하루종일 식사를 주지 않고 무언가 약을 넣은 술을 마시게 했다고 자백했다. 1개 중대 병력이 학생들의 손에 무장해제를 당하고 술에서 깨어나자 자신들이 범한 참극에 놀랐다. 그들의 반수 이상은 하사관이었다. 그들은 배가 고프다고 호소하여 시민들한테서 충분한 식사를 제공받았다."*(80년 8월호 「흑암에 대한 기록」)

「통신」이 인용한 「민주수호 전남도민 총궐기문」(5월 21일)의 일부를 인용하면 광주사건이 얼마나 처절한 것이었는지 머리에 떠올릴 수 있을 것이다.

"하늘이여! 이 원통하고 피맺힌 시민의 분노를 아는가? 삼천만 애국동포여! 이 억울한 죽음의 소리가 들리는가? 민주군대여! 말하라! 저 흡혈귀 살인마 전두환과 유신잔당 놈들을 죽일 것인가? 아니면 민주를 외치는 순박한 애국시민을 죽일 것인가를?"

통신은 「흑암에 대한 기록」에서 이처럼 기록하고, 6월 18일 발신에서는 광주사건을 '미국의 아프가니스탄'에 비유했다. 거기서 한마디만 인용하기로 한다.

"글라이스틴(William H. Gleysteen) 대사는 5월 23일 한국 국회의원들 앞에서 지금 북한은 '굶주린 호랑이'와 같은 상태에 있다고 말했다고 한다. 이 모든 것이 북한에 대한 경고라기보다는 한국에서 민중의 저항에 직면하여 군부독재를 지원하기 위한 음모적인 정치발언이 아니었겠는가."

광주사건을 두고 5월 24일 윤보선, 함석헌 두 의장과, 투옥된 김대중을 대신하여 부인 이희호(李姬鎬)의 이름으로 '민주주의와 민족통일을 위한 국민연합'의 시국선언이 발표되었다. 이 선언에서도 은근히 미국을 비판했다.

"국민연합은 전통적 우방인 미국에 대한 우리 국민의 신뢰상실을 깊이 우려하는 바이다. 왜 전두환을 도와 무고한 양민을 살상케 하는가? 왜 이란에서의 비참했던 정책 실패를 다시금 한국에서 되풀이하려 하는가?"

이때가 미국의 대한정책에 대한 비판에서 반미로까지 나아가는 한국 현대사의 거의 결정적인 시기라고 할 수 있다. 「통신」은 1945년 해방을 맞이했을 때 민중 사이에서 유행하던 말을 상기했다.

"소련에 속지 말고 미국을 믿지 마라. 일본이 일어난다, 조선이여 조심하라."

한국인의 현대사 인식이라고나 할까. 「통신」은 지하에서 떠돌던 「전국 민주청년학생의 소리」라는 전단에 적힌 말을 인용했다.

"미국에 통고한다. 원상회복하라. 전두환의 국민살육작전에 미국이 동의하였고 신경 가스탄이 사용되었다는 사실을 중시한다. 이글거리는 분노와 적개심으로 경고한다. 현 정책을 계속하는 한 이 땅에서 미국인의 생명과 재산은 보장받지 못할 것이다."

그리고 "들어라 전두환! 야만과 파렴치로 얼룩진 살인마여. (…) 죽음을 기다려라"라고 부르짖었다(「흑암에 대한 기록」 중에서 「죽음에서 죽음으로」). 그러나 폭력으로 돌파한다는 전두환일파의 자세에는 변함이 없었다. 「통신」은 다음과 같이 보고했다.

"5월 24일 광주사건이 한창일 때 김재규씨와 그의 부하 네명을 처형했다. 박정희를 암살한 그들에게 죽음으로 갚은 것이다. 광주사건 속에서 그것은 국민적 관심이 되지 못했다. 그리고 또 광주사건이 한창인 때 김대중은 공산주의자이며, 내란과 정부전복 음모를 기도했다는 이른바 '김대중 수사 중간발표'라는 것을 했다. 광주사건도 잊어주지 않으면 곤란하다는 것이다. 공무원 숙청을 대대적으로 발표한 것도 그와 무관하지 않을 것이다."(80년 9월호 「침묵의 도시 속에서」)

김대중사건과 광주항쟁에 대해서 이야기하자면 끝이 없다. 다만 「통신」이 「일본의 친한파」(80년 10월호 「운명의 사람·숙명의 사람」)라는 기사에서 전한 것을 잠시 상기하려고 한다. 광주사건이라는 비참한 사태 속에서 일본의 친한파는 왜 그토록 전두환을 칭찬한 것일까. 이를테면 자민당의 실권자 카네마루 신(金丸信)은 '전두환 장군, 지도자 자질이 넘친다'고 떠들어댔다. 그런 상황에서 일본에서 김대중의 운명을 우려하는 시민의 양식있는 목소리는 한국에 전해지지 않았다. 「통신」은 "많은 선의의 일본인이 한 일이 알려지지 않은 채로, 지금 한국사람들은 일본인이란 예나 지금이나 변함없는 그런 사람들이라고 여기는 것이다'라고 우려했다.

8월 5일 전두환은 육군대장을 자칭하고, 8월 16일에는 최규하를 추방했다. 그리고 9월 1일 스스로 대통령의 자리에 취임했으며 미국은 그를 지지했다. 이때 결정적으로 한국의 민주세력이 미국과 결렬하게 되었다. 군사법정은 9월 17일 김대중에게 사형을 선고하고, 그와 함께 체포된 민주화운동 인사 23명에게 각각 2년에서 20년에 이르는 징역형을 선고했다. 「통신」은 그 서두에서 "무법과 폭력이 양식과 양심을 패배로 내몰았다"(80년 11월호 「패배의 날」)고 썼다.

그러나 이런 무서운 상황 속에서도 학생들의 저항은 연이어 크게 터져나왔다. 광주사건의 비극이 학생들 사이에서 조용히 저항을 불러일으키는 듯했다. 여기서는 「통신」이 상세하게 보도한 1980년 11월 18일 연세대학교에서 폭발한 수천 학생들에 의한 저항의 호소에 대해서 조금 언급하고자 한다(81년 2월호 「퇴폐해가는 권력」). 그중의 하나 「조국의 민주화를 위하여」는 다음과 같이 시작되었다.

"전두환 파쇼 일당은 물러가라! 우리는 요구한다. 전두환일당은 즉각 퇴진하라. 오늘 우리는 조국의 앞길을 가로막고 있는 파시스트 권력의 단말마적 발악에 직면하여 새로운 차원의 민주화운동을 제창하며 학우제군에게 호소한다."

"미국과 일본에 고한다"라는 구절에서는 다음과 같이 호소했다.

"우리는 미국과 일본에 묻는다. 낭신늘이 과연 우리의 벗인가. 그렇다면 그 증거를 보여달라. 우리는 당신들에게 우리의 자유를 구걸하지는 않는다. 단지 우리의 적인 전두환일당의 친구가 아니라는 것을 증명해보라는 말이다. 적의 친구가 우리의 벗이 될 수 없음은 너무도 자명하기 때문이다. 우리는 미·일 양국의 국가적 양심을 가지고 당신들이 한반도에서 이기적 목적만을 추구하는 외세가 아니라 우리 민중의 진정한 벗이 될 수 있기를 희망한다."

또하나 「1만 연세 학우에게」라는 호소문의 첫 두 구절에서는 다음과 같이 호소했다.

"아아 얼어붙은 캠퍼스여! 당신은 잊었는가, 5월의 자유를! 아 말이 없는 학우여 그대는 잊었는가, 광주의 선혈을. 5월의 태양 아래 피 흘리며 쓰러져간 자유의 혼들이 간 곳은 어디일까? 그곳은 머나먼 명부의 암흑일까, 혹은 탱크도 계엄령도 없는 영원한 자유의 세계일까?

학우여 1만 연세 학우여! 귀를 기울여보라. 들리지 않는가 형제들의 비명이. 들리지 않는가 오월의 함성이. 우리의 거짓과 안일을 언제까지 되풀이할 것인가? 언제까지나 네 집의 껍질 속에 머물러 있을 것인가. 보라 조국의 현실을."

전두환은 어떠한 정당성도 가지지 못한 폭력이다. 미국은 그것을 방조하는 대국에 지나지 않는다. 11월 10일 숙명여자대학교의 대대적인 데모에서도 이것이 분명하게 주장되었다. 한국에서 반미적 심정, 반미적 운동이 젊은이들의 마음에 명백히 자리를 차지하게 된 것은 금후의 한국을 이해하는 데 매우 중요한 일이 되었다. 남북분단의 현상에서 미국이 남한을 방위했다기보다는 남북분단 그 자체를 계속 생산해왔다는 것을 강조하게 된 것이다. 그러므로 「통신」은 다음과 같이 썼다.

"미국에 대한 순진한 기대에서 그 힘의 정체를 주시하면서 그것에 직면하게까지 된 것은 이 민족의 커다란 성장이라고 할 수 있을 것이다. 그러나 그 때문에 더욱 고통스러운 운명이 계속될 것이 틀림없다."

1981년 1월 23일 신문은 「전대통령 28일 방미」라고 발표했다. 그리고 24일 24시를 기해서 계엄령을 해제한다고 발표하고, 그 다음날 대법원이 김대중에게 사형을 선고하자마자 다시 무기로 감형한다고 전했다. 전두환의 미국 방문과 김대중의 감형이 교환된 듯했다. 민주화 운동 인사들은 "레이건에게는 김대중씨의 생명이 문제가 아니다. 그러한 레이건도 김대중씨를 죽이는 일에는 전두환과 공공연하게 손을 잡을 수 없다는 것뿐이다"(81년 4월호 「고요한 아침의 나라」)라고 냉담하게 말했다. 미국은 한국을 군사적 관점에서만 보아왔지만, 이 무렵에는 경제적 관점에서도 눈여겨보고 있었다.

「통신」은 전두환의 1월 28일부터 10박 11일에 걸친 '미국 참배'에 대해서 민주화세력 사이에서 나타난 반응을 다음과 같이 전했다.

"미국의 무기로 모든 양심적인 사람, 권위있는 사람들을 살해하고 배제하고서 피묻은 전의 손을 잡고 회심의 미소를 띠고 있는 레이건의 모습에서 민주세력 측 사람들은 미국의 말로를 보는 듯한 생각조차 든다고 한다."

민주화 인사의 말은 계속해서 다음과 같이 이어졌다.

"나는 이 민족이 저런 전 일파의 범죄를 결코 용서하지 않는다고 믿는다. 긴 항쟁의 역사가 있지 않은가. 미국이 저런 타락한 존재라고 일찌감치 단념하는 것이 이 민족의 앞으로의 긴 역사에는 오히려 플러스가 될지도 모른다."

전두환은 81년 3월 3일, 그때까지 임시 대통령이던 칭호를 버리고 5,278명의 대통령 선거인단 선거로 정식 대통령에 취임했다고 발표했다. 81년 1월의 「통신」(3월호 「겨울 하늘 차갑게 스며들고」)을 매듭지은 말을 인용한다.

"이 나라의 역사는 오늘날에도 역시 결정적인 때에 우리가 어리석기 때문에, 특히 어리석고 탐욕스러운 인간들이 권력을 잡고 있기 때문에 최악의 길을 가지 않으면 안되는 것인가. 온돌 위에서도 추위가 몸에 사무치는 밤이다."

누가 오는 봄을 막을 수 있겠는가

―

「통신」은 「반미의 논리」(81년 5월호 「씻을 수 없는 한」)에 대해서 기술했다. 한국의 반체제 인사들은 "전두환의 등장은 한미 양군 공동작전의 결과라고까지 생각하고 있다"고 지적했다.

"반미의 풍토, 반미의 논리는 한층 깊어져갈 것임이 틀림없다. 무기 앞에서 맨손의 민주주의가 어떻게 가능하겠는가. 민주주의를 외치다 죽을 수밖에 없는 것은 미국의 탓이다. 이런 것이 민중의 목소리에서 울리고 있다."

이것은 전두환정권과 광주사건으로 결정지어진 비판적인 젊은이들의 의식이라고 해도 좋을 것이다. 「통신」은 전두환의 대통령 취임에 대해서 말하면서 "악마란 더러운 입으로 가장 아름다운 말을 하는 존재인지도 모른다" "거대한 민중의 힘은 권력을 발광시킬지도 모른다"고 했다. 전두환도, 권력집단도, 꼭두각시 노릇을 하고 있는 언론도 그렇다.『조선일보』는 일본의 반한 풍토가 두렵다고 하면서 김대중이 처형되면 '일본 거주 한국인의 10퍼센트가 테러의 대상'이 될 것이며 '그 명부까지 준비되고 있다'고 했다(81년 5월호 「씻을 수 없는 한」 중에서 「광적인 권력」).

젊은이들의 투쟁은 한층 급진화되어갔다. 3월 19일 서울대학교의 투쟁에서 3월 31일 성균관대학교의 투쟁으로 옮아갔다. 그들의 투쟁에서는 「반파쇼 민주투쟁 선언」「반파쇼 민주투쟁 강령」 등 동일 내용의 선언서가 발표되었다.

"자! 불타는 뜨거운 가슴으로 저 극악무도한 파쇼독재집단을 궤멸시키는 대열로 나서라! 이제 곧 우리는 파쇼독재의 외마디 비명을 들으리라!"

성균관대학교의 「반파쇼 민주투쟁 강령」의 내용이다. 전두환정권은 이같은 저항에 맞서 경상북도 산중 청송군에 토지 86만평을 사들여 보호감호소를 만들었다. '불량배' 4만 6,117명을 순화교육이라는 이름으로 체포하여 교정훈련을 받게 한다는 취지였다.

81년 4월 15일 발신의 「고조되는 파시즘」(81년 6월호)에는 김대중의 '옥중에서 쓴 편지'에서 아름다운 말이 인용되었다. 3월 19일 부인에게 보낸 편지에서 한마디만 재인용하기로 한다.

"나는 지난 9일의 면회 이후는 아주 마음을 다잡아먹고 참으로 일체의 기대를 버리고 이 시련을 이겨내고자 노력하고 기도하고 있으니 너무 걱정만 하지 말기를 바랍니다."

사형에서 무기로 감형되고 나서 쓴 편지다. 이에 대해서 「통신」은 "한 사람의 정치가가 말할 수 없는 역경을 신앙으로 극복하는 모습은 실로 처절하다. 머리를 숙이고, 눈물을 머금지 않을 수 없다. 이러한 희생을 강요하는 체제는 몰락의 길을 걷게 될 것이다"라고 소감을 적었다. 그러나 "전 일파의 무모한 파시즘 획책은 하루하루 격화될 뿐이다"라고 통신은 끝을 맺었다.

전두환의 지배는 박정희의 지배보다도 훨씬 가혹했다. 또 그만큼 국민의 저항도 격렬해졌다고 해야 할 것이다. 「통신」은 혁명 후의 상태를 염두에 두면서 다음과 같이 기술했다.

"이 원로는 투쟁하는 젊은 학생들에게 감동하면서도, 사악한 힘과 오랫동안 싸워 그 숭고한 정신을 지킬 수 있는 것은 다만 소수에게만 가능하다고 했다. 위대한 혁명운동가라고 하던 사람들이 혁명의 승리 후에 권력에 앉았을 때 종종 맹목적·비인간적인 폭력으로 전락해가지 않았던가 하고 그는 말했다."

그러나 지금은 혁명의 시대, 설혹 실패한 것처럼 보여도 승리의 날에 그것은 그 커다란 승리를 위한 과정에서 거둔 작은 승리였다고 보게 될 것이다. 그렇게 「캠퍼스 저항일지」(81년 7월호 「점령군의 시대」)를 철해가면서 통신은 3월 31일에 있었던 중앙대학교의 「민주구국선언문」 내용을 인용했다.

"아아! 민주학우여 보았는가! 교련복을 입은 우리와 같은 학우들이 죽은 시체가 되어 수없이 거리에 널려져 있던 그 참혹한 장면을! 아아! 학우여! 공수부대원들이 젊은 아녀자와 그의 어린아이를 총으로 갈겨 죽였다. 수없이 즐비한 시체들의 관 위에 올라가 죽은 부모를 찾는 갓난아기의 처참한 모습을 담은 사진을 보라 (…)

학우여! 어찌 죽여야 우리의 분이 풀릴까! 수천명의 선량한 국민들을 잔악무도하게 학살하고도 뻔뻔스럽게 국민 앞에 나선 짐승만도 못한 저 살인마·흡혈귀 국보위 총수 전두환을!(…)"

전두환은 광주사건을 통해서 권력을 손에 쥐었지만, 투쟁하는 측은 광주사건을 통해서 권력과 싸우는 이념과 정열을 손에 쥐었다고 할 수 있다. 「통신」은 다음과 같이 썼다.

"그들은 자신들의 투쟁을 반식민지 투쟁에서부터 독재와 벌인 투쟁을 거쳐온 역사적인 해방투쟁에 자리매김한다. 그리고 1945년 해방 이후의 권력을 수탈의 권력으로 규정한다. 그들에게는 그들의 역사인식이 있다. 그리고 그 투쟁은 '살인마 전두환을 찢어죽이자'고 하는 데까지 격렬해져간다. 이것을 도대체 혁명사적으로 어떻게 평가하면 좋을 것인가."

전두환정권은 아마도 1945년 해방 이후 경험한 적도 상상할 수도 없었던 권력이라고 해야 할 것이다. 그 일례로 통신이 「도피의 시대」(81년 10월호)에서 인용한 순화교육 수기를 들 수 있다. 1980년 8월 "새로운 시대, 새로운 국민, 새로운 헌법을 외치며" 전과가 있는 자, 불량한 자로서 1만 5천명을 체포하여 1년 이상의 감호처분을 내리고, 최전선의 군부대에 위탁하여 순화교육이라는 것을 실시했다. "삼청(三淸)이라는 명목으로 몸과 마음과 정신을 청결히 한다"는 것이었다.

"호송된 트럭에서 내리는 순간부터 우리는 인간으로서는 상상도 할 수 없는 구타를 당했다. 몇겹으로 둘러쳐진 철책에 갇힌 채 LMG기관총, 기관단총, M16자동소총으로 완전무장한 군인들의 엄중한 경계 아래서 인간 이하의 개, 돼지 같은 취급을 당했다. 군화로 짓밟히고, 곤봉에 맞아 머리가 찢어지고, 뼈가 부러지는 아비규환의 처절한 광경이 되풀이되었다. 어디선가 스피커를 통해서 '죽여도 상관없다, 죽여도 상관없다'고 하는 명령이 흘러나오고, 우리는 문자 그대로 산송장이 되었다."*

교육에 보내졌던 수용자 한 사람이 입대 중에 몰래 전해준 수기에서 인용한 것이다. "형법에 저촉되는 죄를 범한 것도 아닌데" "영하 20도가 보통이며, 심할 때는 영하 30도도 넘는 혹한 속에서 중노동을 당하고, 잔인한 구타로 많은 사람이 생명을 잃었다. 81년 1월 24일 계엄령이 해제된 후에도 강제수용소는 지속되었다. 아마도 전두환정권 지배의 정체를 더욱 노골적으로 드러낸 풍경이었다고 해야 할 것이다. 전두환정권은 박정희정권을 계승하여 그 포악함을 훨씬 격화했다. 통신은 「서울 점묘(點描)」(81년 11월호)를 쓰고 그 서두를 다음과 같이 이어갔다.

"흔히 일제 36년이라고 하지만, 해방 36년의 서울은 일찍이 일제 36년에 비할 만한 총검의 지배 아래에 있다. 앞으로의 36년은 어떻게 될 것인가."

1981년은 1945년 해방되던 해로부터 36년이 되는 해였다. "이 나라의 역사는 언제나 역행하고 있는 것처럼 생각되어 안타깝다. 근대화가 아니라 고대화라고 할 수 있을는지 모른다. 이런 풍토 속에서 어떻게 급진주의가 나타나지 않을 수 있겠는가" 그리고 학대당하는 친구의 오열 속에서 죽어가는 사람들의 일을 이야기하면서, 역사란 결국 "강한 자끼리 어울려 흘러가는 역사"에 불과하지 않은가고 미국도 일본도 노골적으로 전두환정권을 지지하는 것을 개탄했다.

인간이란 한없이 어리석은 존재일까. 그런데도 전두환의 잔혹한 체제에 대한 젊은이들의 저항은 계속되었다. 각 대학의 목숨을 건 데모 속에서 9월 29일에는 한국 외국어대학교에서 1천명의 학생이 데모를 전개했다. 全斗煥을 '全頭換'이라고 쓴 커다란 플래카드까지 내걸고 싸웠다. 그리고 다음날 연세대학교에서는 일본과 북한과 소련에 경고를 발하며 '양키 고 홈'을 외쳤다. 이렇게 젊은이들의 저항은 전국적으로 확산되어갔다. 9월 17일 서울대학교의 성명은 다음과 같이 격렬했다(81년 12월호 「커다란 거부」).

"학우여! 피 끓는 민주학우여! 보았는가 저 파쇼의 악랄한 만행을!

들었는가 저 민주의 신음소리를! 느꼈는가 저 피맺힌 민중의 원한을! 잊었는가 광주의 동족 대학살을! 바야흐로 이 땅의 민주주의는 죽어가고 있고 민중은 도처에서 쓰러지고 있다. 저 악랄한 반민중적·반민족적·반민주적인 전두환 파쇼집단의 극악무도한 탄압은 날이 갈수록 고도화되고 있으며 그 반역사성은 더욱 심화되고 있다."

미국에 대한 비판이 다시 아주 고조된 것도 특기할 만한 일이다. 10월 1일 양심범 가족이 미국의 레이건 대통령에게 보낸 서간은 상당히 주장을 억제하기는 했지만 미국 비판의 자세를 역력히 드러냈다. 전두환정권은 주한미군의 지원으로 권력을 잡은 것인데, 위컴 주한미군 사령관은 한국인은 그 지휘자가 누구든 예외 없이 따라가는 '레밍'과 같다고 발언하지 않았는가 하고 다그쳤다. 그리고 다음과 같이 계속했다.

"우리가 귀하에게 분명히 밝혀두고 싶은 것은 우리 국민이 귀하나 귀국정부가 생각하는 대로 그렇게 우매하지 않다는 사실입니다. 우리는 수천년의 역사 속에서 많은 시련을 겪어온 국민입니다. 그러나 우리는 어떠한 시련과 역경도 현명하게 모두 극복해왔습니다. 따라서 앞으로도 우리는 어떠한 시련이 닥쳐와도 슬기롭게 극복할 수 있는 국민입니다. 만일 귀하나 귀국정부가 이 점을 간과하고, 앞으로도 계속 우리 국민을 과소평가하여 현재의 정책을 그대로 유지한다면 그것은 한미관계사에 있어서 또하나의 돌이킬 수 없는 잘못을 저지르는 일이 될 것입니다."

미국을 향해 부도덕한 정권을 지원하는 부도덕한 외교정책에 대해 충고하고 있지만, 「통신」은 미국의 자세에 대해서는 실로 비관적이었다. "레이건정부는 물론 마이동풍일 것이다. 펜타곤은 주한미군과 함께 전두환정권에게 강력한 탄압보다 더 효과적으로 통치할 수는 없는

가고 불만을 토로할 것"이라고 생각했다.

이 시대를 상기할 때 이때의 미국에 대한 감정이 오늘날의 한국에 미치고 있는 영향을 생각하지 않을 수 없다. '386세대'라고 하는 말이 있는데 연령적으로는 30대로서, 80년대에 대학에 입학했으며, 60년대에 태어난 세대를 말한다. 지금은 40대를 넘어가고 있겠지만, 그들이 너무나도 반미적이라는 사실은, 바로 그들이 젊어서 이 시대에 대학에서 공부했고 고민하면서 민주화투쟁에 참여해온 세대라는 데 그 대부분의 이유가 있을 것이다.

젊은 작가 송기원(宋基元)은 아들의 출옥을 기다리지 못하고 숨을 거둔 어머니의 소식을 듣고는 약혼자에게 똘스또이의 『전쟁과 평화』에 나오는 다음과 같은 말을 써서 보냈다.

"가장 어렵고 가장 커다란 행복은 고통 속에서——죄 없이 당하는 고통 속에서 자신의 삶을 사랑하는 것이다."(81년 10월 8일)

81년 10월 17일의 통신 「커다란 거부」에서는 옥중서간이 이어지는데, 문익환 목사는 부인 앞으로 보내는 편지 속에서 "복음서는 결코 부활의 빛으로 읽을 것이 아니라 예수의 절망적인 고뇌로 읽어야 할 것 같습니다" 그러므로 "제 작은 그릇에 하나님의 뜨거운 마음이 왈칵 넘치는 것을 느끼게 되었습니다"(9월 17일)라고 했다. 김대중도 "주님의 일생이 내게 준 위로와 빛"에 대해서 말하며 "토인비의 도전과 응전의 관계에서 파악한 역사철학"에서 깊이 배우고 있다(7월 29일)고 부인에게 썼다.

광주사건 이후 「통신」을 통해서 본 전두환체제 아래에 놓인 한국으로 말하자면, 정권에 저항하면 모두 좌경한 용공분자라고 낙인찍히는 시대였다고 해도 좋을 것이다. 투쟁하는 학생들은 이 정권을 가능하게 하는 것은 미국과 일본이라고 간주하여 반미·반일을 외쳤다. 교육 당국인 문교부는 '문교부 학생사상 연구반'을 만들고 「대학좌경사건의 수사 및 공판과정을 통하여 본 불순이념조직과 용공학생의 실상」이라는 대외비문서를 만들어 빨갱이 공격을 펼쳤다. 그것은 그 당시 법정에서도 그대로 인정하기를 주저하리만큼 좌경에 대한 공격으로 가득 찬 것이었다.(82년 2월호 「빛은 스러지지 않는다」)

「통신」은 주한미국대사에 대해서 다음과 같이 썼는데, 이 시기의 민주화운동 관계자들이 품고 있던 심정을 이해하는 데 도움이 되지 않을까 생각한다.

"10월 상순에 양심범 가족들이 주한미국대사를 만났다. 대사는 시종일관 미국은 한국정부에 대해서 영향력을 가지고 있지 않다고 변명했다고 한다. 광주학살을 미국이 용인했다고 하며, 그 당시 미국정부를 향한 광주시민의 호소를 미국대사관 측이 묵살하고 군의 공격을 인정하지 않았는가 하고 추궁하자, 그때는 그가 없었기 때문이라고 발뺌하면서도 역시 그에 대해서는 얼굴을 붉히며 화를 냈다고 한다. '양키 고 홈'이라는 말은 듣고 싶지 않겠지만 이미 피할 수 없게 되었다."

한국에서 반미사상의 원점은 이즈음에 명확해졌다고 해야 할 것이다. 80년 광주사건을 원점으로 하는 반미적 경향에 의해서 한국의 현대사는 크게 흔들렸다고 할 수 있다. 또한 한국의 현대사에 있어서 반일적 경향도 1965년의 한일조약으로 해소되지 않고 계속되어온 것을 상기할 필요가 있다. 「통신」은 81년 말 폴란드에서도 자유노조를 탄압하는 야루젤스키(Wojciech W. Jaruzelski) 수상의 군정이 시작되었다고 전하면서, 폴란드의 사태를 한국 법정에서 일어나는 일과 평행을 이루는 것으로 파악하고 다음과 같은 코멘트를 덧붙였다.

"지금 이러한 어둠의 법정이 바르샤바에서도 계속되고 있음이 틀림없다. 서울에서는 미국의 지배 아래서 이루어지고 있는 것처럼 거기서는 소련의 지배 아래서 이루어지고 있는 것이리라. 그러나 거기서도 소련은 서울에서 미국이 하는 내정간섭 따위는 하지 않고 있다고 시치미를 떼고 있음이 틀림없을 것이다. 그리고 소련군은 한국의 미군과 같은 말투로 폴란드에 그들이 주둔하고 있는 것은 다만 폴란드의 안보를 위해서라고 되풀이하고 있을 것이다."(82년 3월호 「바르샤바와 서울」)

한편 미국의 대한자세 또는 대한정책을 분명하게 드러내는 사건이 일어났다. 워커(Richard L. Walker) 주한미국대사가 한국의 반체제인사들은 '응석받이 어린애들'(spoiled brats)이라고 미국에서 발언한 것이었다.

"워커씨는 지난 2월 1일 싸우스캐롤라이나 주 컬럼비아 『스테이트』(State)의 기자와 가진 인터뷰에서 전두환정권은 한국국민의 절대적 신뢰를 얻고 있으며 경제도 발전하고 노동자도 일에 열중하고 있지만, 전두환에 대한 비판은 학생과 지식인 그리고 미국에 살고 있는 한국인들에게서 나오는 것이라고 말했다. 그러나 노동자들은 반체제적인 사람들 '응석받이 어린애들'에게는 눈도 돌리지 않는다고 덧붙였다. 이것은 미군의 신문 『스타즈 앤드 스트라이프스』(Stars and Stripes)에도 보도되었다."

현직 주한미국대사가 공적인 장소에서 이런 발언을 한 것은 처음이었다. 그는 싸우스캐롤라이나대학 국제정치학 교수로서 한국 국제정치학 쎄미나의 '단골 초청교수'였던 것도 폭로되었으며, 다음과 같이 비판을 받았다.

"그는 마치 식민지 총독이 원주민 추장의 원주민에 대한 통제능력을 칭찬하듯이, 또는 마피아 두목이 지부의 소두목을 치켜세우듯이 적나라한 말로 전두환을 지지했다."

「통신」은 "한미관계는 외교에서도, 무역에서도, 기업의 노사관계에서도 문제가 일제히 터졌다는 생각이 든다"고 했다. 게다가 4월 8일에는 그의 생일(4월 15일)을 축하하기 위해 서울대학교에서 명예박사학위를 수여했다. 이에 대해 「통신」은 다음과 같이 썼다.

"도대체 이러한 무신경을 무엇에 비유해야 좋을 것인가. 몰락 전야의 미국의 현상이라고나 할까. 장래 그 나라에 레이건을 대신해서 좀더 리버럴한 경향이 다시 나타날는지 모르지만, 강경과 유연의 양극을 왕래하면서 역시 침하해가는 것인지도 모른다. 한국에서도 반미의 기운은 계속 높아진다."(82년 5월호 「레이건씨와 반미의 폭풍」과 「서울로부터의 지하보고——민주세력이 보는 한국의 현상」)

광주사건 이후 한국인의 대미의식은 크게 바뀌었다. "미국은 한국에 대한 은인이며, 항상 민주주의를 지지하는 나라라고 하는 이미지가 무너졌다." "반미이면 빨갱이"는 아니다. "미국은 대국이면서도 소국을 먹이로 삼으며 독재자를 앞잡이로 내세운다." 그러므로 「통신」은 다음과 같이 전했다.

"지난 3월 10일 노동절에 동대문성당에 몰려든 2천여명의 노동자의 열기는 무서운 것이었다. 미사는 지학순 주교가 집전했고 박형규 목사가 설교를 했는데 일촉즉발의 분위기였다. 이 상황을 보면서도 워커는 태연하게 노동자는 모두 전두환을 지지하고 있다는 것이다. 이런 거짓말쟁이야말로 레밍이며 응석받이 어린애가 아닌가 생각한다."

"이런 공기 속에서 3월 18일 결국 부산미문화원 방화사건이 일어나고 말았다." 가톨릭교회가 이에 기담했다고 하지만 "김수환 추기경은 시대악을 교회에 전가한다면 가톨릭교회는 희생을 위한 어린양이 되기를 꺼리지 않는다고 선언하기에 이르렀다." 이렇게 하여 "미국에 대한 환멸"은 더욱 커졌고 "미국은 전(全)과 손잡고 '반미인사 사냥'을 하고 있다"고 수군거리게 되었다.

이런 가운데서 "반파쇼 반미투쟁 만세!"와 같은 외침이 일어났다. 이같은 외침은 82년 4월 22일 강원도 춘천에서 일어난 「강원대학교 민주화투쟁선언」에서 불을 뿜었다. 2천여명이 데모에 참가하여 공공연하게 "양키 고 홈"을 부르짖고 성조기를 불태웠다. "파쇼체제를 타도하라" "언론기관은 자폭하라"고까지 외쳤다. 4월 26일 서울대학교 민주학우의 이름으로 발표된 성명은 "미국은 광주시민 학살에 책임이 있다"고 했다. 그러므로 「통신」은 다음과 같이 우려했다.

"반미는 격화된다. 이 급진주의를 어떻게 할까는 반체제인사의 과제이기도 하다. 그들과 대화할 수 없다면 민주화 이후에도 체제를 바로잡을 수 없을 것이다. 그만큼 위기적이다. 그들의 눈에 반동적이라고 비치면 누구든지 영향력을 잃을 것이다. 지금 반체제 측이 가장 일치하고 있는 대미인식은 레이건정권과는 오직 싸울 뿐이라는 것이다. 부시(George H. W. Bush) 부통령을 만난 사람들은 말한다. 카터정권과 달리 레이건정권은 제스처로서 보여주는 인권정책도 가지고 있지 않다고 하자 그는 화를 냈다고 한다. 그런 단순한 정치가로 괜찮은 것인가."(82년 7월호 「민중의 어록」)

미국의 지지를 받는 정권으로서 전두환정권은 너무나도 도리에 어긋났고 무리를 거듭했다. 일례로 중앙정보부의 후신인 국가안전기획부 차장 이철희(李哲熙) 부부와 전두환의 동생 등 그의 일가가 얽힌 7천억원 융자사건으로 전국이 들끓는데도, 전두환은 대통령의 자리를 차지하고서 '정치적 탄압에서 해방' '빈곤에서 해방' '정의사회 구현'을 주장했다. 이러한 기이한 사태에 국민이 승복할 리가 없었다. 모든 폭력으로 국민을 탄압하면서 무서운 부정과 수탈을 자행한다. 미국은 그 권력을 지원하고 있다. 이런 구도를 적어도 수많은 국민은 머릿속에 그리고 있었다. 그러므로 「통신」은 다음과 같이 기록했다.

"일찍이 우리는 우리 국민의 힘이 없으니 미국 덕분으로 군인의 독재가 완벽하리만큼 무섭게까지는 되지 않고 있다고 생각했다. 그러나 지금은 국민의 이 거대한 힘을 누르고 저 어리석은 일당이 폭력을 휘두를 수 있는 것은 미국의 탓이라고 생각한다. 이만큼 변한 것이다. 전두환이 붕괴하면 큰일이라고 생각하는 것은 오직 미국뿐이다. 장 여인(장영자張玲子, 이철희의 부인) 사건 등으로 일본정부조차 신중해진 듯이 보인다. 그것은 다행한 일이다. 일본은 미국처럼 되어서는 안된다."(82년 8월호 「나라를 우려한다」)

「통신」은 9월호 「전락의 나날」의 서두에서 "이 시대는 참으로 광기의 시대인가"라고 썼다. 그리고 포클랜드문제에서는 아르헨띠나도 영국도 미국의 우방국이면서, 영국이 미국의 지지를 얻어 아르헨띠나가 패배한 것을 들고 다음과 같이 기록했다.

"그리고 이번에는 이스라엘의 폭력, 레바논 침공이다. 그것은 미국의 지지와 지원에 의한 것이라고 한다. 미국은 일찍이 인디언을 학살하던 시대의 멘털리티에로 뒷걸음질치고 있는지 모른다. 게다가 이번에는 이란과 이라크의 충돌이다."

포클랜드의 승리에 열광하는 영국인에 대해 "제국주의 시대의 영국인 그대로가 아닌가"라고 통신은 썼다. 그리고 이어서 "민중이 조종되고 있다. 이것이 파시즘의 정체가 아닌가"라고 하며 다음과 같이 개탄했다.

"문명국이 도리어 야만이 되고, 가진 자가 도리어 광기로 달린다는 아이러니다. 이렇게 하여 어느 시대의 문명에 종언이 올지도 모른다. 궁핍하고 무력한 자는 한편 깨인 눈으로 그것을 눈여겨본다."

레이건정부가 "이스라엘의 레바논 침공"을 지원하는 것과, 또한 "전두환 일파를 지지하고 있는 것은 조금도 이상하지 않다." 미국에서는 민주주의적 지휘관이 한국에 와서는 민주주의적인 투쟁을 하는 한국인을 향해 '레밍'이라고 하고, 한국에서 국민을 탄압하고 국민의 유혈을 강요하는 자가 "미국에 가서는 민주주의자의 얼굴을 한다." 이 "부도덕한 권력의 국제적 결탁"을 어찌할 것인가. 「통신」은 전두환의 군사지배를 "미국의 모습과 오버랩해서 보지 않으면 안된다"고 했다.

전두환통치라고 하는 시기는 실로 학생데모로 날이 새고 해가 지는 나날이었다고 할 수 있다. 82년 10월 18일 발신의 「폭풍 다시 거칠게 부는가」(82년 12월호)는 「캠퍼스의 폭풍」으로서, 9월 21일 연세대학교에서 시작한 대대적인 반정부데모가 단국대학교, 이화여자대학교, 성균관대학교, 서울대학교, 서강대학교 등으로 이어져 "10월 13일부터 15일까지 3일간 광주의 전남대학교에서 커다란 가두데모로까지 발전했다"고 보고했다. 그들은 "현 전두환 매판 파쇼정권"의 퇴진에서 시작하여, 일본의 "교과서 왜곡" "한국 안보경협"에 반대함과 동시에 국내의 "파쇼 제도언론"을 비판하고, 미국의 "현 파쇼 독재정권에 대한 지지철회"와 "망언을 한 대사"의 "즉각 소환"을 요구했다.

「통신」은 "학생들이 격렬해지고 있다. 레이건의 전씨 지원으로 그들은 지금까지 흥미를 보이지 않고 있던 북의 방송에까지 귀를 기울이게 되었다고 한다"고 썼다. 군대와 경찰기동대의 무차별 구타로 기절, 입원을 되풀이하면서도 학생시위는 그치려들지 않았다.

"전두환에 대한 증오가 절정에 달했다. 그것은 거의 전국민의 일치된 마음이다. 그의 얼굴도 보고 싶지 않다고 한다. 그런 인간으로 올림픽을 한다는 것인가. 군인이어서는 안된다. 명분도 없이 총검으로 권력을 탈취한 자여서는 안된다."

캠퍼스에서는 "기관원"이 횡행하고, 조금이라도 이상하게 보이면 잡아다가 "군대에 갈지 교도소에 갈지를 다그친다." 그러면 학생들은 입대를 택하지만, "교수들은 이를 강 건너 불처럼 방관하며 스스로의 보신에 급급하다"고 했다.

10월 13일부터 15일까지 3일간 광주시에서 다시 대대적인 데모가 일어났다. "2년 5개월 전의 광주사건을 방불케 했다"고 한다. 특별히 광주사건 당시 전남대학교 총학생회장이었던 박관현(朴寬賢)의 옥사(10월 12일 오전 2시경)──그 고문과 사망에 대한 저항이었다. "박관현 열사의 죽음은 광주의 죽음이다. 광주시민은 총궐기하라!"고 부르짖으며 성명을 내어 다음과 같이 호소했다.

"학우여! 전(全)정권의 기만과 폭력에 대항하여 싸우자. 5·18 영령들의 한 맺힌 울부짖음이 서린 피로 물든 도시의 학우여 나가자! 살인마 전두환을 타도하자!"

「통신」은 새로운 광주항쟁을 전하며 "광주는 혁명의 원점", 결코 그 저항은 가라앉지 않을 것이며 전두환정권은 그로 인해 무너지고 말 것이라고 전망했다. 그리고 다음과 같이 덧붙였다.

"이 나라의 전도는 실로 다난하다고 할 수 있을지 모른다. 그러나 그것은 몰락으로 가는 길이 아니며, 비록 고통은 크지만 해방의 길이라고 우리는 감히 생각하고 있다."

미국도 마침내 무언가 새로운 방향을 모색하지 않으면 안되었다. 한국의 사태를 우려하며 전두환의 통치에 의문을 품기 시작했다고 해야 할 것이다. 새롭게 부임해온 미군사령관은 위컴 전 사령관과는 달리 그다지 전두환에게 가까이하려고 하지 않았다. 미국대사관에서도 워커 대사가 아닌 한국 사정에 밝은 부대사가 정책을 전담한다고 했다.

그런가 하면 1982년 12월 17일자 석간은 「김대중 방미치료 허용」이라고 보도했다. 그렇게 하는 편이 한국의 위기적 상황을 완화하는 데 도움이 된다고 한미합의에 도달했던 듯하다. 이로써 이듬해 봄에 다가

올 위기를 모면할 수 있지 않을까, 하고 한국과 미국 당국은 판단했을 것이다. 그때 「통신」은 김대중에 대해서 "나는 그가 어느 한쪽 세력에 의한 혁명의 상징이라기보다는 국민 일치의 상징으로서 이미지를 만들어가기 바란다"고 했다. 그리고 "돌아오는 봄을 막을 수 있는 자, 역사의 발걸음을 정지시킬 수 있는 자는 이 지상에는 없다"고 매듭지었다 (83년 2월호 「누가 오는 봄을 막을 수 있는가」).

그러나 광주사건에 의한 시민학살을 아무렇지도 않게 생각하는 전두환 군부세력이 간단히 물러날 리가 없었다. 주요대학에 5백명 이상의 가짜 학생을 투입하여 여학생을 성폭행하는 사건까지 일어났다(83년 6월호 「용서할 수 없는 사람들」). 「통신」은 "국가적 레이프 행위 속에서 폭력화된 남성의 소행인가. 그렇지 않으면 대학에 대한 협박으로 계획적인 일인가"라고 문제를 제기했다. 83년 3월, 4월에도 각 대학의 저항이 이어졌다. 그것이 거의 반미적이었음은 말할 나위 없다. 3월 7일 "부미 사건은 미국의 독재정권 지원에 대한 항의였다"고 하는 서울대학교 민주학생 일동의 성명문은 부산 미국문화원 방화사건을 지지했는데, 그 내용은 다음과 같다.

"그들이 왜 불을 질러야만 했는가? 자신들의 경제적·군사적 이익을 위해 한국의 독재정권을 지원해온 미국에 대해 경고하기 위해 광주사태에 책임이 있는 미군에 대한 한민족으로서 정당한 응징으로, 우리 국민의 민족적 자각을 호소하고 미국국민에게 한국국민의 입장을 알리기 위해, 한국 지배를 꿈꾸는 일본세력에 대한 간접적인 경고를 하기 위해서였다."

이화여자대학교에 여기저기 뿌려진 4월 7일의 「이화학원 민주화에 부쳐——우리의 이화는 어디로」도 긴박한 상황에 대해서 다음과 같이 적었다.

"사방을 한번 둘러보라. 시시때때로 우리를 간섭하시는 교수님. 교문에서 도서관까지 곳곳에서 지키고 계시는 제복의 수위아저씨. 학관 앞에서 일이 터지기만을 기다리는 기관원 아저씨. 심지어는 우리의 강의실과 화장실을 청소하시는 아줌마. 대학생으로 분장한 여기관원까지 모두 합세하여 우리를 감시하고 있다. 그뿐 아니라 이제는 학점 경쟁으로 옆의 학우들조차 서로서로를 경계하고 있는 실정이다."

「통신」은 "대학 캠퍼스는 전쟁터 그대로다"라고 전했다. 이제 미국에는 비판적이며, 북한과 대화해야 한다는 급진적인 경향까지 나타났다. 상황이 변하지 않으므로 격렬한 저항은 확대되어가는 한편 그 언어, 전략·기술도 더욱 급진화되어갔다. 혁명에 성공하는 그날까지 저항의 언어는 불가피하게 동어반복으로 들릴 수밖에 없었다. 「통신」은 83년 5월 16일의 「분노 타오르다」(83년 7월호)를 다음과 같이 끝맺었다.

"저 도덕적인 분노, 그리고 국민적인 거부가 결국 지금의 폭력현상을 무찌를 것이다. 그것은 마침내는 두번 다시 군인의 폭력적 지배를 허용하지 않겠다는 국민적 결의와 행동으로 열매 맺을 것이다. 그것이 바위도 깨뜨리는 물방울이라는 것을 의심하지 않는다."

학생의 저항은 격화되고, 통신의 언어도 더욱 격렬해졌다. 83년 6월 19일 발신의 「시대를 떠맡은 사람들」(83년 8월호)이라는 통신은 '폭력의 에스컬레이션'이라는 부제목 아래 다음과 같이 시작했다.

"비는 오지 않고 아직 이른 여름인데도 날마다 찌는 듯한 더위가 계속되고 있다. 이 증기 욕탕 같은 더위 속에서 나날이 폭력이 격화되어가는 것을 치미는 분노를 견디며 지그시 주시하지 않으면 안된다."

육군 참모총장이 후방에 "군관민 합동기동대를 설치"하고, 서울에는 "특히 야성과 패기 넘치는 공격 기질의 정예요원"을 배치하여 "수도 방위체제를 완비한다"고 자랑하며, 그야말로 저항하는 국민에게 협박을 가했다. 「통신」은 이런 소식을 전하며 "생기 넘치는 말이 있다면 사람들이란 서로 협조하는 법이다. 그러나 이러한 폭력의 언어가 난무한다면 사람들은 다만 전율할 따름이다"라고 덧붙이고, 한국의 언론은 "권력의 폭력적 언어를 확대 유포"하는 데 정신이 없다고 공격했다. 그리고 정치세력은 지금까지 노골적인 폭력은 될 수 있으면 대학 캠퍼스에 한정하려고 했지만 앞으로는 전면적으로 국민을 향하겠다고 선언한 것에 대해 지적했다. 폭력이 마지막 단계에 다가왔음을 시사하는 것이 아닌가. 「통신」은 다음과 같은 결의를 보였다.

"이러한 권력과 싸우는 일은 단순한 반권력투쟁이 아니다. 이제 그것은 다만 민주화를 위한 정치적인 투쟁도 아니다. 강도, 살인자에 대한 양심의 투쟁이며, 자기방어를 위한 피할 수 없는 투쟁이다. 악과 대결하고 있다는 자긍심, 도덕적인 자부심이 있으며 국민은 우리 편이라고 하는 확신이 있다."

긴 민주화투쟁 속에서 고통과 가난에 견디지 못하고 탈락하는 사람들이 이어졌다. 새로이 젊은이들이 대학의 문으로 들어온다. 고교시대의 압박에서 자기탈피를 이루는 데는 시간이 걸린다. 게다가 대학에서는 입학자의 30퍼센트를 졸업 전까지 탈락시킨다고 한다. 그러나 종래의 "1, 2학년 때는 데모를 하고 3, 4학년 때는 공부를 하다가 대학 문을 나서서 사회에 순응해"간다고 하는 "엘리뜨 코스"가 아니라, 거기서 배우고 거기서 자각한 3, 4학년 상급생들이 자각하여 체제를 전면적으로 시정하려고 일어섰다. 그들의 급진적인 자세를 지탱하는 시대인식은 다음과 같은 것이었다.

"이러한 권력이 존속할 수 있는 것은 그 배후에 군이 있고, 또 그 배후에는 미국이 있고, 그 미국에 의해서 움직여지는 이른바 '자유진영'이라는 것이 있기 때문이라고 하는 것이 젊은이들이나 지식인들의 상

174

황인식이다."

　이른바 '자유진영'에 의해 지지를 받으며, 전두환은 영국도 프랑스
도 서독도 방문했다. 그렇게 하면 "일찍이 주한미군 사령관이 부주의
하게도 흘린 레밍과 같은 이 나라 국민을 조종"할 수 있다고 생각한 듯
하다. 「통신」은 "가장 현명한 수단으로서 그런 정도로밖에 생각할 수
없다면 그들도 마찬가지로 참으로 어리석은 자들이라고 할 수 있지 않
은가" "그런 의미에서도 인간의 역사는 요컨대 어리석은 자가 벌이는
향연이라고 할 수 있을지도 모른다"고 썼다. 그러므로 "미국의 속박에
서 벗어나지 못하는 한 조국의 미래는 없다고 생각하는 것도 무리가
아니다"라고 하면서 "혁명파적 발상이 계속 우위를 점해가고 있다"고
이어갔다.

　학생들이 도심 한가운데까지 진출하면서 저항이 더욱 강렬해지자
「통신」은 다음과 같이 기술했다.

　"저항하는 사람들은 미국과 연합한 한국 군부와 싸우는 것은 결코
용이하지 않다는 것을 알고 있다. 그러나 투쟁하는 일 외에는 길이 없
다고 생각한다. 그들은 이 투쟁이 지금 세대에서 끝나는 것이 아니라
다음 세대에까지 이어질지도 모른다고 생각한다. 그리고 스스로는 영
광 있는 고난의 시대를 살 것이라고 마음속에 정하고 있다."

　1983년 6월 19일 발신의 통신 「시대를 떠맡은 사람들」은 그때까지
가택연금을 당하고 있던 「김영삼씨의 투쟁」에 대해서도 전했다. 그는
광주사건 3주기인 83년 5월 18일 마침내 결사의 단식시위를 시작했다.
강력하게 민주화를 요구하는 「단식에 즈음하여」라는 성명의 마지막 내
용은 다음과 같다.

　"나에 대한 어떠한 소식이 들리더라도 그것에 연연하거나 슬퍼하지
말고, 오히려 민주화에 대한 우리 국민의 뜨거운 열정과 확고한 결의

를 보여주시기 바랍니다. 그것이 나의 호소요 당부입니다."

그는 강제로 서울대학병원에 옮겨져 23일 만에 단식을 중단하게 되는데, 전정권이 그의 가택연금 해제, 정치활동 피규제자 해금을 위한 임시국회 개회 등을 약속했기 때문이다. 그가 앞서 5월 2일 비밀리에 발표한 「국민에게 드리는 글」에서는 미국정부에 대해 깊은 우려를 나타냈다.

"나는 최근 들어 학생들의 반정부시위에서 반미구호가 적지 않게 나오고 있다고 듣고 있거니와 나는 이러한 사태에 대해서 깊이 우려하지 않을 수 없는바, 그 주된 원인이 독재권력에 대한 미국정부의 지원에 있다는 점을 미국정부가 분명히 인식할 것을 촉구하는 바입니다."

이 일은 한국 국내 신문에는 한줄도 전해지지 않았다. 「통신」은 김영삼의 투쟁을 전하면서 국내에서는 김영삼, 국외에서는 김대중, 이 사이에 연대가 성립되기를 기원하며 이러한 "시대를 떠맡은 사람들이 자신을 억제하며 아름다운 협력을 낳을 수 있다면 승리는 우리의 것이 될 것"이라고 썼다. 그리고 다음과 같이 「통신」을 매듭지었는데, 머지않아 찾아올 민주화의 날들에 한국에서는 과연 협력이 제대로 이루질까 의구심이 들어서 안타까웠기 때문이다.

"그런 의미에서 지금 한국국민은 전두환일파의 군부뿐만이 아니라 반체제 지도자들도 권력 우선이라고 생각해서는 안된다, 민주화 우선, 조국 우선이라고 생각해주십사고 호소하고 있다. 종종 인간사회는 결정적인 시기에 사람들이 협력하지 못했기 때문에 멸망해간 것을 결코 잊어서는 안될 것이다."

「통신」의 희망, 아니 국민의 염원에 응했다고나 할까. 83년 8·15광복절 기념일에 서울의 김영삼과 워싱턴의 김대중은 「민주화투쟁은 민족의 독립과 해방을 위한 투쟁이다」라는 '8·15 메씨지'를 공동으로 발표했다. 국내의 '관보화된 신문'은 완전히 침묵했지만 「통신」은 두사람의 협력이 몰락의 운명을 가고 있는 전두환 군부독재 이후의 민주주의 시대를 국민과 함께 활짝 열어갈 것이라고 낙관했다. 그리고 우리의 낙관으로 그들이 격려받기를 바랐다. 그때까지는 1987년을, 그들도 역시 평범한 정치가이며 자신의 야망을 우선시하는 어리석은 정치가에 지낯 않다는 것과 한국국민의 마음, 한국의 정치풍토를 어지럽히고 마는 한국 현대사의 비극을 예상치 못했다. 그들이 경험해온 긴 고난의 역사로 해서 그러한 어리석은 역사, 한국국민에 대한 반역이 가능하리라고는 생각하지 못했다. 다만 「잃어버린 해방」(83년 10월호)에서 일본에 관련된 글을 골라 생각해보기로 한다.

"19세기 말 조선에서 일어난 투쟁은 반봉건·반외세였다. 1세기 후 한국에서 벌어진 투쟁은 반독재·반외세였다. 그 백년간 일본은 주요 외세였음에 변함이 없다. 그런 의미에서 역사는 반복하는 것인지도 모른다. 그보다는 근대 제국주의시대가 아직 끝나지 않았으며, 따라서 반제국주의의 싸움도 아직 끝나지 않았다는 것을 의미하는 것은 아닌가."

이 글은 1983년, 지금으로부터 24년 전의 기록이다. 2007년의 오늘날에는 한일관계를 어떻게 생각해야 하는가. 한국은 국내에서도 대외적으로도 같은 투쟁을 하고 있을까. 한일관계는 그때처럼 반독재·반외세의 입장에서 파악해야 하는 것으로 오늘도 이어지고 있는가. 혹은 그때까지 이어온 역사와는 다른 새로운 관계의 도식이 나타나서 새로운 대응이 요구되는 것일까. 지금은 이 문제를 제기만 해두고 다시 「통신」의 시대로 되돌아가기로 한다.

「통신」은 시대가 나아감에 따라 더욱더 미국 비판으로 기울었다. 당시 한국에서 타오르는 반체제운동이 그러한 경향을 밟아가고 있었기 때문이다.

"요즈음 한국에서 의식있는 사람들에게 미국은 정말로 어글리 이미지다. 일본에 대한 이미지는 그 대부분이 과거 불행하게 채색된 것이며, 지금은 경제적 불만으로 채색된 것이다. 미국의 이미지는 더욱 정치적인 것이며, 군사적인 것으로서 직접적이다."(83년 11월호 「광기의 시대」)

83년 가을에도 캠퍼스에서 격렬한 저항이 잇따라 일어났다. 통신은 「광기의 시대」라고 이름 짓고 다음과 같이 끝맺었다.

"이런 가운데 광기의 사람은 더욱 사납게 날뛸 것이다. 아니 모든 정기를 광기의 방향으로 동원하려고 한다. 레이건씨의 방한도 그 하나일지도 모른다. 그것을 젊은이들은 몰락하는 어두운 힘의 마지막 몸부림이라고 해석한다. 그것이 혁명적 인식이라는 것인가."

국내 상황은 참으로 혁명전야, 붕괴전야라는 느낌이 들었다. 9월 1일에는 미국발 대한항공이 알래스카를 벗어나 소련 영공을 침범했다고 해서 소련군에 의해 격추되었다. 10월 9일에는 전두환일행이 미얀마에 갔다가 북의 공작원이라고 하는 자들에게 폭탄 테러를 당해 관료 17명이 죽었다. 장영자사건을 비롯해서 스캔들이 그치지 않았다. '무한독재'에 '무한부정'이라는 말이 유행했다(83년 12월호 「랑군사건」).

9월 30일에는 민주화운동청년연합이 결성되었다. 70년대부터 민주화운동으로 대학에서 추방당한 학생들을 중심으로 한 운동단체였다. 그들은 80년 5월 '광주시민 대학살'을 상기하면서 전두환 통치 3년간 "뼈아픈 자기반성과 침잠 속에서 확대된 시야와 내적인 성숙을 얻었으나 한편으로 안일한 소시민적 감상과 패배주의의 늪에서 헤매어왔음"을 고백했다(발기문 「우리는 더이상 지체할 수 없지 않은가?」에서). 그리고 현실을 "외세와 이에 편승하고 있는 폭력적 소수 권력집단에 의해 강제되고 있는 민족분단 상황으로 규정한다"고 했다(창립선언문 「민주, 민중, 민족통일을 우리 모두에게」에서). 여기서 명확해진 것은 정치적으로 말하면 민족통일을 위한 민주정치라는 모토였다. 이것은 그후의 정치적 활동은 물론 오늘날 2000년대의 한국정치를 이해하는 데도 의미 깊다 하겠다.

한편 「랑군사건」이라는 통신은 전두환치하에서 잇따라 일어난 수많은 금융부정사건을 알리고, 광주사건에서 랑군사건에 이르기까지 피비린내나는 사건을 하나하나 세어가며 전두환에 대해 서울시민 사이에서 떠도는 '그는 피를 부르는 남자, 피를 불러모으는 남자'라는 소문을 전했다. 그리고 그의 통치에는 다분히 미국의 공작도 얽혀 있는 것이 아닌가 생각하여 다음과 같은 말로 통신을 매듭지었다.

"조작과 공작의 와중에 있는 현대사의 사건은 너무나도 수수께끼에 감싸여 있다. 그 대부분이 건전한 시대의 상징이 아니라 어느 시대의 몰락을 의미하는 불길한 기호임이 틀림없다. 이러한 시대 속에서 동란의 아시아는 이제 시작되었다고 할 수 있을지도 모른다. 이런 아시아가 앞으로도 한반도에서 가장 첨예한 형태로 분출하는 것은 아닐까."

시대의 어둠을 넘어

—

　랑군사건 이후 1개월 남짓해서 1983년 11월 12일 레이건 미국 대통령이 서울을 방문했다. 그의 방한을 앞두고 일어난 학생들의 저항은 가장 격렬했다. 전두환정권에 대한 미국정부의 지원이 있었다는 것이 분명해졌기 때문이다. 「통신」은 「다시 한겨울 속에서」(84년 1월호)라는 부제를 달고 레이건의 내한을 강력하게 비판했다. 2박3일의 서울 방문을 마치고 귀국하기 직전에 발표된 한미정상회담 공동선언 제13항에는 다음과 같이 기록되었다.

　"전 대통령과 레이건 대통령은 다방면에 걸쳐 이미 최상의 상태에 있는 양국관계를 유지하고 심화하기 위해서 안보, 정치, 경제, 과학, 문화의 모든 분야에서 공동의제에 관한 회합과 협의를 계속해나갈 것을 다짐하였다."

　'최상의 상태'라고 표현한 것은 랑군사태로 인한 한국국민의 불안을 누그러뜨리기 위해서였으며, 한국민중의 미국 비판적인 무드를 의식해서였을 것이다. 사실 이때 미국 대통령의 발언과 자세는 전두환치하에 있는 한국에 대한 가장 좋고 가장 커다란 내정간섭이었다고 해도 좋을 것이다. 레이건은 한국 국회에서 행한 연설 중에서 "우리는 1988년 합헌적으로 정권이양을 하기 위해서 전 대통령이 보여주고 있는 위대한 계획을 환영합니다"라고 언명했다. 상세한 기술은 피하고 「통신」에서 다음과 같은 내용을 인용하는 데서 그치기로 한다.

"미국 측은 그것(전두환의 7년 임기)을 보장한다는 제스처를 취하며 무기를 사게 하고, 미국 상품을 더 많이 사게 한다. 그리고 그가 방한할 때 연도에 150만, 2백만을 동원하여 그 인파를 미국의 텔레비전에서 내보내고, 한국에 반미 무드는 없으며 있다고 한다면 그것은 단지 한 줌의 빨갱이의 소행이라고 한다."

「통신」은 이러한 정치적 쇼를 하면 할수록 저항이 커져가는 국내 상황을 알리기 위해서 '11월, 또 죽음의 저항'이라는 부제 아래 전라남도 조선대학교의 유인물에 실린 다음과 같은 노래를 인용했다.

임을 위한 행진곡

사랑도 명예도 이름도 남김없이
한평생 싸우자던 뜨거운 맹세
동지는 간 데 없고 깃발만 나부껴
새날이 올 때까지 흔들리지 말자
세월은 흘러가도 산천은 안다
깨어나서 외치는 끝없는 함성
앞서서 나가니 산자여 따르라

앞서서 나가니 산자여 따르라

11월 2일 성균관대학교 민주학생 일동의 성명문 「학우여! 독재타도의 깃발 올리자!」에서는 "수천 광주시민을 무참히 살해한 살인마가 아직도 우리 눈앞에 버젓이 살아 있다"고 목소리를 높였다. 또 고려대학교에서는 '전두환 파쇼정권'은 "아시아 태평양 연안에서 레이건 행정부의 동아시아 착취를 용이하게 하는 등의 역할을 수행하여 한·미·일 정치·경제·군사적 유착과 상호의존을 통하여 자신의 정권을 그들에게 인정받으려 하고 있으니……"(11월 9일 「반파쇼 민주화투쟁 선언문」)라고 외쳤다.

11월 8일에는 서울대학교 공과대학 건축공학과 4학년 황정하(黃政夏)가 공격해오는 전경대에 밀려 도서관 베란다에서 떨어져 수일 후 사망하는 사건이 일어났다. 「통신」은 그의 죽음이 서울대학교에서 일어난 "김상진군, 김태훈(金泰勳)군의 죽음에 이어 세번째의 순국이었다"고 썼다. 서울대학교 학생들은 성명에서 다음과 같이 개탄했다.

"죽은 것은 우리이고 산 것은 정하형이 아닌가. 정하형은 죽음을 통해 역사의 빛나는 삶에 동참했지만, 형은 간데없고 홀로 펄럭이는 깃발 아래 우리는 모여들기조차 꺼리지는 않는가. 그렇다면 죽은 것은 바로 우리다."

「통신」은 이러한 비극에는 눈길도 주지 않는 매스컴을 비판하여 "그것도 저 레이건씨의 쇼를 지지하고 그것에만 흥미를 가지고 있기 때문인가"라고 물었다. 그리고 "일본의 매스컴은 어떠했는가. 미국의 매스컴은 어떠했는가. 보려고도 하지 않는 눈에 보일 리가 없지 않는가"라고 썼다. 한국의 매스컴은 전두환의 폭력에 가담하는 셈이었다. 「통신」은 미국에 비판의 화살을 향해야 한다고 생각하여 「다시 한겨울 속에서」를 다음과 같은 개탄의 말로 마쳤다.

"레이건씨여, 미국이여, 언제까지 그 이기적이고 잔인한 위선의 가장을 계속할 것인가. 도륙당한 사람들의 피의 목소리가 지금 하늘로 치솟고 있는데."

「통신」은 『세까이』(1984년 2월호)에 「10년 세월이 흘러서」를 쓰면서 감개가 새로웠다. 1972년 11월부터 통신을 쓰기 시작하여 제1신을 1973년 5월호에 실은 것을 상기해서였다. 72년 11월 이른바 유신체제에서 시작한 독재체재가 흘러온 세월을 생각했다. 민중 사이에서는 '순두부(順斗腐)'라는 말이 유행했다. 순(順)은 전두환의 처 이순자(李順子)를 가리키며, 두(斗)는 전두환(全斗煥)을 가리키는데 둘이 함께 썩었다는 뜻이다. 그간 얼마나 많은 사람들이 인생을 희생했던가. 그러나 그들은 과거를 후회하지 않는 것 같아 「통신」은 다음과 같이 설명했다.

"그들은 이 긴 세월 동안 무(無)로 흘려보낸 것처럼 보이는 그들의 청춘을 후회하지는 않는다. 그들도 민족 전체도 성장했다고 생각하는 것이다. (…) 부패한 독재가 길면 길수록 어둠은 깊어질 것이다. 그러나 그들은 그 시간이 길면 길수록 완전한 혁명을 위한 준비가 갖추어진다고 생각한다. 지금까지 일어난 민중봉기가 모두 실패로 돌아간 것은 그것들이 모두 미숙했기 때문이었다. 성숙한 혁명을 위해서는 시간이 필요하다."

혁명적 낙관론이라고 할 수 있을까. 그들은 독재정권이 지금까지 얼마나 많은 혁명의 가능성을 낳아주었는가를 생각했다. 추방당한 지식인이 이만큼 많아지지 않았는가. 5년 전만 해도 "미국에 대한 지금과 같은 거부의식과 사상이 있었겠는가." 그리고 투쟁하는 세력 가운데 이처럼 심정적·사상적 일치가 생겨나지 않았는가. 그러므로 "역사란 아이러니한 것이다. 멸망해가는 것이 새로운 힘을 낳아서 키워준다"고 했다.

배후에는 언제나 전두환체제 아래서 전개된 한미관계가 있었다. 그 관계가 그후의 한국정국에 커다란 영향을 준 것은 말할 나위 없다. 「통신」은 레이건이 한국을 방문해서 "팔방미인과 같이 활약했다"고 썼다. "미국은 한국의 안전에 최대의 보장을 해준다고 했다. 한국의 경제발전을 칭송하고, 전일파에게 최대의 지지를 부여했다." "한국의 민주적 발전"을 희망한다고 하면서 "미국기업에 도움이 될 만한 것은 빈틈없이 차지했다." "무기시장으로서" 한국을 확보하면서 "한국의 상품, 예를 들면 섬유제품 등의 미국 수출은 이전의 반으로" 줄이고 "32개 품목의 미국제품에 대한 시장개방"을 요구하여 관철했다. 전두환정권이 국민적 지지기반을 잃어가는 상황을 이용하여 미국의 지원이라는 최고의 선물을 나누어주고, 지금 한미관계는 사상최고이며 한층 강화해나아갈 것이라고 미혹했다. 미국의 대한국 자세는 명백해졌으며, 한국 저항세력의 반미는 양보할 수 없는 것이 되고 말았다. 전두환에 대한 투쟁은 미국에 대한 투쟁과 같은 선상에 있는 것처럼 보였다. 「통신」은 "이런 상황에서 그래도 양심을 버리지 않고 있는 젊은이들이 더욱 급진화되는 것은 어쩔 수 없다"고 했다.

1984년이 되자 전두환정권은 너무나도 노골적인 폭력정권이므로 국민은 냉소적이 되고 "추방되는 학생들은 두려워하기보다는 경멸하며 코웃음치고 있다"고 통신은 썼다. 국민도 그렇지만 학생들이 "이전의 학생들보다 이념적으로, 조직적으로, 그리고 윤리적으로 크게 성장"하고 있기 때문이었다(84년 4월호 「어머니 아버지께」).

「통신」은 민중의 풍자, 지배층이 꺼리면서 탄압하는 유언비어로서 유행하는 '두자리 숫자 IQ' '9시 탤런트'와 같은 이야기를 전했다. '두

자리 숫자 IQ'란 전두환이 그처럼 아이큐가 낮다는 뜻이다. '9시 탤런 트'라고 한 것은 저녁 9시 텔레비전 뉴스에는 반드시 그가 맨 처음으로 얼굴을 내밀기 때문이었다. 더욱 재미있는 것은 사람들이 그를 얼굴 생김새도 우스꽝스러운 희극배우와 비교하는 것이었다. "전두환과 이주일(李周一)의 공통점과 차이점을 말하라"고 하면 다음과 같이 대답했다고 한다.

"공통점 … 두사람 다 머리가 벗겨졌다. 두사람 다 탤런트다. 그리고 두사람 다 우리를 웃긴다.

차이점 … 한사람은 나쁜 사람이고, 또 한사람은 착한 사람이다. 한사람은 바보라고 하면 잡혀가고, 천재라고 하면 유언비어가 된다. 또 한사람은 바보라고 해도 괜찮고, 천재라고 해도 유언비어가 아니다. 그리고 한사람은 자기 분수를 모르지만, 또 한사람은 자기 분수를 안다."(84년 5월호 「정치의 계절이 다시 오다」)

「통신」은 민중 사이에서 유행하는 유언비어를 소개하면서 "민중의 유언비어가 진실을 말한다. 민심은 천심이다. 민심과 천심을 거스르며 이 불의의 권력을 지켜주려고 하는 것이 외세일 것이다. 전 일파의 미국과 일본에 대한 경도는 클라이맥스에 달하고 있다"고 썼다.

3, 4월 봄이 되자 학생들의 저항과 이에 대한 정부의 탄압을 「통신」은 보고했는데, 특히 징벌로서 군대소집과 입대라는 수단이 사용되는데 대해서 썼다.

"83년경부터 대외 이미지를 좋게 한나며 두옥된 정치범의 수를 줄이고, 이 강제징집이라는 탄압수단을 대대적으로 써왔다. 간이나 늑막 등의 환자, 시력 불량인 사람, 체중 45킬로그램 미만인 사람, 연령 미달인 사람은 물론 소아마비, 간질병환자까지도 무차별 입영이었다."(84년 6월호 「대답하라, 저 죽음에 대하여」)

입대시켜서 감시는 물론이고 고문을 가하는가 하면 휴가를 주고는 이전 동료의 활동을 밀고하라고 명령했다. 1984년 4월 10일, 기독교인권위원회 창설 10주년 기념예배 중에 공개된 한 증언은 인간이 이 정도로까지 잔인해질 수 있을까 하고 생각하게 하는 것이었다. 그 보고서에 의하면 소집된 15명의 학생 중에서 6명이 사망했다고 한다. 차마 듣기 어려울 만큼 비참한 이야기였다. 「폭풍의 캠퍼스」라는 보고서의 서두에는 다음과 같이 기록되었다.

"군에서 사망한 젊은이들의 사체를 앞에 놓고 가족들은 '그토록 면회 오기를 기다리더니 죽어서야 겨우 만날 수 있단 말인가' 하고 절규했다. 이 '한스러운 죽음의 행렬은 반드시 단절되어야 한다'고도 했다."

하는 수 없이 전두환은 캠퍼스 내의 데모는 단속하지 않는다고 해보았다. 그러자 매일같이 캠퍼스는 거칠 대로 거칠어졌다. 신문은 데모 상황을 보도할 수도 없으면서 기자라고 칭하는 자가 학생들의 모습을 사진에 담았다. 그것은 훗날 학생들을 일망타진하기 위한 안전기획부의 행동인지도 모르기 때문에 학생들은 저항했다. 이 일에 대해서 「통신」은 다음과 같이 기술했다.

"그러나 그런 일이라도 있으면 신문에서는 기사는 물론이고 사설까지 동원하여 취재의 자유를 부르짖으며 학생들의 '과격한 행동'을 비난하고 있다. 그래서 학생들은 오늘날의 언론을 매도하는 것이다. 권력의 폭력, 취재의 자유에 대한 그 전면적인 간섭에 대해서는 한마디도 말하지 않고, 어쩌면 말하지도 못하면서 학생들의 참으로 하찮은 항의에는 '과격한 행동'이라며 일제히 불을 당긴다."

시정 언론에 대한 학생들의 비판은 이처럼 행동으로 고조되었다. 이것은 폭력적인 정치 아래서 겪을 수밖에 없는 참으로 어처구니없는 상황이었다. 전두환통치는 국민과 통치세력의 대립을 이처럼 국민들끼리의 대립과 저항으로 분산하려고 했다. 군인에게는 이질적인 사람들과 함께 대화를 주고받으며 화목을 쌓아간다고 하는 발상 자체가 없다. 그러나 그런 까닭으로 또다시 새로운 탄압이 있다고 해도 "그것은 긴 안목으로 보면 권력이 몰락해가는 한 단계이며 결코 영구한 연명으로 이어지는 것은 아니다"라고 통신은 기술했다.

이러한 생각은 미일의 한국에 대한 자세와는 전혀 다른 것이었다. 「통신」은 「대답하라, 저 죽음에 대하여」 중에서 「정치의 기류」라는 부제를 달고 미일의 태도를 강하게 비판했다. 그리고 한국에서 일어나는 민주화투쟁이 어떻게 대응해야 할지를 생각해서 "사건이 사상을 결정해주었다" "혁명노선에 민중을 대대적으로 동원할 수 없다면 테러밖에 없지 않은가"라고 썼다. 그 무렵의 절망적인 상황에서 일어난 의식의 고양이었다고 할 수 있다. 그것이 오늘날 한국의 현상과는 어떻게 관련되고 있는가를 검토하는 것도 중요한 과제일 것이다. 한국의 현재에도 영향을 미치고 있는 래디컬리즘의 기원은 거기까지 거슬러올라갈 수 있을지도 모른다.

전두환통치하의 상황은 악화되는 일은 있어도 개선되는 기미는 전혀 보이지 않았다. 84년 5월 16일, 4년 전 광주사건이 일어나던 날 함석헌, 홍남순(洪南淳), 이문영, 송건호(宋建鎬), 고은 등 23인에 의한 「오늘의 민주국민선언」이 발표되었다. 서두는 다음과 같이 시작되었다.

"우리는 오늘의 제반 사항을 살펴볼 때 70년대의 유신체제를 계승한 현 정권하에서 소위 5·17사태 이래 4년째를 맞이하여 여전히 비민주화로 인하여 만연된 모순과 분단고착으로 민족생명의 마비를 더욱더 체험하고 있다."

이 성명은 "현 정권은 폭력을 행사하고 있다"며 도처에서 행해지는 폭력사태를 고발했는데, 일례를 들면 지난 4년 동안 군에 강제로 입대시킨 465명 중 "최소 여섯명의 학생이 의문의 죽음마저 당했다"고 했다. 그것은 동료학생들에 대한 스파이활동을 그들에게 강요했기 때문이 아닌가. 현 정권, 즉 "폭력정권은 반민족·반민주·반민중·반평화적 정권이다." "그러나 우리의 투쟁은 비폭력 저항이다"라고 했다(84년 7월호「폭력과 캐리커처」).

「통신」은 5월 19일 밤, 옛 서울대학교 캠퍼스 자리에 있는 흥사단본부에서 열린 '광주의거 4주년 기념추도회'에 모인 1천여명의 귀로를 기동대가 습격하여 임산부 한명이 구타당하고 유산한 사건을 전했다. 그 임산부도 81년 학원데모로 대학에서 추방당한 몸이었는데, 다시 이런 일을 당하고서 비통한 마음을 공개서한 중에서 다음과 같이 호소했다.

"다시는 이 땅에 그러한 아픔이 없기 위하여 끝끝내 선봉에 서서 쓰러지더라도 네 오빠 상욱이까지 함께 싸울 것이다. 그리하여 하늘에서 만나는 날, 다시는 눈물 없는 기쁨만으로 이 땅의 민주주의에 대한 보람으로 함께 살자꾸나. 꼭 잊지 말아라. 이름도 없는 나의 예쁜 딸아이야, 네 이마에는 꼭 하얀 띠를 두르고 있어야만 한다. '민주주의 만세'라고 쓰인 띠를 말이다. 그리하면 우리는 '민주주의 만세'를 부르며 너를 찾아갈 테니. 그래 아가야, 네 이름을 '민주주의 만세'로 하자꾸나. '민주주의 만세야, 민주주의 만세'"•

이런 폭력의 일상화 속에서 「통신」은 미국이 그 폭력을 최대한 지지하고 있으며 "일본도 이 구조에 더욱 헌신적으로 참가하려고 한다"고 한미일의 일그러진 협력체제를 비판했다. 그리고 한국의 중앙TV KBS의 추악한 모습에 대해서 "당신들은 주변의 조건에 의해서 강요된 것이 아니라, 주변의 조건을 구실로 몸을 팔아넘긴 타락자다"라고 비난했다(84년 8월호 「그래도 희망을 노래한다」).

필리핀에서 아키노가 살해되고 17년간이나 집권해온 마르코스권력에 위기가 찾아온 사태가 전해졌다. 마르코스정권의 잔명에 대해서 미국 국무성은 2개월, 국방성은 2년으로 이견이 있다는 소식도 전해졌다. 한국에서는 전두환에 대한 미국의 지지도 같은 운명을 건다고 보았다.

"전두환이 권력을 탈취하도록 지원하고 획책한 미국의 정책에 그 책임을 물을 때가 왔다. 그때 주한미군 사령관이었던 위컴씨가 그토록 공공연히 지지했으니 전씨일파의 쿠데타를 지지하고 그것을 진행시킨 것은 펜타곤인가. 또는 CIA인가. 혹은 레이건 행정부인가. 또는 경제계의 공작에 의한 것이었는가."(84년 12월호「무너져가는 군의 지배」)

이러한 인식 아래서 "미온적인 민주화의 길이라는 환상보다는 통일로 향하여 곧바로 돌진해야 하지 않는가"라는 급진적인 방향으로 운동이 급선회하는 듯이 보인다고「통신」은 기록했다. 그리고 9월 19일 오후 청계천 평화시장 앞에서 전개된 2천여명의 격렬한 데모상황을 전했다. 경찰은 최루탄을 과도하게 발사하여 데모에 대한 시민의 혐오감을 불러일으키려고 했다. 각 대학에서는 학도호국단을 부인하고 학생들의 자유선거로 총학생회장을 선출했다. 그것이 서울시내 수많은 대학에 파급되어 강경파가 학생들의 선두에 서게 되었다. 그리고 지금까지 이어온 신구기독교를 배경으로 하는 저항은 온건한 뒷자리로 밀려났다. 통신은 다음과 같이 썼다.

"그러므로 이런 활동에 비하면 김지하 등도 아무것도 아니게 된다. 그래서 금서가 되었던『대설, 남(大說, 南)』도 해금되었다. (…) 급신파에게는 김대중씨마저도 원칙적인 민주화를 주장하는 너무나도 온건한 정치가로 여겨지고 있다. 그들이 생각하고 있는 것은 혁명행동이다. 김대중씨의 귀국도 온건파 운동에서 주도권을 회복하기에는 너무 늦었다고 할 수 있지 않을까. 미국은 그러한 온건파를 배제하고 독재정권을 지지해왔지만, 그래서는 안되겠다고 생각하고 온건파에게 눈을 돌릴 때는 이미 때가 늦은 것이다."

1984년 11월 17일 발신의 「위기 하루하루 깊어지다」(85년 1월호)가 전한 「경찰인가? 강간범인가? ── 경찰의 만행을 고발한다!」라는 한국 기독학생회총연맹의 11월 13일자 성명은, 급진화하는 학생운동에 대해서 전두환정권이 얼마나 잔인한 무법천지를 용인하고 있었는가를 보여주고도 남음이 있었다. 성명에서 드러난 구체적인 사건 내용을 여기서 밝히지는 않겠지만, 성명 끝에는 "야만적 추행행위에 항의 전화합시다"라는 말과 함께 청량리 경찰서장, 서대문 경찰서장, 내무부 장관실의 전화번호까지 기록되어 있었다. 만행까지 교사하며 국민을 억누르는, 그 정도로 전두환정권은 비인간적이었다. 이 일은 한국기독교회협의회 인권위원회가 발행하는 「인권소식」(11월 15일자)에도 다음과 같이 보도되었다.

"수많은 국민을 살해하고 총검으로 권력을 장악한 정권은 항상 부정부패의 주역이었습니다. 그것이 지금은 여성들에 대한 강제추행까지도 민주화운동을 탄압하는 무기로 이용하고 있습니다."*

「통신」은 각 대학의 반독재민주화투쟁위원회가 낸 「11·3 학원폭력 사태 사례조사 ── 개인진술서와 조사내용」 중에서 몇가지 사례를 소개했다. 조사서에는 저항적인 학생들이 교원집단에게 폭행을 당한 몇가지 사례가 기록되어 있었다. 민주화를 요구하는 학생들에게 이처럼 교수가 폭행을 휘두른 일은 일찍이 없었다. 「통신」은 그 일에 대해서 다음과 같이 코멘트를 가했다.

"상상을 초월하는 정경이다. 폭력정권 아래서는 폭력을 휘두르지 않으면 살아남지 못하는 것일까. 그들은 학생들을 '몰지각한 사람들'이라고 하지만 그들 자신은 '몰지각한 사람' 이하다. 무어라고 하면 좋을까. 이 기이한 시대가 어디까지 지속될 것인가. 이런 폭력사태 속에서 매스컴은 관의 폭력에는 입을 다물고 학생들의 폭력만 보도하고 있다."

그런데도, 아니 그 때문에 학생들의 저항은 전국적으로 더욱 거세졌다. 그들의 저항은 "불굴 불퇴전"이며, "조직적" "전략 전술적"이다. "권력 측이 학생들에게 휘둘리고 있는 느낌"이었다. "투옥하면 일반 죄수까지 끌어들여 옥중저항을 전개한다." 대학에 돌아가면 "통일전선"을 형성하고, 노동자들과도 또한 그런 조직을 함께한다. 교수들은 어떤 방법을 써서라도 이것을 파괴할 것을 명령받고, 매스컴은 이것을 "일부, 소수, 극렬, 좌경"으로 보도하도록 지시를 받는다. 학생들은 다시 군에 강제징집되어 "감옥 아닌 병영"에서 고통을 받아야 했다. 이 나라는 "전일파의 사물(私物)"인가 하는 물음을 던지며, 이 "파시즘은 국민의 피투성이의 저항 없이는 중지시킬 수가 없다고 생각하게 되었다"고 했다.

10월 24일 서울대학교에서는 중간고사 보이콧이라는 전술이 사용되었다. 시험에 응하지 않은 학생은 영점 처리하도록 명령받았지만, 80퍼센트를 넘는 학생들을 어떻게 할 도리가 없었다. 학생들은 시내 도심 곳곳에서 게릴라 전법으로 저항했다. 6,500백여명의 전투경찰은 어찌할 바를 모르고 갈팡질팡했다.

11월 3일은 1929년의 학생 항일저항을 기념하는 날이다. 연세대학교에서 전국 42개 대학이 참가하는 '민주화투쟁학생연합'이 결성되었다. "현 정권을 퇴진시켜야 할 역사적 부름을 받고" 학생연합이 탄생했다고 하는 창립선언문 「내릴 수 없는 깃발이여, 민주화투쟁이여!」에서 일부만을 인용하도록 한다.

"우리는 오늘의 현실을 외세와 이에 편승한 극소수의 군부독재 집단에 의해 강제되고 있는 반민주적·반민중적·민중분단 상황으로 규정한다. 보라! 이 땅의 6천만 민족에게 온갖 부정과 비극을 안겨다주고 있는 분단 현실을! 한반도는 미소 강대국의 핵 볼모로 전락하여 민족의 운명은 백척간두에 서고 말았다."

학생연합은 전두환세력이 미일 독점자본에 봉사하고 있다고 고발했다. 그러므로 전정권은 매판적 친일정권이며, 이 시대는 반민족적·반민주적·반민중적 시대라고 규정했다. 11월 14일 오후에는 264명이 일제히 전일파의 정당, 민정당사에 그야말로 난입하여 「우리의 주장」 14개조를 제기하고 강력하게 민주화를 요구했다. 물론 전원이 연행되어 대부분이 구속된 것은 말할 것도 없다.

격렬한 투쟁에 기가 꺾여 대체로 1984년 봄 무렵부터 전두환세력은 다소 유연한 정책을 취하기 시작했다. "교도소를 정치범으로 채우고 수천명에 이르는 학생들을 캠퍼스에서 추방하는 것은 혁명군을 증가시키는 것과 같았다."(85년 3월호 「봄을 기다리는 정국」) 이처럼 추방당한 학생들을 교도소에 넣으면 일반 죄수와 연대하게 된다. 게다가 전정권은 미일과 맺은 삼각관계도 신경 써야 했다. 「통신」은 '그 허울뿐인 유화'에 대해서 다음과 같이 설명했다.

"그러므로 젊은이들은 그들의 고유한 말로 지금을 '유화국면'이라고 이름 짓고, 언제든지 무서운 강경책으로 돌아갈 수 있다고 하여 '준반동국면'이라고도 하고 있다. 이 '유화국면'은 1988년 서울올림픽까지 계속될지도 모른다. 여기서 젊은이들은 이 '유화국면'을 최대한 이용하여 싸울 것을 결의하면서 이것을 '상대적 유화국면'이라고도 규정하고 있다."

이 기회를 최대한 이용하지 않으면 안된다. 「우리는 왜 민주쟁취운동에 나서야 하는가?」라는 지하문서에서 저항세력의 이러한 의식은 실로 명확했다. 12년간이나 이 국민은 대통령을 스스로의 손으로 뽑을 수가 없었다. 그 때문에 투쟁하는 사람들에게는 "매판군부와 권력의 꼭두각시들을 제외한 모든 세력들을 민주화운동으로 끌어안을 수 있는 포용성"이 요구되었다. 특히 이것은 85년 2월 12일의 총선거를 향해서 저항세력이 취한 자세였다.

이때는 '유화국면' '준반동국면'이었기 때문에 저항전선이 대대적으로 확대되었다. 84년 10월 16일에 조직된 민주·통일국민회의 의장에 추천된 문익환의 다음과 같은 말은 이 시대를 상징하고 남음이 있을 것이다.

"'넌 별 신통한 재간이 없으니 기나 들엇' 하는 민족사의 명령을 거스를 길 없어 저는 기수로 나섰습니다. 우리 다 같이 민주·통일의 고지에 다다를 때까지 저는 이 기를 목숨으로 지킬 것입니다. 아슴푸레 눈앞에 떠오르기 시작한 저 고지에 이르러 이 '민주·통일'의 기를 세우고 그 앞에 쓰러져 죽을 수만 있다면 그 이상 더 바랄 것이 무엇이 있겠습니까?"

1985년 1월 17일 발신의 「통신」에서도 미국 비판은 분명하게 드러났다. 반공의 이름으로 전두환을 선택함으로써 "한국 내에서도 도리어 좌파를 대두시킨 점"을 지적했다. 군인 정치가들은 "민간 정치가로서는 상상도 할 수 없을 만한 식언을 하고" "승리자의 얼굴"을 하는 것을 상기했다. 그리고 "고통스러울지 모르지만 미국에 대한 짝사랑에서 탈피하여 반미적이 될 것——이것은 1980년대 투쟁에서 최대의 수확 중에 하나다"라고 썼다.

「통신」은 그 다음호에서, 그들은 "그 전략, 전술 그리고 사상과 사명감에서" "구세대는 도저히 당해내지 못하는" 20대, 30대라고 쓰고, '난세가 사상을 낳고 인물을 낳는다고 했던가'라고 기술했다(85년 4월호 「김대중씨의 귀국」). 전두환일파가 군부출신을 체제의 모든 영역에 침투시키자, 오히려 "군부지배뿐 아니라" 그들이 금과옥조처럼 내세우는 "반공마저도 거부하려는 마음을 젊은이들 사이에, 국민 사이에 불러일으킨다"고 하는 역사의 아이러니를 경험하지 않을 수 없었다. 또 "그것이 미국에 대한 현실적인 비판"도 불러일으켰다. 이같은 사태를 주시하며 귀국을 앞둔 김대중은 다음과 같이 말했다.

"장기간의 독재, 정부의 부패, 경제적 사회적 부정, 그리고 독재에 대한 미일의 지지라는 강한 인상 때문에 우리 국민의 일부가 특히 젊은이들이 비상한 분노를 드러내게 되었다."

2월 8일 오전 11시 30분, 김대중은 2년 반 만에 무서운 폭력의 한가운데로 귀국했다. 금지와 탄압에도 불구하고 비행장에서 시내로 들어오는 김포가도에는 50만에서 1백만의 군중이 혼잡을 이루었다고 한다. 그날 서울대학교 총학생회는 「민주회복의 찬연한 불꽃이기를—재야의 정치지도자 김대중씨의 귀국에 즈음하여」를 발표했다. "학생을 선두로 한 노동자, 지식인, 종교인, 일반 민주시민 등의 한국 내의 진보세력들의 점증하는 민주화 열기, 점고하는 전정권에 대한 대정부비판 앞에 높아가는 한국 내 진보세력들의 대미불만 감정"에 대해서 미국도 전두환정권도 양보하지 않을 수 없었다는 내용이었다. 그리고 "이번 귀국이 민주회복의 찬연한 불꽃의 점화이기를" 기원했다.

2월 12일 김대중이나 김영삼 등 중요한 정치가의 출마를 금지시킨 채, '동토의 선거'라고 하는 총선거가 이루어졌다. 선거에 대한 국민의 열기는 대단했지만, 선거제도도 실제 선거도 부정으로 가득 찬 것이었다. 92개 선거구에서 1선거구당 2명의 지역구의원을 선출하는 중선거구제로, 여당이 과반수를 차지하기 위한 선거제도라 할 수 있었다. 그리고 전국구의원은 92명인데 다수당이된 정당이 3분의 2를 차지하도

194

록 되어 있었다. 이런 가운데 독재타도를 내세운 신민당이 50석을 얻어 전국구에서 17석을 차지했다는 것은 압도적인 승리라고 할 수 있었다. 민정당은 87석을 얻고 비례대표로 61석을 차지했으나, 전두환 군부세력은 정치적 장래에 점점 더 불안을 품지 않을 수 없었다.

선거 이후 전두환정권은 몰락의 길을 재촉하게 되는데, 그때 「통신」이 전한 한일관계에 관한 말을 여기서 인용하기로 한다. 일본이 국민학살의 장본인으로서 공격당하는 전두환과의 '신한일시대'를 소리 높여 강조하고서 반년이 채 못되었지만, 그 권력의 기초는 흔들리고 「통신」은 다음과 같이 전했다.

"일본인 사이에서는 어떠한 권력이나 영원하다는 권력 절대주의가 뿌리박혀 있는 것일까. 한국인은 권력이란 참으로 덧없는 것이라고 생각해왔다. (…) 반일의 폭풍이 부는 일도 결코 머지않았다는 생각이 들어 안타깝다. '신한일시대' '성숙한 한일 파트너십' 그것도 역사의 격류 속에서 실로 덧없이 끝날 것이다."(85년 5월호 「민주화 전야」)

이 선거에서 볼 수 있던 젊은이들의 공헌은 잊을 수 없는 것이었다. 한국의 정치사에 나타난 새로운 현상이라고 할 수 있다. 「통신」은 젊은이들과 특히 한국정치에 관여하는 미국에 대해서 생각했다. "미국의 대외정책은 펜타곤과 자본에서 올 것이다" "미국 외교의 부도덕성을 어떻게 보아야 하는가" 등을 말하면서, 미국에 의한 "세계정치의 부패"와 앞으로 한국 젊은이들의 양심 사이에서 빚어지는 갈등을 깊이 우려했다.

85년 6월호 『세까이』에 실린 통신 「질풍 휘몰아치는 나날」은 서두에서 "해방후 40년의 역사 속에서 이렇게 격렬하게 흔들린 시대가 있었을까"라고 썼다. 모든 것이 격변하는 역사 속에서 "지금까지 40년 역사의 궤도를 부정"하는 것처럼 생각되었다. "반공, 안정, 근대화, 발전,

친미 모두가 잘못된 길은 아니었는가"라고 묻는 것처럼 보였다. 그리고 어느 문학평론가의 글을 인용했다. "우리의 미국인에 대한 지금까지의 이해와 신뢰는 과연 옳은 것이었는가." 이 평론가는 한국전쟁중에 서해에서 사라져가는 한국인 게릴라 부대를 방치한 미군장교 이야기 「파도야 파도야」와, 한국인의 미국 이민 이야기 「가자 우리의 둥지로」, 그리고 「헬로우, 아이 러브 유」 세 작품을 예로 들었다.

84년 4월에는 민중문화운동협의회가 만들어졌다고 전하면서 그 발기문을 인용했다. 또한 오늘 이 사회에는 "노예화의 문화"가 횡행하고 있다. "제3세계의 고급문학은 매판적이며, 독점적인 성격을 담당하고 있다" 등을 협의회의 『민중문화』에서 인용하면서, 「통신」은 "오늘의 세계에 대한 총체적인 부정이다. 그 문화를 포함해서이다"라고 기록했다. 그리고 그것은 "식민지 지식인의 대우"를 거절하는 "생의 통절한 외침이다"라고도 소개했다.

검열 당국과 출판물의 경쟁도 이 시대를 상징하는 것이었다. 출판물은 다투어 비판적 또는 반체제적인 것을 내놓는다. 검열의 종료를 기다리면서 한편에서는 지하에서 팔아치운다. 검열 당국도 차츰 원망을 살 만큼 심하게 하고 싶지는 않다고 생각하게 된다. 이렇게 하여 말하자면 뻗어오르는 민중의 힘에 권력 측은 조금씩 양보하고 마는 것이었다. 마침내 『동아일보』의 월간지 『신동아』나 『조선일보』의 『월간 조선』 등이 4월호에 김대중, 김영삼 두 사람의 인터뷰를 실었다. 큰 신문의 출판물은 이처럼 기회를 보는 데 민첩했다. 여당 148석에 야당이 103석에 육박하는 정치상황이 되었기 때문이다. 「통신」은 "지금의 국민저항을 무시하고 폭력적 연명을 기도하려고 든다면 반드시 파국이 올 것"이라고 쓰고, 일본의 언론에 대해서 "흘러가는 물처럼" 지금 한국에서 싹트고 있는 민심에 역행하는 일이 없어야 한다고 권했다(85년 6월호

「질풍 휘몰아치는 나날」).

총선거 이후 서울의 상황은 이미 전두환정권의 통제가 미치지 못하게 되어 있었다. 1985년 4·19혁명 기념일에 민주화운동청년연합 인권위원회와 한국양심범 사면추진위원회 등 여러 민주화운동 단체가 낸 「옥중에서 신음하는 애국지사, 민주인사를 구출하고 강탈당한 우리의 권리를 쟁취하자」라는 성명은 신문 등이 '서울의 봄' 운운하는 것은 전두환정권의 모략 또는 국민조작의 하나라고 비판할 정도였다.

"이 서울의 봄이라는 말은 민중의 끓어오르는 항거에 겁먹은 매판적 군부독재 집단이 저들의 영구집권 계획을 위장하고 열화와 같은 민중의 정치적 지탄을 피하고 민중을 분열시키기 위한 호도책으로서 이른바 대화니 봄이니 하는 미사여구를 꾸며내어 우수한 관제 어용 매스컴을 총동원하여 요란하게 떠들어대고 있을 뿐이다."(85년 7월호 「이정표를 되돌아보다」)

이러한 상황은 전두환정권의 종말이 가까웠다는 것을 가리키는 듯했다. "내무부 당국의 발표에서도 3월부터 5월 22일까지 대학생의 시위가 늘어 995회, 참가인원 27만명에 이른다"고 했다(85년 8월호 「민족의 십자가여!」). 광주민주항쟁으로부터 5년째인 1985년 5월 12일부터 27일까지를 민주화세력은 '5월 광주민중항쟁 기념기간'으로 정했다. 민주화운동청년연합이 발표한 『민중신문』(제9호)은 전두환 세력이 "미국, 일본 등 외세에 대한 정치·경제·사회·문화·군사적 예속으로 스스로를 강화했다"고 명확히 밝히고 "광주학살 책임지고 전두환은 물러가라!"고 공공연히 주장했다. 그리고 대학 캠퍼스 안에서는 어디서나 '미제국주의 타도'를 외치게 되었다. 5월 17일에 발표된 민주·통일민중운동연합의 「광주학살의 원흉들은 물러가라!!」는 성명은 다음과 같은 5개조를 포함하고 있었다.

1. 광주학살의 원흉집단인 군사독재정권은 물러가라!
2. 광주학살의 원흉들과 하수인들을 국민의 이름으로 단죄하자!
3. 미국은 광주학살을 방조한 것을 사죄하고 군사독재정권을 더이상 지원하지 말라!
4. 전 국민은 광주학살의 진상을 밝히는 일에 함께 나서서 군사독재 정권의 죄악을 폭로하자!
5. 광주항쟁 희생자들의 유족을 돕고 그들이 정당한 보상을 받도록 운동을 전개하자!

이처럼 광주사건을 중심으로 '반미주의'가 강해지자, 광주사건 당시 주한미국대사였던 윌리엄 글라이스틴은 『아사히신문』(5월 16일자)과의 인터뷰를 통해서 미국은 한국군의 광주 출동에는 합의했지만 "한국 측이 미국정부의 거듭되는 경고와 자제 요청을 무시하고 무력진압을 결행했다"고 발표했다. 이에 대해서 「통신」은 5월 18일 민주통일민중운동연합이 발표한 「미국은 광주학살의 책임을 회피하지 말라——전 주한미국대사 글라이스틴의 기자회견을 보고」라는 성명의 전문을 인용했다. 글라이스틴의 발언을 하나하나 반박한 긴 성명을 여기서 그대로 인용할 수 없으므로 주한미군사령관 위컴에 대해 언급한 부분만을 인용하기로 한다.

"위컴은 80년 8월 7일의 기자회견에서 '정치탄압정책과 정권에 대한 국민의 지지가 없는 상태가 계속되더라도 미국은 전두환 장군을 지지할 것'이라면서 '한국민의 국민성은 들쥐와 같아서 누가 지도자가 되든 그 지도자를 따라갈 것'이라고 말하지 않았던가? 미국이 학살에 반대했다면 위컴은 무슨 이유로 학살의 원흉이 수반이 될 정권을 지지하겠다고 공언했는가?"

미국 측이 '우리는 내정간섭은 할 수 없다' '한국은 독립국이다' '미국의 영향력에는 한계가 있다' 등으로 시치미를 떼자 「통신」은 한국의 지식인은 일본인의 한국 식민지배를 상기한다고 썼다.

"1910년 한일합방의 날까지 일본도 똑같은 어조로 일본은 한국의 독립을 보전하고 동양 평화를 지킨다고 반복했다. 역사는 반복되는 것인가."

「통신」은 1979년 10월 박정희 암살에서부터 전개된 "한국의 상황은 전적으로 미국 군부와 CIA의 수중에 있었고 그 공작의 결과"라고 썼다. 이어서 그러한 공작이 세계 도처에서 실패해왔다는 사실을 밝히고 "전두환을 내세워 광주의 잔학을 기도하고 민주세력을 분쇄한 것은 미국이다"라고 썼다. 이어서 "이제 미국인이라고 하면 누구라도 경멸하고 싶어진다. 벼락부자의 오만과 무지와 우둔이라고 할까. 저 후안무치한 기만과 위선"이라고 계속했다.

이러한 대미감정과 인식은 많은 한국인, 특히 전두환정권과 싸우는 사람들에게는 공통된 것이었다. 그리하여 '5월 23일부터 3일간 여학생 20명을 포함한 73명의 학생들이 서울 미국문화원을 점거'하는 사건이 일어났다. 「통신」은 "그것은 마땅히 일어나야 했기에 일어난 사건이었다"고 썼다. 73명은 광주학살 승인에 대한 사죄와, 한국국민에게 불이익을 가져온 모든 경제적 조치와 현 군사정권에 대한 지원을 철회할 것을 요구했다. 그들은 전국학생총연합 소속으로 민족·민중·민주를 내걸고 싸우는 삼민투쟁위원회 학생들이었다. 그들의 성명 「우리는 왜 미문화원에 들어가야만 했나」에서 한 대목을 인용한다.

"그전까지 한국국민은 미국을 영원한 우방으로 생각하여왔으며, 이는 일제의 폭압에서 해방과 공산세력과 맞선 자유민주주의 수호를 위한 전쟁에서 확인되었다고 믿고 있었다. 그러나 이제 한국국민은 광주학살에 대한 미국의 지원에 짙은 의혹을 갖고 있으며 광주학살에 대한 책임을 미국도 져야 한다는 것을 인식하기에 이르렀다."

「통신」은 73명의 미문화원 농성사건을 전하면서 그들이 문제삼은 위컴의 '레밍'이라는 발언을 다시 한번 언급했다. "한국국민의 저항정신을 알고 있으면서 전일파를 지원하기 위해서" 그렇게 말했는가. 미국인말고는 모두 '레밍'이라고 생각하는가. 군인의 눈에는 "인간이란 무기 앞에서 레밍"으로밖에 보이지 않는 것이리라.

그들은 4일째인 5월 27일 농성을 풀었으나, 국민 사이에서 그들을 비난하는 목소리는 거의 들리지 않았다. "이 사건으로 미국 레이건정부의 대한정책, 펜타곤의 세계정책이 얼마나 잔인한 것인지 적어도 한국국민의 대다수에게는 깊이 인상지어졌을 것"이다. 5월 28일 당국은 73명 중 25명을 구속했다고 발표했다.

젊은이들의 급진화란 무서운 것이었다. 그들은 수백 권의 책을 읽어서 대학에서 교수들도 그들 앞에서는 기가 질렸다고 한다. 지금까지 대학생이 취직 같은 것은 문제삼지 않고 이처럼 "자주적으로 학문에 분발한 적이 있었던가"라고 「통신」은 물었다. "그들은 모든 독서를 이 비극적인 시대, 자신들의 통절한 경험을 해석 이해하고 그것을 사상화하기 위해서 하는 것이다."

혁명세력 앞에서 "권력은 될 수 있으면 그 새로운 시대가 도래하는 것을 저지하여 늦추어두고 그 사이에 갖은 수탈을 다하고는 도망치려고 하는 것인지도 모른다"(85년 10월호 「시대의 어둠을 넘어서」)고 「통신」은 기술했다. 실제 오늘날까지 문제가 되는 전두환정권은 그런 것이었다.

이런 시대 속에서 「통신」은 「연행, 폭력, 그리고 죽음」(85년 11월호)이라는 제목으로 한국의 상황을 고발했다. 지배의 폭력에 저항하는 민중의 힘은 전적으로 비폭력이었다. 통신은 「무명 청년의 죽음」이라는 부제목으로 광주에서 일어난 홍기일(洪起日)의 죽음을 다음과 같이 보고했다.

"홍씨는 25세의 노동자였다. 1980년 5월 광주민중항쟁 때는 시민군의 한사람으로 참가했다가 중상을 입고 치료를 받았다. 그는 그때 살아남은 것을 큰 짐으로 여기고 있었다. 그는 석유에 불을 붙여 불길에 휩싸이면서도 '광주시민이여, 침묵에서 깨어나라' '학원안정법 반대 투쟁에 죽음을 결심하고 참가한다'라고 부르짖으며 50미터나 시위행진을 했다. 그것은 5년 전 광주사건 당시 투쟁과 비극의 중심이었던 도청 앞 분수대에서 일어난 또하나의 죽음이었다."

그의 죽음 당시의 상황이 「통신」에는 상세하게 기록되어 있다. 김대중, 김영삼 두 사람과 이민우(李敏雨) 신민당 총재 등의 통절한 조사를 여기에 옮길 여유는 없다. 다만 이러한 사건에 대한 통신의 코멘트를 한 구절만 인용하기로 한다.

"분신의 죽음이 일어난다는 것은 시대가 비상사태에 들어갔으며 최악의 상황이 되었다는 신호다. 지방신문인 『광주일보』는 홍씨의 희망을 저버리고 이 사건에 대해서 한마디도 보도하지 않았다. 서울의 주요 신문도 다만 몇줄로 간단히 그 죽음을 알릴 뿐이었다. 광주사건의 비극은 이처럼 오늘도 계속된다. 광주의 한이 풀리는 날, 그 해방의 날까지 그것은 계속 아픔을 되새길 것이다. 새로운 역사가 시작될 때까지는."

비극이 일어나자 전두환 폭력체제는 한층 폭력을 강화했다. 저항세력 또한 후퇴하지 않고 매일같이 시위를 강화했다. 시위의 선두에 선 지휘자는 석유를 뒤집어쓰고 경찰이 접근하면 분신자살하겠다고 위협하다가 집회가 끝나면 묶여간다. 그 다음 집회에는 지하에 잠입하고 있던 새로운 리더가 다시 그러한 모습으로 나타나는 식이었다. 분신자살 투쟁도 이어졌다. 「통신」은 9월 17일, 서울에서 학생 송광영(宋光永)이 분신투쟁을 하다가 이제 목숨이 얼마 남지 않았다고 알리면서 다음과 같이 묻고 대답했다.

"정당성도 유효성도 전혀 가지지 않은 이 폭력 권력을 지지하는 것은 누구인가. 군부인가, 자본가인가, 미국인가, 일본인가. 그것은 세계를 지배하는 총자본일 것이다. 자신들의 부를 위해서 갖가지 정치지배를 계획하고 있는 것이다."(85년 12월호 「애끓는 재회·정치의 벽」)

이 시기의 「통신」에 다음과 같은 내용까지 나타나게 된 것은 한국의 반체제운동이 1980년 광주사건 이래 급격히 급진화되고 있음을 나타내는 것이었다.

"남한에서 어느 때보다도 민족통일의 목소리가 높아지고 있지만, 삼민투위(민족·민중·민생 투쟁위원회)의 경우 그들은 가장 혹독한 폭력적인 처사를 당하고 있다. 그들은 해방후의 이른바 우파의 역사관을 부정하고, 공산주의적 저항도 지금은 민족적 저항으로 재평가하려고 한다. 지금까지 공산주의 폭동으로서 역사적으로 올바른 평가를 해주려고도 하지 않았던 1946년의 이른바 '대구 10·1폭동사건'도 1948년의 '제주도 폭동'도 그들은 민족적 저항으로 파악하려고 하는 것 같다."

"1950년 전쟁 이래 생각조차 할 수 없었던 움직임"이라고 하겠는데, 북한은 이러한 상황을 이용하여 비현실적인 북한체제의 우위를 선전하려는 듯했다. 남한은 이에 끌려다니는 듯 남북 가족재회에 응하면서도 전력을 다해 반공선전을 하려고 했다. 「통신」은 "텔레비전은 북한예술단의 공연은 가끔 한 장면씩 내보내면서 (…) 해설이라는 이름으로 비난만을 되풀이하고 (…) 남한 예술단의 공연은 긴 시간을 할애하여 그 전부를 내보냈다"고 비판했다.

남북의 정치와 함께 민족분단의 아픔을 느끼지 못하는 경직되고 무신경한 일이라고 생각하여 「통신」은 "이 민족은 전통적으로 정치란 국민을 극도로 수탈하는 것이라고 생각해왔다. 그것을 이번 남북 방문으로 더욱 통감했는지도 모른다"고 썼다. 이런 와중에 삼민투위 등의 젊은이들은 분단에 격렬하게 저항했다. 그러나 그들은 급진적인 빨갱이라고 선언될 뿐이었다. 「통신」은 민주정권 아래서 "정치적으로 악용하지 않는 남북대화"가 가능한 날을 다만 꿈꿀 따름이었다. 그것은 남북의 정치세력도 미·일의 현재 정치권력도 실은 바라지 않는 일이었지만.

「통신」을 들추어가며 원고용지 2만장이나 되는 내용을 3백여장으로 정리하려는 탓에 많은 내용을 생략해왔다. 여기서는 『세까이』 1986년 1월호의 「미국은 우방인가」라는 통신에서 일부분 인용해보기로 한다. 민주언론운동협의회가 내던 『말』 1985년 10월호에 게재된 「좌담·구속학생 학부모들은 이렇게 말한다──왜 그들이 나빠요 장한 일 했는데…」인데, 투옥학생의 가족이 한 말이다. 수많은 감동적인 말 가운데 하나만을 여기에 옮겨 적기로 한다. 누나가 옥중에 있는 남동생에 대해서 한 말이다.

"○○는 최근에도 '누나, 태평한 세월에 태어났더라면 선생님이 되고 싶었는데…… 읽은 책들을 아이들에게 마음껏 얘기하고……' 하더군요.

어린 시절 밤늦게까지 커튼을 치고 책을 읽다가 우는 것을 몇번 봤어요. 감수성이 너무나 깨끗하고 감동을 잘 받는 애였어요.

꼬마 때 하도 자주 맞고 오길래 '왜 병신같이 계집애한테도 맞고 있어' 하고 야단을 치면 '내가 그애를 때리면 그애가 아프잖아' 하는 대답을 하곤 했어요.

입시공부에 정신이 없던 고교시절 생활비에 보탬이 되도록 어머니가 가게를 차리고 있었어요. 아침에 도시락 두개를 싸서 학교에 갔다가 밤 12시가 되면 30분이나 되는 밤길을 걸어 가게로 와서 철문을 내리고 어머니가 잠자리에 드는 걸 보고서야 다시 공부하러 가곤 할 정도로 어머니께 그렇게 잘할 수가 없었어요.

50분이나 걸어야 되는 등굣길인데 자전거 하나 사달라고 제대로 조르지 못하다가 제가 사다주었을 때 기뻐하던 그 모습이 눈에 선합니다."

이 이상 열거할 여유는 없지만, 옥중에서 보낸 그들의 편지를 하나만 더 인용하기로 한다. 흰 벽으로 둘러싸인 채 스물네 시간 백열전등이 켜 있는 고문실에서 온 편지다.

"저희들을 따뜻하게 도와주시는 분들의 소식을 들을 때마다, 인간 사이의 관심과 애정에 대해 담백하게 다시 생각해보게 됩니다. 이 사회가 모든 이에게 애정과 관심을 베풀 수 있는 땅으로 변화해가는 것이 우리 모두의 바람이라면, 그 일은 바로 분에 넘치는 관심과 사랑을 받은 저희들이 해나가야 할 일이 아닌가 생각합니다."

이런 문장을 읽으며 눈물을 머금고 통신은 「옥중의 사람들」이라는 항목을 다음과 같이 끝맺었다.

"그들은 학대당하고 있는 것이 아니라 사랑받고 있다고 하는 것이다. 억압 아래서 도리어 깨끗한 우애가 생겨난다. 그 따뜻함으로 저 불기 없는 혹한의 겨울을 견뎌내려고 하는 것일까. 올해도 저물어간다. 분노가 치미는 1985년을 이렇게 보내야 하는가.

그들의 사상과 인간은 이처럼 그들의 행동과 고통에서 싹터서 그 운명을 견뎌내며 싸울 수 있게 해주는 것이리라. 건강하라. 아름다워라."

「통신」은 또한 「고문과 죽음」이라는 부제로 무서운 고문과 죽음의 저항도 전했다. 그런데도 굴하지 않고 투쟁하는 젊은이들에 대해서 이야기하면서 "이 정통성도 합리성도 유효성도 가지지 못한 폭력기구를 지지하고 있는 미국과 일본은 어떻게 된 것인가"라고 물었다. 85년 11월에는 주한미국상공회의소, 새마을본부 등으로 저항학생의 점거사건이 이어졌다. 그들은 한국의 불행한 배후에는 미국이 있다고 믿었다. 또 전두환정권이 북한과 대화라도 하면 권력이 지속될까 하고 생각한다는 것을 알아차리고는 북한에 맹렬하게 경고를 발했다. 「통신」은 "한국의 불행을 경제적·사회적 요인으로 설명하려고 하는 역사학 또는 사회과학은 끝난 것이 아닐까"라고 하며 그것을 "일차적으로 정치, 특히 나쁜 정치를 하는 인간의 문제로서 파악하려고 한다"고 기술했다. 그리고 전두환정권 이후의 사회를 우려했다.

"저항하는 측에는 아름다운 인간정신, 그 사이에 멋진 우정 같은 것이 생길지 모른다. 그러나 그것이 고통이 끝난 시대에 반드시 좋은 정치력으로 이어진다고만은 할 수 없다. 애국지사의 정치는 오히려 실패해온 것이 아닐까. 그것은 종종 분파주의의 희생이 되고 말았다."

이렇게 말하고 1945년 해방 이후의 정치적 실패와 1960년 4·19혁명 이후의 실패를 예로 들었다. 그리고 "점령한 고지를 두번 다시 잃는 일이 없도록 굳게 지키지 않으면 안된다"고 강조했다. 한편 "정치란 애국지사가 하는 일이 아니라 다른 종류의 사람들이 하는 일인지도 모른다"고 불안한 미래를 우려했다. 많은 희생을 통해서 마침내 "어두운 밤은 밝아올 것"임이 틀림없는 일이기는 하지만.

1986년 2월호 『세까이』에 게재된 「통신」은 전년도 12월 13일에 발신한 것이었는데, 제목은 「오, 대한민국이여」였다. 여기서 붕괴전야의 전두환정권의 모습이 뚜렷이 감지된다고 해도 좋을 것이다. 11월 20일자 『동아일보』의 칼럼도 「오…대한민국」이라는 제목으로 다음과 같이 전했다.

"사상의 위기, 정치의 위기, 경제의 위기로 우리는 벼랑에 섰습니다. 오 대한민국, 어디로 가고 있습니까. 하느님, 나라를 구해주소서. 이 땅의 생명들을 지켜주소서."

국회에서는 여당 의원만이 별실에 모여 겨우 3분 만에 86년도 예산안을 통과시켰다. 신민당 의원은 이에 항의하며 단식농성에 들어갔다. 학생 9명이 광주 미문화원을 점거하다 체포되었다. 이런 슬픈 사실을 열거하며 「통신」은 다음과 같이 기록했다.

"박정권 아래서는 정치범의 수가 최고에 달했던 때도 430명 정도였다. 지금은 8백명이다. 그들은 법정에 서면 생각했던 것을 당당히 진술할 뿐만 아니라 검사나 판사를 경멸하며 비웃는다."

12월 3일, 4일간의 농성과 24시간의 단식투쟁을 한 야당의원들은 '헌법개정' '단독표결 무효'라는 플래카드를 내세우고 도심을 카퍼레이드했다. 경찰은 사태의 악화를 우려하여 손을 놓고 있었고, 시민은 박수와 V싸인으로 답했다. 민주세력을 결집한 민주·통일민중운동연합 민주헌법쟁취위원회는 12월 2일 「나가자! 민주헌법 쟁취를 위해!─민헌쟁위 제1차 실천대회에 부쳐」라는 성명에서 군사독재정권에 퇴진을 촉구했다.

"민주화의 날은 우리를 기다리지 않는다. 통일의 날은 우리를 기다리지 않는다. 오직 우리가 장엄한 싸움을 통해 그날로 다가갈 뿐이다.

싸우자! 군사독재정권의 퇴진을 위해!

나가자! 민주헌법 쟁취를 위해!"

젊은이들은 "민중 민주 헌법투쟁"을 내세우며, 그것은 "민족·민주·민중"이라는 "삼민(三民)이념"에 기초한 "삼민(三民)헌법"을 위한 투쟁이어야 한다고 주장했다. 그리고 "한국 민중을 압살하는 미국자본은 물러가라" "한반도에서 몰아내야만 하는 시대의 역적들─삼민을 짓밟는 두 형제——전두환과 전경환(全敬煥), 한 사람은 폭력으로, 다른 한 사람은 부정부패로"와 같은 말들이 나열되었다.

다시 정부의 빨갱이 공격이 시작되었으나, 저항하는 측에서는 "민중을 위한 생각이 빨갱이인가 (…) 그렇다면 민중을 수탈하는 너희들은 무엇인가" "독재정권은 빨갱이를 만들어내는 자동판매기인가"라는 말이 되돌아왔다. 전 사회가 흔들리고, 전두환정권이 우왕좌왕하는 날들이 이어졌다. 통신 「오, 대한민국이여」는 마지막에서, 일찍이 한국 국민은 '레밍'처럼 열을 지어 권력자를 따라갈 것이라며 전두환의 쿠데타에 전면적인 지지를 표명했던 주한미군 사령관이자 지금 영화를 누리고 있는 미국 육군참모총장 위컴에게, 전두환에게 전면적으로 육박하고 있는 오늘의 한국은 어디로 향한다고 생각하는가 하고 아이러니 섞인 질문을 던졌다.

86년 3월호에 게재한 「국민의 이 절망은 어디로」(86년 1월 17일 발신)라는 기사에서 일부를 인용하기로 한다. 이 통신은 그 무렵 서울지방법원 남부지원 앞뜰에서 일어난 폭력사건에 대해서 보고한 것으로, 전두환정권 말기에 일반시민에게 가해진 경찰의 집단폭행을 고발한 내용이었다.

"'이놈아, 우리가 누군지 몰라? 눈알을 뽑아버려.' 욕설과 함께 그의 장갑을 낀 손가락이 양씨의 눈을 찔렀다. 사복형사들은 양씨를 땅에 쓰러뜨리고 군화로 짓밟기 시작했다. 양씨의 손목에는 어느새 수갑이 채워졌다. 주위에서 몇명인가 지켜보고 있었지만 형사가 피의자를 체포하는 공무집행이라고 생각했는지 말리려고 하는 사람은 없었다. 사복형사들의 집단폭행은 몇분 후, 형사반장이 나타나 양씨가 그들이 쫓고 있던 수배자가 아니라는 것을 알고 어이없이 끝났다."

이 일이 이 시대를 상징하는 사건이라는 것은 두말할 필요도 없다.

「통신」은 양씨는 입원치료를 받고 있지만 "이런 폭행은 전일파에 의해 공인되고 있는 폭력"이라고 썼다. 이런 폭력이 "정치범, 양심범에 대해서도 광란을 일삼고 있는" 나날이었다.

이 일로 시작한 「통신」은 보안사령부 등에서 행해지는 고문과 그로 인한 죽음 등을 상세히 기록했다. 그리고 그런 일에도 굴하지 않고 옥중에서 투쟁하는 사람들의 이야기를 전했다. 지금 다시 읽어보니 이 「통신」에는 법정에서 검사의 제지에도 불구하고 발언을 계속한 피고 김근태(金槿泰)의 말이 실려 있다. 그것은 우리가 인간이라는 사실에 거의 절망하고 싶어질 정도라고 할 장면이었다. 여기서는 1985년 9월 25일에 드디어 굴복하고 말았다는 그의 말에서 마지막 부분을 인용하기로 한다.

"그날 그들은 집단폭행을 하고 나서 본인에게 벌거벗은 채로 마루를 기면서 살려달라고 애원하라고 명령했습니다. 나는 그들이 요구하는 대로 하지 않을 수 없었고, 그들이 명령하는 대로 조서내용을 긍정하는 수밖에 없었습니다."

인간은 한계까지 몰고 가면 누구라도 굴복하지 않을 수 없다. 그렇게 하면 전두환통치가 지속될 것이라는 생각을 철저히 실행에 옮긴 시대였다. 「통신」은 다만 이런 상황을 한국 바깥의 세계에 전하고, 인간의 존엄을 위해서 세계적 공동투쟁을 호소하는 일 외에 다른 길은 없다고 생각했다. 그래서 필리핀에서 마르코스가 붕괴하자 "필리핀의 민주주의여, 영원하라!"고 감동했다(86년 5월호 「멸망해가는 자들」).

"필리핀 사태와 한국의 사태는 평행을 이루고 있다. 마르코스와 이멜다라고 하면 한국에서는 전두환과 이순자다. 전일파의 부패에 이순자 여사와 그 일족이 얽혀 있다는 것은 주지의 사실이다. 마르코스의 동생이 문제가 된다면 전씨의 동생, 새마을운동 중앙본부 회장인 전경환이 문제가 된다는 식이다. 그리고 큰 정치적 틀에서 보면 양쪽이 모두 미국의 부정한 힘이 지지를 보내온 권력이다. 양국은 모두 미국의 지배 또는 그 거대한 영향 아래 있으면서, 말하자면 그 주변에서 고통당하고 있는 나라다."

「통신」은 이처럼 쓰고 "마르코스가 붕괴할 때 필리핀에서 정치범의 수는 4백여명이었다. 지금 한국에서는 1천명을 훨씬 넘고 있다"고 이어갔다.「통신」은 한국 민주화의 날을 바라면서, 은근히 동지애는 분파주의적이라는 점을 우려하며 혁명 후에는 적과도 공동의 장을 마련할 수 있는 고도한 정치, 그 파워를 꿈꾸었다. 1945년 해방 이후 한국에서 일제하의 저항의 시대에 이룩된 많은 아름다운 동지애와 그 힘이 해체되어 추하게 되고 분파 싸움으로 전락해간 것을 마음 아프게 회상하면서. 전두환이 필리핀 사태로 배운 것은 국민 억압을 더욱 강화하지 않으면 자신도 붕괴할 것이라는 공포심과 잔혹함이었다. 그러나 필리핀의 민주적 승리로 고무된 한국국민을 억누르는 것은 불가능했다.「통신」은 전두환에 대해서 다음과 같이 기술했다.

"전두환처럼 국민의 지지를 완전히 잃은 권력자는 일찍이 없었다. 관리조차 그를 지지하지 않는다. 그는 사람을 만나면 혼자서 계속 떠든다. 광적이라고 하는 사람도 있다. 국민의 저항으로 권력의 정당성을 잃어버렸다. 전일파는 국민의 눈으로 보면 무언가 착각하고 있는 사람들이다. 불안에 떨고 있는 것처럼 보인다. 바보같이도 보이고 전혀 정보에 어두운 것처럼 보인데."

폭력은 격화되어갔지만 권력의 전면적인 후퇴가 확실해 보였다. "국민의 민주정신은 나날이 높아지고 있다. 권력은 광주사건에서 저지른 죄악 때문에라도 권력에서 손을 뗄 수가 없다." 그러면 국민은 반미적이 되고, 젊은이들의 남북통일을 위한 외침은 강렬해진다. 무엇보다도 민주적 발전과 군부통치가 양립할 수 없다고 국민이 분명한 자각에 도달하게 된 것은 역사적으로 중요한 일이었다. 「통신」은 민주화의 승리가 가까웠다고 쓰면서 "그런 의미에서 이 보고는 다른 때보다 희망에 가득 찬 것"이라고 이어갔다. 그리고 「멸망해가는 자들」이라는 「통신」을 다음과 같은 말로 매듭지었다.

"정치적 보복은 없다. 하지만 국민을 살육한 범죄, 국민의 재산을 약탈한 범죄는 정식으로 법에 회부되어 심판받아야 한다."

해방과 승리의 날은 반드시 온다. 이날에 어떤 자세여야 하는가 하는 문제를 「통신」은 우려했다. 이에 대해서는 1986년 2월 15일 발신의 「대결과 음모의 정치」(86년 4월호)의 마지막 부분을 살펴보아야 할 것이다. 한국의 민주화는 "미국의 의사에 반하여 쟁취되어" 미국으로 하여금 추인하게 해야 할 것이라고 생각한다. 젊은이들도 이에 전적으로 공감하면서 민주화가 한국국민에 의해서 쟁취되는 것이라고 주장한다. 그것은 "해방 40년의 미국 지배의 역사" "고문을 당하고, 민족끼리 서로 죽이며, 정말로 피를 흘리면서 거둔 교훈"이라고 할 수 있다. 그 때문에 혁명적 행동파는 "게토적인 인생"을 결단해온 무리이며, 그 삶의 태도는 계승되어간다. 「통신」은 그들의 승리를 의심하지 않으며 그것이 이 나라의 희망이라고 하면서도, 한편으로 그들에 대한 깊은 우려를 품지 않을 수 없다고 했다. 투쟁에 의해 강인한 힘은 단련된다. 그러나 그 힘은 관용성을 결여한 것임을 어찌할 것인가. 또한 "분파적"이어서 "누구라도 참여할 수 있는 광장을 만들지 못한다." 그러므로 다음과 같이 끝맺었다.

"민주화의 날은 올 것이다. 그러나 그것은 아직도 사면이 반동세력으로 포위된 가운데 희미하게 숨쉬는 민주주의, 살얼음을 밟는 듯한 자유일 것이다. 그것을 살아내는 지혜를 동시에 얻지 않으면 안된다.

그것은 양손을 들고 환호할 수 있는 날이기보다는 새로운 불안을 반추하면서 그날그날의 무사와 눈에 띄지 않는 희미한 전진을 기뻐할 수 있는, 인내와 신중함과 겸허함을 필요로 하는 역사의 날일 것이다."

실제로 1986년 새학기가 시작되자 민주화투쟁이 「침묵의 공화국」의 벽을 깨기 시작했음이 분명해졌다(86년 7월호 「계엄령인가, 이원집정극인가」). 4·19혁명 26주년 기념일이 있었고, 5월 18일은 광주사건 6주년이 되는 날이었다. 신민당이 헌법개정을 외치며 충청남도 대전에 모이자 20만의 시민이 운집하여 '민주개헌' '독재타도'를 외쳤다. 학생들이 5박 6일의 전방입소 훈련에 반대하며 '양키의 용병교육 전방입소 결사반대' '반전반핵 양키 고 홈' 등을 외쳤다. "미국의 세계지배욕, 그 국가이익, 그 자본의 국제적인 수탈을 위해서 이 나라가 분단되고 흉악한 전일파의 지배에 고통받아야 한다"는 내용이었다. '양키 고 홈'이라는 오랫동안 터부시되었던 말이 나돌 정도였으니 격세지감이 느껴질 만한 상황이 되었다. 이것이 '반미자주화 반파쇼민주화 투쟁위원회' '반전반핵 평화옹호 투쟁위원회'의 투쟁이었다. 그들은 '민족통일 가로막는 미제국주의 몰아내자' '양키의 용병교육 전방입소 결사반대' 등의 구호를 외쳤다.

86년 7월호의 「통신」은 이처럼 전두환체제를 무찌르려는 저항, 특히 젊은이들의 저항에 대한 기사로 가득 찼다. 서울대학교의 이재호(李載虎)와 김세진(金世鎭)이 투입된 경찰에 저항하며 시너를 끼얹고 분신자살을 기도한 일, 그리고 마침내 김세진이 5월 3일 오후 숨을 거둔 일 등을 보고했다. 전투경찰관이 데모학생들이 던진 돌에 맞아 사망했다고도 전했다. 신문도 이런 일들을 제법 상세히 보도하게 되었다. 유해를 경찰에 빼앗긴 채 대형 태극기로 덮인 모의관을 앞에 놓고 서울대학교에서 치러진 김세진의 '민족장' 상황을 전하는 『동아일보』

의 기사는 참으로 눈물의 기록이었다. 기사는 다음과 같은 글로 매듭 지었다.

"제단 위에 시와 꽃이 봉헌되고 장례식은 2시간 만에 끝났다.

학생들은 10에서 20명씩 스크럼을 짜고 교내 '침묵추도시위'에 들어갔다. 영정과 모의관이 앞서고 검은색 만장과 이날 장례식의 호상인 총학생회장이 뒤를 따랐다. 학생들은 만가를 부르기 시작했다.

'민주열사 김세진은…… 어이 어이 어허야 어허야 어어허……'

수백 미터나 늘어선 학생들은 「선구자」「타는 목마름으로」「아침이슬」 등의 노래를 조용히 합창하며 도서관과 사회대 앞을 한바퀴 돌아 교문 쪽으로 서서히 걸어 나갔다."(『동아일보』 5월 7일자)

「통신」은 젊은이들의 "내전(內戰)이 매일같이 전개되고 있다"고 보고했다. "경찰 측도 학생 측도 함께 권력에 의해서 살해당하는 하층의 사람들"이라는 이 현실이 오래 지속될 리가 없다고 했다. 「통신」은 김세진의 장례식에서 학생들이 부른 노래 몇절을 옮겼다. 하나만을 여기서 인용해본다.

> 어두운 죽음의 시대 내 친구는
> 굵은 눈물 붉은 피 흘리며
> 역사가 부른다 멀고 험한 길을
> 북소리 울리며 사라져갔네
> 친구는 멀리 갔어도 없다 해도
> 그 눈동자 별빛 속에 빛나네
> 내 맘속에 영혼으로 살아 살아
> 이 어둠을 살으리 살으리
> 이 장벽을 부수리 부수리 (「친구」)

「통신」은 "1986년은 이 나라의 역사에서 획기적인 해방투쟁의 해로 기록될 것"이라고 썼다. 학생·노동자들은 정부가 5월 1일 메이데이를 폐지하고 3월 10일을 노동절로 해온 것에 저항하며 그해는 5월 1일 메이데이를 기념하여 투쟁을 전개했다. 서울대학교에서는 4월 16일 총학생회 아래 '전방입소훈련 전면거부 및 한반도 미제군사기지화 결사저지를 위한 특별위원회'를 두고 '미제국주의를 추방하자'고 주장하게 되었다. 이 반미세력의 활동을 상세히 소개할 수는 없지만, 이들이 등사판 인쇄로 배포한 「전방입소에 대한 85의 거부결의서」라는, 85년도에 입학한 2학년생들의 입영훈련에 저항하는 성명서 일부를 여기에 인용해보도록 한다.

　"한국의 근현대사는 한반도를 핏빛으로 물들여온 야수적인 제국주의와 이에 항거한 이 땅 민중의 투쟁의 역사였다. 한반도가 허리 잘리운 이후 우리들은 '우방'이라는 허울 아래 감추어진 저들의 본질을 확인해오지 않았는가? 미제국주의자에 의해 자행된 리비아 폭격은 무엇을 의미하는가? 저들은 자신들의 이익에만 부합되면 인류의 멸망도 불사할 집단이라는 것을 확인하지 않았는가?"

　4월 12일 서울대학교에서는 민족해방투사 일동 명의의 「경고장 — 광인 레이건 앞」이라는 글까지 나왔다. 서두에는 "침몰해가는 배의 선장과도 같이 멸망해가는 제국주의를 다시 일으키기 위해 '위대한 미국'이라는 도발적인 슬로건을 내걸고 동분서주하고 있는 서부활극의 주인공 레이건 대통령 각하에게"라는 격렬한 말이 쓰였다. 그리고 "한국은 어제의 한국이 아니다"라고 하며 다음과 같은 말로 매듭지었다.

　"마지막 믿었던 한반도에서도 반미구호가 민족의 활화산이 되어 터져나옴에 잠 못 이루고 있을 레이건 각하! 당신의 잘못을 회개하십시오. 멸망이 가까웠습니다."

「통신」은 투쟁의 선두에 서서 어떠한 탄압도 두려워하지 않는 신념에 투철한 단체가 '민민투'(반제반파쇼 민족민주투쟁위원회)와 '자민투'(반미자유화 반파쇼민주화 투쟁위원회)인데, 두 단체는 일심동체로 적의 눈을 속이기 위해 때로는 명칭을 다르게 하고 있다고 했다. 그들은 '도시 무장봉기'도 불사한다며 급진화되어 왔다. 그러므로 "역사는 낭떠러지까지 돌진해왔다고 할 수 있을지도 모른다"고 「통신」은 전했다. 미국은 자국의 이익을 위해 한국을 "보수적 민주주의의 틀"에 묶어 두려고 하겠지만 그것으로 가라앉지 않는 상황에까지 한국은 이르고 말았다고도 썼다.

'자민투'와 '민민투'는 김대중, 김영삼 등의 구민주화세력에게 공개 질의서를 보냈는데, 그 속에는 "한미관계는 '전통적인 우호관계'가 아니라 '제국주의와 신식민지 관계'가 아닙니까?" "국군작전 지휘권이 양키에게 있는데 어찌 용병이 아닙니까?" "광주학살을 사주한 미국을 어찌 용서할 수 있겠습니까" 등의 내용이 담겨 있었다. 그리고 그들은 "기성세대나 이름있는 사람은 연행되어도 곧 석방된다. 유혈과 죽음 그리고 고문과 투옥의 희생은 학생과 노동자들에게만 강요되고 있다"고 하며 '체제 내의 반대자'들에게도 저항하기 시작했다.

이런 가운데 '인천봉기'라는 사태가 일어났다. 5월 3일 인천 주안1동 시민회관에서 개헌추진위원회 인천 및 경기도지부 결성대회가 개최될 예정이었으나, 경찰이 이를 방해하자 일대 충돌사건이 일어났다. 15만 정도의 인파가 몰려왔으며, 젊은이들 1만여명은 밤 10시경까지 인천의 각 역 주변에서 격렬한 데모를 전개했다. '군부독재 타도' '물러가라 양키놈들' 등의 구호가 넘쳐났다. '반공과 친미는 반민족·반민중체제를 지지하는 허구다.' 이 젊은이들은 1950년의 한국전쟁도 모르는 세대이다. 그들의 외침은 5월 7일과 8일 한국을 방문하는 미국의 슐츠 국무장관을 향하여 선택을 강요하는 듯했다. 한국 젊은이들의 반미는 미국인에 대한 경멸과 증오로 타오르고 있다고 「통신」도 썼다.

"투쟁은 전국으로 확대되어갔다. 5월 20일 서울대학교에서 '5월제' 도중 다시 분신자살사건이 일어났다. 김세진, 이재호의 죽음에 이어 제3의 죽음 이동수(李東洙)가 석유를 전신에 붓고 불을 붙였다. 그는 '이른바 운동권 학생도 아니고 음악이나 분재나 건축사진을 즐기는 얌전한 성품'이었으나 '전두환은 물러가라, 미제는 물러가라, 경찰은 물러가라' 등을 외치며 죽어갔다."(86년 8월호 「민중은 절대 죽지 않는다」)

이처럼 분신자살은 이어지고 저항은 전국으로 확대되어갔다. 저항의 대열은 여러 영역에서 진행되어갔지만, 6월 2일에 발표된 전국 23개 대학 교수 265명에 의한 성명 「우리의 뜻을 다시 한번 밝힌다」에서도 이제 "미국은 정의로운 나라로서 우리 편이며 미국의 행동은 정당하다는 안이하고 오도된 사고방식"을 바꾸지 않으면 안된다고 했다. 특히 이 무렵 미국은 '간접선거' '보수 대연합' 등을 공공연히 권장하고 있었다. 이 성명은 "학생의 분신에는 한마디 유감의 뜻조차 표하지 않는 문교부"를 비판하고, 대학의 자율을 당국의 지시에 관계없이 회복, 실현해갈 것을 서약했다. 이제 이러한 교수들을 대학에서 추방할 수 있는 당국은 있을 수 없게 되었다. 「통신」은 "이렇게 각 분야의 자율화가 진행되어 공중에 뜬 형태로 정치권력만이 남는다. 그러면 어느날 돌연 그것은 무너져내릴 것이다. 뿌리가 없는 삽조가 태양이 떠오르면 시들어버리는 것처럼"이라고 끝을 맺었다.

그러나 무너져가는 권력은 발버둥을 계속했다. 「통신」은 수없이 일어나는 사건을 잇따라 발신했는데, 마침내 7월 5일에는 변호사 9명이 「권모양(서울대 4년 제적·노동자)에 대한 부천경찰서 형사 문귀동(文貴童)

의 성고문을 고발한다」라는, 권인숙(權仁淑)사건에 대한 고발장을 제
출했다고 보고했다(86년 9월호 「안개 속의 정국」, 10월호 「민주화라는 음모」).
『세까이』 10월호에서는 82년의 일본 역사교과서 문제를 계기로 전국
모금으로 시작된 독립기념관이 그 완성을 앞두고 8월 4일 밤 불이 나
서 "본관 전관이 옛 모습을 찾아볼 수 없이 불타 무너져내렸다"고 보고
했다. 그리고 이 시대에 대해서 「통신」은 다음과 같이 우려했다.

"민주화 활동은 곳곳에서 불타오르고, 전일파의 힘으로는 수습할
수 없게 되었다. 그런데도 전일파는 권력을 계속 장악하려고 한다. 국
민의 민주정신 위에 떠 있는 고도(孤島)와 같은 부패한 독재권력이다.
미국은 베트남에서와 같이 그것을 지지한다. 기반이 하나도 남김없이
무너져 어느날 총붕괴가 올 것이다."

위기의식이 전국에 가득했다. 9월 7일에는 「전국 승려대회 결의문」
이 발표되었고, 이어서 목사들의 「한미관계에 관한 전국 목회자 정의
평화실천협의회의 성명」이 발표되었다. 이러한 반미적 미국 비난 성명
같은 것은 예전에는 생각할 수도 없는 일이었다. 후자는 명백하게 "우
리는 미국을 제국주의에 사로잡힌 사탄으로 규정한다" "우리는 미국의
경제테러 행위를 경고한다" "우리는 미국의 정치적 영향력 행사를 거
부한다"고 하고, "미국은 각성된 한국민족과 민중의 분노와 정의의 외
침 그리고 평화의 시위를 막을 수 없을 것"이라고 부르짖었다. 「통신」
은 "격세의 감이 있다. 이것이 한국교회의 자세인가 하고 눈을 의심했
다"고 기술했다(86년 11월호 「계엄령하의 아시아 경기대회」).

전두환의 통치가 궁지에 몰리자 무서운 사건이 잇따라 일어났다. 8
월 4일 독립기념관 화재사건이 미궁으로 빠지는가 싶더니, 8월 하순
폭력단끼리 충돌하여 습격당한 측에서 4명의 사망자가 나왔다. 9월 14
일에는 아시아 경기대회를 방해하기 위한 움직임으로 김포공항에서

시한폭탄이 폭발하여 5명이 사망하고 30명이 중경상을 당하는 사건이 일어났다고 발표되었다. 즉시 신문은 「당국, 북괴의 소행으로 추정」이라고 발표했으나, 북한은 '증거도 없이 단죄할 수 있는 피고'에 지나지 않았다. 「통신」은 어느 기자의 말로 다음과 같이 전했다.

"우리 기자의 촉각으로는 히틀러가 1933년 선거전 한가운데 일으킨 베를린 국회의사당 화재사건이나, 일본군의 유조호(柳条湖) 철도 폭파사건(1931년 이른바 '만주사변'의 발단이 된 사건)과 닮았다고 느껴진다. 군부 파시스트는 언제고 어디서고 마찬가지다. 이번 폭발사건에 사용된 화약은 군에서밖에 구할 수 없는 것이라고도 한다. 한창 고조되고 있는 학생운동을 아주 두려워하는 데서 일어난 사건들이다."

9월 16일부터 16일간 한국에서 아시안게임이 열렸다. 그것은 오랜만에 국민을 열광시켰다. 이때 "국민은 그 힘을 의식했다"고 할 수 있다. "이 국민의 잠재력을 억누르고 군인이 불합리한 독재를 계속하는 데는 분노를 느낀다." 아시안게임 개최는 정권의 의도와는 달리 국민에게 자신과 꿈을 심어주었다고 할 수 있다. 이것은 대회를 계획한 정권의 의도를 넘어선 것, 어떤 의미에서는 그에 반하는 것이었다. 대회는 한국의 민주화를 피할 수 없는 것으로 만들었다고 할 수 있다(86년 12월호 「파국으로의 희망이라는 것」).

한편 국회에서는 「김현규·유성환 양 의원 사건」이 일어났다.

"본의원은 현 정권이 만약 야당의 제의를 거부하고 합의개헌에 실패한다면, 야당은 이 나리 전 민주세력과 연대하여, 군사정권의 종식과 현 정권의 집권연장 음모를 분쇄하기 위한 투쟁에 나설 수밖에 없게 된다고 생각합니다."(10월 13일 김현규의 발언)

"김포 국제공항에서 터진 한발의 폭발에 국가의 대외위신이 얼마나 추락되었는지 아시안게임의 호황을 노리던 업계에 얼마나 큰 타격을 주었는지 아십니까? 폭발 전날까지도 경찰은 철통같은 준비 등 허장성세만 부렸습니다. 경찰은 아직도 범인의 윤곽도 모르고 폭약의 정밀한 성분도 반입경로도 모르고 있습니다."(10월 14일 유성환의 발언)

두 야당의원은 국회 개회중임에도 불구하고 체포되었다. 좌파, 북을 이롭게 하는 발언이라는 죄명이었다. 「통신」은 좌파 이데올로기의 문제가 아니라 이성과 양심과 용기의 발언이었기 때문이라고 전했다. 전두환의 민정당은 민주세력이나 국회의 신민당이 부정부패를 지적하면 자기방위를 위해 이리저리 피해다닐 뿐이며, 저항하는 자는 모두 빨갱이라는 구실을 되풀이할 뿐이었다. 고문과 의문의 죽음이 이어졌다. 10월 7일 법정에 세워진 민주·통일민중운동연합 의장 문익환 목사는 다음과 같이 진술했다.

"지금 감옥마다 아우성입니다. 내 이번에 네번째이지만, 이건 감옥이 아니고 고문장입니다. 학생들이 똥을 싸고 있어요. 이걸 보면서 나라를 비민주, 반민주가 아니라 야만국으로 끌고가는데 젊은이들이 민중궐기에 만족 못하는 것은 너무나 당연합니다. 민중봉기를 검토할 단계에 분명히 와 있습니다."

이 법정에서는 '구속자 석방하라' '소내폭행 중단하라' 등이 적힌 머리띠가 나누어졌고, 머리띠를 두른 사람들이 '군사독재 타도하자' '전두환 몰아내자' '문귀동을 찾아내어 죽이자'고 외쳤다. 그리고 '민주주의 만세' '민족통일 만세'를 외쳤다.

이런 상황에서 전두환 집권 6년을 지지하는 미국에 맞선 반미감정이 크게 전진할 수밖에 없었다. "1950년 한국전쟁으로부터 30년이나 배양되어온 반공·친미 사상이 일거에 무너졌다"고 할 수 있었다. 학생들의 데모에서는 끊임없이 '친미군사독재 타도하여 민족민주정부 수립하자' '미제국주의를 몰아내자'는 구호가 들려왔다. 「통신」은 "이번에 이임한 워커 주한미국대사는 9월 말 『로스앤젤레스 타임즈』와 한 인터뷰에서 처음으로 전일파의 권력은 정당성이 결여되었다고 발언했다"고 전했다(87년 1월호 「역사의 고민·시대의 상징」).

학생세력은 '민족해방 민중민주주의 혁명론'을 주장하며 '전국 반외세 반독재 애국학생 투쟁연합'을 조직했다. 10월 28일 건국대학교에서 벌인 저항은 학생운동의 급진화를 보여주는 실로 엄청난 것이었다. 그 「투쟁선언문」은 대단히 반미적 색채를 띤 것이었다. "미제의 식민지 통치하 그 앞잡이 전두환일당의 억압과 착취로 뒤덮인 이 땅 한반도!!" "미제와 그 앞잡이 무리들은 무려 40년간이나 우리 조국 우리 민족을 억압 착취해왔습니다"라고 하고 "전국 반외세 반독재 애국학생 투쟁연합의 깃발 아래 총결집하라!!"고 외치며 "한반도 기지화"의 비극을 나열했다. 그리고 "투쟁목표"로서 무엇보다도 "미제의 식민지통치 분쇄와 전두환 군부독재의 타도"를 내세웠다. 그들은 "미제국주의와 민중 사이"에는 "결코 화해할 수 없는 대립과 투쟁"이 있을 뿐이라고 생각했다.

"반공이데올로기"는 "민족을 분열시키고 분단을 영구화하는 분단 이데올로기" "미제놈들의 식민지지배를 정당화하는 이데올로기"라고 공공연히 말했다. 이것을 격려하며 부산산업대학에서 11월 5일 진성일(秦聖一)이 분신자살을 했다. 「통신」은 이에 대해서 "그들은 그들이 우려하고 반성하고 있는 것처럼 고립되어 있는 전위(前衛)가 아니다. 특히 그 윤리적 정신과 희생적 행동에서 민중의 공감을 얻고 있다"고 기술했다. 그들이 급진적으로 흐르게 된 것은 "시금의 한미일의 결탁, 남북대립이라는 틀 속에서 더욱 좋은 조국의 미래가 있을 것"이라고는 생각할 수 없게 되었기 때문이다.

그것이 1980년 광주사건과 뒤이은 전두환의 지배가 양심적인 젊은 이들의 마음속에 새겨넣은 의식이라는 것이었다. 「통신」은 그것을 "친미에서 반미로, 반공에서 통일로" 전후 사상사가 걸어온 "일대전환"의 과정이라고 생각하면서, 그 투쟁을 "제3세계의 해방에 이어지는 세계혁명의 일환"으로 파악하고, 혁명으로 가는 의식적 고양이라고 했다. 그리고 이러한 발상은 "무엇보다도 반통일의 통치권력에 대한 부정 (…) 그 권력에 의해 이식된 우리 개개의 의식에서 민족분열에 저항하는" 것이라고 해석했다. 이것은 이제까지 권력이 주장해온 터부나 가치에 대한 전면적인 부인이었다. 거기에는 "새로운 역사를 창조한다는 자긍심, 정신적 고양이 있다"고도 할 수 있었다. 그리고 그것은 "고문에서 생겨나는 사상"이라고 할 수 있다고 생각했다.

이 무렵은 참으로 무서운 날들이었다. 반체제 측에 정부의 프락치가 들어와 저항을 부추기는가 하면, 10월 28일 건국대학교 사건의 경우에는 2천명의 학생을 수일간 방치하는 것처럼 속여 사태를 악화하고는 이에 대해서 경찰이 8천명의 병력이라는 무서운 폭력으로 습격을 감행했다. 이러한 폭풍에 견디지 못하고 "11월 5일 돌연 김대중씨는 대통령 직접선거 헌법개정을 받아들인다면 사면·복권되어도 대통령 선거에 출마하지 않겠다"는 선언을 발표하게 되었다.

양심수 3천명을 헤아리는 전대미문의 사태였다. 86년은 이전과는 달리 정치범의 특별사면도 없는 가혹한 한해였다. 옥중고문도 일상다반사처럼 일어났다. 전년도 가을에 나온 법무부장관의 훈시와 교도국장의 지시에 의한 것이라고 했다. "교도소 사건은 그 전초전에서 진압하라. 사후 문제는 내가 책임진다"는 내용이었다. 그러므로 민주화를 주장하다 체포되면 조사도 하기 전에 신문에는 '용공조직 적발' '폭력혁명 기도' '노동자 포섭, 김일성 주체사상 학습, 용공이적 유인물 살포' 등으로 발표되었다. 그리고 법정의 판결은 2년이나 3년이었다. 참으로 무법천지였다. 그 가운데서 투옥된 사람들의 외침만이 아름답게 빛났다. "12월 4일, 1년 6개월의 형을 선고받은 성고문사건의 권인숙 양의 최후진술"은 고귀한 인간애로 일관된 것이었다. "시퍼런 군복을 입은 놈들이 감방에 들어와 마구잡이 폭력"을 휘두를 때 권인숙은 다음 과 같이 생각했다고 한다.

"그러나 나는 나에게 무엇을 원했던가. 많은 문제를 안고 있는 이 사회 속에서 인간답게 살 수 있는 유일한 길이 노동자로 사는 것이라 고 생각했습니다. 압박받는 많은 사람들의 현실에 대해 가슴 아파하고 그들을 위해서 내가 동참하고 살아가는 것이 무엇이 잘못인가? 아무리 머리를 싸매고 고민하면서 다른 길이 없는가, 가족에게 가슴 아프게 하면서 살아야 하는 이 길 외에는 방법이 없는가? 인간답게 사는 유일 한 길은 이 길밖에 없다고 생각합니다."(87년 3월호 「고문 속의 '민주화」)

「통신」은 1월 14일 치안본부 반공수사실에서 고문을 당하다 죽은 21세의 서울대학생 박종철의 죽음을 전했다. 신문도 이 사건은 상세하 게 전하지 않을 수 없었다. 「통신」은 전일파에 대한 국민의 전면적인 거부는 피할 수 없을 것이라고 예상하고, "타협은 없다. 혁명의 길뿐이 다. 봄과 함께 젊은이들의 결단은 하늘을 찌를 것이다"라고 끝을 맺었 다. 실제로 그것은 전두환정권의 숨을 멎게 한 결정적인 우연이었다고 할 수 있다. 이렇게 해서 2월 7일을 박종철 국민추도의 날로 정하고 저 항은 고소뇌어갔다(87년 4월호 「고문정국·추도정국」).

「통신」은 87년 3월 18일에 발신한 「수용소 군도 이야기」(87년 5월호) 에서 전두환 이후, 혁명 이후의 한국을 조용히 생각해보았다. 그 시기 에 일어난 "국민의 군부집권 전면거부의 자세는 군부지배 26년이 가져 온 최대의 정치적 유산"이었다. 수출은 반년에 340억달러, 세계 11위라 고 했다. 해외유학생수는 미국을 중심으로 3만명. 군부통치는 이제 시 대에 뒤떨어진 것이며 그로 말미암아 일어난 급진적인 저항사상도 시대에 맞지 않는다고 할 수 있었다. 민주주의 아래서는 그들과도 대화할 수 있어야 한다. 그들이 가져온 최대의 사상적 전환은 "자신의 민족을 적으로 간주하고 싸운 (…) 남북이 함께 저지른 죄악"에 대한 자기반성의 자세라고 할 수 있을지도 모른다. "스스로를 존중하지 않는 민족을 누가, 어느 나라가 존중할 것인가." 그리고 3천명을 투옥한 현실을 뒤돌아보면서 「통신」은 다음과 같이 기록했다.

"광주사건은 지금까지 이어온 사유를 단절하고 말았다고도 할 수 있을 것이다. 반미가 되지 않을 수 없다. 이 나라는 통일되지 않으면 안된다. 이러한 민족적 비극을 정면으로 다루려 하지 않는 것은 민족반역이며, 그 속에서 일어나는 고문의 고통에 눈을 돌리지 않는 어떠한 사상, 어떠한 행동도 부도덕하다."

「통신」은 정치적 리얼리즘을 생각하면서 "두번 다시 리버럴한 민주주의자와 민중혁명론자가 파괴적인 대립을 해서는 안된다"고 하고 혁명 이후의 시대에 대해서 다음과 같이 덧붙였다. "다만 슬프게 생각되는 일이 있다면, 역사에서 고통스럽게 싸운 사람이 그 결실을 따는 일이 적다고 하는 역사의 아이러니라고나 해야 할까."

이처럼 민주화의 날에 대해서 생각하지만, 그러나 아직도 먼 도정이었다. 전두환은 내각책임제를 위한 헌법개정으로 권력을 유지하려고 했다. 87년 4월 2일, 이에 저항하며 김대중, 김영삼은 지금까지의 신민당을 뒤로 하고 전격적으로 통일민주당을 발족시켰다. 신민당 국회의원 90명 가운데 신당에 참가하기로 한 사람은 74명이었다. 신당의 움직임을 23개 민주화운동 단체가 지지하고 대통령 직선제를 기치로 내들었다.

이러한 움직임은 미국의 공작에 반하는 것으로 볼 수 있었다. 그러므로 민주화세력의 출판물 등은 점점 더 반미적이 되었다. "릴리

(James R. Lilley) 주한미국대사를 CIA에서 27년간 활동한 첩보·쿠데타 전문가라고 상세히 소개하고 "릴리야, 마음에 새기는 것이 좋다. 민중의 위대한 공격은 그 어떤 기만에도 굴하지 않는다"고 언명할 정도였다. 「통신」은 민주화운동 지도자의 말로 한국의 민주화운동과 미국의 균열을 전하면서 다음과 같이 말했다.

"위컴 전 주한미군 사령관은 한국인은 레밍과 같아서 어떤 권력자에게도 잘 따라간다고 했지만, 이번 릴리 대사는 한국국민은 위대하기 때문에 스스로 현명하게 정치의 방향을 결정지을 것이라고 한다. 어차피 똑같이 바보 취급하는 말투다. 배후에서 자기들이 모두 공작을 해놓고서. 저희들끼리는 그 발언을 두고 비웃고 있겠지."(87년 6월호 「쿠데타에서 쿠데타로」)

4월 14일에 발표된 전국목회자정의평화실천협의회의 「현 정권이 즉각 퇴진하는 길만이 민주화를 성취할 수 있다──영구집권을 위한 4·13발언에 대한 기독교 성직자의 입장」은 정연하게 미국 비판을 전개했다. "우리는 이 땅의 역사 속에서 저지른 미국의 죄악을 철저하게 기억하고 있다"고 하며 일본의 한국 지배를 용인한 태프트·가쯔라 밀약(1905년)에서 광주사건까지 엄중하게 미국을 비판했다.

"우리는 미국이 계속 반민주적 세력을 지원하는 한, 한반도 내에서의 반미주장은 더욱더 가열되어질 것이고, 정상적인 외교관계에도 중대한 침해가 올 것임을 경고하고자 한다."(87년 7월호 「말기증상의 날들」)

「통신」은 기독교 관계자들이 민주주의자이며 민족주의 우파라고 할 수 있을 텐데, 이러한 미국 비판은 1980년 광주사건 이래의 일이라고 생각했다. 그리고 릴리 미국대사가 미국에 귀국한 것은 대한정책의 제2탄을 준비하기 위해서가 아닌가 하는 항간의 소문을 전했다. 이미 미국의 군사정권 지원은 한국의 많은 사람들에게 명백한 사실이 되었다.

학생들은 성명에서 1945년은 일본의 지배에서 해방된 날이라기보다는 조국이 남북으로 분단된 날이라는 의미에서 '분단 42년 4월 19일' 등으로 표현하고 '군부독재를 지원하고 있는 미국놈들아, 물러가라'고 외쳤다.

경찰의 폭력은 삭발한 채 단식중인 목사들도 습격했다. 4월 13일 전두환이 개헌논의 중단을 발표하자 이에 대한 저항이 잇따라 일어났다. 대학교수, 문인, 고교교사, 예술가 등 각계의 사람들이 참여했다. 은행원 등의 금융노조도 투쟁하는가 하면, 옥중에서도 투쟁이 벌어지는 등 전국적으로 확대되어갔다. 그들의 성명에서는 "군사 독재정권을 지원하고 장기정권을 방조하는 미국은 현 정치상황을 만든 공범이다"라는 주장이 계속해서 나왔다.

전두환은 적나라한 폭력을 남김없이 동원했다. "지상의 천국, 전두환 천국, 너희들은 불로초를 찾아 먹은 진시황의 후예인가, 나치스의 화신인가"라는 외침 속에서 김대중·김영삼의 통일민주당이 발족했다. 폭력이 난무하는 사이를 누비며 5월 1일 "오늘은 이 나라에서 분명 민주화투쟁의 새로운 기원이 설정되는 날입니다"(창당선언문)라고 선언했다. 김대중은 연금된 채 모습을 나타낼 수 없었지만 그것은 김영삼과 김대중의 공동투쟁이었다.

사회상황은 참으로 말기적 양상을 드러내고 있었다. 경찰은 박종철을 고문치사하게 만든 주범 두명을 감추어둔 채 다른 두 사람을 범인으로 만들어 체포했다. 그 일이 5월 18일 서울 명동성당의 미사에서 폭로되었다. 서울교육대학에서는 컨테이너에 학생들을 밀어넣고 심문을 했다. 마침내 연세대학교에서는 경영학과 2학년 이한열이 6월 9일, 데모가 한창일 때 최루탄에 맞아 쓰러졌다(7월 5일 연세대병원에서 절명). 여기서 민주화를 위한 저항의 물결은 도도한 역사의 대세가 되었다.

국민의 일대 연합, 민주헌법쟁취 국민운동본부의 발기문은 다음과 같이 시작되었다.

"국민 여러분! 이 나라의 주인은 누구입니까? 썩어빠진 독재권력입니까? 부패한 독점재벌입니까? 고문살인 조작·은폐하는 폭력경찰들입니까? 아닙니다. 절대 저들이 이 나라의 주인이 아닙니다!"

이 격동을 전한 6월 17일의 격렬한 통신은 「한의 폭발·혁명전야」(『세까이』 87년 8월호)라는 제목을 달았다. 그리고 다음과 같이 끝을 맺었다.

"혁명전야다. 승리의 혁명이 될 것인가. 또 미완의 혁명에 그칠 것인가. 그러나 설령 미완의 혁명으로 그치더라도 머지않아 그것은 오고야 만다. 어느날 있을 완전한 승리를 위하여 이 길을 밟고 가야 한다. 오늘은 그날로 가는 한 단계에 지나지 않을 것이다. 이 민족은 고난에는 결코 굴하지 않는다. 이 민족의 역사는 언제가 되어야 이러한 혁명 없이 정상적인 발전의 길을 가게 될 것인가."

1987년 9월호에서 「통신」은 「6월 혁명의 승리, 그 행방」(87년 7월 16일 발신)이라고 제목을 붙였다. 우선 국민이 어디서나 전두환을 공공연하게 비난하게 되었다고 전하고, 영화관 같은 데서 이른바 6월 10일 "체육관 선거"로 노태우를 "대통령 후보로 소개하는 뉴스가 흘러나오면 조소와 비난과 분노의 목소리"로 술렁거릴 정도였다고 했다. "전일파의 폭력이 점점 최루탄 발사에 힘을 집중하면 할수록 (…) 저항은 격화되었다." 신문의 제목은 「대학생 시위 전국에서 한층 격렬, 도심농성 등 상황 심각」 「서울·부산·내전 등에서 격렬 시위, 파출소 불타… 경부선 정지, 경찰차·장비 불타」와 같은 것이었다. 경찰이 학생들에게 포위되어 무장해제당하고, 각지에서 파출소, 민정당사, KBS 지방방송국 등이 화재에 휩싸였다.

구속자 부모 회원 50여명이 전투경찰에게 다가서서 "최루탄을 쏘지

맙시다" 하고 말을 건네자 그들은 손을 흔들며 "죄송합니다"라고 대답했다. 거의 모든 차량이 종로5가 교차로에서는 경적을 울리며 지나갔다. 이것이 6월 10일의 서울 풍경이었다.

"특히 최루탄을 쏘기 시작하면 여기저기서 시민들이 '쏘지 마, 쏘지 마!' 하는 절규에 가까운 구호를 외쳐 결국 쏘기를 그만두고 길을 열어주어 시민들한테서 박수갈채를 받는 경우도 있었다. 이것을 목격한 외신기자들이 '원더풀'을 연발했다."

「통신」이 전한 감동적인 장면은 계속되었다. 그 대부분은 마침내 일어선 신문이 전한 것이었다. 6월 26일 국민평화대행진에는 "비번인 전투경찰 간부가 몇명이나 참가했다는 소문이 나돌 정도"였다. 27일 아침 현재 전국에서 130만 8,300백명이 행진에 참가했다고 한다.

6월 29일 민정당 노태우 대표위원은 결국 "직선제 연내개헌"과 "김대중씨 사면복권, 구속자 석방, 연내 대통령선거" 등을 발표했다. "민중혁명을 억누르고, 민주화를 폭력배들이 부여하는 형태로 하고 전일파는 연명하는 길을 택했다"고 할 수 있었다. 「통신」은 "미국은 릴리 대사 등이 넌지시 비치는 것처럼 민주화라는 위장 속에서 노태우가 선거로 이른바 정통성 같은 것을 얻어 권력의 자리에 앉았으면 하고 바라고 있다"고 했다. 「통신」은 이것을 어리석은 생각이라고 보고 양 김씨와 민주세력과 국민이 받아들일 리가 없다고 생각했다. 6월혁명을 미완의 혁명으로 끝나게 해서는 안된다고 생각한 것이다. 투쟁 속에서 죽어간 연세대 이한열의 죽음을 생각하며, 그의 죽음을 앞에 둔 고뇌의 시와 "1945년 후꾸오까 형무소에서 28세로 생애를 마감한 윤동주(尹東柱)의 「서시」"를 비교하고서 통신은 다음과 같이 기술했다.

"그러나 그 민중민주주의는 아직 먼 여정일 것이다. 전일파는 국민기만으로 살아남은 권력이다. 노태우로 하여금 미소를 띠게 하고 그 배후에서는 음모를 꾸미고 있다. 그것은 미국과 합작하고 있는 것이다."

민족미술협의회, 자유실천문인협의회 등의 문화단체에서 조직한 민주헌법쟁취 문화인공동위원회는 미완의 혁명을 두고 7월 8일 성명 가운데서 '우리의 주장'을 다음과 같이 외쳤다.

> "광주학살의 원흉 전두환, 노태우를 처단하자!
> 한열이 뜻 이어받아 군사독재 타도하자!
> 군사독재 타도하여 민주정부 수립하자!
> 독재조종 내정간섭 미국을 몰아내자!"

실제 6월항쟁에서 전두환정권이 살아남은 것은 기만책이 주효했기 때문이다. 아직 폭력행위가 계속되었다. 2천명의 정치범 가운데 석방된 사람은 5백명 정도였다. 「통신」은 "혁명의 힘, 또는 폭력으로 지배세력의 숨통을 끊는 일 없이 민주화를 이룬다는 것은 지극히 어려운 일"이라고 썼다. 대통령선거에서 민주화세력이 승리한다고 해도 박정희 이래 4반세기 이상 배양되어온 "군부의 숨결이 배어 있는 체제를 어떻게 하면 좋을지" 커다란 문제라고 하지 않을 수 없었다.

민주화는 '쟁취'된 것인데도 '허여(許與)'된 것처럼 되어갔다. 석방되어도 언제나 가석방·형집행정지라고 하면 그들의 공민권은 회복되지 않는다. 더구나 좌경인지 아닌지 심사해서 석방한다고 했다. 6월혁명의 향방은 아직 불투명하다고 할 수밖에 없었다. 전두환일파는 내각개조를 한다고 하고는 군인 강경내각으로 만들어버렸다. 그러나 민주화의 길을 가로막는 것은 불가능한 일이었다. 7월 9일 이한열의 장례식에 모인 150만명[4]의 열기에 두려움을 느끼는 쪽은 미국과 한국 군부

내의 반동세력이라고 「통신」은 생각했다.

7월 21일에 모인 31개 대학 527명의 교수가 가입한 민주화를 위한 전국교수협의회가 발표한 「사회와 학원의 민주화를 강력히 촉구하며」를 보아도 명백하다. 이 성명은 우선 80년 5월 광주사건에서 취한 미국의 자세를 비판했다. 그리고 전두환의 "4·13조치에 미국정부가 (일시적으로) 보인 묵시적 승인"도 비판했다. 그것은 "미국의 이익을 위해서라면 이웃나라의 민주주의가 희생되어도 좋다는 식의 발상"으로 이해되기 때문이라고 했다.

"우리는 미국이 그들 중심의 국제적 구도하에서 우리의 정치와 경제를 종속시키거나 직접적으로 간여하려는 전략을 앞으로도 계속 구사할 경우에 민족자주적이고 경제자립적인 우리의 민주화 추진과정에서 날카로운 비판을 받을 수밖에 없다는 것을 명확히 해두고자 한다."

(『세까이』 87년 10월호 「혁명과 반동이 교차하는 가운데」)

6월 민중혁명 이후 전두환정권이 아직 그 자리에 버티고 있다는 것은, 이것이 미완의 혁명이며 오히려 혁명의 힘을 희석시키고자 하는 모략에 국민이 말려들었다는 것을 의미했다. 그후의 역사는 혁명과 반동의 싸움이며, 혁명의 힘을 희석시키는 날들이었다. 노동운동에 대한 무력탄압이 계속되었고, 8월 22일 대우조선의 노동자 이석규(李錫圭)가 경찰의 최루탄에 맞아 목숨을 잃었다. 「통신」은 "전일파에 의한 계획적인 살인일 것이다. 그것은 폭력을 재편성하고 권력유지를 도모하려는 그들의 결의"를 드러낸 것이라고 전했다. 전두환은 그 전날 기자회견을 열어 "민주화운동을 가장한 좌경 이적단체의 핵심간부는 결단

---

4 이러한 인원수는 한국 신문과 「통신」에서 다소 상이할 것이다. 「통신」에서 인용한 수치는 시위 참가자가 전한 숫자였다.

코 방치하지 않겠다"고 하며, "아직 옥중에 있는 1천여명이 넘는 정치범"은 "대부분 좌경간부"이므로 석방할 수 없다고 단정했다(87년 11월호 「어디까지의 민주화인가」).

8월 31일 민주헌법쟁취국민운동 부산본부가 발표한 선언문은 "6·29 선언은 8·21 전두환 하계 기자회견을 통해 완전 백지화되고 말았다"고 언명했다. 이석규의 장례식도 폭력으로 진압되었다. 「통신」은 "전일파의 폭력이 되살아났다"고 쓰고 "아직 그 폭력과 폭력적 구조는 상처입지 않은 채 건재하다"고 이어갔다.

「통신」은 차츰 김대중과 김영삼의 대립을 전하게 되었다. 김대중은 9월 8일 28년 만에 고향 전라남도 목포 하의도를, 그리고 16년 만에 광주를 방문했다. 「통신」은 광주에서는 50만에서 백만, 9월 12일 충청남도 대전에서는 10만에서 30만의 인파가 몰려들었다고 전했다.[5] 서서히 김대중과 김영삼의 대립이 시작되었다. 대중적 인기는 김대중 쪽이 높았지만, 오랫동안 정치활동이 허락되지 않은 탓에 민주당 내에서 지닌 힘은 약했다. 미국도 군부세력도 김대중을 급진적이라고 보고 북한과의 어떤 관계까지 운운하면서 그를 배제하려고 했다.

9월에 노태우는 미국과 일본을 방문하여 레이건 대통령과 나까소네 수상의 지지를 확인했다. 고영근(高永根) 목사를 비롯하여 발기인 1,051명의 기독교 교직자들은 「성명서――미국정부의 불의하고 간악한 대한정책을 규탄한다」(9월 12일)를 발표했다. 성명서에서 그들은, 미국은 "노태우정권을 수립하려는 불의하고 간악한 징책을 즉시 시성하기 바란다" "미국은 노태우를 불러다가 대통령으로 임명하려는 야비한 공작정치를 즉시 시정하기를 촉구한다"고 했다. 미국의 일부 언론은 노태

---

5 이 숫자도 『동아일보』의 경우와 다소 차이가 있을 수 있다.

우를 "민주화의 영웅"으로까지 추어올리고 있다. 미국은 "노태우를 불러다가 부각시켜 실질적으로 대통령 임명식을 하고 일본정부의 인준을 받게 하려는 야비한 공작정치"를 감행하고 있지 않은가. 그리고 "만일 회개치 않으면 하나님의 심판을 면치 못할 것을 엄중히 경고하는 바이다"라고 밝혔다. 기독교 관계자들도 이 정도로 미국을 신뢰하지 않았다. 노태우 군부세력이 대권을 장악하면 민주화운동의 결정적인 패배다. 「통신」은 "군과 미국의 압력, 그 음모에서 벗어나는 일, 이것이 곧 민주화의 길이다"라고 했지만 상황은 어두웠다. 87년 10월 17일에 발신한 통신의 제목을 「제2의 혁명으로 나아가는가」(『세까이』 87년 12월호)라고 할 정도였다. 「통신」에서는 다음과 같이 기록했다.

"반미정서가 대단히 커져가고 있다. 노태우를 미국에서 부른 것, 그리고 그가 일본에 들른 것으로 젊은이들은 미일 양국의 정치간섭에 분개하고 있다. 언제까지 대국의 사대주의인가 하고 몹시 불쾌하게 생각하는 것이다. 이러한 일에 대해서 일본은 다소 경계하고 있는 것일까. 미국은 전혀 무신경이라고 생각된다."

반미정서를 가진 젊은이들은 "전일파 아래서 치러지는 대통령선거 같은 것은 전적으로 사기다"라고 하며 헌법개정 국민투표마저 거부하자고 투옥되면서까지 투쟁을 계속했다. 모두가 '미제의 안정적 지배' '신식민지 지배질서'의 수립을 위한 미국의 공작이라고 했다. 그들은 26년간의 군부독재가 낳은 급진파라고 할 수 있었다. 그들 사이에서는 『녹두서평』 창간호에 실렸던 「한라산」이라는 시가 널리 읽혔다. 「한라산」은 1948년 미군정 아래서 일어난 제주도의 4·3 반란사건을 애도하며 읊은 장편 서사시다. 통곡의 시라고 할 수 있는 그 일부 내용을 인용해 본다.

이 땅은 아메리카의 한 주(州)

그들의 병영에서 짐승처럼 사육되어왔던 수많은 날들

그 수많은 신음의 밤들을

누가 잊을 것인가

누가 잊으라고 하는가

1948년 4월 3일

'제2의 모스크바'

밤마다 먼저 간 동지들의 피를 묻고 살을 묻고 뼈를 묻는

혹한의 한라산 (88년 1월호 「선거혁명인가 '보수 대연합인가」)

「통신」도 전두환정권과 미국, 그리고 그 당시 일어난 노스웨스트사의 노사문제를 겹쳐보면서 다음과 같이 이어갔다.

"어차피 대통령 직접선거 정도로 한국인 특히 젊은이들의 반미감정이 진정될 것같이는 보이지 않는다. 그들은 이미 미국 지배의 문제를 역사적으로 파헤쳐 객관적으로 문제삼고 있다. 그러나 미국이라는 정치력과 현실적으로 대응하지 않으면 안된다. 반미감정에 대해서 대화를 나누면서, 미국의 현실적인 모습과 정치적으로 대화할 수 있는 정치세력이 앞으로 성장할 수 있을까."

16년 만에 부활된 대통령 직접선거가 전두환정권 아래서 1987년 12월 16일에 실시되었다. 군사정권의 탄압 아래서 김대중과 김영삼 두 사람에 의해 번번이 공언되었던 야당 측의 후보단일화는 실현되지 않았다. 군사정권은 모든 부정을 저지르며 승리를 차지했다. 양 김씨는 54퍼센트의 표를 모았으면서도 35.9퍼센트를 득표한 군사정권 후보 노태우에게 패배했다. 「통신」은 온갖 부정투표의 예를 보고했지만, 야당세력의 분열로 패배한 데 대한 국민의 실망을 수습할 길은 없었다.

그것이 군사정권의 계산이며, 공작의 결과였다고 해도.

이번 선거가 일대 부정선거였다고는 해도 한국의 민주화는 실질적으로 시작되었다. 그러나 김대중과 김영삼 두 사람은 국민 사이에서 완전히 카리스마를 잃어버렸다. 그들은 단순한 정치가가 되었고 국민은 냉정히 그들의 정치적 향방을 주시하게 되었다. 이렇게 하여 1987년의 6월혁명은 퇴색해버렸다. 그리고 실패한 혁명으로 기록될 수밖에 없을는지 모른다. 「통신」이 이때 남긴 다음과 같은 내용은 그후의 한국사를 이해하기 위해 필요한 말이라고 할 수 있지 않을까.

"더구나 그것은 미국과 전·노 일파가 합작해낸 산물이라고 할는지도 모른다. 미국이 협력하고 지도하는 것을 저항하는 측 사람들은 너무나도 잘 알고 있다. 반미감정, 반미주의는 한층 높아가지 않을 수 없다."(88년 2월호 「유례없는 부정선거」)

「통신」은 선거에서의 패배를 두고 스스로를 위로하는 형태로 많은 독자의 마음을 위로하려고 했다.

"프라하의 봄은 죽임을 당한 것처럼 보이지만, 그 사건에 담겨 있던 역사의 흐름은 그 봄을 추방한 자들도 죽일 수 없었다. 혁명이란 싸우던 자는 죽음으로 내몰고 생각지도 않던 형태로 결실을 맺는 것인지도 모른다. 역사의 계승이란 그런 것인가. 역사는 그러고서 역시 천천히 흘러가는 것인가."

16년 만에 군사정권 아래서 실시된 선거. 부정선거에 대한 항의는 끝없이 이어졌지만, 군사정권의 폭력으로 진압된 것은 물론이었다. 그러나 양 김씨가 야당 후보로 대립하여 싸움으로써, 즉 국민이 동의하지 않는 자신의 정치적 이익을 노린 그들의 행위로 국민의 항의는 힘을 가질 수가 없었다. 어쩌면 국민은 직접선거를 회복했다고 하는 형식만을 가지고 국민 승리의 일단이라고 스스로를 위로했는지도 모른다. 국민은 그 이상의 투쟁을 수행할 여력이 없었다. 민주헌법쟁취국민운동 공정선거감시 구로지부가 12월 27일 서울 주변의 부정선거를 증명하는 문서를 내놨다. 경찰이나 백골단 등의 폭력이 난무했다. 부정투표함, 부정투표용지 등이 발견되었다. 상세한 것을 모두 옮길 수는 없지만, 전투경찰이 자행한 처절한 폭행현장의 모습을 「통신」에서 하나만 인용해두기로 한다.

"내가 인간이라는 사실이 차라리 수치스러웠다. 나는 벌레고 저들은 짐승이었다. 그만큼 죽음의 공포로 휩싸여 있었다. 여기서 끌려가면 이젠 죽는다는 생각이었고 아주머니, 아저씨들은 엉엉 울면서 '어떡해야 하나. 이제 죽는군.' '광주시민을 어떻게 죽였는지 알겠다. 우리도 그 사람들처럼 죽어갈 것이다'라고 고함칠 정도였으니까 (…) 구타당할 때에는 인간적인 치욕이 부글부글 끓어올랐다. 차라리 뛰어내렸으면 좋겠다고 생각했다. 나이 어린 목소리의 여학생 하나는 맞을 때마다 공포감 때문에 '잘못했어요!'라고 울부짖었지만 계속 구타를 당했다."(88년 3월호 「17년의 세월이 흘러가고서」)

"릴레이투표와 대리투표, 투표용지와 투표함 교체" 등이 대대적으로 자행되는 현장이었다. "현 군부독재정권은 개표소에서 야당 참관인과 방청인을 쫓아내고 무장병력을 동원하여 위압적인 삼엄한 공포 분위기를 조성하면서 개표결과를 조작발표했다. 국민운동본부 공정선거감시단의 집계와는 전혀 다른 결과를 MBC, KBS TV 등을 통해 1, 2, 3등이 표차까지 조작발표했다."

국민이 믿을 리가 없었다. 그것은 군사정권에 의한 "컴퓨터 쿠데타"라고 할 수 있었다(12월 17일 민주통일민중운동연합의 성명 「부정·폭력·조작선거 규탄하여 국민의 힘으로 민주정부 수립하자」).

"17일 아침 7시에 뿌려진 서울신문 호외에는 개표가 반도 진행되지 않았는데 벌써 '노후보가 8백10만2천4백50표를 얻어 당선 확정권에 진입했고 김영삼 후보를 2백1만1천2백30표란 압도적 표차로 눌렀다'고 보도되었다." "17일 정오 12시 58분 현재 중앙선관위 집계 발표가 54% 개표로 집계"되었는데, 텔레비전은 "거의 98%" 개표라고 방영하는 등 허둥지둥하는 모습이었다(12월 20일 인천지구 노동자, 청년, 학생 제 단체의 성명 「군부독재의 파렴치한 부정선거 만행을 절대 인정할 수 없다」).

그리고 이러한 선거공작은 전두환군부와 미국정부의 합작이라는 의혹이 있었다. 그것을 입증이라도 하듯이 미국에서 온 민간 참관인단은 "약간의 부정이 있었는지 모르지만 결정적인 근거는 확보되지 않았다"고 했고, 씨글 차관보도 "대세를 뒤집을 만한 조직된 부정은 없었다"고 발표했다.

반체제 측은 부정선거를 엄중하게 규탄하면서도 양 김씨를 다음과 같이 비판했다.

"우리는 후보단일화를 이루어내지 못하여 노태우가 부정선거를 정당화시킬 수 있는 명분을 준 것에 명백히 책임을 통감합니다. 이에 양 김씨는 국민 모두에게 준 좌절과 패배에 명백히 책임을 져야 하며 (…)"(12월 22일 한국여성단체연합의 성명 「12·16 부정선거는 무효임을 선언합니다」)

이 선거에서 군부의 대대적인 부정이 있었다고 해도, 재야세력의 김대중, 김영삼이 군부에서 입후보한 한 사람과 대결한다고 하면서도 분열하여 싸운 것은 용서할 수 없는 일이었다. 무엇보다도 군부의 계략에 놀아난 어리석음, 군부독재를 앞에 둔 불성실성은 허용될 수 없었다. 그들에게도 역시 민주회복이라는 대의보다는 개인의 정치적 야망이 우선했다. 그들의 카리스마는 급격히 쇠퇴하여 흔적도 없어지게 되었다. 노태우는 민주선거에서 승리했다고 자인하면서도 불안정한 정권을 어떻게든 지탱하려고 애쓰게 된다.

「통신」은 이것으로 한국은 마침내 민주화의 시작이라는 역사를 걷기 시작했다고 인정하면서 그 오랜 기록을 끝내기로 했다.「고별의 인사말」을 다음과 같이 시작했다.

"1972년 11월부터 시작한 일이었으므로 참으로 긴 세월이 흘렀습니다. 승리를 마음속으로 빌며 활동했습니다만, 지금 저는 투쟁으로 상처를 입고 조금 높은 언덕 위에 누워서, 아직 처참한 투쟁이 계속되고 있는 언덕 아래를 바라보고 있는 것처럼 느낍니다."

그리고 이제는 현실정치에서는 벗어나기로 생각하고 「통신」을 다음과 같은 말로 매듭지었다.

"사상가는 절대적인 가치를 구한다고 한다면, 현실정치에서는 상대적인 것을 구한다."

제 3 부

『아사히신문』이

전한 것

유신체제를 바라보는 걱정스런 눈길

1972년 10월 박정희는 부인과 함께 11월 13일부터 18일까지 일본을 방문한다고 발표했다. 일본의 신문은 "한국의 국가원수가 공식적으로 일본을 방문하는 것은 실로 이번이 처음"이라고 보도했다.[6] 그리고 미중, 중일의 새로운 움직임 속에서 한일관계는 한층 강화되어야 한다고 했다.

그러나 10월 17일 오후 7시 한국에서는 비상계엄령이 발포되었다. 국회가 해산되고 정치활동이 금지되었다. 계엄사령관의 9개 포고 항목 가운데 제1항은 다음과 같은 것이었다.

"모든 정치활동 목적의 옥내외 집회 및 시위를 일절 금한다. 정치활동 목적이 아닌 옥내외 집회는 허가를 받아야 한다. 단 관혼상제와 의

---

6 『아사히신문』 72년 10월 6일자, 이하 『아사히신문』 기사일 경우 날짜만 밝혀둔다.

례적인 비정치적 종교행사의 경우는 예외로 한다."

『아사히신문』은 이것을 "박 4선"을 겨냥한 조치라고 했다. 헌법을 개정하고 지난해 봄 3선으로 대통령 자리를 차지한 박정희가 "영구정권"에 가까운 것을 노리는 것이 아닌가 하는 생각이었다(10월 18일자). 19일자 『아사히신문』은 「한국의 민주제도는 어떻게 될 것인가」라는 사설을 게재하고 이 과정에 우려를 나타냈다. 10월 27일까지 헌법 개정안을 발표하여 1개월 후인 11월 말까지 헌법개정을 위한 국민투표를 하고, 대통령과 국회의원을 선출하게 된다. 박정희는 62년 12월에 대통령제로 헌법을 개정했고, 69년 10월에는 대통령 3선 금지조항을 없애고 3선 대통령이 되었다. 게다가 3년 후 또다시 헌법을 개정한다는 것이었다. "일체의 정치활동이 정지되고 언론보도가 통제된 상황"에서 만든 헌법개정이었다. 사설은 다음과 같은 말로 끝을 맺었다.

"한국의 민주주의는 어떻게 될 것인가. 그 장래를 점치기 위해서라도 이번 헌법개정의 추이를 주목하지 않을 수 없다."

『아사히신문』은 이날 일본을 방문중인 김대중이 낸 항의성명서 내용을 전했다. 비상계엄령과 개헌 운운하는 것은 "헌법 위반 행위이며, 조국통일을 성취하려는 국민의 염원을 짓밟는 것"이라는 내용이었다. 그리고 그 마지막 구절을 다음과 같이 전했다.

"나는 박대통령의 행위가 세계 여론의 냉엄한 비판을 받음과 동시에, 민주적 자유를 열망하며 이승만 독재정권을 타도한 역사를 가진 위대한 한국국민의 힘에 의해 반드시 완전한 실패로 돌아갈 것을 확신하는 바이다."

10월 27일 "현행 헌법을 전면적으로 고쳐 쓴 헌법개정안"이 공고되었다고 『아사히신문』은 보도했다. 지금까지의 대통령 직접선거제를 폐지하고 "대의원 2천 내지 5천명의 통일주체국민회의라는 기구에 의한 간접선거"로 대통령 선거를 치른다는 것이었다. 대통령의 임기는 6년으로 하고 "중임사항을 아예 설치하지 않아 보기에 따라서는 영구집권을 가능케 하고" "국정 전반"에 걸쳐 "사법적 심사의 대상이 되지 않는 긴급조치"를 취할 수 있도록 한 점이 특히 눈에 띈다고 『아사히신문』은 보도했다. "언론, 출판, 집회, 결사의 자유가 법률에 의해 제한되고, 노동자의 단결권, 단체교섭권, 단체행동권은 법률에 정해진 범위 내에서 보장된다"고 했다.

10월 28일 『아사히신문』은 한국의 신문은 정부의 PR자료를 '풀'(full)로 내보내고 "박대통령의 특별담화문 등"을 발표하는 등 "모두가 관보적"이라고 할 만하다고 보도했다. 박정희가 말하는 이른바 "한국적 민주주의"를 강조하는 유신헌법을 토오꾜오에 체재중인 김대중은 다음과 같이 공격했다고 『아사히신문』은 전했다.

"개헌안은 직접선거로는 이미 승리의 가능성이 없어진 박대통령이 일종의 총통제를 노린 조치이며, 의회민주주의와 삼권분립을 부정하고, 북의 공산 유일체제로 대폭 접근한 것이다. 나는 이 행위에 대해서 가능한 모든 투쟁을 계속할 결의이다."

한편 한국의 개헌과 함께 북한도 개헌을 서두른다고 했다. 11월 2일 평양에서 남북조정위원회 제2차 공동위원장 회의가 열렸다. 그 결과 "11일 자정부터 상대 측에 대한 선전 방송과 선전 팸플릿이나 전단 살포를 전면적으로 중지한다"고 발표했다(11월 11일자). 그리고 21일의 국민투표에서는 유권자 91.9%의 투표율에 91.5%라는 사상최고의 지지를 획득했다고 발표했다. 11월 23일 『아사히신문』의 사설 「주목되는 개헌 이후의 한국정권」은 다음과 같이 시작했다.

"한국에서는 21일 이루어진 헌법개정에 관한 국민투표 결과 박대통령의 지도성을 마음껏 발휘할 수 있는 강력한 정치체제가 확립되었다."

비상계엄령 아래서 치른 국민투표이기는 하지만 정말 놀라운 결과가 아닌가 하는 논조였다. 그러나 사설은 파키스탄의 '기본적 민주주의'와 인도네시아의 '지도된 민주주의'의 예를 들면서 '한국적 민주주의'에 대해서도 의문을 제기하고 "금후 수개월에 걸친 한국정치가 주목된다"고 끝을 맺었다.

계엄사령부는 28일을 기해 10월 17일 이래 전국의 대학에 내려졌던 휴교령을 42일 만에 해제했다. 주요대학에 진주하던 수도경비사령부 예하부대 등의 계엄군도 철수하고, 12월 14일 자정을 기해서 계엄령도 해제했다. 그러나 집회, 데모는 금지한다고 했다. 『아사히신문』은 한국 국민은 "일방적인 정권 페이스로 나아가는 새로운 체제 이행에 압박, 무력감을 나타내고 있으며, 이번 '통일주체국민회의' 대의원선거에 대한 관심은 저하되고 있다"고 하고, 그래서 정부는 "비상계엄령이 갖는 어두운 이미지를 씻어내려고 노력하고 있다"고 보도했다.

박정희는 12월 27일 다시 대통령에 취임했으나, 북한도 그날 제5기 제1회 최고인민회의에서 "새로운 사회주의 혁명과 사회주의 건설로 위대한 성과를 이룩하자"고 강조하면서 신헌법을 채택했다. '주체'를 내세우며 김일성이 다시 국가주석의 자리를 차지했다. 『아사히신문』은 신헌법의 골자밖에 아직 알려지지 않았다고 하면서 "27일에 공포된 한국의 신헌법과 대조해볼 때 남북체제의 차이는 더욱더 벌어졌다는 인상이 짙다"(12월 28일자)는 논평을 가했다. 남북대화 그리고 남북통일까지 내세우며 실제로는 이처럼 남북은 멀어져갔다.

다음해 1973년 2월 19일자 『아사히신문』의 기사는 미국 상원 외교위원회(풀브라이트 위원장)가 지난해 11월 한국을 방문한 보고서에서 "현재 이루어지고 있는 북한과 벌이는 통일 교섭도 어느 정도 진지함이 있는지 의심스럽다"고 하고, "미국이 종래 취해온 정책은 전쟁시 자동적으로 미국을 그것에 끌어들일 위험이 있다고 하며 정책의 전환을 제언했다"고 전했다. 그리고 박정희정권에 대해서는 "경험이 많은 한 외국인 관측자는 이승만 대통령시대 이래 시민에 대한 탄압이 가장 심해졌다고 말했다"고 하며 다음과 같이 코멘트를 덧붙였다.

"이러한 배경에서 박대통령은 사임하거나, 사망하거나, 혁명이 일어나는 일 이외에 그 지위를 잃을 일은 없다고 설명하고 있다."

『아사히신문』은 마침 신병치료를 위해 일본에 와 있던 김대중이 도미하여 2, 3개월 체재하면서 케네디 의원과 라이샤워 교수 등을 만나 "미국의 대한정책 변경을 호소"하기로 했다고 전했다. 미국 상원 외교위원회의 한국에 관한 보고서가 박정권을 독재체제라고 단정하기 때문에 "자신의 호소는 상당히 이해될 것"이라고 김대중은 전망한다고 했다(73년 3월 11일자).

김대중은 25일의 도미에 앞서 3월 24일 토오꾜오 외신기자 클럽에서 기자회견을 갖고 "남북의 진정한 화해와 통일은 민주정권이 되지 않는 한 무리이며, 우리가 그것을 이룩하면 평화공존체제의 확립, 평화교류의 추진을 통해 평화통일의 실현에 노력하겠다"는 성명을 발표했다. 성명에서 그는 "남북한 유엔 동시가입" "철저한 전쟁 억지조치 난행" "외교·군사·내정의 독자성을 유지하는 완만한 연방제 창설" 등을 주장했다. 또한 "박정권이 직면한 내외정세를 분석하고 한국국민의 민주주의 회복을 위한 열망과 투쟁이 머지않아 승리할 것"이라고 말했다. 박정권은 국제적으로 고립되었다. 이번 국회의원선거에서 여당의 득표율은 지난번의 52%에서 38%로 급락했고, 권력의 내부는 불안정하며 경제적으로도 불안정하다고 비판하고 "이러한 상태는 반민주적·반국민적인 독재정권의 당연한 결과라고 강조"했다(3월 24일자).

이로써 김대중이 해외에서 벌일 반정부적 행동의 윤곽이 뚜렷이 드러났다고 할 수 있다. 이른바 유신체제로 전환하여 1인독재의 반영구적 체제를 단행한 박정희 지배체제에 대해서 해외에서 크게 저항운동을 전개할 것을 선언한 것이었다. 그가 해외에서 벌이는 민주화운동은 여기서 명백한 일보를 내딛은 것이다.

김대중 납치사건을 둘러싸고
고조되는 한일갈등

———

　1973년 8월 8일 백주에 김대중이 토오꾜오의 그랜드팰리스 호텔에서 납치되었다는 사실은 1965년부터 정식으로 시작된 한일 양국 관계가 어떠한 것이었는지를 상징하고도 남음이 있는 것이라고 할 수 있다. 『아사히신문』은 김대중이 8월 15일 히비야 공회당에서 재일한국인과 함께 '한국민주국민회의'를 발족하고, 일본의 정치가들과는 '한일민주친선협회'를 발족하기로 되어 있었다고 보도하면서 다음과 같이 기술했다.

　"박정희 내동령의 상력통치 체제가 확고해진 뒤 한국 내외의 관계자로부터 '한국 민주주의의 거점'이라고 하며 커다란 주목과 관심, 기대를 모으고 있던 김대중이 마침 체재중인 일본에서 백주에 버젓이 유괴되었다고 하는 사건은, 일본의 치안문제뿐만이 아니라 김씨를 유괴한 범인들이 특정할 경우 심각한 국제문제로 발전할 우려가 크다."(8월

사건은 오리무중인 가운데 일본정부와 한국정부는 한일 양국 국민의 심정 또는 심증과는 전혀 관계없는 허공의 세계를 헤매는 상황이 계속되었다. 8일 당일 밤부터 일본정부는 한국정부를 향하여 '무언가 정보를 가지고 있지 않은가'고 물었지만, 한국 측에서는 '한국정부는 이번 사건을 전혀 알지 못하며 한국의 관리는 사건에 관여하지 않았다'는 말이 돌아올 뿐이었다(8월 10일자). 그러자『아사히신문』은「김대중 유괴사건의 규명을 서두르라」는 사설을 게재하고 다음과 같은 말로 끝을 맺었다.

"그러나 만일 범인의 의도가 폭력으로 김대중씨의 주장을 막거나, 혹은 그를 흔적도 없이 없앰으로써 그 주장을 매장하려고 했다면 그것은 용서해서는 안될 전율할 수밖에 없는 무도한 행위라고 생각된다. 우리는 김대중씨가 일각이라도 빨리 구출되기를 기원하며, 사건의 조속한 해결을 위해 경찰 당국에 최대한의 노력을 거듭 요청한다."(8월 10일자)

김대중이 양일동(梁一東) 민주통일당 당수와 김경인(金敬仁) 국회의원을 만나려고 그랜드펠리스 호텔로 방문했다가 납치된 사건은 일본정부와 한국 박정희정권 사이에서 커다란 문제가 되었다. 한국에서는 9일 새벽에 이 보도가 해금되었으나, 한국정부는 이에 관여하지 않았노라고 시치미를 떼었다(8월 9일자). 이렇게 하여 일본의 매스컴과 수사 당국, 그리고 한국 당국 사이에서 연출되는 추리소설 같은 탐색이 계속되었다.

김대중은 8월 13일 오후 10시 20분 '구국동맹 행동대'라고 자칭하는 그룹에 의해 서울 자택으로 돌려보내졌다.『아사히신문』은 8월 14일자 신문에서 다음과 같이 분명하게 기술했다.

"일반적으로는 현 체제 아래서 정부 당국이 모르는 곳에서 '정부가 환영하지 않는 손님'이 안으로 들어올 틈새는 없다고 생각된다. 실종 후 김씨가 한국에 귀국하기까지 일어난 일의 경위를 볼 때 한국정부가 전혀 소외된 지위에 놓였다고 믿기에는 너무나도 무리가 많다고 하지 않을 수 없다."

한국의 검찰총장은 "김대중씨를 유괴한 범인을 반드시 체포해서 소위 구국동맹 행동대라는 단체의 정체를 밝힐 생각"이라고 단언하고 "필요하다면 일본에 수사협력을 의뢰하고 싶다"고도 했다(8월 13일자). 그러나 그러한 한국정부의 의사가 구체화되는 일은 전혀 없었다. 『아사히신문』이 제기한 다음과 같은 의문은 이 사건이 한국과 일본의 어떤 세력이 결탁하여 이루어졌다는 사실을 넌지시 비치는 것이라고 해도 좋을 것이다.

"김대중씨는 일본 어딘가의 항구에서 보트에 탔다가 다시 대형선에 옮겨 탄 것 같다. 범인들은 일본 연안은 물론 한국의 연안 경비가 삼엄하다는 것을 충분히 알고 있을 터. 그곳을 당당히 통과하여 어쨌든 김씨는 한국에 들어갔다. 단순한 밀항자와 달리 일본도 한국도 경찰이 경계중일 텐데 왜 발견하지 못했는가."(8월 14일자)

김대중사건에 대한 한일 양국 정부 그리고 여론 사이에서 대립과 진퇴가 이어졌는데, 이 사건에서 최대의 수수께끼는 일본정부와 한국정부가 어떠한 교섭을 하였고 그 배후에서 미국의 자세는 어떠한 것이었는가 하는 점일 것이다. 「살해 각오한 감금 6일간」이라는 기사에 의하면 8월 13일 밤 납치에서 풀려난 뒤 처음으로 기자회견을 할 때 김대중은 납치선상에서 뜻밖에 일어난 일을 다음과 같이 말했다.

"배의 엔진이 미친 듯이 돌아가기 시작했을 때 '비행기!' 하는 목소리가 들렸다. 혹시 해상자위대나 미군기인가 하고 생각했다. 생각 탓인지 모르지만 반짝반짝하는 빨간 불빛이 하늘에서 보였다. 그 다음부터 나를 죽이려는 분위기가 없어지고 나는 사지를 벗어났다고 생각했다."(8월 14일자)

　바닷속에 그를 던져 가라앉힐 준비가 이미 되어 있었는데도 이렇게 하여 김대중은 구사일생으로 살아났다. 누가, 어느 나라가 비행기를 띄워서 그의 구출을 명령한 것인가. 일본이나 미국일 것이나, 어느 쪽에 그 가능성이 있다고 해야 할 것인가. 왜 그 비밀은 지금까지 30년 이상이나 지켜지고 있는 것일까. 그의 생명을 구하는 것이 한국과의 사이에서 그 나라의 이익을 지키는 것이 된다면 어느 나라의 경우를 상정할 수 있을 것인가. 그런 비밀공작을 정부가 예사로 하고 있다면 어느 나라라고 할 수 있는가.

　한국에서는 이 사건이 일어나자마자 한국중앙정보부의 공작임이 틀림없다고 누구나 생각했다. 그리고 서울시경에 조사본부를 설치하여 '구국대원'의 정체를 밝힐 것이라고 검찰총장이 호언장담했데도 무엇 하나 수사결과가 발표되지 않은 것에서 이 사건에 한국정부가 깊이 관련되었다고 생각하지 않을 수 없었다.

　한국국민은 누구의 지시로 이러한 계획이 진행되었는지를 생각해보았다. 범인이 나타나지 않는다는 것은, 그 행위가 최고 권력자에 의해 지시되었으므로 아무도 범인을 규명할 수가 없었기 때문이었을 것이다. 그러므로 그 계획을 중단시킨 것은 그들을 그렇게 하도록 시킬 수 있는 국제적인 힘이었을 것이다. 이러한 추리와 판단은 당시 한국 국민으로서는 당연한 일이었다고 할 수 있지 않을까.

　이렇게 하여 1년 이상이나 한국 국내정치도 한일관계도 또한 일본 국내정치도 흔들리기를 계속했다. 현대정치에서 가장 중대한 사항이나 사건은 베일에 싸였다는 말이 있듯이 이 사건도 한일 양국이 오로지 감추려고만 해왔다. 이미 한국의 각 정당은 '진상을 만천하에 상세히 알려야 한다'고 야당 측은 물론 여당인 민주공화당이나 유정회도 발언했지만, 그후 여당은 발언과는 달리 사건을 은폐하는 일에 정부와 보조를 같이했다. 이 사건에 당수 양일동이 관여했다고 추측되는 민주통일당의 발언은 실로 애매했다. "김씨가 돌아온 것은 무엇보다도 다행이지만 사건의 배후 관계와 진상이 밝혀지지 않은 이상 논평할 단계가 아니다"라는 말에 박정희의 유신체제하에서도 겨우 명맥을 유지하던 신민당의 논평은 다음과 같았다.

"이 유괴사건은 단순한 개인의 소행으로는 생각되지 않는다. 어떤 세력의 비호 아래서 이루어졌는가 하는 배후관계가 중요하다. 이것은 일본 경찰 당국의 수사가 방관적이었던 점에서도 쉽게 추측할 수 있다. 이 사건은 지금도 납득이 가지 않는 수수께끼투성이다. 우리 당으로서는 여야동수로 진상조사위원회를 국회에서 구성할 것을 요구한다. 필요하다면 국회를 소집하겠다."(8월 14일자)

『아사히신문』은 8월 15일 「김대중사건의 '진정한 해결'이란 무엇인가」라는 사설을 게재했다. 일본 측의 엄중한 경계에도 불구하고 "범인은 김씨를 자동차로 운반하고 배에 태워서 한국으로 데리고 갔다." 실제 이 사건에는 대대적인 인원이 동원되었다. "실행 그룹" "해상 그룹" "한국 내 그룹" "위장 그룹" "준비, 지원 그룹"(8월 15일자) 등으로 대대적으로 움직였다. 한국 내에서는 "북에서 보낸 게릴라 침입에 대비하여 상시 엄중한 경계체제" 아래에 있는데도 범인들은 자유로이 행동하며 눈을 가린 채로 김대중을 그의 자택까지 보냈다. 그런데도 한국정부는 알지 못한다고 한다. 일본 측에도 이에 관련된 사람이 또한 없다.

"결국 범인들은 우리나라와 한국에서 밀출국, 밀입국이라는 위법행위를 당당하게 해낸 셈이다. 이 범행이 극도로 대규모의 조직에 의해서 주도된 계획 아래 이루어졌음을 가리키는 것이라고 해도 좋을 것이다."

그러므로 "한국의 국가기관, 즉 한국 CIA가 관계한 사건이 아닌가 하고 보는 설"이 많다고 사설은 지적했다. 감히 말하자면 이러한 범행에 일본인은 관여하지 않았다고 할 수 있는가 하고 나는 생각한다. 사설은 또한 이른바 '구국동맹 행동대'의 행동에 대해서 한국정부는 관여하지 않았다고 하지만, 한국은 일찍이 한국 CIA가 서독에서 다수의 한국인을 납치하여 재판에 회부하고 서독정부와 마찰을 빚은 일도 있지 않은가,라고 했다. 그리고 한국의 검찰총장이 "범인을 반드시 체포하여 구국행동대의 정체를 밝히겠다"고 한 데 대해 그 결과를 기대한다고 했다. 사설은 그 믿는 바를 다음과 같이 말했다.

"작년 한국의 비상계엄령 발동 직전에 출국한 김씨는 미일 양국의 유식자나 정치가와 폭넓게 접촉하면서 한국의 정치상황을 민주화하는 일이 한반도, 나아가서는 아시아의 평화에 불가결하다는 정치신조를 정력적으로 호소했다. 그것이 미일의 정계와 여론에 두터운 공감을 불러일으켰으며 정견이 다르다고 해서 유랑할 수밖에 없는 김씨에 대한 지지를 깊게 했다. 범인들이 그를 석방한 것도 사건을 암흑에 묻음으로써 불러일으키게 될 국제적 반향이 중대하다는 것을 알기 때문일 것이다."

그리고 사설은 민주주의를 강조하면서 "진정한 한일우호, 아시아의 안정"을 위해서 "양식있는 해결"을 바란다고 했다. 이 사설은 그 싯점에서 정확하게 정곡을 찌른 훌륭한 사설이었다고 할 수 있다. 그날 석간은 "서울지검 특별수사본부는 15일 정오 현재 범행의 단서도 잡지 못했으며 수사에 진전이 없다고 밝혔다"고 전했다. 같은 1면의 칼럼 「오늘의 문제」 속에서는 「무궁화여 영원히」라는 부제로 다음과 같이 써내려갔다.

"김대중을 둘러싼 이번 사건으로 뜻밖에도 우리 일본인은 이웃나라에 대해서, 또한 이웃나라와 맺은 관계에 대해서 깊이 생각하지 않으면 안되게 되었다."

칼럼은 김대중이 『독재와 나의 투쟁』이라는 책의 제목을 "무궁화여 영원히"로 하고 싶어했음을 밝히고 "구사일생으로 목숨을 건진 것은 일본이나 미국 등 우방국의 영향 덕분이다"라고 말했다고 전하면서 다음과 같이 끝맺었다.

"한반도의 미래를 결정하는 것은 한국인 자신이다. 그러나 우리도 또한 무궁화 아래서 이웃나라 사람들이 자유롭게 사는 것을 염원한다."

이 짧은 문장은 일본의 양식있는 사람들이 김대중사건 이후 한국과의 관계를 어떻게 생각하게 되었는지를 단적으로 보여준다고 할 수 있다.

일본은 한국이라는 "이웃나라와 맺은 관계에 대해서 깊이 생각"하게 되었다. 그것은 전후 역사 속에서 일본이 새로운 의미에서 아시아로 회귀를 수행해야만 한다고 생각하게 했다. 전쟁 전과는 달리 "이웃나라 사람들이 자유롭게 사는 것을 염원"하면서이다. 20세기 말에서 21세기에 걸쳐 번영하는 동북아시아라는 공동의 이미지가 싹트고 있는 것을 볼 수 있다. 동북아시아의 각 나라가 자신의 길을 가면서 서로 협력하는 새로운 동북아시아 말이다. 그러한 입장에 선다면 김대중사건은 이러한 동북아시아로 향하기 이전, 그 전사(前史)의 중요한 한 토막이었다고 기록되어도 좋지 않을까. 그 사건은 동북아시아의 현대사에서 전사적인 성격을 짙게 띠는 것이며, 어떤 의미에서는 역사의 전환점을 기록한 것이라고 할 수 있겠다.

이 사건에 한국정부는 전혀 관여하지 않았다고 했지만, 한국 수사당국은 그 호언장담에도 불구하고 구국동맹 행동대의 정체를 밝힐 수가 없었다. 그리고 8월 16일이 되자 김대중은 감금상태에 놓이게 되었다. 『아사히신문』은 「한국, 김씨를 '감금', 자택에 격리, 체포의 우려도」(8월 17일자)라는 제목으로 다음과 같이 보도했다.

"김대중씨는 16일 외부와 완전히 차단되어 사실상 자택 감금상태에 놓였다. 이날 오전부터 그의 집 주변은 한국 당국에 의해 출입금지구역이 되었고, 오후에는 그에게 전화도 통하지 않게 되었다."

8월 21일자 신문에는 워싱턴발 20일 보도로 로저스 미 국무장관이 기자회견에서 "김대중사건에 관해서 워싱턴과 서울 양쪽에서 한국정부에 '미국 측의 우려'를 표명했다고 밝혔다"고 보도되었다. 장관은 "김씨가 누구에 의해 붙잡혔는지는 모른다"고 하면서도 '김씨의 안전'이 압력으로 가능하게 되었음을 시사했다.

"김씨가 죽음을 면한 것은 '한국정부에 대한 미일 양국 정부의 강한 압력이 주요원인'이라는 『뉴욕 타임즈』 등의 보도를 장관의 이 발언이 측면에서 뒷받침한 셈이 되었다."

한일 양국 정부 사이에서는 교섭이 계속되었지만, 8월 24일 『요미우리신문』의 서울지국이 폐쇄되고 특파원 3명이 국외추방을 당하게 된 사태는 이 사건과 한일의 흥정이 정점에 달했음을 보여주었다고 할 수 있다. 한일 정부의 관계는 다음과 같은 것이었다.

"'한일 경찰은 한통속'이라는 의식이 경찰에서는 강한 모양이다. 경찰뿐만이 아니다. '한일 정부 사이는 서로 잘 통하고 있다'고 하는 말도 흔히 듣는다. 그러한 체질이 의식적으로나 무의식적으로나 일선 수사에까지 미치고 있을 것이다. 이 부패균은 상당히 깊숙한 곳에 자리잡고 있다. 자유화다, 자주규제다 하면서 그러한 돈 이야기만으로 나라의 외교가 이루어진다고 착각해온 면이 있다. 바라보아야 할 이념도 자세도 없는 외교였다. '곤란하다. 곤란하다'를 연발하는 정부를 보고 있으면 이코노믹 애니멀 외교의 응보가 왔다는 느낌이 든다."(8월 24일자 「천성인어(天聲人語)」)

김대중사건이 한창일 때 나온 말이다. 김대중사건을 두고 한일 각료회의는 연기되었지만, 한국 측이 "작년의 1억7천5백만달러를 상회하는 2억달러 이상의 경제원조"를 얻어내기로 한 한일관계였다. 그러나 "22일 한국정부 관계자가 김대중사건에 한국 중앙정보부(KCIA) 기관원이 관계했다는 사실을 처음으로 인정했다"는 기사를 썼다고 해서 24일 「요미우리 지국 폐쇄, 특파원 3명은 국외추방」을 명령하는 사태가 일어났다. 『아사히신문』도 다음과 같은 의문을 제기했다.

"상식적으로는 한국 정보기관의 범행이라는 견해가 많은 가운데 경찰 수사는 그 방면에 대한 엔진 시동이 둔하고, 범행배경에 대한 견해에도 어딘가 석연치 않은 내막에서 한국에 대한 '정치적 배려'가 느껴지며 그 무드가 수사진의 활동력을 둔하게 하고 있다고 하면 오해일까."

왜 김대중사건은 일어났으며, 한일간에 이러한 속보이는 연극이 되풀이되는 것인가. 일본과 한국 사이에는 정상적인 국제관계는 불가능하다는 것인가. 이제까지의 정당하지 못한 관계를 시정하지 않으면 '일본민족과 한국민족의 영원한 우호'는 있을 수 없다. 그러므로 『아사히신문』의 사설은 「대한경제협력의 근본적인 재검토를」(8월 28일자)이라고 호소했다.

"이 사건으로 일본국민이 커다란 교훈을 얻었는데도, 대한정책에 대한 엄격한 반성을 게을리하고 종전대로 박정권 지원조치를 위한 경제협력을 쌓아간다면, 한일관계는 점점 더 왜곡되어 머지않아 한국국민의 대일불만이 폭발하는 날이 오지 않는다고 단언할 수 없다. 정부, 여야당 모두 차제에 사건의 진상규명과 김씨의 자유회복, 일본의 주권옹호에 전력을 기울이는 것은 물론, 장기적인 시점에서 한일관계 특히 그 중심인 경제협력을 근본적으로 재검토하고, 진정한 의미에서 민주국가 사이의 우호관계를 쌓도록 간절히 요망하는 바이다."

또한 사설은 일본의 야당이 북한과의 관계에 치우친 것도 비판했다. 그러나 한국도 '민주국가 사이의 우호관계'를 쌓을 수 있는가 하는 것에 대해서는 한국 정치문제이므로 감히 묻지 않았을 것이다. 김대중사건이 일어날 수밖에 없는 한국의 상황이 근본적으로 문제이며, 그러한 상황인데도 한일유착이라는 관계를 유지해옴으로써 김대중사건이 일어날 수밖에 없는 온상이 되었다고 해야 할 것이다. 그 때문에 한국에서 한일관계는 비판의 대상이 되었으며, 그 온상 가운데에서 김대중사건이 빚어졌다고 본 것이다. 일어날 사건이 일어난 것이었으며, 한일유착으로 말미암아 일어났다고 해도 과언이 아니었다.

일본의 우시로꾸(後宮虎郞) 주한대사가 28일 오후 김대중과 만나 20분간 자유롭게 이야기할 수 있었다고 보도되었다(8월 29일자). 그것은 어떤 의미를 갖는 것일까. 일본여론에 대한 배려로 한일 정부가 합의했기 때문이었다고 하겠다.

"이번 면회 실현이 김대중씨의 석방-재방일(再訪日)로 이어지지 않고 비등한 일본여론을 일시적으로 식히려는 것이었다면, 일본여론은 배후에서 한일 양국 정부의 비밀거래를 감지하고 쌍방 정부에 대한 불신과 공격을 이전보다 강화할지도 모른다."

기사는 특히 일본정부를 향하여 원칙을 세우도록 강력하게 촉구하기 위해서였다고 했으나, 주한일본대사의 김대중 방문은 실제로는 일본여론에 대한 대처라고 하기에는 불충분한 것이었다. 정말로 대사의 말대로 위문이라는 방침 이상의 의미를 가지는 것은 아니었다.

그러나 일본대사가 김대중을 면회한 이후 일본에서는 김대중 방일 여론이 사실상 높아졌다. 「김대중씨 내일(來日), 외무당국이 절충중?」(8월 30일자)이라고까지 보도될 정도였다. 실제로 『아사히신문』의 그날 사설 「김대중씨의 내일(來日) 실현」도 "김대중씨의 안부 확인만으로 끝난다면 정부 불신은 더욱 고조되어 한일우호의 기반이 약해질 것이다. 우리는 그것을 걱정하는 것이다"라고 했다. 김대중사건에 아무리 한국정부가 일절 관여하지 않았다고 해도 사태는 그러한 방향으로 진행되지 않았다. "일본정계의 핵심부와 한국정계의 핵심부가 어디선가 접촉하고 있는 것은 아닌가"(8월 30일자)라고 아무리 의문을 던져도 한국정부는 김대중을 국외에 내보내려고 하지 않았다.

일본정부는 "한일관계를 깨뜨리지 않고 키워나간다"는 자세와 "여론이 납득하는 이치에 맞는 해결"이라는 두개의 방침 사이에서 고민하지 않을 수 없었다. 일본의 국익을 고려해서였다. 한일관계의 현상유지 또는 발전이라는 것은 일본과 한국이 얽혀 있는 경제적인 관계 그리고 대미관계를 생각해서도 필요했다. "여론의 잠잠함"과 "한일 간의 감정적 대립과 불신을 필요 이상으로 확대"시키지 않는 것. 이 두 가지가 일본정부가 바라는 것이었다. 그것을 신문은 「'우호'와 '해결'의 딜레마」로 표현했다(9월 2일자). 거기에 인도적인 배려 같은 것이 들어갈 여지는 거의 없었다.

일본정부가 내세운 것은 '해결을 서둘러 무원칙적으로 담합하는 것을 피하고 어디까지나 원칙을 세운다'고 하는 점과 '한일관계에 상처를 입히지 않도록 충분히 배려한다'고 하는 두 가지 점이었다(9월 3일자). 아마도 전자에 관해서 일본정부가 그 자세를 밝힌 것이 9월 5일 김대중사건 경시청 특별수사본부가 김동운 일등서기관이 이 사건의 중요용의자라고 발표한 싯점일 것이다. 사건현장인 "호텔 그랜드 팰리스 2210호실에서 채취한 지문 속에 동 서기관의 지문과 일치하는 것이 있다"고 하고, 또한 엘리베이터에 함께 타고 있던 일본인 두 사람의 증언도 있다는 것이었다.

일본정부는 김동운을 비롯하여 그외의 한국 영사관 직원 등을 지명하며 일본에 출두해줄 것을 요구했다. 『아사히신문』의 보도는 "한국의 신문, 라디오, 텔레비전은 6일 아침이 되어도 '재일한국대사관의 서기관이 김대중사건에 관여'했다는 뉴스는 보도하지 않고 있다"(9월 6일자)고 전했다. 그리고 다음날 『아사히신문』은 "한국정부는 6일 김동운 일등서기관이 지금 한국에 있다는 것을 인정하고, 동 서기관이 사건에 전혀 관계하지 않았으며 일본정부가 요구하는 임의출두에 응할 수 없다는 입장을 밝혔다"고 보도했다. 또 한편으로 이 사건에 관련된 다른 다섯명의 정체도 밝혀졌다고 발표했다. 이처럼 한일 사이에서 전개된 일을 반복하기보다는, 다만 두개의 토막기사를 인용하기로 한다. 그런 기사가 이런 상황에 대해서 더 많은 것을 말하고 있는 듯한 생각이 들기 때문이다.

"미쯔이(三井), 미쯔비시(三菱)가 한국에 거대투자 신청. 한일 경제의 '일체화'에 숨은 위험을 말하는 목소리가 있다."(9월 7일자 「소립자(素粒子)」)

"사건의 원인은 한일조약 이후 대한정책의 과오와, 미일안보조약 아래 박정권과 자민당 정부의 무원칙한 유착에 있다고 생각한다. 대한 경제원조는 3분의 1이 실질원조이고 나머지는 한일 양국 정재계의 리베이트가 되어 양국관계를 부패시키고 있으며, 사건의 직접적인 원인은 여기에 있다."(9월 8일 중원 본회의 '김대중사건에 관한 긴급질의'에서 사회당 의원 요네다 토오고(米田東吾)의 발언)

이런 일이 되풀이되는 가운데 9월 7일 『조선일보』에 게재된 주필 선우휘의 허를 찌른 사설 「당국에 바라는 우리의 충정 ─ 결단은 빠르면 빠를수록 좋다」가 9일 『아사히신문』에 게재된 것을 언급해야겠다. 그는 김대중사건은 박정희정권이 저지른 일이라는 것을 누구나 알고 있는데, 이것을 감추고 어디까지 사태를 끌고 가려고 하는가라고 한국정부를 비난했다. 명백히 일을 저질러놓고 그것을 감추려고 하는 한국정부를 비판하려고 한 것인데, 추상적인 말로 숨기면서 탄식했다. 이것은 주필로서 한밤중에 신문사에 혼자 남아 바꿔넣은 사설이었다. 그 일부만을 여기서 인용하기로 한다.

"이 사건을 철저히 파헤쳐야 하는 것은 우방 미국과 일본의 대한감정이나 대한조치를 배려해서라기보다 우리 한국국민 자신의 인간적 권위의 회복과 도덕적 긍지의 고양을 위하여 무엇보다 귀중한 작업임을 깨닫게 되는 것이다."

그리고 "중대한 이 싯점에서 간절히 바라고 싶은 것은 위정당국 고위층의 차원 높은 단호한 결단"이라고 하며 마지막 말을 다음과 같이 끝맺었다.

"이제 햇곡으로 떡을 빚어 조선(祖先)의 영전에 바쳐야 하는 이 국민의 가슴에 젖어드는 불안은 무슨 까닭이며, 왜 죄 없는 착한 국민은 이다지도 가슴을 조여야 하는가. 신이여! 이 국민에게 용서와 축복을!"

이날의 「천성인어(天聲人語)」는 "한국의 유력지 『조선일보』가 7일 커다란 사설을 게재했다. '요즘 우리의 심정은 알고 싶은 것이 있는데 알 수가 없고 말하고 싶은데 말할 수 없는 상태에서 몹시 우울하고 답답하다. 무엇이 그토록 알고 싶고, 무엇이 그토록 말하고 싶은가 하고 물으면 그것은 한마디로 김대중사건이다'라는 단도직입적인 서두로"

써내려갔다고 전했다. 그리고 "'어느 나라가 그런 종류의 사건이 일어났을 때 개의치 않을 것이며 어느 국민이 대범하게 그것을 웃어넘길 수 있겠는가'라며 일본인의 감정을 이해하려고 했다"고 계속했다. 그러고 다음과 같이 이어졌다. "그 주장은 힘있고 명쾌했다. 그 차분한 용기가 읽는 사람의 마음을 울렸다. 인간의 긍지를 호소하는 그 높은 심정이 감동마저 자아냈다." 칼럼은 이 사건으로 "일본인에게는 '한국에 바보 취급을 당했다'는 생각이 전혀 안 드는 것일까"라고 말하고는 다음과 같이 끝을 맺었다.

"이 사설을 읽을 때 그런 반발하는 태도가 얼마나 비소하게 보이는 것인가."

불행한 사태 속에서 싹튼 아름다운 휴머니즘이었다. 이러한 교류에 비해 정치적인 행태는 얼마나 볼썽사나운 것으로 보이는가. 그러나 사건 자체를 해명하기 위한 한일협력은 있을 수 없었다. 9월 11일자 신문에 실린「속속 미심쩍은 귀국, 재일 한국공관원들」이라는 제목의 기사에는 다음과 같이 기록되었다.

"10일까지의 조사로 대사관 공관원과 준정부기관원 등 13명이 속속 한국으로 귀국하고 있는 것이 밝혀졌다. 대사관원들은 거의 재입국 수속을 밟지 않았고 또한 가족들도 뒤를 따르듯이 귀국하고 있는 케이스가 많은데, 이 가운데는 동 본부가 사건과 관련하여 사정청취를 고려하지 않는 사람도 있으며, 연이은 귀국에 강한 의혹을 품고 있다."

13명의 이름이 다음날 신문에 공표되었다. 『아사히신문』은 그날「무엇보다도 김대중씨에게 자유를」이라는 사설을 실었다. 선우휘의 『조선일보』 사설「당국에 바라는 우리의 충정 — 결단은 빠르면 빠를수록 좋다」에 응답하는 사설이었다고 할 수 있다. 정치 쪽에서 보여주는 자세가 어떻게 해서든 한일관계, 즉 정치적인 의미에서 양국관계를 유지하기 위해서 비등하는 여론을 가라앉히려는 것이었다면, 사설은 "인간의 기본적인 권리와 민족우호의 중요성"을 제기하려는 것이었다. 현실 사태에 대해서 사설은 다음과 같이 기술했다.

"김대중사건이 한국정부 관계자까지 가담하여 조직적인 수단으로 계획되었다는 의혹은 매우 농후하다. 그런데도 한국정부는 일방적으로 부정하기만 할 뿐 사실 규명에 전혀라고 해도 좋을 만큼 협력하려고 하지 않는다. 그것이 한 원인으로 한국정부의 우리나라 주권에 대한 침해를 규탄하는 목소리가 고양되어간다."

그리고 "단순히 나라의 위신을 내세운 위험한 내셔널리즘"으로 끝나서는 안된다고 하면서 선우휘의 사설을 들고, 일본의 "한국통치"가 "한반도 분단이나 경제, 민생의 낙후라는 깊은 상흔"을 남긴 것을 지적하면서 김대중의 자유를 요구했다. 이것 역시 격조 높은 사설이었다. 그러나 현실정치는 그러한 정신과 양립할 수 있는 것은 아니었다. 이에 대한 반응은 정부의 통제 아래 있던 『동아일보』가 게재한 「일본언론의 자중을 바람」(9월22일자)이라는 사설에서 나타났다. 일본의 여론은 한국 "국민의 자존심을 크게 손상"시켰으며 "만만치 않다고 보면 도를 넘어 영합하는 태도가 보기 민망스러울 정도고 그렇지 않다고 보면 안하무인인 듯이 짓밟으려는 인상을 주는 것이 일본언론의 본성이냐"고까지 맞받았다. 이러한 논조는 한국의 다른 신문에서도 똑같이 되풀이되었다. 한국정부는 김동운의 지문은 의문이라는 입장을 강하게 밀어붙이고, 한국정부가 관여하지 않았다는 입장을 관철하려고 했다. 사건은 일어났고 아무리 범인에 대한 증거를 대어도 한국 측은 부정한다는 입장이었다. 그 이유는 범인 본인이 한국정부 그 자체였기 때문이다.

그래서 한국 국회 내에서 이상한 사건이 일어났다. 신민당 의원 정일형이 9월 26일 대표질문에서 김대중사건은 중앙정보부의 소행이 아닌가 하고 추궁했다(9월 27일자). 국회의사당 내는 떠들썩해졌고 정의원은 국회에서 추방되었다. 정일형의 발언에 대해서「한국으로부터의 통신」(『세까이』73년 12월호)에서 조금 더 인용해본다.

"직접간접으로 질문을 하지 말라는 충고와 협박이 있었지만, 나라가 난국에 처해 있는데 입을 다물고 보고 있을 수만은 없어서 70 노구를 이끌고 단상에 올라왔다."

이렇게 거침없이 말하는가 하면 "여보, 김총리"라고 시작하며 "나는 거짓 답변은 필요치 않으니 무리한 말을 할 생각은 말고 내가 하는 말을 듣기만 하시오"라고 했다. 그리고 김대중을 납치한 박정희정권을 맹렬히 공격했는데, 『아사히신문』은 「'KCIA의 소행…'」 한국 국회에서 '폭탄선언'」이라고 하면서도 그 내용에 대해서는 그다지 상세하게 전하지 않고 논평도 덧붙이지 않았다. 다만 정일형의 발언 일부를 다음과 같이 전했다.

"일본 수사당국은 과학적인 증거를 들이대고 있다. 그것을 부정한다면 우리 쪽은 왜 반증을 하지 않는가. 삼척동자도 하고 있는 말이지만, (국민은) 이번 사건은 중앙정보부의 소행이라고 단정하거나 의심하고 있다."(9월 27일자)

「한국으로부터의 통신」은 이어서 정의원의 발언에 대해서 다음과 같은 코멘트를 덧붙였다.

"거기에는 분노와 경멸 그리고 슬픔이 넘치고 있다. 정권 유지만을 생각하며 도리에 어긋난 일을 하고 아무렇게나 말을 한다. 그리고 나라 전체를 허위의 도가니로 만들어버리려고 한다. 국내적으로도 박정권의 권위는 땅에 떨어졌다. 그 기만성이 국제적으로 증명되고 있다. 그러나 이 정권과 함께 한국과 그 국민이 똑같이 전락의 길을 재촉하고 있음을 어찌할 것인가."

260

정일형이 발언하던 무렵에는 김대중사건을 다룬 일본의 신문기사는 분량에 있어서 차츰 내리막길이었다고 해도 좋을 것이다. 한국에서는 10월 2일 서울대학교 문리과대학 학생들이 "오늘 우리는 전 국민 대중의 생존권을 위협하는 이 참혹한 현실을 더이상 좌시할 수 없어 스스로의 양심의 명령에 따라 무언의 저항을 넘어서 분연히 일어섰다"고 외쳤다. 72년 10월 유신 이후 첫 궐기였다. 그들은 자유민주체제 확립, 대일예속화 중지, 중앙정보부 해체와 김대중사건의 진상 규명, 그리고 기성 정치인과 언론인의 반성을 요구했다(10월 2, 3일자). 서울대학교 문리과대학에서 데모가 시작되자, 4일에는 서울대학교 법과대학과 고려대학교와 연세대학교의 데모, 또 5월에는 서울대학교 상과대학의 동맹 휴학으로 그 저항의 불길이 옮겨갔다.

10월 26일 마침내 김대중은 연금이 해제되어 71일 만에 기자회견에 임했다. 『아사히신문』 기사의 표제는 「정치활동은 생각하지 않는다, 재방일(再訪日) 논할 수 없다」라는 것이었다(10월 26일자). 무사히 귀국하게 된 것을 감사한다. 해외에서 한 활동으로 본의 아니게 국가에 누를 끼쳤다. 무사히 귀국한 것을 다행으로 생각하지만 현재 상황 아래서는 정치활동을 하고 싶은 생각은 없다고 내외기자단에게 발표했다. 『아사히신문』은 「무사해서 다행이다, 그러나……」라고 제목을 붙이고 "아무튼 지금은 신변의 안전을 지키는 것이 중요하다. 언젠가 그 사람에게 빛이 돌아올 것"이라고 말하는 서울시민의 목소리를 전하면서 "그의 '굴복'에 대한 분노와 울분이 거기에는 없다"고 서울시민의 표정을 전했다.

『아사히신문』은 김대중의 연금해제를 대대적으로 보도했다. 그리고 10월 27일에는 김대중과 전화대담을 하고, 그가 「개인적으로 방일 희망한다」라는 제목으로 기사를 게재했다.

"나의 신념은 지금까지와 조금도 변한 것이 없다. 한일 양국의 진정한 우호친선을 기원하고 있다. 서로 존경, 신뢰하는 관계를 쌓는 데 힘을 다하겠다. 민주주의와 통일을 위해 노력함으로써 일본에 좋은 이웃나라를 만드는 데 힘쓰고 싶다."

"일본 각계각층 사람들이 염려해준 것을 마음으로부터 감사하게 생각하고 있다. 그 호의에 대해서 머지않아 형편이 되면 수사문제와는 별도로 개인적으로 일본을 방문하여 감사의 인사를 드리고 싶다."

김대중의 일시적인 연금해제는 납치사건 이래 3개월 가까이나 밀고 당기던 끝의 일이었으며, 박정희정권과 일본정부의 타협을 예고하는 것이었다. 10월 31일 한일 외상회담은 김대중사건을 김동운 서기관의 '개인적인 범행'으로 하고 '공권력 개입 없음'으로 하며, 김대중의 '원상회복'은 고려하지 않기로 했다. 이로써 김대중사건은 한일 양국 정부의 손으로 어둠속에 묻히고 말았다. 이에 대해서 『아사히신문』은 「공중에 뜬 '원상회복'」이며 「벽 허물 수 없는 주권침해론」이라고 개탄했다. 그리고 「큰 범행 조직·자금, '개인'으로는 풀 수 없는 수수께끼」 「두꺼운 정치·외교의 벽」(11월 1일자) 등으로 '정치결착'을 개탄했다. 이후 즉시 대한경제원조가 가동되기 시작했다(11월 2일자). 이렇게 하여 김대중사건은 한일 사이의 '담합 의혹'과 함께 역사 속으로 사라져가는 듯했다. 여기서는 『아사히신문』의 사설 「김대중사건이란 무엇이었나」(11월 2일자)의 마지막 부분 "진정한 한일우호란 무엇인가"를 통해서 이 불행한 사건이 한일 양국 국민에게 던진 것, 특히 그것이 일본여론에 미친 영향에 대해서 생각해보고자 한다.

"한국이 아시아에서 안정된 정치세력이 되고, 그것을 배경으로 남북통일을 실현하기 위해서는 한국이 더 민주주의적인 체질로 변혁되지 않으면 안된다. 그렇게 김대중씨는 주장해왔다. 우리도 그렇게 생각한다.

가령 일본정부가 그러한 관점에 선다면 김대중이라는 한 사람의 정치가는 일본에 부담스러운 인물이 아니라 새로운 존재의의를 가지게 될 것임이 틀림없다. 그런 대한관(對韓觀)의 전환이 지금 바로 일본에 요구되고 있다."

11월 중순으로 다가온 "유엔에서의 한국문제 검토"를 생각하면, 이러한 해결이나마 그래도 김대중사건이 결말을 보게 된 것은 한일 양국에 다행한 일이라고 신문은 논평했다. 특히 1973년에는 북한이 처음으로 유엔 토의에 참가하기로 되어 있었다(11월 2일자).

결국 이러한 타협은 정치적 배려의 결과였다. 『아사히신문』은 "미일 양국이 초조해한 결과 이번 수습은 박정권의 입장을 십이분 고려한 타협의 산물이다"(11월 5일자)라고 쓰고 「김대중사건이 남긴 것」이라는 씨리즈 속에서 다음과 같은 말을 남겼다.

"박정권은 이러한 일본과 맺은 우호관계를 보강하기 위해서 얼마 전 고등학교 제2외국어 과목에 일본어를 넣어 젊은 세대의 일본어 학습을 해금한 일 외에, 최근에는 일본기업에게 넓은 토지와 값싸고 우수한 노동력을 제공하는 '공업단지'를 국내 각지에 만들고 일본기업 대환영이라는 싸인을 보내오고 있다."

정치탄압에 쏟아지는 국제적 비판

———

　1973년 11월 5일 김재준(金在俊), 조향록(趙香祿), 지학순, 이호철 (李浩哲) 그리고 김지하 등 지식인 15명이 발표한 「민주회복을 요구하 는 시국선언문」을 보도한 『아사히신문』 기사의 제목은 「박정권에게 이 미 강적」이었다. 선언문 전문이 보도되었는데, 다음과 같은 내용으로 시작되었다.

　"현 정권의 독재정치 공포정치로 국민의 양심과 일상생활은 더없이 위축되고 우방 각국의 신뢰와 친선관계는 극도로 실추되어 대한민국 은 내외로 최악의 상태에 직면하게 되었다."

　이 성명은 "작년 10월계엄 이후의 비정상적인 사태 진전은 급기야 집회, 언론, 학원, 종교의 마지막 자유의 숨기를 누르고 "독재체제를 구축함으로써" 학생을 탄압하고 "국제적 고립을 자초"한 정권을 향하 여 "민주체제를 근저에서 재건설"할 것을 요구했다. 그리고 현 정권의

"이러한 파국으로 가는 길은 국민 누구나가 좌시하지 못할 일"이라고 하며, 국민의 "궐기투쟁"을 호소했다. 지식인들의 시국선언은 다시 서울대학교 공과대학 등의 저항을 불러일으켰다. 저항활동은 경상북도 대구의 경북대학교, 영남대학교로 이어져갔다. 16일이 되자 고려대학교, 중앙대학교, 숙명여자대학교 등으로도 불꽃이 튀었다. 11월 28일에는 이화여자대학교에서 예배에 모인 4천명의 학생이 일어섰다. 그후에도 이러한 데모가 서울에서 간헐적으로 계속되었으며, 11월 24일 밤에는 한국기독교회협의회 인권문제협의회의 「인권선언」이 발표되었다. 「인권선언」은 "학원에서 지켜야 할 인권" "여성의 인권" "노동자의 인권" "언론인의 인권"을 들고, 그것들이 오늘날 얼마만큼 유린되고 있는가를 설명하고 그것들을 위하여 투쟁할 것을 선언하면서 다음과 같이 언명했다.

"지금 한국사회의 현실은 인권이 무참히 유린당하고 있는 상태이다. 정치적으로 국민은 주권을 박탈당하였으며, 민주주의는 허울뿐 모든 자유가 유보되었다. 신앙의 자유마저 빼앗겨가고 있는 이제, 교회는 종래의 소극적이고 방관적 태도를 통절히 회개하면서 인권의 확립을 자유의 쟁취에서부터 성취코자 교회의 결의를 새로이 한다."

『아사히신문』은 한국신문편집인협회의 「언론의 자유를 지킨다」라는 성명을 전하며(12월 6일자) "최근 일선기자들의 언론자유수호 결의는 당연하고도 순수한 것이며, 이것을 지지한다"고 했다. 그리고 한국정부에 대해서 "지금까지와 같은 무모한 언론통제를 자율에 맡기도록 요구"했다. 이어서 『아사히신문』은 12월 14일 「평화적 교체의 길을, 한국 전(前) 대통령 등 정부비판」이라는 제목으로 윤보선, 유진오(俞鎭午), 백낙준(白樂濬), 김수환 등 재야지도자 10여명이 "시국간담회"를 열고, "민주주의체제를 확립"하고 "총선거에 의한 평화적인 정권교체의 길을 열어야 한다"고 결의했다고 전했다(12월 14일자).

이렇게 하여 재야지도자들과 학생들의 반정부운동은 그 궤를 같이 하게 되었고, 이어서 신구기독교 개혁교파는 12월 16일 '인권을 지키기 위한 합동예배'를 서울 YMCA에서 개최했다. 『아사히신문』은 그 다음날인 17일 이 소식을 전하면서 "이 집회는 처음부터 정부당국이 신경을 곤두세우던 것이었는데, 예상대로 반정부색이 강한 행사가 되었으며, 430만명이 넘는 기독교도를 차후의 조치로 어떻게 납득시킬 것인가가 박정권 최대의 그리고 긴급한 과제가 되었다"고 했다. 그리고 가톨릭을 대표한 김수환 추기경의 발언을 다음과 같이 보도했다.

"10월유신체제로 정부는 국민의 인권을 정치와 경제의 수단으로 격하시켜왔다. 그런 정부를 어느 국민이 마음놓고 신임할 수 있겠는가. (…) 1인집중의 획일주의적 권력구조가 근본적으로 쇄신되어야 하며, 헌법을 개정하여 주권재민의 올바른 민주체제를 회복해야 한다."

회합에 참가한 개신교 측을 대표하는 한국기독교회협의회 총무 김관석(金觀錫) 목사의 호소를 『아사히신문』은 다음과 같이 전했다.

"양심의 외침을 봉쇄하는 것은 민주주의에 역행하는 행위다. 자유를 엔이나 달러, GNP로 바꿀 수는 없다. 우리가 전쟁과 혁명으로 피를 흘린 것은 무엇 때문이었는가."

다음날 아침 김영삼 신민당 부총재는 서울의 외신기자단 앞에서 독재헌법 개정, 중앙정보부 해체 등을 주장했다(12월 17일). 이것은 국민의 민주화운동에 정치세력이 용기를 가지고 참여하고자 하는 결의를 표명한 것으로, 그는 김대중의 출국자유와 정치활동의 자유도 보장되어야 한다고 주장했다. 이러한 목소리에 대한 박정희의 대응은 언제나 변치 않는 다음과 같은 것이었다.

"사회불안을 조장하는 언동, 경제성장을 저해하는 언동은 그만두어야 하며, 북한의 위해요인이 제거될 때까지 서구적 민주체제는 곤란하다. 현 체제는 철저히 지켜지지 않으면 안된다."(12월 21일자)

19일 저녁 공화당과 유정회 의원들을 향하여 청와대에서 한 말이었다. 22일에는 일본대사관에 학생들이 난입하는 사건이 일어났다. '일본의 자본침략' '매춘관광'에 반대하기 위해서였다(12월 23일자). 한일 사이에 김대중사건은 수습된 것으로 하고, 12월 26일 다시 정기 각료 회의가 열려 "150억엔에 이르는 상품 차관과 62억엔에 이르는 수출산업 육성계획 차관"이 결정되었기 때문이다(12월 24일자). 일본의 이러한 경제적인 지원조치로 박정희 정권이 연명하고 있다는 것이 반체제 측의 상황인식이었다.

이 무렵의 반체제운동은 '민주회복을 위한 백만인 서명운동'에 결집되어 있었다.(12월 24일자). 일찍이 월간잡지 『사상계』를 통해서 국민 계몽과 민주주의운동의 선두에 섰던 장준하(張俊河)가 민주화운동 인사들과 함께 전개한 운동이었다. 그것은 헌법개정을 위한 발의권이 대통령에게만 있어서 국민이 소외되었다고 비판하며, 국민이 현행 헌법의 개정을 요구하는 운동이었다.

박정희는 이에 대해서 곧 특별담화를 발표하여 "현 유신체제를 부정하고 뒤집어엎으려는 모든 불온한 언동과 소위 개헌청원 서명운동을 즉각 중지할 것을 엄중히 경고하는 바이다"라고 했다(12월 30일자). 그러나 윤보선 전 대통령 등의 재야원로들은 민주체제를 회복하지 않으면 중대한 위기에 직면하게 될 것이라고 경고하면서, 민주회복을 강력히 호소하는 청원서를 박정희 앞으로 보냈다(74년 1월 1일자). 개헌청원서에 서명한 사람이 30만명을 돌파하자 박정희는 "그들의 주장은 무책임한 안일주의"이며 "민주회복"을 요구한다고 하면서 사실은 "민주패배"를 부르는 것이라고 비난했는데, 이것이 "강경조치를 취한다는 예고가 아니냐고 수군거리고 있다"고 『아사히신문』은 시정의 목소리를 전했다(1월 4일자). 그리고 신민당이 "헌법개정안을 작성하기 위한 헌법제도심의 특별위원회를 설립할 것을 결정했다"고 보도했다(1월 8일자).

마침내 1월 8일 오후 5시 대통령 긴급조치 제1호가 발포되었다고 『아사히신문』도 보도했다. 이렇게 하여 1979년 박정희가 쓰러지기까지 계속되는 긴급조치에 의한 통치시대가 시작되었다. "헌법을 부정, 반대, 왜곡 또는 비방하는 일체의 행위"를 금하고, 이런 행위를 타인에게 권해도 비상군법회의에 회부하여 15년 이하의 징역과 함께 15년 이하의 자격정지를 함께 부과한다고 했다. 『아사히신문』은 "작년 12월 하순에 발족한 헌법개정청원운동본부에 의한 서명운동이 이미 40만명 대에 육박했으며, 목표달성은 시간문제"라고 할 정도가 되었기 때문이라고 보도했다(1월 9일자). 다음날 신문에서는 "외국인도 국내법 적용을 받으므로 유의하기 바란다"는 문화공보부의 발표를 전했다. 그리고 그것을 받아서 그날 신문에 「강권발동과 한국의 민주주의」(1월 10일자)라는 사설을 게재했다.

이 사설은 한국의 매스컴이 침묵에 빠져 있을 때 그들을 대변했다고 할 만큼 우정어린 것이었다. 그리고 '유신헌법'이라는 것에 대해서도 설명을 덧붙였다. 그것은 "대통령에 대한 권력집중이며, 서구적 민주주의의 부정이며, 국회의 권한 제한이며, 대통령 연임 제한의 철폐 등이다." "박대통령은 헌법개정을 주장하는 사람들을 일부 시민이나 불순분자라고 했다." 그러나 사설은 지금까지 벌어진 상황을 보면 "서구적 민주주의를 회복하자는 주장이 결코 한국여론의 소수 일부만을 대변한 것이라고 단정할 수는 없지 않은가"라고 했다. 그 세력이 컸기 때문에 그러한 탄압을 단행할 수밖에 없었을 것이다. 더욱이 한국국민은 이승만 시대로부터 "장기정권에 본능적으로 불안감을" 가지고 있었다.

그런데도 "박대통령은 69년 개헌으로 3선을 실현하고, 재작년 개헌으로 4선을 실현했다." 그리고 지금은 반영구적 집권이기 때문에 국민의 저항이 끊이지 않는다. "이번 조치로 개헌운동이 침묵하고 말지 또는 반대로 폭발할지 아직 예측은 할 수 없다." 이렇게 말하고 사설을 다음과 같이 끝맺었다.

"그러나 민주화조치가 취해지지 않는 한 강권발동만으로는 정권 불안의 원인은 끊이지 않을 것이다. 한국에 대한 국제적인 지지도 정권자체의 기반 강화도 모두 이 점에 결부되어 있다고 생각된다."

이 사설에 마치 저항이라도 하듯 그날 10일 오후 한국의 문화공보부가 「일본인 기자에게 경고, 체제 비판은 처벌」이라고 언명했다. 한남석(韓南錫) 해외공보관장이 서울주재 일본인 특파원 11명을 불러 발표한 담화 중에서 11일 『아사히신문』이 보도한 부분을 여기에 인용하기로 한다.

"최근 일부 일본언론이 우리나라 정치체제에 대한 비방이나 내정간섭적인 논평을 하고 심지어는 국가원수를 모독하기에까지 이르렀다."

8일의 대통령 긴급조치에 대해서는 다음과 같이 설명했다.

"헌법의 기본과 공공의 질서를 지키기 위해서 취해진 전적으로 합헌적인 것이며, 그 규제범위는 한국민은 물론 한국 내에 체류하고 있는 외국인에게도 적용된다."

일본 특파원도 "유신체제를 비방하고 유언비어를 보도하고 있는데" 긴급조치 위반으로 처벌된다고 했다. 물론 일본 특파원들은 반발했지만 박정권의 대응은 한발도 물러서지 않는 가차없는 것이었다. 문화공보부 대변인은 한국 기자들을 향해 다음과 같은 말까지 덧붙여 일본 특파원들의 반발에 답했다.

"일본언론은 기회 있을 때마다 우리의 주권을 침해해왔다. 그들은 북한, 중국 등에 대해서는 무비판 일변도의 편향된 보도로 일관하면서 우리나라에 대해서는 사사건건 악의적으로 보도하고 있다."(1월 12일자)

김대중사건 이후 눈에 띄게 기세가 약해진 일본 매스컴의 한국 보도가 긴급조치로 한층 더 약해진 것은 말할 나위 없다. 1월 16일 『아사히신문』은 개헌운동을 해온 장준하와 백기완(白基琓) 두 사람이 긴급조치의 첫 적용으로 전날 체포되었다고 전하면서, 한국의 신문은 검찰의 발표를 보도할 뿐 일체의 설명을 생략했다는 해설에 그쳤다.

긴급조치 제1호 위반으로 17일 인명진 목사 등 11명이 체포되었다. 그들의 저항은 긴급조치 철폐와 유신체제 폐지를 요구하는, 긴급조치 이후 첫 용기있는 저항이었다. 22일 『아사히신문』은 서울 21일발로 그들의 체포를 보도하면서, 그들이 "긴급조치 제1호의 어느 조항을 위반했는지도 분명치 않다"고 전했다. 그들의 체포는 그들이 속해 있는 한국도시산업선교위원회가 어용노동조합의 신문광고에서 "선량한 조합원을 부추겨 (…) 혼란과 부작용의 불씨를 만들고 있다"고 공격당한 직후의 일이었다.

이처럼 대통령 긴급조치 위반으로 비상군법회의에서 구형, 판결이 남발되었는데, 한 예로서 징역 15년을 선고받았다고 전해진 장준하와 백기완 두 사람의 판결이유를 『아사히신문』은 다음과 같이 보도했다(2월 2일자).

"격변하는 국제정세하에서 북한의 남침야욕을 저지하고 조국의 존립을 수호할 수 있는 유일한 길은 오직 국민의 총화로써 정치·경제 및 사회적 안정이 절실히 요구되고 있는데도 피고인들은 긴급조치가 선포된 이후에 있어서도 헌법개정을 빙자, 국론을 분열시키고 사회불안을 조성함으로써 국가의 안전보장과 공공의 안녕질서에 중대한 위협을 준 사실은 추호도 용서할 수 없으며 국민의 이름으로 마땅히 응징

되어야 한다."

일반적인 양식에 반한 집권행위는 계속되었다. 74년 4월 9일 장준하는 병보석으로 풀려났다. 2월 4일에는 한국정부가 "아사히신문이 한국에 대해서 내정간섭은 물론 부당한 비방을 했으므로 4일자로 동지(同紙)의 국내 수입허가를 취소한다"고 통고해왔다고 『아사히신문』은 보도했다. 1월 30일자 석간에 실린 「한국의 개헌운동과 긴급조치」라는 정경모(鄭敬謨)의 기고 때문이었다. 2월 5일에는 소설가 이호철, 전 『동아일보』 주필 천관우 등 5명을 체포하고, 6일에는 도시산업선교회 목사 6명에게 10년에서 15년의 형을 언도했다. 긴급조치에 의한 투옥, 또는 북한간첩단이라고 모는 반공법에 의한 투옥이 그칠 줄 모르고 이어졌다. 『아사히신문』은 대부분의 경우 그 상세한 내용을 조사할 수도, 취재할 수도 없이 다만 비상군법회의 등이 발표하는 대로 작은 기사로 보도할 따름이었다.

1974년 4월 3일 서울대학교 의과대학, 연세대학교, 한국신학대학, 경북대학교, 서강대학교 등 5개 대학에서 민청학련의 이름으로 학생운동이 다시 불붙었다고 『아사히신문』은 전했다. 그들이 주장하는 내용은 전하지 못한 채 정부가 그날 밤 임시각료회의에서 강경책을 결정했으며, 박정희가 "작금 우리 사회의 일각에서 공산주의자들이 상투적으로 전개하는 적화통일을 위한 이른바 통일전선의 초기단계적 불법활동 양상이 대두되고 있음에 감하여 (…)" 운운하는 특별담화를 발표했다고만 언급했다.

4월 5일 신문에는 한국정부가 긴급조치 제4호를 통해 학생들의 자숙을 권고하고 있다는 것, 그리고 『경향신문』이 4일자 석간에서 "긴급조치 제4호의 내용이 발표된 후 치안당국에 자수하는 학생이 끊이지 않는다"고 보도했다는 것을 작은 기사로 전하면서 기묘한 코멘트를 덧붙였다. 이 보도는 "정부 쪽의 색채가 강하다는 동지(同紙)에서만 보이는 것이지만" 20세 전후의 청년 하나가 "나는 민청학련에 동조했다"고 말했다는 것이다. 그러고는 다음과 같이 덧붙였다.

"여전히 이날 서울시내의 주요대학에는 완전무장한 기동대가 출근하여 종일 학원 내의 경비에 임했다. 학생들에게는 별다른 움직임은 없었고, 수업은 정상적으로 이루어졌다."

7일이 되자 한국 내무부 치안국이 6일 34명이 자수했다고 발표한 것을 다시 작은 기사로 보도했다. 그리고 민청학련이 격렬하게 현 정권을 비판하면서 다음과 같이 주장했다고 한국의 석간신문이 보도한 것을 시사통신에서 인용했다.

"① 중앙정보부를 해체하라 ② 매판자본과 일본자본의 진출을 배격하라 ③ 노동악법을 철폐하고 노동운동의 자유를 보장하라 등의 요구를 내세우고 있다고 한다."

4월 9일자 석간에는 「서울에서 분신자살」이라는 『시사통신』의 기사가 실렸다. 영락교회를 찾아온 김승주씨[7]의 분신자살에 관한 보도인데, 상세한 내용은 알려지지 않았다고 하면서 「순교적 비장감, 국민에게 영향 줄까」라는 해설기사를 썼다. 그리고 지금 민주화운동은 순교적 비장감을 띠고 있다고 하면서 다음과 같이 매듭지었다.

"어찌됐든 긴급조치가 발동되고 있는 가운데 일어난 첫 분신자살인 만큼 일반국민에게 주는 영향은 상당할 것이다."

긴급조치로 서울 특파원이 보내오는 보도가 여의치 않게 되자, 이를

---

7 이 보도는 4월 11일 '김학도(金學道)'라고 정정되었으며, '자살의 원인은 연인에게 결혼을 거절당했기 때문'이라고 경찰 당국이 발표했다고 전했다. 그러나 21일 『아사히신문』은 다시 "자살한 신자는 다수의 신자 앞에서 현 체제의 폐지와 박정권의 퇴진을 요구하며 죽었다"고 일본에 있는 한국문제기독자긴급회의가 발표했다고 보도했다.

테면 일본기독교협의회에 있는 한국문제기독자긴급회의가 대신하여 토오꾜오에서 한국의 상황 또는 성명서 내용 등에 대해서 발표하게 되었다. 이리하여 74년 4월 11일자 『아사히신문』에는 민청학련의 성명문이 일주일 늦게 발표되었다. 그것은 지금까지 발표한 성명보다 한층 래디컬한 것이었으며 첫머리는 다음과 같이 시작되었다.

"극소수의 특권 족벌들은 국민경제가 전면적 파탄상태에 돌입하자 마치 그 원인이 전적으로 국제적 원자재 폭등에 있다는 등 책임을 전가하고 (…) 기아임금으로 혹사당하는 근로대중과 봉건적 착취 아래 신음하는 농민, 그리고 또하나의 격리된 세계에서 확대되어가는 판자촌, 이것이 13년에 걸친 조국 근대화의 업적인가."

반정부운동권 학생들과 교류하던 하야가와 요시하루, 타찌가와 마사끼 두 사람의 일본인 유학생도 4월 5일 체포되었다. 「학생과 공모, 내란 선동」(5월 27일자)으로 민청학련의 피고 김지하 등 54명과 함께 법정에 세워졌다. 『아사히신문』의 보도는 당분간 두 사람의 사건에 집중했다. 두 사람은 조총련 비밀조직과 연계하여 한국 학생들의 폭력봉기를 선동하고 활동자금까지 제공했다고 했다(5월 27일자).

김대중은 서울지방법원으로부터 6월 5일 출두하라는 소환장을 받았다. 67년도 대통령선거에서 윤보선 후보를 지지하며 허위 사실을 유포했고, 그해 국회의원선거와 71년도 자신이 후보로 나온 대통령선거에서도 같은 위반을 했다는 이유였다. 『아사히신문』은 "박정권과 민주세력의 대결은 극한단계"에 달했다고 보도했다(6월 2일자). 이에 대해서 김대중이 일본 기자들에게 말한 내용 가운데 '71년 대통령선거법 위반' '총통제 발언'이라는 부분만을 여기에 인용하기로 한다(6월 4일자).

"'지금 대통령이 교체되지 않으면 이제 국민 앞에 다시 선거가 실시되는 일은 없을 것이다. 삼권분립을 잃을지도 모르고 총통제와 같은 방향으로 나라의 정치가 나아갈 우려도 있다'고 나는 연설했고 민주주의의 위기를 경고했다. 사실 그 이후 대통령 직접선거는 없어져버렸다. 신념에 근거한 판단이 있다면 그것을 국민 앞에서 피력하는 것은 정치가로서 당연하지 않은가. 나는 법정에 나가도 이 말은 소신을 가지고 분명하게 말할 작정이다."

『아사히신문』은 「심각함을 더한 김대중사건」(6월 4일자)이라는 사설에서 김대중사건에 대한 일본정부의 안이한 '정치해결'을 호되게 비판했다. 그리고 "한국정부는 김대중씨가 자유롭게 되었다고 반복해서 언명했던 터였다"고 단언하고 다음과 같이 매듭지었다.

"김대중씨 문제는 뿌리가 깊고, 한일관계에도 커다란 영향을 미친다는 것은 이미 지적했다. 우리는 지금 한일관계가 최악의 사태로 나아가는 것이 아닌지 우려한다. 김대중사건을 한일 양국 국민이 납득이 가는 형태로 조속히 해결하는 것, 그것이야말로 현재 한일관계의 급선무가 아닐까."

확실히 『아사히신문』은 긴급조치 이래 신중하고 다소 조심스러워했던 자세를 다시 강화하게 되었다고 할 수 있었다. 주한일본대사가 한국에 '경고'를 전달했다고 크게 보도하고 「'한일 유지'에 적극적인 박정권」과 "김대중사건으로 악화된 한일관계 속에서 일본인 학생 군법회의 기소, 김대중씨 재판개시라는 한국정부의 강경자세가 일본의 여론을 당혹, 혼란시키고 있다"고 강경한 발언을 했다(6월 5일자).

『아사히신문』의 기사는 다시 한국에서 일어난 일을 크게 보도하게 되었다. 두명의 일본인 체포와 김대중의 법정, 거기에 『크리스천 싸이언스 모니터』의 여기자 엘리자베스 폰드(Elizabeth Pond)의 한국 입국 비자 거부(6월 6일자) 등으로 큰 기사가 이어졌다. 일본인 두 사람에 대해서는 "일본인 학생, 한국 반공법도 적용" "주모자격 취급, 중형 부과될 우려"(6월 9일자), "남북한 정세의 소용돌이에 휘말린 두 사람"(6월 14일자) 등으로 그 표제가 커졌다. 그중에서 일본외무성이 한국정부와 교섭하는 과정에 대해서는 "한일관계는 여전히 관망, 외무성 방침을 수상 양해"(6월 11일자) 등으로 신중한 자세라고 보도를 계속했다.

마침내 두 사람의 일본학생에 관한 일, 그들에 대한 군사법정에 관해서 6월 15일부터 『아사히신문』의 보도는 대대적이게 되었다. 하야가와와 타찌가와는 관광비자로 입국하여 저항운동의 리더들과 만나 취재하며 데모를 선동했다. 하야가와는 공산당원으로 한국의 반정부세력을 선동하여 공산화를 기도했다,는 등으로 『아사히신문』은 한국정부의 발표를 보도했다. 이 사건과 김대중의 이른바 선거법 위반사건이 거의 겹쳐서 진행되었기 때문에 『아사히신문』은 더욱 한국의 어두운 기사로 가득 찬 것처럼 보였다. 6월 24일에는 뉴욕발 기사로 "미국여론, 긴박감 더해가는 박 비판, 대한원조 재검토 요망, 일본정부의 역할에 기대"와 같은 커다란 기사가 실렸다. 미국에서는 "아직 제1면의 큰 표제가 붙은 기사는 아니지만, 한국에 대한 보도, 평론의 9할 이상이 '독재체제 비난'에 집중되고, 현 체제를 변호하는 목소리가 거의 들리지 않는다는 점에서 일찍이 '대만' '베트남'과는 두드러진 차이를 보이고 있다"고 했다. 그 기사 첫머리에는 다음과 같이 씌어 있었다.

"극동문제에 관심이 없는 미국 일반 지식인의 눈을 한국으로 향하게 한 것은 지난 5월 28일자 『뉴욕 타임즈』에 실린 코엔 하버드대 동아시아법률연구소장과 헨더슨 플레처법률외교대학원 교수 언닝의 두서라고 한다. '오늘의 한국은 민주주의 국가가 아닐 뿐만이 아니다. 그 법령은 소련 이상으로 민중에 대해서 용서가 없는 비민주적인 것이다. 미국의 영향력은 이제 과거의 것이 되었다. 김대중씨를 석방하는 것조차 할 수 없는 것이다. 그런데도 정부는 원조를 2억 5,280만달러로 늘

리려고 하고 있다. 우리는 세계에서 가장 위험한 늪지대에 발을 들여놓기 전에 멈추어야 한다. 의회는 한국에 대한 공청회를 열라.'"

이러한 기사가 이상하리만치 크게 보도되었다. 『아사히신문』의 보도가 한국 내에서는 긴급조치로 극도로 제한되어 있었기 때문이다. 더구나 일본인 두 사람이 체포되었을 뿐만 아니라, 일본에 귀화한 사람을 한국대사관에서 불러 조사하는 등 한국이 분별없이 그 힘을 휘두르고 있는 것처럼 보였기 때문이다. 게다가 김대중에 대한 '선거법위반 사건'이라는 정치재판이 계속되고 있었다. 6월 29일 제4회 공판은 윤보선 전 대통령도 증인석에 자리를 잡는 등 "야당세력이 두루 모였으며" "김대중씨의 재판관 기피신청이라는 사태로 오히려 심판하는 측이 역습을 당하는 모습"이었다고 『아사히신문』은 전했다. 그리고 김대중은 다음과 같이 말하며 "재판관 기피 절차를 취하겠다"고 언명했다는 것이다.

"나는 유괴되었던 사람이다. 자택은 기관원이 지키고, 외출할 때는 미행당한다. 자유로이 외부 사람과 접촉할 수도 없다. 이런 상황에서는 자유롭게 증인도 세울 수 없다. 피고의 정당한 권리를 보장하는 조건이 아니다. 녹음 검증할 때도 검증장소에는 기관원이 셋이나 나와 에워쌌다. 이런 환경에서 공정한 재판을 기대할 수 있겠는가. (…) 민주주의를 사랑하고 인권옹호를 위해 싸운 사람들을 한데 모아놓고 재판하는 이것을 재판관은 후세 사람들에게 어떻게 설명할 작정인가. 내가 공정하다고 인정할 수 있을 때까지 본의는 아니지만 이 재판부 전원에게 기피를 신청한다."

29일 석간에서 이처럼 전한 『아사히신문』은 다음날인 30일에도 「재판관 기피한 김대중씨, 긴박감 더해지는 신변」이라는 제목으로 법정 소식을 다시 전했다. 거기에 법정 안의 한 풍경으로 덧붙인 「민주주의를 지키기 위해서라면… 윤 전 대통령도 출정」이라는 제목의 기사는 참으로 아름다운 것이었다.

"윤 전 대통령은 이날 아침 9시 55분에 입정했다. 76세의 몸을 스틱에 의지하며 검은 양복의 윤씨가 모습을 보이자 약 5백명의 방청객 대부분이 기립하여 맞았다. 5분 후 피고인 김대중, 양일동 두 사람이 법정에 들어왔는데 증인석 맨 앞줄에 앉아 있던 윤씨를 보자 두 사람 모두 깊이 머리를 숙였고 윤씨도 이에 답했다. (…) 윤씨는 '나는 민주주의를 지키기 위해서라면 어디라도 갈 것이다'라며 선선히 응했다고 한다. 폐정 후에는 수의를 입은 김상현(金相賢), 조윤형(趙尹衡) 전 국회의원의 인사를 받고 '고생하네, 고생하네' 하고 위로하며 두 사람의 어깨를 껴안듯이 악수했다.

결국 증인으로서 발언할 기회는 없었으나 야당 정치가로서 기개를 드러낸 윤씨의 출정이었다."

다음날 『아사히신문』은 7월 3일자 영국 『더 타임즈』(The Times)에 헤이젤 허스트 기자가 기고한 「반체제 종교인 함석헌씨, 탄압에 굴하지 않고 끝까지 싸우다」라는 글을 번역 전재했다. 그 요지의 일부를 여기서 인용하는 것도 의미있는 일일 것이다. 『아사히신문』은 대통령 특별조치 이래 "한국의 반체제 지식인이 공공연히 박정권을 비난한 것은 이것이 처음이라고 해도 좋을 것이다"라고 썼다. 함석헌은 자신의 전화가 도청당하고 자신은 중앙정보부원에게 감시당하고 있다고 하면서 한국의 현상에 대해서 거침없이 이야기했는데, 그 마지막 내용을 여기에 인용하기로 한다.

"나는 박대통령을 불쌍하게 생각한다. 왜냐하면 그는 해방 전 일본군에 참가했고, 일본제국주의 사상 아래서 그 인격을 형성했기 때문이다. 그는 만주에서 일본제국주의자(의 군대)에 자발적으로 참가했다.

그런 그가 지금도 당시와 같은 정신상태를 가지고 있는 것은 이상하지 않다."

74년 7월 8일 비상보통군법회의는 이른바 인혁당 그룹이라는 21명의 피고에 대해서 7명에게는 사형, 8명에게는 무기, 나머지에게는 징역 20년을 구형했다. 다음날 민청학련 사건 관련 32명의 피고에 대해서는 학생 리더 이철과 시인 김지하에게는 사형, 7명에게는 무기, 남은 18명에게는 징역 15년에서 20년을 구형했다. 7월 10일 『아사히신문』에서는 츠루미 슌스께(鶴見俊輔) 등의 구원운동을 보도했으며, 특히 일본인 체포자 두명에 대한 한일외교 절충을 크게 때로는 일면 톱으로 보도했다. 한일 양국이 서로 대사를 소환하여 대책을 논의하느라 어수선했다. 『아사히신문』은 「외무성, 너무 늦은 대한관계 재검토」 「지나치게 무른 해결구상」 등이라고 쓰고(7월 12일자) 일본의 이른바 "경제협력"이라는 것도 "생활향상이 되지 않는 원조"라고 하며 다음과 같이 비판했다.

"그 경제협력에서는 종종 '민간주도'가 도를 넘는다. 공장설비류에 대해서 우선 기업이 한국정부와 계획을 짜고, 민간 한일협력위원회 등 로비스트의 활동으로 조정되며, 실제 가격에서 생기는 차이가 정치자금이 되어 움직였다는 지적도 있다."

실제로 『아사히신문』은 그날 한국의 군사법정에 대해서 「하야가와·타찌가와씨에게 20년 구형」(7월 12일자 석간)이라고 보도했다. 다음날의 신문은 실로 감동적이었다. 「한국인 변호사, 용기있는 변론」 「죄명 적용에 잘못」 「감동한 피고·가족」이라는 표제가 붙었다. 함정호(咸正鎬), 태윤기(太倫基) 두 변호사의 변론이었는데, 여기서는 태변호사에 관한 기사를 인용하기로 한다.

"군법무관 출신인 태변호사의 변론도 위엄과 자신에 넘친 것이었다. 처음에는 우선 자신의 이야기부터 꺼냈다. '나는 해방 전 항일운동에 몸을 바쳤던 사람이다. 재판장, 그런 내가 이렇게 일본인의 변론을 위해 나선 의미를 잘 생각해주기 바란다. 한일우호를 위해서는 박애의 마음이 필요하다.' 태씨는 또한 타찌가와 피고가 한국 내에서 한 행동은 모두 저널리스트로서 지녀야 할 사명에 불탄 것이라는 점을 역설했다. '일본에서 언론의 자유는 절대적인 것이다. 피고는 그 나라에서 온 사람이다'라고도 했다. 그리고 '형벌불소급의 원칙' '불고지죄 적용의 모순'을 날카롭게 지적했다."

한국의 냉혹한 군사법정은 7월 13일 「김지하씨 등 7명에게 사형」을 선고하고, 16일의 법정에서는 박형규 목사, 김찬국, 김동길 두 교수와 함께 윤보선 전 대통령도 법정에 서게 되었다고 보도했다. 55명에 이르는 민청학련사건의 피고로서였다. 『아사히신문』은 윤보선의 말을 다음과 같이 전했다(7월 14일자).

"나는 재판관을 위해서가 아니라 붙잡힌 학생들이나 기독교 신자들을 위해서 출두했다(윤씨는 독실한 예수장로교 신자이다). 목사까지도 공산당이라니 그런 난폭한 일이 일어나서 되겠는가.

돈? 아, 건넸다. 40만원이었을 것이다. 독재반대를 위해 투쟁하는 학생들을 격려해주고 싶어서였다. 그것을 국가전복이라고 하는 모양인데 국가가 40만원에 무너지는 것인가.

지금은 우리 같은 늙은이야말로 젊은이들을 위해서 책임을 지지 않으면 안된다. 나는 공산주의를 미워하고 민주주의를 존중하는 순진한 애국자들을 공산당원이라고 몰아세워 사형이라느니 무기라느니 하는 것을 보고만 있을 수는 없다."

7월 15일 비상보통군법회의는 국방부 특설법정에서 하야가와 요시하루, 타찌가와 마사끼에게 내란예비음모죄, 내란선동죄, 반공법 위반 등으로 징역 20년, 자격정지 15년을 언도했다. 『아사히신문』은 이것을 대대적으로 문제삼았고, 또한 민청학련사건에 대해서도 크게 보도를 계속했다. 그리고 「각지에서 '김지하씨 등을 구하라」라는 제목 아래 「토오꾜오에서는 1천명이 집회」(7월 20일자) 등으로 츠루미 슌스께, 아오찌 신(靑地晨), 오다 마코또(小田實) 등의 '김지하씨 등을 구하는 모임'의 항의행동을 크게 전했다. 7월 21일에는 "김지하씨 등 무기로 감형"이라고 전하며 "국제여론을 배려함인가"라는 코멘트를 가했다. 특히 7월 23일『아사히신문』에 게재된 22일자 『뉴욕 타임즈』의 「한국에서 벌어지는 탄압」이라는 사설은 한국의 정치적 탄압이 국제적인 비판에 크게 노출되고 있음을 밝혔다. 사설은 "미일공동으로 경고하자"고 촉구하면서 다음과 같은 문장으로 매듭지었다.

"이러한 한국의 상황은 지금까지 4반세기에 걸쳐 한국을 위하여 피를 흘리고 재화(財貨)를 소비해온 미국의 대의를 손상시킨다.

지금 필요한 것은 워싱턴과 토오꾜오에 의한 공동의 대한정책 전환이며, 북한과 차츰 분간이 어렵게 되어가는 듯한 한국의 독재강화가 계속된다면 주한미군의 장기주둔은 기대할 수 없다고 경고를 주는 것이다."

한국 내 사람들과 한국 바깥 세계 사이에서 정보의 갭이 점점 크게 벌어져갔다는 것을 지적해야겠다. 예컨대 해외에서 「일련의 한국 정치범 재판, 원조에 악영향도, 미국이 비공식적으로 우려 전달, NY 타임즈 보도」와 같은 『아사히신문』의 기사(7월 24일자)는 한국의 보도에는 나타나지 않았다. 또 지학순 주교가 연행되기 전 "때마침 거기에 있던 몇명의 기자"에게 건넨 「양심선언」도 일본의 신문에는 나와도 한국에서는 나오지 않았다.

"내가 공산주의 단체에 돈을 건넸다고 해서 기소된 모양인데, 실제로는 기독교를 믿는 청년들에게 사회정의, 사랑의 운동을 하라고 준 것이다.

나는 결코 나 자신의 의사로는 군법회의에 나가지 않는다. 만약 내가 법정에 나갔다면 그것은 타의에 의한 출두라는 것을 미리 밝혀둔다."(7월 24일자)

『아사히신문』에는 지학순 주교에 대해 한국에서는 보도되지 않은 기사가 소개되었을 뿐만이 아니라 이를테면 민청학련사건이라고 해서 공산혁명을 기도했다고 기소된 55명 가운데 15명에게 사형, 무기, 징역 20년에서 15년을 언도한 7월 13일의 법정에 대해서 방청객들이 기억을 더듬어 기술한 메모 등이 발표되었다. "민청학련이라는 명칭은 3월경 전단을 작성할 때 하단을 백지로 둘 수 없어서 그 자리에서 생각해서 붙였다"고 피고 한사람이 말했다. 김지하는 재판장의 발언정지 명령에도 다음과 같이 발언했다고 한다.

"유신독재 타도만이 이 민족을 구하는 길이다. 학생만이 희망이다. 이 자리에 이렇게 묶여 서 있는 것도 저항이다."(7월 24일자)

『아사히신문』은 30일 미국 하원 외교소위원회에서 '대한정책 재검토를 위한 공청회'가 개시되었다고 보도했다. 프레이저 위원장이 "원조는 중지 또는 축소를" 주장하고 있는 데 대해서, 미국 국무성 측은 박정권을 지지하는 구실로 한국이 "일본의 안전보장과 불가분의 관계에 있기 때문"이라고 주장했다고 한다.

그런가 하면 한국문제가 일본 펜클럽에까지 비화했다고 전해졌다. 후지시마 타이스께(藤島泰輔)가 한국방문에서 귀국하여 "김지하씨 유죄는 탄압이라고는 할 수 없다"고 발언한 데 대해서 아리요시 사와꼬(有吉佐和子)가 탈회를 신청했고, 야스오까 쇼오따로오(安岡章太郎)와 시바 료오따로오(司馬遼太郎)가 뒤따랐다(7월 31일자). 또 세또우찌 쟈

쿠쬬오(瀨戶內寂聽), 쿠로이와 쥬우고(黑岩重吾) 등이 탈회를 했는데(8월 1일자) 이것은 이미 1970년의 마쯔오까 요오꼬(松岡洋子), 오오에 켄자부로오(大江健三郎)의 탈회로부터 이어지는 흐름이었다. 이러한 사태는 일본 펜클럽에 상당한 파란을 불러일으키게 되었다(8월 3일자).

한국의 대통령 긴급조치체제에 의한 억압. 이에 어떻게 대응해야 할지를 일본에서 고뇌했다는 것은 동북아시아의 역사에서 어떠한 의미를 가지는 것일까. 그것은 한일 혹은 조선과 일본의 오랜 관계에서 처음 있는 일일는지 모른다. 동북아시아에서 앞으로 펼쳐질 역사와는 어떻게 관련될 것인가. 『아사히신문』의 사설 「대한(對韓)외교를 가로막는 장벽」(8월 3일자)에 나오는 다음과 같은 내용은 그러한 의문에 답하고자 한 것일지도 모른다.

"작년 한일각료회의에서 대한원조액을 합의한 직후 한국의 대내·대외 자세가 경직된 것은 결코 우연이 아니다. 민주화를 열망하는 한국의 지식인이나 학생들이 일본의 대한원조에 대해서 마음속으로 분노하고 있는 현실을 간과해서는 안될 것이다."

『아사히신문』은 냉혹한 상황 속에서 저널리즘이 할 수 있는 일을 최대한 실천하려고 했다는 생각이 든다. 74년 8월 6일에는 납치사건 이후 「조국에서 자유 없는 1년」에 대해서 김대중과 인터뷰를 한 타메다(爲田) 특파원의 기사가 크게 게재되었다. 김대중은 그가 놓여 있는 상황에 대해서 '연금상태는 아니라고 해도 국민과 접촉이 거의 불가능하다. 외출이라고 해야 일요일에 자택에서 8백 미터 정도 떨어진 교회에 가는 정도지만, 기묘한 차가 두 대나 내 뒤를 따라온다'고 했다. 그리고 그는 출국과 자유회복에 대해서 이렇게 말했다.

"이것은 인간세계에서의 원칙이다. 많은 사람들이 그 원칙을 관철하려고 이렇게 노력해준다고 할 때, 당사자인 내가 내 마음대로 원칙을 저버릴 수는 없다."

끝으로 미일의 여론에 대해서는 다음과 같이 말했다.

"미일의 여론과 마찰을 일으키지 않는 것은 실제로 정부가 모토로 하는 '반공' '한국의 안전사수'에서 가장 필요한 쪽이다. 나는 지금 이 것을 가장 염려하고 있다."

『아사히신문』은 「한일을 다시 본다. 김대중사건 2년째로」라는 씨리즈를 4회나 계속했다(8월 6일부터 9일까지). 그것은 한일관계가 감정적인 말을 주고받는 곤란한 관계라는 점을 부각시켰다. 박정희정권은 한국과 일본 사이의 감정적인 응어리를 풀려고 노력하기보다는 오히려 이용하고 있었다. 이를테면 민청학련사건에서 일본인 두명이 체포된 것에 대해서 "어째서 항소한 사실을 알리지 않았는가, 왜 면회도 시키지 않는가" 하고 일본 측이 불만이라도 드러내면 한국 측은 다음과 같이 답한다고 했다(8월 9일자).

"일본은 말을 꺼냈다 하면 원조, 원조 하지만, 우리 쪽에서 보면 어차피 이자를 붙여서 갚아야 하는 빚이다. 은혜를 베푸는 것처럼 생색 내지 마라."

"주권침해를 들고 나온다면 우리의 주권을 짓밟고 36년간이나 식민지로 만든 것은 두대체 어느 나라인가."

한국에는 적반하장이라는 말이 있다. 이처럼 거꾸로 되묻는 자세가 한일관계에는 존재하며, 지금도 그것이 청산되었다고는 할 수 없다.

김대중사건 1주년을 맞이하여 일본에서는 활발한 움직임이 계속되었다. 납치된 지 만 1년이 되는 8월 8일에는 김대중이 납치된 호텔 그랜드팰리스에서 사회·공명·공산 3당의 위원장, 그리고 '김지하씨 등을 구출하는 모임'의 대표 오다 마코또와 한일연대연락회의 대표 아오찌 신 등이 모여 한국문제에서 공동행동을 취할 것을 3야당과 시민운동 공동의 호소형태로 제기했다(8월 9일자).

한국에서 들려오는 소식은 더욱 어두웠다. 9일 한국의 비상보통군법회의는 민청학련 지도부에 자금을 주었다고 해서 윤보선 전 대통령과 지학순 주교에게 징역 15년을 구형했다. 윤보선은 "학생들에게 만일 잘못이 있다고 한다면 내가 대신 벌을 받겠다. 민주주의를 열망하는 것이 죄라면 나는 사형장으로 가도 좋다"고 최후진술을 했다고 한다(8월 10일자). 12일 판결공판에서 지학순에게는 15년형이, 그리고 윤보선에게는 "일찍이 대통령으로서 국가에 기여한 바도 있으며 더구나 고령"이라는 점에서 징역 3년, 집행유예 5년이라는 판결이 내려졌다(8월 13일자).

『아사히신문』은 8월 12일 석간에서 영국의 유력지 『더 타임즈』가 12일 헤이젤 허스트 토오꾜오 특파원의 장문의 기사와 「한국에서 벌어지는 부당한 억압」이라는 제목의 사설을 동시에 게재했다고 보도했다. 그리고 그것은 일본이나 구미의 저널리즘에 의한 박정희정권에 대한 비판으로서 아마도 가장 혹독한 것의 하나일 것이라고 『아사히신문』은 말했다.

"헤이젤 허스트 기자의 기사는 우선 21년 전 한국전쟁에서 3천3백명 남짓한 영국병사가 '자유와 민주주의를 지키기 위해서' 희생되었지만 오늘날 한국의 현실은 그들의 희생이 전혀 헛되었다는 것을 보여주고 있다고 기술했다."

이 기사는 북한의 위협에 대항하며 경제력을 강화하기 위해서는 서구식 민주주의가 불가능하다는 박정희의 주장이 얼마나 "비현실적이며 설득력이 결여된 구실"인가를 구체적으로 제시하고, "박정희의 반정부세력 탄압기록은 서방세계에서는 일찍이 예가 없는 최악의 것"이라고 하며 윤보선, 지학순, 김지하 등에 대한 탄압을 언급했다. 실로 박정희정권은 자유세계에서 완전히 고립된 셈이었다.

이에 대해서 박정희는 무시하고 탄압을 계속하는 것 이외에는 어떠한 방책도 가지고 있지 않았다. 한국 측은 8월 15일 광복절을 앞두고 '김대중사건 수사중단'을 통고하고, 조사결과 '김동운 등은 결백'이라고 제멋대로 주장했다. 『아사히신문』은 「야당, 정부의 소극적 태도 추궁」「국민감정 자극」 등으로 대대적으로 보도했으나, 15일 박정희 저격사건이 일어남으로써 김대중사건 운운하던 문제는 뒤로 밀려났다.

국립중앙극장에서 광복절 기념사를 하던 박정희를 저격했는데 부인 육영수와 여고생 한명이 총에 맞아 사망했다(8월 15일자). 저격범은 재일한국인 문세광이라고 판명되고 많은 정보가 교착되는 사태가 이어졌다. 문세광의 여권은 일본인 이름으로 되어 있었고, 권총은 오오사까 시내의 파출소에서 도난당한 것이었다. 그는 삼엄한 경계 속에서 독립유공자석에 자리를 차지하고 있었다고 보도되었다. 그때부터 서울에서는 "일본수상은 박대통령에게 사죄하라" "일본에 있는 북한 간첩기지를 전면 철거하라" "일본의 언론은 편향된 태도를 버려라" 등의 슬로건을 외치는 시위가 이어졌다(8월 22일자).

이 사건을 계기로 박정권은 "국민이 반공의식으로 단결하여 정부를 지지하는 자세를 확고히 했다고 판단했다." 그리하여 8월 23일 긴급조치 1호와 4호를 해제한다고 발표했다(8월 23일자). 제1호는 개헌운동을 금지한 것이었고, 제4호는 민청학련운동 관련자들에게 엄벌을 과한다는 것이었다. 그러나 이 사건으로 박정희정권에 대한 국민의 저항이 약해질 것이라고 예측한 것은 안이한 사고방식이었다. 이 사건으로 반일데모에 자유를 준 것에 대해서 박정희정권도 곧 불안을 느끼게 되었다. 야당의 움직임도 비극이 일어났다고 해서 결코 저항의 고삐를 늦추려고 하지 않았다. 시간이 지남에 따라 독재권력에 대한 저항은 한층 강하게 솟아올랐다.

8월 23일 신민당 총재 공선에서 총재에 취임한 김영삼은 8월 15일의 사건과는 관계없이 유신헌법이라는 것을 개정하여 민주주의체제를 회복하라고 규탄의 소리를 높였다. 대통령 긴급조치로 체포되어 복역 중인 사람들은 석방되어야 한다. 김대중에게는 정치활동의 자유와 출국의 자유를 주어야 하며, 그리고 무엇보다도 중앙정보부는 해체되어야 한다고 주장했다. 8월 15일 사건에는 정치냄새가 강하게 풍긴다며 일고도 하지 않으려는 듯이 보였다. 대통령 부인 육영수의 죽음에 대해서 한국의 반체제 측은 관심을 두려고 하지 않는다는 것을 의미했다. 이 사건도 오리무중에 묻히고 말 것이라고 단정하는 듯했다. 즉 김대중사건을 저지른 같은 계열의 누군가가 한국과 일본에 걸쳐서 행동하고 있을 것이라고 심중으로는 생각하는 듯했다. 그리고 이 사건에 관해서 「박대통령, 강한 대일불만 우시로꾸 대사 불러 표명」(8월 31일자)한 것은 실은 박정희가 자신의 체제에 대한 강한 위협이 일본에 존재한다는 것을 의식하고 있었음을 의미하는 일이었다. 다음과 같은 말은 문세광과 이른바 그를 둘러싼 좌익집단 이상의 것을 시사하고자 한 것으로 볼 수 있다.

"이번 사건이 흐지부지하게 처리되면 범죄집단이 일본을 성역화하고, 재발의 위험이 사라지지 않는다. 한국에 대해 파괴활동을 하려는 범죄집단의 기지가 일본에서 철거될 필요가 있다. 이 위험이 해소되는 것이 한일 양국 우호관계 유지의 첫걸음이다."

그러한 위험을 해소하려고 했던 1년 전에는 한국정부 스스로 김대중을 납치했지만, 그것이 실패로 끝난 데 대한 불만이 서려 있었다. 일본이 적극적인 반응을 보이지 않자 9월 6일에는 반일데모대가 서울주재 일본대사관에 난입하는 사건까지 일어났다.

문세광사건으로 일어난 많은 일을 여기서 상세하게 기술할 수는 없다. 그 일들이 한일 양국 사이에서 불분명하게 끝났다는 것은 당시의 한일관계를 상징하고도 남음이 있다고 할 것이다. 많은 복잡한 관계를 거쳐 1개월 후 9월 15일에는 한국 외상과 일본 주한대사 사이에서 「타나까 수상 친서를 휴대한 시이나 특사 방한」이 결정되었다(9월 16일자). 미국이 상당한 조정적인 역할을 했다고 전해졌다. 9월 19일에 시이나 에쯔사부로오가 타나까 친서와 보충설명 '메모'를 박정희에게 직접 전달했다. 친서와 메모 중에서 한 군데씩 인용하기로 한다.

　"박대통령 저격사건에 대한 사전준비가 일본 국내에서 이루어졌으므로, 일본정부로서 도의적 책임을 느끼고 있다."(타나까 친서)

　"일본정부로서는 박대통령 저격사건 범인이 일본여권을 입수했으며, 또한 일본경찰한테서 권총을 훔치는 등 범행의 준비가 일본 내에서 이루어진 것이므로, 일본정부는 그 나름의 책임을 느끼며, 유감의 뜻을 표한다."(특사의 구두 설명)

　이렇게 해서 문세광사건에 대한 세간의 관심이 가시는가 싶더니, 9월 26일과 27일 학생들의 반정부데모가 다시 타올랐다. 하나는 가톨릭 교회를 중심으로 하여 정치범의 석방을 요구한 것이고, 또하나는 '경찰은 학원에서 철수하라'고 외치며 한국신학대학에서 단식투쟁을 전개한 것이었다. 10월 10일에는 고려대학교에서 다시 2천명이 모여 「구국선언」을 채택했다. 이러한 움직임은 전면적으로 파급될 것처럼 보였다. 그러자 10월 15일 데모가 격화될 것을 우려하여 13개 내학이 휴교를 결정했으며, 신민당은 '나라를 구하는 길은 개헌밖에 없다'며 희생을 각오하고 헌법개정을 단행하기로 한 정무회의 결과를 공개했다(10월 16일자). 다음날에는 서울대학교 법과대학과 문리과대학, 그리고 숭전대학교가 '유신헌법의 전면적인 개정' 등을 외치자 다시 휴교명령이 내려졌다. 19일이 되자 휴교한 대학은 32개교를 헤아리게 되었다(10월 20일자).

데모는 더욱 확대되고 이를 보도하려던 신문사 간부가 연행되는 상황이 이어졌다. 마침내 10월 24일에는 『동아일보』의 「자유언론실천선언」이 발표되었다. 선언에서는 "우리는 교회와 대학 등 언론계 밖에서 언론의 자유회복이 주장되어 언론인의 각성이 촉구되고 있는 사실에 대해서 뼈에 사무치는 치욕을 느낀다"고 했다(10월 24일자). 이러한 선언은 일찍이 없었던 일로, 회사 측은 기자 2백여명에게 그것을 신문에 게재하기로 약속했다. 그로 인해 24일 석간이 다음날인 25일 새벽에 발행되는 파행적인 사태가 벌어졌다. 한편 『한국일보』에서는 보류당했던 사설을 게재할 것을 요구하며 논설위원들이 사설 집필을 거부하는 사태에 들어갔다(10월 27일자).

『아사히신문』은 거의 전국적으로 전개되는 학생데모를 보도하면서, 이것은 11월 하순 포드 미국 대통령의 방한을 앞두고 한국정부가 강경조치 단행을 피하고 있기 때문이라고 했다(10월 29일자). 그리고 「고난계속되는 김대중씨」(10월 31일자)라는 제목으로 그가 가톨릭 성당의 미사에 출석한 상황 등을 상세하게 전했다.

"경찰 당국은 김대중씨가 참석한 것도 있어서 삼엄한 경계를 펴고, 번화가인 명동지구의 교통을 차단하고 무장한 기동대에 의한 검문소를 여러 곳에 만들어 대성당으로 들어가는 통행을 금지했다. 주최 단체의 한 사람은 '경찰의 규제가 없었다면 기도회에 참석한 일반시민은 5천명을 넘었을 것'이라고 말했다."(11월 12일자)

74년 11월 27일 재야지도자들은 민주회복국민회의를 결성했는데, 김대중은 '병사의 한 사람으로서 나도 운동에 참가한다'고 하며 반체제국민운동에 참가하기로 결의했다. 민주회복국민회의의 운영을 맡은

7인위원회 인사들은 서울대 명예교수이며 국어학의 최고권위자인 이 희승(李熙昇), 전 신민당 당수 김홍일(金弘壹), 전『동아일보』주필 천 관우, 기독교회 지도자 함석헌, 강원용(姜元龍), 전 변호사협회 회장 이병린(李丙璘), 여성운동가 이태영이었다. 민주회복국민회의에 의한 「국민선언」 제1항은 다음과 같은 것이었다(11월 28일자).

"민주공화국인 대한민국의 헌법은 주권자인 국민에게 민주체제를 보장하는 기본법이어야 한다는 것은 어길 수 없는 대원칙이다. 전면적 으로 이 대원칙에 어긋나는 현행 헌법은 최단시일 내에 합리적 절차를 거쳐 민주헌법으로 대체되어야 한다."

또한 반정부행동으로 체포된 사람들의 석방을 요구하며 "정부의 실 정을 비판하여 시정을 촉구하고 나아가서는 정부의 퇴진까지 주장"할 수 있는 권리를 주장했다. 「국민선언」은 박정희정권의 유신체제와 비 판세력 사이에 전면적인 대결이 더욱 첨예화되었음을 의미했다.

『동아일보』 기자들이 10월 12일에 낸 「자유언론실천선언」 이래의 투쟁도 그러한 양상을 띤 것이라고 할 수 있었다. 그러나『동아일보』와 동아방송 측은 12월 23일경부터 '음험한 외부의 압력'에 직면해야만 했다. 기업에는 압력을 넣어 신문광고를 내지 못하도록 하고, 은행에 는 융자를 끊도록 하는 방법을 통해서였다(12월 24일자).

74년 세모에서 75년 이른 봄에 걸쳐서 민주회복국민회의의 투쟁과 『동아일보』의 자유언론투쟁이 봄을 향한 희망을 이어가고 있었지만, 참으로 힘겨운 투쟁이었다. 양측에 대한 정부의 탄압은 계속되었다. 신문에는 광고탄압이 최대의 타격이었다. 민간의 용기있는 격려광고 가 그 공백을 메우게 되었지만 그것도 또한 권력에 의해서 심한 방해 를 받았다.『아사히신문』은 75년 1월 20일 「한국 동아일보, 광고 끊긴 지 1개월」이라는 전면기사를 싣고 이 투쟁에 대해서 「높아가는 민중의 성원, 뒤로 물러설 수 없는 지구전으로」라고 상세하게 보도했다. 「양심 버린 신문은 만들지 않겠다」며 「국민의 소리를 따르겠다」고 결단한 송건호 편집국장과 타메다 특파원의 인터뷰에서 일부만 인용해보기로 한다.

　　──이 광고 취소는 언제까지 계속될 것인가.
　　모르겠다. 그러나 다만 한 가지 우리가 할 수 있는 말은 지금의 자세를 끝까지 관철하겠다는 것뿐이다. 양심을 버린 신문은 만들지 않겠다.
　　──지원활동이 전개되고 있는 모양이던데……
　　이름도 없는 시민 한사람 한사람이 돈을 보내주신다. 참으로 감사하다. 그리고 그 돈이 이 사람들에게는 무엇보다도 격려가 된다. 신문은 독자가 있고서 존재하는 것이다. 독자가 이렇게까지 동아를 사랑하고 있구나 생각하면 나는 할 말을 잃고 만다. 신문인으로서 이 이상 행복한 일이 있겠는가.

　　이러한 상황 아래서 박정희정권은 비할 데 없는 불안에 빠져 있었던 것일까. 박정희는 75년 1월 22일 중대발표를 한다고 했다. 72년 11월 21일 유신헌법에 대한 국민투표에서 91.5퍼센트로 지지를 받았다고 했는데, 2년 3개월 만에 다시 신임을 묻는다는 것이었다. '현행 헌법인 유신체제를 지지하는가, 지지하지 않는가'를 묻는다는 것이었다. 다음날 특별담화에서 박정희는 국민이 이 체제를 지지하지 않는다면 대통령직에서 물러나겠다고 했다. 비판세력은 자유가 없는 상태에서 그것은 정권연장을 위한 위장행위라고 일제히 반발했다. 국민투표법에는 "누구든지 국민투표의 대상이 되는 사항에 관한 찬성 또는 반대를 위한 행위를 하지 못한다"고 되어 있었다(75년 1월 22일자).

국민투표 운운하는 것에 대해서 『서울신문』은 대통령의 특별담화를 듣고 "새삼 그의 애국지충정(愛國之衷情)에 탄복함을 금할 수가 없다"고 했고, 『경향신문』은 "민족지도자로서 내린 현명한 결단"이라고 했다 (1월 22일자). 백지광고로 저항하던 『동아일보』만이 「개정돼야 할 국민투표법」이라는 제목을 붙인 사설에서 "진정으로 현행 헌법체제의 개편론에 대한 국민들의 의사를 묻기 위해서라면 먼저 국민의 의사가 반영되게 국민투표법이 개정되어야 할 것"이라고 당당하게 썼다. 찬반을 논해서는 안된다는 현재의 국민투표법 아래서는 국민투표의 의미가 없다는 발언이었다 (1월 22일자).

야당이 활동하지 못하는 중에 재야의 민주회복국민회의만이 "정치놀음으로 국비를 낭비하고 찬성이라는 결과가 나와도 국민의 불신은 한층 깊어질 것"이라고 반대의견을 말했다 (1월 23일자). 『아사히신문』의 「한국의 민주화운동과 국민투표」(1월 24일자)라는 사설은 이 국민투표가 얼마나 잘못된 선택인지를 상세하게 설명하고 다음과 같은 결론에 이르렀다.

"박대통령의 이번 조치는 계속되는 인플레와, 도산과, 실업증가에 따른 사회불안도 고려되었다고 한다. 그러나 정치불안과 사회불안을 일소하기 위해서는 무엇보다도 우선 구속학생의 석방이나 언론통제의 완화 등 자유화를 향한 방침전환이야말로 필요한 것이 아닐까."

이것은 한국의 여론을 대변한 것이었다고 해도 좋을 것이다. 『아사히신문』은 그날 한국의 민주회복국민회의가 '국민투표 보이콧'을 했다고 기술하면서 『동아일보』의 투쟁과 신민당의 국민투표 거부에 대해서 보도했다. 그리고 그 다음날인 1월 25일 석간에서는 김대중이 그날 오전 자택에서 내외기자와 회견하고 "이번 국민투표는 결코 사태의 해결로 이어지지 않을 것이며 탄압의 구실로 악용될 우려가 크다"고 발언한 내용을 상세히 전했다. 그는 "국민투표는 지금까지 독재자들이 종종 애용하는 연극이 되어왔다"고 정부를 격렬하게 비판하면서 "나는 지금 국민투표 중지를 요구한다. 나는 국민투표를 당연히 거부하고 민주회복을 위해 재야지도자들과 협의하여 행동을 함께할 것이다"라고 분명하게 주장했다. 신민당 총재 김영삼은 미국에서 귀국 도중 토오쿄오에 들러 "귀국 후 즉각 국민투표 거부운동을 전개하겠다"고 발표했다(1월 27일자). 1월 30일 신민당은 김영삼을 중심으로 확대간부회의를 열고 국민투표 거부운동을 정식으로 결정했다.

국민투표문제를 중심으로 재야세력은 협력체제를 한층 강화했다. 『동아일보』는 2월 6일자 「국민투표를 해야 하는가」라는 사설에서 "떳떳하지 못한 방법으로 막대한 돈을 들여 치러지는 국민투표가 지금 우리나라가 처해 있는 난국을 헤쳐나가는 데 도움이 되리라고는 도저히 생각되지 않는다"고 설명했다. 가톨릭정의구현사제단은 기도회를 열고 거부투쟁을 선언했고, 김대중은 박정희에게 재야인사들과 대화할 것을 호소했다(2월 7일자). 다음날 김대중과 김영삼은 "국민투표는 유신체제 지지를 얻어내는 형식에 지나지 않으며, 국민과 세계를 기만하려고 한다"는 데 의견일치를 보고 공동성명을 발표했다.

국민투표일은 2월 12일이었다. 2월 8일자 『아사히신문』 석간은 「한국 국민투표 반대, 전 야당이 행동강령」이라는 제목 아래 국민투표 반대운동에 대해서 상세하게 전했다.

"전 대통령후보 김대중과 김영삼 신민당총재, 윤보선 전 대통령 등 한국 야당세력의 최고지도자들은 8일 아침 '국민투표 거부를 위한 행동강령'을 발표, 이에 동조하도록 전국민에게 호소했다. 투표일인 12일 각 야당에 대해서는 투표소에 가지 말고 토론집회를, 신구 5백만명의 신자를 가진 기독교회에서는 민주주의의 죽음을 애도하는 조종을 울리면서 기도회를 열도록, 각각 구체적인 제안을 담고 있어서, 이 운동의 조직화가 성공할 경우 한국 내에서는 정부지지와 반정부의 양 세력이 격렬하게 부딪쳐 혼란도 피할 수 없을 것으로 예상된다."

이처럼 재야세력과 정부 사이에 복잡한 공방이 이어졌고, 『아사히신문』은 2월 13일 석간에서 "찬성률 73%" "서울은 찬성 58%" 등으로 발표하고 야당은 무효소송 준비를 한다고 보도했다. 정부가 과반수의 지지를 얻었으므로 '온건노선'을 취할 것이라고도 예측되었으나, 『아사히신문』은 "박체제 비판이 진정되기는 어렵다"고 여기며 『동아일보』와 동아방송이 "연일 정력적으로 부정투표 사실을 캐내며 국민의 눈과 귀를 끌어당기고 있다"고 보도했다. 이런 상황을 근거로 『아사히신문』이 2월 14일에 게재한 사설 「국민투표와 한국의 국론통일」은 또하나의 우수한 사설로 기억될 것이다. 글의 첫머리는 다음과 같은 말로 시작되었다.

"박대통령의 유신체제에 대한 찬반을 묻는 한국의 국민투표는 투표율 79.84%, 찬성 73.1%라는 결과로 끝났다."

그러나 서울에서 나타난 투표율은 "구정에 귀향한 사람이 많았다고는 하나 60%를 겨우 넘었을 뿐이다." 서울에서 찬성이 58%라고 한다면 "서울시의 유권자 1백명 가운데 64명이 기권이나 반대라는 것이 된다." 그리고 전국적으로 "투표율 약 80%, 찬성 73%"라는 숫자라면 "유권자의 6할이 찬성표를 던졌다"는 것이 된다. 이것이 찬반운동을 금지하고 "정부 측의 선전만 대량으로 유포된 상황" 아래서 나온 결과라고 한다면 더욱 심각하다. 사설은 다음과 같이 매듭지었다.

"원래 현재 한국여론이 분열되어 있는 것은 대통령의 독재적 권한을 담은 현행 헌법의 실시가 원인으로, 이번 국민투표도 현행 헌법을 지지하는가 지지하지 않는가가 쟁점이었다. 따라서 박대통령이 진정으로 국론의 통일을 바란다면 헌법개정에 긍정적인 태도를 표명하는 것 이외에 근본적인 해결책은 보이지 않는다고 해도 좋지 않을까."

어찌됐든 다행히 국민투표 직후인 2월 15일 오전 대통령 사면권을 발동하여 10개월 만에 민청학련사건에 관여했다고 하여 징역 20년을 선고받고 투옥된 하야가와 요시하루와 타찌가와 마사끼의 특사를 발표했다. 그리고 지학순, 김지하, 이철 등 사형과 같은 중형에 처했던 사람들도 석방되었다. 147명에 대한 형집행정지였다. 사형에서 징역 20년에 이르는 형에 처해졌던 사람들도 10개월의 감방생활로 석방된 것이다. 그렇다면 대체 이 나라에서 법이나 형벌이란 어떤 의미를 갖는 것인지 묻지 않을 수 없다. 이 조치에 대한 『아사히신문』의 사설 「한국의 대통령 특사에 이어지는 것」(2월 16일자)도 또한 훌륭한 사설이었다. 그 일부를 여기서 인용해보기로 한다.

"국민투표는 끝났다고 해도 한국의 정치정세는 아직도 많은 불안정한 요소를 안고 있다. 야당이나 재야의 지식인들은 민주 회복, 헌법개정운동을 점차 강화한다고 발표하고 있고, 학생운동도 새학기의 재개와 함께 격화될 것으로 예상되고 있다고 한다. 또한 경제정세도 어려움이 커지고 있으며, 동아일보사건도 아직 해결되지 않고 있다. 특별사면에 이어 어떤 정책이 나올 것인가. 이것이야말로 한국국민뿐만 아니라 국제적으로도 주목되고 있는 점이다."

『아사히신문』은 이 사설과 함께 「한국의 정치범 석방──서울에 든는다」를 게재했다. 그리고 "미국, 일단은 환영"이라고 써서 특별사면에 미국의 압력이 있었던 것을 넌지시 비치면서, 미국의 "의회, 민주화를 앞으로도 감시"라고 쓰고, 미국의 압력이 차후에도 계속될 것이라고 전망했다. 또한 『아사히신문』은 『동아일보』가 석방된 민청학련사건 학생들이 고문당한 사실을 밝혔다고 보도했다. 예를 들면 "김일성 만세"를

294

쓰도록 강요당하고 "거부하면 허벅지를 몽둥이로 마구 두들겨맞은 후" "물고문"을 당했다. 그 때문에 어느 학생은 "'인간을 동물처럼 취급하는 이 땅에서 살아 무엇 한단 말인가' 하고 자포자기하는 마음이 되어 당국이 시키는 대로 하고 말았다고 털어놓았다".(2월 18일자)

출옥자들은 수사나 투옥 중에 받은 고문을 고백했고, 『아사히신문』은 가능한 한 상세한 내용을 게재했다. 2월 28일에는 김대중과 김영삼 등 13인의 야당정치가가 야당의원 등에게 가해진 고문에 대해서「고문정치 종식을 위한 선언」을 발표했다. "발가벗겨진 채 양쪽 허벅다리 사이에 몽둥이를 끼우고 결박당했다" "각목으로 마구 두들겨맞았다. 고문을 가한 취조관은 '죽는다 해도 병사라고 보고하면 된다'고 아무렇게나 내뱉었다"는 등의 고문상황을 밝혔다(2월 28일자).

『동아일보』의 백지광고 투쟁도 계속되었다. 『아사히신문』은 3월 4일 『동아일보』 3일자 석간에 일찍이 유엔대표를 지낸 임창영(林昌榮), 문화방송의 주미특파원으로 근무하던 문명자(文明子) 등 "재미한국인 107인에 의한 광고"가 게재된 일을 전했다.「대통령각하께 드리는 글」이라는 장문의 의견광고였다. "돌려서 말하느라고 신경을 쓰고 있지만 사실상의 퇴진요구"를 제기한 광고였다. "우리는 결코 각하가 꺼리시는 '환상적 민주주의자'들이 아니며 또한 그렇게 될 수도 없습니다. (…) 그런데 각하께서 집권하신 후로 계속되어온 비상조치, 헌법개정, 국민투표, 언론탄압, 학원 및 종교 사찰, 불법감금, 고문 등 인권탄압으로 해외에서 한민족으로서 우리의 긍지에는 남이 샀습니나"라며 마시막을 다음과 같이 끝맺었다.

"저희 해외동포들은 각하께서 자신의 거취를 지혜롭고 영예롭게 택하시는 것만이 민족번영에 기여하며 국가안보에 이바지하는 길임을 확신하는 바입니다."

한편 74년 10월 12일 『동아일보』 기자들에 의한 「자유언론실천선언」에서 시작하여, 『동아일보』에 광고를 내지 말도록 기업에 압력을 넣기 시작한 12월 24일경의 백지광고 사태와 그에 대한 시민의 지원으로 이어진 투쟁은 5개월 정도로 그 종언에 다다른 듯했다. 75년 3월 8일 『동아일보』는 '기자 18명 해고'를 발표했다. 기구축소를 구실로 게시판에 명단을 발표했는데 대부분이 동아자유언론 투쟁의 중심멤버였다(3월 9일자). 이것을 시작으로 『동아일보』의 자유언론을 위한 투쟁은 붕괴되어갔다. 17일 새벽 농성중이던 기자들을 폭력단을 써서 끌어냈다. 3월 17일 『아사히신문』 석간이 전한 기사의 일부 내용을 여기에 인용하기로 한다.

"해가 채 뜨지 않은 어둠속에서 기자들은 울면서 사외로 나갔다. 동아일보 전 주필이며 민주회복국민회의 상임대표위원인 천관우씨 등이 그들을 껴안듯이 맞았다. 기자들은 그후 '암흑을 광명이라고 해야 하는 거짓된 신문을 만들 수는 없다. 몸은 비록 동아를 떠나지만 자유언론에 몸 바칠 것을 국민 앞에 서약한다'는 성명을 발표했다."

김병익(金炳翼) 기자협회 회장(『동아일보』 문화부기자)이 말한 것처럼 그것은 참으로 '민주주의의 조종(弔鐘)'이었다. 김대중, 김영삼, 윤보선 등의 화해노력도 헛수고였다. 배후에 있는 군사정권 지배의 손길을 막을 수 있는 사람은 아무도 없었다. 시인 김지하는 『동아일보』에 게재한 「고행…1974」에서 인혁당사건은 고문에 의한 조작이었다는 것을 확인했다고 썼다는 이유로 3월 13일 다시 체포되었다. 19일 저녁 국회에서는 "의사당 내에 있는 의원 휴게실로 몰래 장소를 옮겨 야당을 제외한 변칙사태 속에서" "국가 모독죄"를 신설하기로 가결했다. 외국인 단체를 대상으로 정부기관을 비방하거나 유언비어를 유포해도 7년 이하의 징역에 처해진다는 내용이었다(3월 20일자).

75년 4월 3일에는 연세대에서 총장 사임에 반대하는 6천여 명의 데모가 일어났다. 박대선 총장이 김동길 등 추방된 교수들의 복직을 단행했다는 이유로 정부가 총장의 사임을 강요했기 때문이다. 이들과 행동을 같이 하듯 서울대와 서강대에서도 '고문정치의 원흉을 처단하라'는 데모를 전개하며 크게 저항했다(4월 4일자).

4월 9일 『아사히신문』은 「박대통령 긴급조치, 고려대에 휴교령, 군대 출동, 반정부운동 금지」라는 제목으로 고려대학교에서 일어난 약 2천명의 데모에 관해서 대대적으로 보도했다. '독재정권 물러가라' '유신헌법 철폐하라'는 외침은 지금까지 해온 학생저항과 별로 다르지 않은 것이었으나, 청와대는 '이 긴급한 시기에 나라의 안전을 위협하는 행위는 용서할 수 없다'며 강권발동을 결의했다.

긴급조치 제7호가 발포되었다. 이 긴급조치는 집회, 시위를 금지하고 위반자에게는 '3년 이상 10년 이하의 징역'을 부과하며 '이 경우에 10년 이하의 자격정지를 병과'할 수 있었다. 질서유지라는 명목으로 병력을 진주시키고 영장도 없이 체포, 구금이 가능하다고 했다. 그리고 4월 9일 긴급조치 위반으로, 이른바 북한의 인혁당과 관련이 있다고 투옥된 8명에 대해서 사형을 집행했다. '조국의 적화통일'을 획책해왔다는 죄명이었다. 박정희정권은 베트남 해방세력의 승리와 함께 공산정권이 남진할 것을 강조하면서 이처럼 무모한 일을 행한 것이다. 실제로 이 무렵은 김일성이 북경을 방문하여(4월 8일) "전쟁으로 우리가 잃는 것은 군사경계선이며 얻는 것은 조국의 통일이다"라고 호언하던 시기였다(6월 25일자).

『아사히신문』은 75년 7월 16일 『동아일보』에서 대기업의 광고가 부활했다고 보도했는데 이것은 전년도인 12월 16일 이래 210일 만에 『동아일보』의 저항이 굴복했다는 것을 의미했다. 그리고 7월 21일에는

「정기(正氣) 잃은 한국 재야세력」이라는 서울 특파원의 기사를 실었다. 서두는 다음과 같이 시작되었다.

"한국 내에서 진행되던 민주화운동은 한때 고조되었던 분위기가 거짓말처럼 잠잠해져 무겁게 가라앉아 있다. 재야세력의 열광적인 박수를 받으며 광고탄압에 저항을 계속하던『동아일보』에도 이미 당초의 정기는 없고, 치안당국은 스폰서에게 청신호를 보내 광고를 부활시켰다. 모든 것이 정부 페이스대로 진행되고 있는 작금이다."

저항세력이 주춤했던 이유는 베트남 해방세력의 승리로 위기감이 고조된 터에 그것을 구실로 정부의 탄압이 한층 격렬해졌기 때문이었다. 이런 현상의 결과였을까. 일찍이『사상계』를 발간하고 민주화운동을 위해 헌신해온 장준하가 서울 교외 약사봉에서 등산 도중 원인불명의 죽음을 당한 것도 이 무렵 75년 8월 17일 오후였다(8월 18일자).

불안한 침묵이 크게 흔들린 것은 다음해 3·1절 밤이었다. 명동성당의 3·1절 기념예배에서「민주구국선언서」가 발표되었던 것이다.『아사히신문』은「김대중씨 등 12명 발표, 박정권 퇴진을 요구, 조치법 철폐하고 언론회복」이라는 제목 아래 "이 선언은 민주회복과 박정권의 퇴진을 요구하고 있으며, 반정부세력이 정면에서 공공연하게 정권비판에 나선 것은 작년 5월 대통령조치 9호 발령 이래 처음 있는 일"이라고 보도했다.

민주구국선언은 "대통령 긴급조치 철폐, 투옥된 민주인사와 학생들의 석방, 언론·집회·출판의 자유, 유신헌법으로 허울만 남은 의회정치 회복, 사법권의 독립"을 요구하는 것으로 윤보선, 함석헌, 김대중, 정일형, 김관석, 윤반웅(尹攀熊), 서남동(徐南同), 은명기, 이문영, 문동환, 안병무(安炳茂), 이우정(李愚貞) 등의 이름으로 발표되었다. 7백여 명이 참석한 기도회에서 일어난 일이었는데『아사히신문』은 다음과 같이 보도했다.

"1일의 민주구국선언은 베트남 직후의 '북한의 위협' 히스테리가 일단 진정된 내외정세를 배경으로, '긴급'조치가 1년 가까이나 지속되고 있는 이상사태에 대한 국민의 고뇌를 읽고, 민주회복을 향한 국민적 분위기가 고조되는 계기를 노린 것이라고 판단된다."(76년 3월 2일자)

3일자 신문은 3·1절 예배의 사회자, 설교자와 함께 서명자가 잇따라 당국에 연행된 일을 보도했다. 3월 3일자 「한국 민주화의 외침 사멸하지 않았다」라는 『아사히신문』의 뛰어난 사설의 내용을 여기에 인용하기로 한다.

"강대한 군대와 경찰력이 있다면 무기도 없는 사람들을 제압하는 것은 용이하다. 그렇지만 자유를 향한 열망을 뿌리째 뽑아 없앨 수는 없으며, 종국에 가서 승리하는 것은 그러한 근원적인 인간의 이념이다. 무엇이 한국의 안정과 국민생활의 번영에 긴요한가를 한국정부가 충분히 숙고하기를 바라는 바이다."

3월 4일 『아사히신문』에는 한국의 상황에 대해서 「정치적 긴장 고조되다」라고 하면서, 신문은 보도할 수 없고 야당도 활동할 수 없는 상황에서 어떠한 대중 동향이 나타날지 주목하고 있다는 특파원 기사가 실렸다. "지금의 한국에는 독자적인 정보전달과 상호부조의 조직을 가진 것은 종교계 이외에는 없다." 종교계는 "국제적인 연락"망을 가지고 있다. "민주구국선언"에 이르기까지 일이 진행된 경위는 극비로 되어 있다. 『아사히신문』의 오구리(小栗) 특파원의 뛰어난 기사는 나음과 같이 이어졌다.

"소식통은 '선언' 발표로 단숨에 정권과의 역관계가 역전된다고 하는 달콤한 환상은 절대 아니고, 오히려 억눌려 있던 민주회복운동을 부활시키는 계기로 삼고 대중적인 운동의 폭을 넓히기 위한 선구적

'돌출'행위라고 자각한 후의 행동이었다고 보고 있다. '선언'에 대해서 '연행선풍'이 불어닥칠 것은 현 정권의 체질을 잘 알고 있는 반정부 측이 예상하지 못했을 리가 없고, 오히려 '계산된 수난'이라는 견해가 유력하다."

미국 국무성 대변인은 4일 기자회견에서 종교계 지도자들을 체포한 것을 언급하고 "한국은 스스로 저지른 내정상의 행위가 미국에 충격을 준다는 것을 알고 있는 동시에, 우리가 우려한다는 것도 자각하고 있을 것이다"라고 코멘트를 가했다. 이 회견 내용은 박정희정권에 대한 미국의 태도를 드러낸 것으로 기억할 만하다. 『아사히신문』의 「한국의 사태를 우려한다」(3월 10일자)는 적확하게 상황을 파악하고 문제점을 지적하며 방향을 제시한 뛰어난 사설이었다. 사설은 한국의 민주주의가 군사정권에 의해 얼마나 억압당하고 있는지를 정확하게 파악하여 제시하면서 다음과 같이 결론지었다.

"우리는 한국에서 인권이 위난에 노출되고 있는 사태를 우려하지 않을 수 없다. 한국의 양심을 대표하는 사람들에 대한 박해에 무관심할 수는 없다. '민주구국선언'은 우리나라와 한국의 경제적 상호관계도 언급하고 있다. 현재의 한일관계는 이번 사건과 무관하지 않다. 이런 점에서도 우리는 한국의 사태에 우려를 표명하지 않을 수 없다."

이러한 『아사히신문』의 자세에서 나온 것이라고 할까. 9월 9일 『아사히신문』은 윤보선 전 대통령이 "6시간 20분 동안 치안 당국에 의해 자택 취조를 받은 상황" 등을 취재하여 게재했다. 상당히 긴 글이나 일부만을 인용하기로 한다.

"정부는 유신헌법으로 안보를 강화한다고 하는데 나는 그 반대다. 유신헌법은 안보를 오히려 약하게 하고 있다. 지금 공산주의와 대결하기 위해서는 민주주의밖에 없다. 어떠한 해석이나 구실을 달아도 민주주의 외에 공산주의와 대항할 수 있는 것은 없다. 언제나 안보를 위해서라고 하는 정부가 커다란 잘못을 범하고 있다고 나는 생각한다. 안보를 위해서야말로 민주주의를 강화하지 않으면 안된다."

이 무렵『아사히신문』이 한국과 미국에서 인용보도한 두 편의 사설을 위와 같은『아사히신문』의 보도자세와 비교해보는 것은 흥미있는 일일 것이다. 하나는『아사히신문』이 "김대중사건에서 당국에 진상규명을 직언한 73년 9월 7일자『조선일보』사설과 비교해보면 이 나라의 극심한 변화를 알 수 있다"라는 논평을 붙여 76년 3월 17일에 보도한『조선일보』14일자「한국민의 생각·1976——3·1절에 있은 정부전복선동사건에 부쳐」라는 사설이다. 그 일부를 인용해보기로 한다.

"그 사건에 관련된 인사들이 (…) 지금 그런 사건을 일으켜서 이 사회의 질서와 안정을 어떻게 바꾸자는 것인지, 바꿔서 어떻게 하자는 것인지, 또 그것이 가능하다고 생각한 것인지 우리의 상식으로서는 곤혹과 회의를 느끼지 않을 수 없으며 (…)"

또 한편『아사히신문』은 3월 19일자『워싱턴 포스트』의「남한의 가장 위험한 인물」이라는 사설을「부패한 독재정치가」라는 제목으로 인용했다. 박정희 "여당이 걸프석유에서만도 3백만달러를 가로챘다"고 기술하면서 사설은 다음과 같이 이어졌다고『아사히신문』은 보도했다.

"포드정권이 한국 내 박대통령의 폭거에 대해 침묵을 지키고 있는 것은 위험하며 불명예스러운 것이며, 미국정부가 박대통령을 '제대로' 대할 생각이 없다면, 박대통령을 오래 살아남게 하고 있는 자금원을 쥔 미의회가 독자적으로 그렇게 해야 한다"(3월 20일자)는 것이다.

『아사히신문』과『워싱턴 포스트』의 사설, 그리고 한국 국내의『조선일보』의 사설을 비교해보면 1976년 3월경 일본과 미국과 한국은 어떠한 정치상황에 놓여 있었는지, 미국과 일본이 한국의 박정희정권을 어떻게 대하고 있었는지를 엿볼 수 있다. 특히 『워싱턴 포스트』의 사설은 한국 국내 정치에 대한 미국의 관여를 당당하게 주장했다고 해도 과언이 아닐 것이다. 이처럼 내외 중요언론이 보인 3·1민주구국선언 사건에 대한 보도자세를 통해서 앞으로 한국의 민주화운동이 어떻게 투쟁을 전개해갈지를 예측할 수 있었다.

『아사히신문』은 76년 3월 26일자 기사에서 한국의 문화공보부 해외공보관이 3월 18일자로 낸 영문자료 「종교생활 활용의 배후에 숨겨진 사실」을 언급했다. 그 자료는 '북한 공산집단과 그 동조자의 동향'이라는 항목을 만들어 다음과 같이 해외 매스미디어를 비판했다는 내용이다.

"아사히신문, 요미우리신문, AP, AFP 등 외국의 매스미디어는 이번 사건이 마치 정당한 민주화투쟁이기라도 한 것처럼 편견에 가득 찬 보도경향을 보이고 있다."

『동아일보』는 24일자 신문 1면 톱에서 「외국언론에 '내정간섭' 경향」이라는 표제를 붙여 이러한 내용을 보도했고, 3월 25일자 『경향신문』은 「내정간섭적 도전에의 경고」라는 사설까지 실었다. 한국의 민주화운동은 더욱 국내 여론의 관심에서 배제되었고, 정부의 가혹한 탄압아래서 해외 미디어로부터 지원을 받으며 투쟁하게 되었다. 그런 가운데서 소수 엘리뜨의 투쟁이 차츰 국민적 공감을 얻으면서 지향하는 목표를 달성해갔다.

시시각각 깊어지는 증오와 분열

─

　『아사히신문』은 한국 내 신문이 군사정권이 강요하는 대로 침묵하거나 사실을 왜곡하기를 반복하고 있을 때 한국의 지하에서 일어나는 일을 가능한 한 전하려고 노력해왔다. 이런 노력이 반체제 측 사람들에게도 알려져 정보가 있으면 우선 아사히 사람들에게 전해졌다. 이렇게 해서 김명식(金明植)의 「십자가 연구」라는 풍자시 사건이나(76년 4월 3일, 4월 30일자) 76년 8월에 광주에서 나온 제2의 「민주구국선언」(8월 12일자)도 전해졌다.

　「십자가 연구」는 장편시 「10장의 역사연구」가 잘못 전해진 것이었다. 『세까이』에는 76년 10월호에 처음으로 실렸는데 시는 다음과 같이 시작되었다.

　"여보게 / 시간이 이렇게 많이 지났는데도 / 뼈만 아픈 기억이 솟아나 /

기억도 병이라 생각하니/아— 그때/그 외치다 외치다/손도 짤리고
발도 어긋나/가슴이 멍든 벗님네/다 어디 가고"

이쯤에서 한국 밖에서 벌어진 투쟁이 어떠한 의미를 가지고 있었는
지를 잠시 기술해둘 필요가 있겠다. 한 나라의 민주화에 세계적인 지
원이 계속된 것은 세계사적으로도 드문 일이 아닐까. 특히 주목해야
할 것으로 두 가지 점을 들고 싶다. 하나는 세계 기독교교회에서 지원
을 보냈다는 것이다. 그로 인해 한국교회는 국내 운동에서뿐만 아니라
국제적인 연대에서도 중요한 역할을 담당할 수 있었다. 또하나는 일본
이 그 투쟁을 지원하기 위해서 중심적인 역할을 담당했다는 것이다.
이와나미쇼뗑의 『세까이』의 역할, 그리고 신꾜출판사(新教出版社)의
『후꾸인 또 세까이(福音と世界)』의 역할은 중요했다. 일본 기독교협의
회를 중심으로 한 '한국문제기독자긴급회의'(대표 나까지마 마사아끼中嶋正
昭)의 활동이 그 중심에 있었다.

『세까이』에는 「한국으로부터의 통신」을 비롯하여 한국 민주화운동
의 중요자료가 소개되었으며, 『후꾸인 또 세까이』에도 많은 기사나 자
료가 게재되었다. 그리고 한국문제기독자긴급회의는 직접적으로 한국
의 민주화운동에 대한 지원활동을 했다. 자금을 모아 희생자들을 지원
했을 뿐 아니라 『한국통신』(1975년 7월부터 1985년 12월까지)을 118호까지
발행하며 한국 내외의 운동을 지원했다. 토오꾜오에서 벌어진 운동은
한국 국내와 세계를 연대하는 중개 역할을 담당했다. 많은 정보가 한
국에서 우선 일본에 전해졌고, 다시 세계에서 보내오는 많은 지원이
일본을 통해서 한국에 전달되었다. 일본에서는 일본 내의 지원운동을
촉구해갈 뿐만 아니라 바깥세계로 파급시켜나갔다. 운동을 일본 내에
서 결집시켜 세계로 발신한 것이다. 일례로서 『아사히신문』이 보도한

기사를 하나 인용하기로 하는데, 한국 민주화를 위한 일본의 공헌은 역사상 처음 있는 일이었을 것이다. 『아사히신문』 8월 12일자 「박정권의 인권억압은 세계평화 위협한다」라는 기사는 다음과 같이 보도되었다.

"'박정권에 의한 인권억압은 단순한 한국의 내정문제가 아니라, 아시아와 세계의 평화를 위협하는 국제적인 문제이며 좌시할 수 없다'고 하며 한국의 인권문제를 처음으로 국제적으로 토의하는 '한국문제긴급국제회의'가 12일부터 15일까지 토오꾜오에서 열린다."

이 회의에는 "노벨생리의학상 수상자인 조지 월드(George Wald) 미 하바드대 교수, 1967년 서독에서 일어난 한국 중앙정보부에 의한 한국인 유학생 대량 납치사건의 피해자이며 현재는 서독 국적을 가진 작곡가 윤이상(尹伊桑) 등"을 비롯하여 세계의 "평화운동가 약 38명과 재일한국인, 일본 측 초청자"가 참석하며, 한국의 민주화운동에 대한 지원을 "비동맹제국 수뇌회담"이나 "유엔"에 적극 요청한다고 했다.

세계적인 참가자들과 함께 일본에서는 '평론가 아오찌 신(한일연대연락회의 대표), 작가 오다 마코또, 자민당 아시아·아프리카연구회 우쯔노미야 토꾸마(宇都宮德馬) 중의원 의원, 아스카따 이찌오(飛鳥田一雄) 요꼬하마 시장, 이치까와 후사에(市川房枝) 참의원 의원, 스미야 에쯔지(住谷說治) 도오시샤(同志社)대학 명예교수 등'이 초청되었다. 8월 13일 『아사히신문』의 기사는 「한국의 인권탄압을 고발, 각국에서 130명, 긴급국제회의 개최」라는 제복이었다. 다음날 신문은 회의에 대해 상세하게 전하며, 한국 내 정치범의 어려움을 호소할 뿐만 아니라 미일정부에 강력하게 항의했다.

"동시에 국제적으로 고립을 심화하고 있는 박정권은 정권유지를 위해 전쟁도발을 강조하여 한국국민뿐 아니라 아시아와 세계의 평화에 위협을 가하고 있으며, 그것을 허용하고 있는 것이 핵장비를 비롯한 미국의 무력과 일본의 경제진출이라고 하고, '세계의 양심'이 미일정부의 부도덕한 행위를 시정하도록 행동을 보이기 바란다고도 호소하고 있다."

『아사히신문』이 서구의 양심적 언론과 함께 한국의 민주화를 지원한 것은 특기할 만하다. 8월 15일 『아사히신문』은 윤보선이 민주구국선언 사건으로 10년의 구형을 받고서도 "이것이 최후가 될지도 모른다"라며 오구리 특파원에게 전한 '정치적 유언'을 크게 보도했다. 윤보선은 광복절을 맞이하여 "민주주의를 보장하기 위한 한미일 3국 정치회담"을 제기하면서 5개 항목을 들었다. 당시에는 단순히 박정희정권과 투쟁하기 위한 하나의 전략처럼 받아들여졌지만, "무엇보다 이해(利害)와 이념이 동일한 한미일 3국 회담"을 제기했다는 것에 깊은 의미가 있다고 할 수 있다. 5개 항목 중에서 첫 항목을 인용한다.

"남북간의 평화에는 우선 국민의 평화가 선행되어야 한다. 민중의 안전과 평화를 위협하면서 정권이 남북간의 평화를 설명한다고 해도 실현되지 않는다. 정권은 망설임 없이 현재의 반민주적인 정치체제와 법적 조치를 해체해야 한다."

한편 미국정부가 박정희정권에 분명하게 비판적인 자세를 취하게 되었다는 것이 명백해졌다. 8월 31일 『아사히신문』은 하멜 미국방성 차관보가 30일 주미한국대사를 불러 "미국정부는 한국 내 인권문제에 중대한 관심을 가지고 있다'는 강한 어조의 외교각서를 전달했다"고 보도했다. 미 의회에서 '국제안전보장법(대외원조법)'이 통과될 때 60일 이내에 "미 의회가 한국 내 인권문제에 중대한 관심을 가지고 있다는 것을 전하도록 강력하게 요청"했기 때문이다. 76년 10월 25일부터 『아사히신문』은 박정희의 지시로 박동선 등을 통해서 미국정계에 대대적으로 뇌물을 준 것이 크게 문제가 되었다고 보도했다. 『아사히신문』의 첫 기사는 24일자 『워싱턴 포스트』가 다음과 같이 보도했다고 전했다.

"워싱턴 주재 한국 실업가와 한국중앙정보부(KCIA) 공작원이 박 대통령의 직접지시로 지난 수년간 미국 국회의원 20인 이상과 정부고관에게 매년 총액 50만달러(1억5천만엔)에서 100만달러(3억엔)가 넘는 금품을 주고 박정부에 대한 미 의원의 지지 확대를 기도했다고 보도했다."

한편 카터 차기 미국 대통령이 당선 후 처음으로 12월 21일 주한미군 철수를 언급했다고 발표했다. 『아사히신문』의 기사(12월 23일자)는 다음과 같았다.

"주한미군 약 4만 가운데 육군 약 3만2천을 단계적으로 철수하는 것은 카터씨의 공약까지도 필요없이 69년 닉슨 독트린 이래의 기본자세라고 할 수 있다. 베트남 전쟁의 여파로 포드정권시대에 다소 불투명해졌던 원칙이 카터 차기정권에서 본래의 자세를 명확히 한 것이다."

미국의 박정희정권에 대한 압력은 분명해졌다. 원조 삭감, 미군 철수 또는 감축, 그리고 대미스캔들 공작 폭로, 이런 것들은 미국이 이른바 우호국에 압력을 넣을 때 사용하는 최대의 무기이며 한미관계에서도 항상 제기되어오던 것이었다. 게다가 미국이 인권문제에 비판적으로 관여하기 시작했다면 미국의 대한자세는 분명한 것이라고 할 수 있었다. 결국 박정희정권이 언제까지 견딜 수 있을지가 문제였다.

76년 12월 31일, 『동아일보』에 실은 「고행…1974」라는 글로 인해 김지하에게는 징역 7년이라는 판결이 언도되었다. 일본에서는 「자민당 의원과 친한파(親韓派)에게 한국정부가 고액의 돈」을 건넸다는 레이나드(D. Reinard) 전 국무성 한국부장의 발언으로 떠들썩했다(77년 1

월 20일자). 박정희정권의 은폐공작으로 그 전모가 밝혀지진 않았다고
해도 박정희가 정권연장을 위해 미국과 일본에서 뇌물을 준 사건에 대
한 수사가 한국국민에게 끼친 영향은 지대한 것이었다. 박정희정권은
외국에서 드러난 이러한 정보가 국내에 유입되는 것을 극도로 억압했
지만, 민주화운동을 하는 사람들 사이에서는 미국이나 일본에서 밝혀
진 정보가 은밀하게 끊임없이 전해졌다. 예컨대 1977년 1월 28일자
『아사히신문』 석간에는 27일 워싱턴발 시사통신이 실렸는데, 레이나
드는 일본의 정치가에게 돈을 건넨 인물로는 "조 KAL사장의 이름도"
있었다고 발언했다. 조 KAL사장은 조중훈(趙重勳)이었다. 기사에서
한군데만 인용한다.

"나는 74년 국무성을 은퇴할 때 기밀문서를 가지고 나오거나 하지
는 않았다. 그러므로 정보보고서의 카피는 가지고 있지 않다. 그러나
내가 본 정보보고서에 헌금의 상대와 금액이 적혀 있었던 것은 사실이
다. 또 토오꾜오에서 벌어진 김대중씨 유괴사건도 한국중앙정보부
(KCIA)가 한 일이라는 취지의 극도로 상세한 공문서 기록이 있었다.

이 정보보고서들은 아마 국무성이 보관하고 있다고 생각하는데 '정
보자유'법에 근거해서 공개를 요구해도 미국정부는 대외관계에 미치는
영향을 고려해 응하지 않을 것이다."

이렇게 하여 일본 수상 키시 노부스께(岸信介)나 타나까 카꾸에이
등이 화제에 올랐다(1월 29일자). 그리고 카터정부의 부통령 몬데일
(Walter Mondale)이 세계 각국 순방길에 한국 방문을 거부하고 일본
만을 방문하여 2월 1일 후꾸다 수상과 회담하고 다음과 같이 밝혔다고
보도했다.

"카터 미국 대통령이 선거공약으로 내건 미군철수 목적은 '한반도
의 긴장완화' 그 자체보다도 오히려 '한국 박정권의 자세에 대한 미국

국민의 감정을 배려한다는 데' 비중이 놓인 것이며, 미국 내와 한국에서의 정치적 효과를 노린 것으로 받아들일 수 있다."(2월 2일자)

미국에 대한 박정희의 자세는 2월 4일 법무부 연두순시를 하면서 그 자신이 직접 밝혔다. 그것은 '일부 외부인사' '국제사회에서 인권 운운 하고 떠드는 사람들'을 향한 말이었다. 박정희는 "민족과 국가의 존망이 걸려 있는 시국에 개개인의 자유는 자제해야 한다. 우리 국민의 대다수는 이를 잘 인식하고 유신체제를 지지하고 있다." "아직도 이를 깨닫지 못하는 사람에 대해서는 앞으로 가차없는 법의 제재가 가해질 것이다." "이것은 3,500만이 생존하기 위한 민주주의이며 생존경쟁이다"라고 말했다고 『아사히신문』은 전했다(2월 5일자). 그의 발언은 분명히 인권을 문제삼는 카터정권에 대한 도전이었다고 해도 좋을 것이다.

한편 『아사히신문』에서는 박정희정부에 의한 대일공작이나 대미공작 또는 한일유착 등이 폭넓게 폭로되었다. 거기에는 이재현(李在鉉)과 같은 망명외교관이 있었고, 박동선과 같은 재미실업가가 있었다. 이재현은 일본의 친한파는 "차관 2, 3할을 가로채고" "리베이트를 반분"해왔다고 했다(2월 7일자). 그는 "한국의 대일 뇌물은 대미 뇌물보다 훨씬 많은 거액이라고 생각한다"(2월 8일자)고 말했을 정도였다. 『아사히신문』은 그래서 윤보선이 민주구국선언 사건 상고이유서 가운데서 "한일유착·대미공작"을 정면으로 비판했다고 보도했다.

"윤보선씨의 상고이유서는 '최근 외국에서 폭로되고 있는 바에 의하면 박정권은 지난 수년간에 걸쳐 일본과 미국의 고위정치가, 경제인, 언론인 등에게 자신의 독재정권을 지원해달라고 거액의 뇌물을 바쳐왔다고 한다'고 하고 ① 미국의 일부 지도자들이 그동안 거액의 뇌물을 받고 우리 민중에 대한 박정권의 인권탄압을 비호해왔다는 사실에 분노를 금할 수 없으며 미국정부가 이 사건의 진상을 철저하게 밝히고 그 전모를 숨김없이 우리 한국민 앞에 공개하기를 강력히 요구한다. ② 일본의 일부 부패한 세력이 박정권과 결탁하여 한국민에 대한 박정권의 인권탄압의 물질적 기초를 제공하여 국민적 분노를 일으키고 있다고 했다."(2월 10일자)

『아사히신문』의 오구리 특파원은 그것은 "상고이유서라고 하기보다는 박정권을 비판하는 정치적 선언이라고도 할 수 있다"고 코멘트를 가했다. 이처럼 미국에서도 일본에서도 박정희정권의 부패한 국제적 공작이 크게 문제가 되었는데, 국내에서는 민주구국선언 1주년을 앞두고 2월 28일 관련자 중에서 불구속 상태이던 윤보선, 함석헌, 정일형, 이태영, 이우정, 안병무, 김승훈(金勝勳), 장덕필(張德弼), 이해동(李海東) 등 9명이 「자유투쟁을 중단하지 않는다」라는 성명을 다시 발표했다. 『아사히신문』에 발표된 요지는 다음과 같이 시작되었다.

"3·1민주구국선언을 하게 된 동기나 목적에 검찰이 억지주장을 한 대로 정권쟁취나 민중봉기를 기도할 의사도 없었고 그런 것을 기도한 사실도 없음은 너무도 명백하다. 또한 선언문 중 사실을 왜곡했다고 검찰이 내세운 혐의내용에는 수긍할 만한 구체적인 아무런 증거도 없을 뿐만 아니라 도리어 검찰이 사실을 왜곡하여 악의로써 덮어씌운 인상이 짙다고 여겨지며 따라서 선언문에서 주장한 모든 사실은 어김없이 진실임을 다시 천명한다.

구국선언을 한 것은 오직 숭고한 3·1정신을 이어받아 나라를 사랑하고 백성을 사랑하는 일념과 진실을 지키며 정의를 실현하고 천부의 자유와 인권을 존중해야 할 신앙인으로서 순수한 신앙 양심의 발로였음을 밝히고 그러기에 우리는 당연히 무죄임을 주장한다."

또한 일본통치하에서 독립선언을 발표했던 민족대표가 최고형 3년이었는데, 이번 민주구국선언 사건에서 최고형 5년이란 "너무도 가혹하고 비참하지 않은가?" 더욱이 올해는 전세계적으로 "양심범 석방의 해"가 아닌가고 추궁했다(3월 1일자). 다음날인 3월 1일 밤 3·1절 기념집회가 명동대성당과 기독교회 등에서 열렸는데, 연금 등이 잇따르는 가운데 명동성당 미사에는 1,600명이나 모였다고 『아사히신문』은 크게 보도했다(3월 2일자). 3·1절을 전후하여 전국적으로 연금 등이 이어졌다. 함석헌이 가택수사로 압수당한 「환상의 제2구국선언」(3월 6일자)이라는 선언문이 3월 7일 토오꾜오에서 한일연대연락회의에 의해서 발표되었다. 함석헌이 쓴 이 선언은 박정희에게 보내는 서간형식이었는데, 박정희의 실정을 열거하고 마지막에는 다음과 같이 박정희의 퇴진을 요구했다.

"책임을 지고 용퇴하십시오. 귀하는 국가의 주권을 스스로 강탈한 것이니 책임을 지는 데 조금도 주저해서는 안됩니다. 이때 일대용단을 내리고 스스로 그 자리에서 물러나 국민으로 하여금 '전화위복'의 의무를 평화롭게 수행할 수 있는 기회를 가져오지 않으면 안됩니다."(3월 8일자)*

한국의 민주화운동은 카터 미국 대통령의 취임과 함께 그의 인권정책에 걸맞은 형태로 한층 강력하게 전개되었다고 할 수 있다. 3월 10일 『아사히신문』은 카터 미국 대통령이 9일 밤 "백악관에서 박동진(朴東鎭) 한국 외무부장관과 회담하고 주한미군 지상군 철수방침을 공식적으로 전달하면서 한국 인권문제에 대한 미국의 깊은 우려를 역설했다"고 전했다. 그리고 서울에서는 명동대성당에서 1,500명의 집회가 열렸고 「노동자 인권선언」이 발표되었다고 보도했다. 윤보선도 부인과 함께 출석했으며, 노동자의 인권뿐만 아니라 무엇보다도 75년에 내려진 긴급조치 9호를 해제하라고 요구했다.

박정희정권은 국내에서는 민주화세력과 투쟁을 전개해야 했고, 카터정권 이후로는 동시에 카터의 인권외교에 따른 미국과의 투쟁을 전개하지 않을 수 없게 되었다. '미 상원 외교위에 제출한 한국 인권문제에 관한 미국무성의 보고서' 내용이 전해지자 박정희정권은 국민에게는 알리지 않은 채 반발만 높여갔다. 한국의 문화공보부는 "다른 나라의 헌법상의 권리 내지 주권행사를 비판하는 정부는 그 나라에 개입하고 있다는 비판을 피할 수 없다는 것이 우리의 입장"이라고 언명했다. 그리고 "대통령 긴급조치 제9호는 국민의 절대다수에 의해서 두번이나 승인된 헌법에 따라 발령된 것"이라고 해명하면서 "미국이 오해에 근거하여 성급한 판단을" 내리는 일이 없기를 바란다고 했다(3월 16일자). 여기서 상세하게 기술할 수는 없지만, 박정희정권이 미국정부의 비판에 노출된 것은 분명했다.

3월 22일 민주구국선언 사건에 관하여 대법원은 전원의 상고를 기각했다. 그러나 그날 정계·언론계·종교계의 원로급이 연명한 「민주구국헌장」이 발표되었다. 그것은 대법원의 자세에 정면으로 반격한 것이라고 할 수 있었다. 이 헌장은 '① 유신헌법과 긴급조치의 철폐와 무효 선언 ② 모든 정치범의 완전한 인권회복과 비민주적 제도와 법의 폐지 ③ 고문 사찰 등 폭압과 정보정치의 종식' 등을 요구했다(3월 25일자). 「민주구국헌장」의 서명자는 윤보선, 정일형, 함석헌 등 3·1 민주구국선언 사건으로 중형을 선고받았던 사람들을 포함하여 10명이었는데 그중에는 여당 의장이었던 정구영(鄭求瑛)까지 포함되어 있었다. 헌장의 서두는 다음과 같다.

"우리들의 발언과 행동은 극도로 제약되어 있다. 지난 76년 11월 이래 특히 금년 2월과 3월에 걸쳐 전국에 삼엄한 사찰 경계망이 펼쳐지고 다수의 성직자들을 포함한 각계각층의 민주시민들이 정보원과 경찰에 의해 납치 연금되고, 민주주의를 위하여 계획된 집회와 발언은 완전히 봉쇄되고 있다. 이것은 지금 우리 민중 사이에 새로이 높아가고 있는 민주주의의 열정을 입증해주는 것인 동시에 우리의 민주화투쟁에 가해지는 탄압이 얼마나 가혹한 것인가를 말해주는 것이다."

3월 25일자『아사히신문』은 민주구국헌장에 대한 서명을 얻어낸 사람은 "삼엄한 감시를 뚫고 정계·종교계·언론계의 원로 사이"를 뛰어다닌 정금성(鄭琴星), 즉 옥중시인 김지하의 어머니라고 발표했다. 윤보선 전 대통령의 의사에 따라서 한 일이었다. 이어서 3월 28일에는 서울대학교에서 새롭게「민주구국선언」이 발표되었다(3월 29일자). 이것은 봄 학생운동에 불을 붙이게 되었다. 4월 1일에는 양심범 가족들이 "권력의 박해에 굴하지 않고 비굴한 태도를 취하지 않는다"는 성명을 발표하더니(4월 2일자) 4월 7일에는 한국신학대학에서「고난선언」이 발표되었다(4월 8일자). 그리고『아사히신문』은 4월 12일 이른 아침 서울대학교에서「4월 선언」이 발표되었다고 보도했다(4월 13일자).

박정희정권은 마침내 더욱 강경책으로 전환하여 '서명자들 속속 연행'이라는 방향을 취했다. 미국 하원 시찰단이 4월 12일 한국을 떠나자 갑자기 취하기 시작한 탄압이었다.『아사히신문』은 '연행 확대 7명으로, 구국헌장 김지하씨의 어머니도'라고 보도하며, 이러한 탄압에 대해서 한국기독교회협의회 인권옹호위원회는 "인권탄압이 해결되지 않으면 전국의 교회를 동원하여 강하게 저항한다"는 항의서를 중앙정보부장에게 발송했다고 전했다(4월 15일자). 다음날에는 서항세력이 '민주국민연합'을 결성하여 민주구국헌장 서명운동을 전국적으로 전개한다고 발표했다(4월 16일자).『아사히신문』은「뉴스의 얼굴」이라는 난을 통해서「한국의 옥중시인 김지하씨의 모친 정금성씨」라는 서울발 오구리 특파원의 통신을 전했다. "아들을 빼앗긴 어머니"로서 법정에서 "맨 앞줄에 자리를 차지하고 심리 사이사이마다 큰소리로 아들에게 말을 건네고" 있었다(4월 17일자).

『아사히신문』의 용기있는 보도는 격앙되는 일은 없었지만 한국의 민주화운동을 일본에 알리는 역할을 결코 포기하지 않았다. 그것은 한국 국내언론은 전혀 할 수 없는 일이었다. 4월 19일에는 "18일 밤 서울 명동가톨릭대성당에서 약 1천명이 참석한 가운데 17년 전 총탄으로 쓰러진 학생들을 위한 특별미사가 개최되었다"고 전하고, 4월 21일에는 "머리를 짧게 깎인" 김대중이 한국의 남단 진주 형무소로 "유배되었다"고 전했다. 그리고 「반정부파, 비밀조직으로 서명 확대」 등의 제목으로 오구리 특파원의 기사를 보도했는데, 그것은 국제여론에 대한 배려로 자기억제를 하는 듯이 보이는 체제 측의 "일종의 약점"을 이용하여 반체제 측이 "노동자·학생이나 지방 등"으로 침투를 기도하는 것이라고 하며 다음과 같이 전했다.

"자칫 '서울의 지식인 중심'으로 한정되어 있던 반정부운동의 폭을 넓히려고 하고 있다. 치안 당국이 전면적인 '인권억압'이라는 인상을 피하면서 반정부 서명운동을 금할 수 있을지, 저지에 실패하여 다시 작년과 같은 정면대결의 강경노선으로 나올지──한국의 기묘한 힘겨루기의 전도가 주목되고 있다."(4월 23일자)

『아사히신문』은 4월 23일, 박정희가 "미군철수 막지 않는다"고 발언한 것을 보도했다. 카터정권이 '주한미군 철수 결의를 굳히고 있다'고 하는 데 대한 박정희의 결의를 드러낸 것이라고 할 수 있었다. 박정희는 77년 1월에는 "북한이 남북 불가침조약에 응한다면 주한미군 철수에 반대하지 않는다"고 했지만 이번에는 그런 전제조차 하지 않았다. 카터정권의 인권문제에 대한 관심에 박정희가 응할 의도가 없음을 표명한 것이었다고 할 수 있다.

이 일은 반체제운동에 더욱 탄력을 불어넣었다. 4월 24일에는 "기독교 청년신도 약 2백명이 '박정희 퇴진' 등을 요구하며 데모를 했다." 기독교장로회청년회 서울연합회 청년들이었다. 양심범 석방, 긴급조치 철폐, 민주헌법 회복을 요구했을 뿐만 아니라 현 정권의 퇴진까지 요구했다(4월 26일자).

한국 국내의 반체제운동과 미국 그리고 박정희정권이라는 삼자 사이에는 뚜렷한 긴장관계가 있었다. 『아사히신문』은 "미국 사법부의 검사가 한국의 주미대사에게 망명을 권유한 사실이 28, 29일 양일간 열린 한국 국회에서 폭로되었다"고 보도했다. 한국의 외무부장관이 국회에서 "의원의 질문에 대한 답변 속에서 공식적으로 인정한 것"이라고 했다. "4월 11일 한국을 방문한 미 하원 시찰단 수행원이 인권문제로 한국에 내정간섭적인 언동을 한 것"에 한국 측이 항의한 사실을 밝히면서 한국 외무부장관이 한 말이었다. 솔즈버거 전문위원이 "민주구국선언 사건에 관련된 정부비판파와 면담하고 인권문제 실정을 조사했다는 것"도 밝혀졌다(4월 30일자).

카터의 주한미군철수에 공공연하게 반발하던 주한미군 사령부 씽글러브(John K. Singlaub) 육군소장에 대한 "즉시 본국소환" 명령이 내려졌다(5월 20일자). 한국문제에 대해서 미국정부의 움직임에 혼란이 생겼음을 반영하는 것이라고 할 수 있었다. 카터의 인권정책을 중심으로 해서 주한미군문제에 있어서 미국 군부와의 대립이 있었고, 씽글러브는 해임되었다. 그러나 1979년 10월 26일 박정희가 암살될 무렵, 즉 카터정권의 후반기에 다시 한국은 주한미군의 강한 영향 아래 있었다.

1977년 5월 24일부터 주한미군철수문제를 거론하며 한미공식협의가 시작되었는데(5월 24, 25, 27일자), 한국의 반체제 측도 「생존권 위협하는 철수」(5월 26일자)라는 입장을 바꾸려 하지 않았다. 북의 위협에 대한 커다란 염려가 있었을 뿐만 아니라, 미국의 배려가 없어지면 박정희정권의 독재적 성격이 더욱 노골화될 것을 우려했기 때문이다(5월 27, 28일, 6월 1, 20일자). 이처럼 주한미군철수문제로 어수선한 가운데 민주화운동은 한동안 일반적인 관심의 중심에서 벗어난 듯했다. 『아사히신문』은 투옥되고서 단식을 시작한 지 보름이나 지난 민주구국선언의 기초자 문익환의 이야기를 게재했다(6월 8일자). 문익환이 면회온 부인에게 건네준 '나는 죽는다'로 시작하는 「마지막 시」가 인용돼 있었다.

> 나는 죽는다
> 나는 이 겨레의 허기진 역사에 묻혀야 한다
> 두 동강난 이 땅에 묻히기 전에
> 나의 스승은 죽어서 산다고 그러셨지
> 아――
> 그 말만 생각하자
> 그 말만 믿자 그리고
> 동주와 같이 별을 노래하면서
> 이 밤에도
> 죽음을 살자

77년 뒤숭숭한 소란 속에서 한층 어수선함을 더한 것은 63년부터 69년까지 한국중앙정보부장을 지낸 김형욱과 박정희의 미국 내 로비스트였던 박동선이었다. 『아사히신문』이 전한 상세한 내용을 다 소개할 수는 없으므로 우선 김형욱이 77년 6월 22일 미 하원 국제관계위 국제기관소위원회에서 증언한 내용의 일부를 인용하기로 한다. 그는 이후락 중앙정보부장이 김대중 납치를 지휘했다고 말하면서 다음 다섯 가지 사항을 언급했다.

"① 한국의 박정희 대통령이 두려워하는 두 세력은 김대중씨와 미국 의회였다. ② 사건을 계획하고 참여한 인물의 리스트를 가지고 있다. ③ 박대통령이 직접 유괴사건을 지휘했다는 증거는 없지만 이 정도 중대한 계획이 박대통령의 허가 없이 수행되었다고는 생각할 수 없다. ④ 미국정부 내지 의회가 박정권의 독재에 반대하는 것을 막기 위해서 획책한 것이 박동선씨에 의한 미국 의회 매수공작이었다. ⑤ 박동선씨는 KCIA의 돈으로 고용된 인물은 아니지만 KCIA의 활동에 협력해왔다." (6월 23일자)

또한 김형욱은 토오꾜오 경시청이 김대중 납치사건을 알고 있었다고 이날 증언에서 밝혔지만 일본 경찰은 부인했다. 또 전해부터 계속되어온 박동선사건으로 미국 신문이 떠들썩해졌고, 그를 대신해 재미 한국인 실업가 김한조(金漢祚)가 등장했다. 이런 일 모두가 6월 23일과 24일 『아사히신문』에 크게 보도되었으나 일본 경시청은 부인으로 일관했다. 6월 29일 『아사히신문』 석간은 28일 뉴욕시 교외 뉴저지 주의 레스토랑에서 무라까미(村上) 특파원이 김형욱과의 인터뷰를 보도했다. 「경시청이 알고 있었다는 내용을 새삼 강조」라는 제목이었다.

김형욱의 증언으로 일본정부도 「김대중사건 재검토」를 촉구받는 듯했지만 결국 회피하고 말았다. 그 무렵 윤보선 전 대통령이 한일유착을 비판하는 서간을 일본의 후꾸다 수상에게 보낸 일이 『아사히신문』에 보도되었다. 자민당정권의 한일유칙을 강하게 비판한 것이었다. 『아사히신문』이 보도한 서간의 앞부분을 인용하면 다음과 같다.

"한국민중은 유신체제라는 파시즘 아래서 고통받고 있다. 이 체제를 지지해온 것은 물론 미일 양국이지만, 미국은 박정권의 인권억압에 유감의 뜻을 표하는 등 약간의 변화를 보이기 시작했다. 이와는 대조

적으로 자민당은 무조건 무비판으로 박정권 지지의 자세를 바꾸려 하지 않고 있다."(7월 5일자)

그리고 이 서간에 진지하게 대응하려고 하지 않는 후꾸다 수상을 계속 비난했다(7월 7일자). 한편 한국에서는 이러한 복잡한 상황에 대응하기 위해서인지 정치범 석방 등이 이루어졌다(7월 15, 16일자). 한국의 정치상황을 둘러싸고 한국 민주화세력과 미국과 일본 그리고 미일의 언론, 거기에는 실로 풀기 어려운 깊은 갈등이 있었다. 「김형욱씨의 일련의 발언」(8월 5일자)과 관련하여 『아사히신문』은 4년 전의 김대중사건을 추궁하려고 했다. "미 중앙정보국은 상세한 자료"를 가지고 있는데 그 자료는 김형욱의 증언을 "거의 완전히 뒷받침하는 내용의 것"이라고 『아사히신문』은 보도했다(8월 11일자).

이처럼 한·미·일의 정치적 갈등이 점점 미궁을 헤매는 가운데 77년 8월 26일자 지면에는 「시인의 수난 사라지지 않는 한국」이라는 오구리 특파원 발신의 기사가 게재되었다. 시인의 수난 이야기였지만 갈등을 거듭하는 한국 국내 사정과 한·미·일의 복잡한 관계 속에서 한 줄기 서늘한 바람을 불어넣어주는 듯했다. 기사는 다음과 같은 말로 아름답게 시작했다.

"일본의 월간잡지 『세까이』 6월호에 「노예수첩」이라는 제목으로 체제를 비판하는 장편시를 발표한 양성우(梁性佑)씨가 체포되었다. 김지하씨의 작품인 것 같다며 일본에 소개된 비판시 「민중의 소리」의 실제 저자 장기표(張琪杓)씨의 재판도 시작되었다. 풍자시 「10장의 역사연구」의 저자 김명식씨는 징역 3년형으로 복역중──부국강병이라는 기정사실 앞에서 학생데모의 우렁찬 외침도 야당의 성명도 잠잠해져가는 한국사회. 그 침묵의 바닥에서 말을 가진 시인의 수난이 계속된다."

우선 양성우의 「노예수첩」에서, 그리고 다음은 장기표의 「민중의 소리」에서 『아사히신문』에 보도된 대로 인용하기로 한다.

> 칼든 자의 잔인한 노략질 끝에
> 혈관까지 영혼까지 짓밟히면서
> 너희들이 즐거워 소리지르며
> 이 땅에 읊을 것이
> 무엇 있느냐 (『세까이』 1977년 6월호 게재)

> 우리 호소 들어보소 배고파서 못살겠소
> 언제까지 참으면서 위정자만 믿으라나
> 저소득에 시달린 몸 물가고에 압사하고
> 팔십년대 바라다간 조른허리 동강난다 (『슈우깐요미우리(週刊讀賣)』)

그리고 이미 "옥중시인 김지하는 무기징역의 몸으로 서울형무소 독방에 있다"고 했다. 이 글에서 기자는 "한국사회가 총체적으로 안정되어 있다는 것은 부정할 수 없다"고 하면서도 다음과 같은 의문을 제기했다.

"그것이 체제 측이 자랑하는 것처럼 '자주국방'에 대한 자각과 '경제성장'에 대한 수익자 의식에 의한 것인가, 혹은 반체제 측이 주장하는 것처럼 '사탕과 매'에 의한 분단통치에서 강제된 침묵인가."

9월 6일에는 미국에서 박동선이 미국 의원 등에게 불법헌금을 했다는 이유로 기소되었다. 박정희는 그의 신병을 미국 측에 인도하려고 하지 않았다. 『아사히신문』은 「한미관계 한층 긴장」(9월 8일자)이라고 보도했다. 그리고 『워싱턴 포스트』는 9일자 사설에서 "박대통령이 지금은 미소를 짓고 있는 모양이지만, 미국 내에서 정말로 문제가 되고 있는 것은 미국국민의 대(對)한국 지지 그 자체라는 것을 알게 된다면 웃지는 못할 것이다'라고 "박대통령에 대해서 비난 섞인 경고를 표명했다"고 보도했다(9월 10일자).

다음날 9월 11일에는 10일자『동아일보』가 이것을 1면 톱기사로 보도한 사진을 게재하고 논하면서 "한국정부는 '근거 없는 기소'에 입각한 미국의 박동선 신병인도 요구는 '대국주의적 횡포'라고 국민의 내셔널리즘에 호소하며 정면돌파를 노리는 작전으로 나왔다는 인상이 짙다"고『아사히신문』은 보도했다. 그것은 "미국 비난작전으로 국내 체제를 굳히려는 것"으로 보인다고 했다. 이 기사는 "대미비난 캠페인의 효과는 미지수다. 박정권이 위태로운 줄타기에 발을 내딛은 것은 틀림없다"고 끝을 맺었는데, 당시 한국의 상황에 대한 뛰어난 분석이었다고 할 수 있다. 실제 16일『아사히신문』은 미국 부통령이 일본 민사당의 방미조사단에게 "박동선 수사에 비협조적이면 한미관계의 호전을 바랄 수 없다"는 "경고"의 자세를 밝혔다고 보도했다.

이처럼 한미관계가 악화되어가는데도 박정희는 미국에 대한 저항적 자세를 포기할 수 없었다. 9월 27일에는 "뉴욕지구 KCIA의 최고책임자 지위에 있던 손영오(孫永五)"가 9월 16일 미국에 망명을 신청하여 "미 관헌의 엄중한 보호 아래서 이미 10일간에 걸쳐 미국 측의 수사에 전면 협조하고 있다"고 보도되었다. 그는 미국에서 대미공작과 함께 "박정권에 반대하는 재미한국인에 대해서 조직적인 훼방이나 협박을 가해왔다"고 말했다(9월 28일자). 그러자 한국은 출입국관리법의 개정을 서둘러「미국인의 비판 규제?」를 시도하려 한다고『아사히신문』은 보도했다(9월 29일자). 결국 미국 측이 박동선문제를 한국 내에서 직접 심문하기로 한미가 합의하게 되었다(10월 1일자). 이것으로 일단락된 듯했지만, 박동선문제 역시 미국이 박정희정권을 궁지에 몰아넣기 위해 폭로한 일면이 있었다고 보아야 하지 않을까.

10월 7일에는 서울대학교에서 "대규모 반정부 집회"가 열렸고, 그날부터 7개 단과대학이 임시휴강에 들어갔다(10월 8, 9일자). 그러자 "연세대학교에서도 2천명 집회"가 열렸고 무기한 휴교에 들어갔다(10월 13일자). 학생들의 저항은 박정희가 미국 의원 등에게 뇌물을 준 사건과 거의 때를 같이하여 진행되었다. 10월 20일과 21일자 『아사히신문』은 이상근(李相根) 전 주미한국대사관 참사관과 이재현 전 주미공보관장의 증언을 예로 들며 「부패 실태 잇달아——한미 독직 하원 공청회」 「의원에게 돈뭉치 전달——전 주미대사 자신이 봉투에 담아」 등의 제목 아래 미 하원 공적행동규범위원회(통칭 윤리위)의 공청회에서 일어난 일 등을 상세하게 전했다. 수십만 달러의 뇌물에 대한 이야기가 이어졌다. 10월 21일자 기사의 표제는 「뿌려진 거액의 돈다발」이었으며 「회장에 퍼지는 술렁거림」이라는 부제가 붙었다. 김형욱은 같은 수법으로 일본에서도 매수공작이 이어졌다고 증언했다(10월 22일자).

미 하원 공적행동규범위원회와는 달리 일본에서는 뇌물에 관한 일이나 김대중사건에 관한 일을 문제삼으려고 하지 않았다. 미국에서는 공청회가 "한국에 대한 압력을 노리는" 것이라고 했지만(10월 23일자) 일본에서는 물론 그러한 의지는 찾아볼 수 없었다.

다시 한국에서는 격렬한 '박퇴진'을 외치는 학생데모가 전개되었다. 『아사히신문』은 10월 26일, 전날 일어난 연세대학교의 데모를 상세하게 전했다. "침체 기미였던 한국의 학생운동이 오랜만에 대규모로 고양되기 시작한 셈인데, 타 대학으로 파급될 것인지 주목되고 있다." 이때 뿌려진 24일자 연세대학교 총학생회 이름으로 나온 「77 연세 민주수호결사투쟁선언」은 다음과 같은 내용을 담고 있었다. 그 무렵의 상황을 이해하기 위해서 『아사히신문』에서 그 전문을 인용해보기로 한다.

듣는가 학우여!

민주주의는 죽어가고 있다.

국민의 기본권은 짓밟히고 있다.

숭고한 4·19의 정신이 군화에 짓밟힌 지 어언 16년! 그동안 이 나라
의 현실은 어찌되어왔는가?

10월유신 이후 중앙정보부를 필두로 한 정보정치의 심화와 긴급조
치의 발동은 온 국민을 공포와 불안의 분위기로 몰아넣었다. 인권보장
과 기본권 보장이라는 세계사적 대조류에 역행하여 지식인, 언론인, 학
생, 노동자들을 계속 투옥시키고서는 새마을운동·충효사상 등의 선전
으로 국민을 우롱하고 있다. 이제 질식할 듯한 기성독재의 최후적 발악
은 전체 국민의 생명과 자유를 위협하고 있다.

어찌할 것인가 학우여!

해외에서는 해외대로 국민의 이름에 똥칠을 한 박동선사건으로 인
해 현 정권은 고립되고 있다. 국민의 고혈을 짜낸 세금으로 정권유지를
위해 외국인 일개 정치객에게 뇌물을 먹이다니 이것이 국민의 대표가
할 짓인가? 코리아라는 말이 혐오감의 대상까지 되게 한 이 사건을 국
민에게 그 진상을 밝히려 하지 않고 계속해서 회피와 정권안보를 위해
묘한 민족감정을 조장시키는 악랄한 수법을 쓰는 것이 국민의 대표인
정부가 할 짓인가? 우리는 현 정권을 부정한다.

말하라 학우여!

경제성장정책은 백억달러 수출, 천달러 소득의 미명하에 계속되고
있다. 그러나 이제 한계를 훨씬 넘은 대일경제에 매인 예속으로 민족의
이름에 먹칠을 하고 있다. 덤핑수출의 허구성에 따른 노동자들의 장시
간, 저임금, 유해환경 노동은 노동자들을 죽음으로 몰아넣고 있다. 그

러나 그 댓가는 노동자에게 돌아가는 것이 아니라 몇몇 재벌과 특권층의 배로 들어가고 있다.

동료 교수, 동료 기자들이 교수 재임명과 위계질서 문란의 미명하에 쫓겨나는데도 현실순응주의만 내세우는 지식인, 언론인은 다 무얼 하는 것인가?

퇴폐적 소비문화 조장의 원흉인 대학은 이제 학원의 병영화와 학원 사찰로 인해 그 알량한 자유마저도 철저히 유린당하고 있다.

듣는가 학우여!

이 질식할 듯한 현실 속에서 우리는 이 이상 역류하는 피를 억제할 수 없다. 오늘 우리는 다시 민족의 부름을 받고 있다. 학우여! 우리 모두 참된 반항의 봉화를 높이 들자.

나가자! 모든 두려움을 떨쳐버리고 꿋꿋이 앞으로 나가자! 자 학우여!

(우리의 결의)

1. 유신헌법 철폐를 위해 싸운다.

2. 박동선사건을 해명하라.

3. 노동자의 인권을 보장하라.

4. 학원자율 침해 말라. 총학생회를 부활시키라.

5. 이 모든 것의 원흉인 독재정권타도를 위해 싸운다.

연세대학교의 투쟁에 대해서 오구리 특파원이 쓴 기사에서 한 구절을 인용해보기로 한다.

"박정권의 분단통치로 매스컴이 침묵하고 야당이 체제화되고 있는 가운데, 일찍이 4·19학생혁명으로 이승만정권을 무너뜨린 전통을 자랑하는 학생운동도 잠잠해져갔다. 그만큼 박정권의 유신체제는 정착

되어갔다고 할 수 있다. 그러나 박동선사건으로 인한 대미관계 악화는 한국의 재야세력에게 위기감과 동시에 사명감을 불어넣은 것은 사실. 연세대의 데모도 돌발적이라고 하기보다는 체제를 가다듬고 준비를 거듭하고 나서 일어난 궐기였다고 할 수 있다."

이런 내용을 한국 국내 매스컴은 일절 전하지 않았다. 10월 26일 연세대는 휴교에 들어갔다(10월 27일자). 27일자 『아사히신문』에는 중요한 기사 하나가 실렸다는 것을 특서할 필요가 있다. 73년 8월 미국 하바드대학의 제롬 코엔 교수가 태프트대학의 헨더슨 교수에게서 김대중 납치사건에 관한 연락을 받고 급히 키씬저(Henry A. Kissinger) 보좌관에게 구출을 부탁했다는 것이다. 헨더슨은 당시 방일중인 임창영 전 유엔한국대사로부터 긴급전화로 납치 사실을 안 것이었다. 이것도 역사에서 우연의 하나라고 할 수 있을까.

『아사히신문』은 77년 10월 28일 한국의 작가들이 마침내 한 목소리로 투옥된 시인 고은, 조태일(趙泰一) 두 사람의 석방을 진정했다고 전했다. 11월 2일에는 박양호(朴養浩)가 우화소설 「미친 새」를 쓰고 연행된 사실에 대해서 자세히 보도했다. "현재 한국의 폐색상황을 통렬히 비꼰 우화소설 「미친 새」가 서울에서 화제를 불러일으키고 있다"며 이야기의 줄거리까지 상세하게 전했다. 그리고 윤보선 등이 피복 노동자들을 위해 노동자인권대책협의회를 발족시킨 일, 또한 김대중이 가족과 면담이 가능해진 일 등도 보도했다.

77년 세모까지 『아사히신문』의 기사에 의하면 한국은 혼란의 소용돌이에 휘말려 빠져나올 수 없는 것처럼 보였다. 11월 11일 밤 전라남도 이리에서 "다이너마이트로 보이는 화학약품"을 싣고 정차중이던 화물열차가 일대 폭발을 일으켰다. 그날 오후에는 서울대학교에서 대대적인 학생데모가 일어났다. 그때 뿌려진 「민주구국투쟁선언문」은 다음과 같이 시작되었다.

"피 끓는 학우여! 대학의 자유는 누구에 의하여 짓밟히고 있으며 조국의 민주주의는 어떻게 압살당하고 있는가? 학원의 자유를 절규하던 학우들은 철창 속에서 울부짖고 있으며 민주주의를 염원하는 민중의 뜨거운 환성은 우리들의 과감한 투쟁을 요구하고 있다."(11월 12일자)

오구리 특파원은 「학생운동 고조될 조짐, 서울대 새로운 투쟁」이라는 기사에서 다음과 같이 기술했다.

"11일 학생 리더가 농성하던 도서관은 넓은 캠퍼스 중앙에 위치하여 말하자면 토오꾜오대학의 야스다 강당에 필적할 만한 대학의 상징적인 장소다. 이 4층을 5시간에 걸쳐 점거하고 기동경찰대와 대치한 것은 지금까지 해온 히트 앤 런 전술의 연장과는 이질적인 '무언가'가 이 나라의 학생운동에 싹터간다고 하는 인상을 받았다."

이리의 "한국 최대의 참사"라는 "화차 폭발"은 "사상자 1천명"을 헤아렸으며 "폭풍·불길"은 "반경 2킬로미터"에 이르렀다고 했지만, "실화한 보안원을 체포"한 것 이외에는 그 원인을 밝히지 못했다(11월 14일자 석간). 재난중에도 대학에서 투쟁은 계속되었고, 김지하의 석방을 요구하는 문인들의 「제3선언」이 발표되었다고 『아사히신문』은 보도했다(11월 19일자). 11월 30일 『아사히신문』은 한국중앙정보부의 미국 내 불법활동에 대해서 미 하원 국제관계위 국제기관소위원회가 공청회를 열었다고 보도했다. 손호영(孫浩永) 전 영사가 정보부의 공문서를 보여주면서 75만달러의 행방에 대해서 증언했다는 것이다. 위원회 조사난은 이어서 일본과 한국에서도 조사를 했다(12월 13일자). 그리고 김대중이 서울대병원으로 이감되었다고 보도했다(12월 19일자).

1978년에는 박동선문제를 중심으로 미국은 박정희정권 흔들기를 계속했으며, 재야세력은 한국의 기독교도를 중심으로 한국인권운동협의회를 결성했다고 『아사히신문』은 보도했다(78년 1월 25일자). 재야 민주화세력은 나날이 영향력을 높여갔다. 김대중 석방소문이 돌았지만 실현되지는 않았다. 미국 국무성 인권보고서가 한국의 인권상황이 다소 향상되었다고 발표하자 한국의 반체제 측은 미국 측을 격렬하게 공격했고, 윤보선 전 대통령은 인권보고서를 비판하는 서간을 카터 대통령 앞으로 발송했다(2월 19일자). 2월 23일 박동선은 "미국정부 매수공작 사건"에 대한 취조를 받기 위해 출국했는데 면책조치로 취조가 끝나면 귀국시켜준다는 보장을 받은 출국이었다(2월 24일자).

2월 24일 김대중을 아직 옥중에 남겨둔 민주화세력은 다시 「3·1민주선언」을 발표했다(2월 25일자). 윤보선, 함석헌 등 민주화운동 지도자 60여명이 연명으로 참가했다. 상세한 내용이 2월 27일 토오꾜오의 한국문제기독자긴급회의에 의해서 발표되었는데, 3·1민주선언은 2년 전 민주구국선언의 정신을 계승한 것이었다. "우리는 지금 전체 사회가 한 커다란 감옥으로 변질되고 있는 답답한 현실 속에 살고 있다. 이 감옥의 이름은 유신체제다"라며 권력을 가진 한 사람의 인간에 의해서 이 사회가 좌우되고 있는 것을 개탄했다. 또한 현실에서 당면한 제반 문제를 언급했는데 마지막으로 거론된 남북통일문제에 대한 견해는 참으로 명백한 것이었다. "의회민주주의 체제"와 "경제적으로는 노사공동결정을 제도화하는 산업민주주의 체제"를 제기하면서 다음과 같이 결론지었다.

"이러한 민족통일은 반드시 민중의 민주적 역량의 확산을 통해서만 가능하다. 이것을 우리는 오늘의 북한에서 기대할 수 없다. 그러기에 1인독재를 평화적으로 무너뜨리고 통일을 위한 민주역량을 기르는 것이 대한민국 국민에게 주어진 이 시대의 사명임을 확신한다."(2월 28일자)

그리고 한국인권운동협의회에 의한 3·1 독립기념 강연회를 연금·연행으로 방해하려는 정부에 항의했다(3월 1일자). 실제로 이 집회는 30명 가까운 지도자가 연행 또는 연금당한 가운데 치안 당국의 엄중한 경계 아래서 거행되었다(3월 2일자). 미국에서는 박동선의 증언이 계속되었지만, 3월 9일에는 「증여한 총액 75만달러」로 그의 증언은 종료되었다고 보도되었다(3월 10일자). 한동안 박동선사건 또는 통일교회의 활동 등이 한국 중앙정보부와 관련되어 『아사히신문』의 지상에서 문제가 되었다(특히 78년 3월 16, 17, 23, 24일, 4월 4, 5, 6일자 등).

한편 정부 측은 대통령 간접선거의 모태인 통일주체국민회의 대의원 선거에 들어갔다. 『아사히신문』에 의하면 5월 8일경부터 서울대, 이화여대, 한국신학대 등의 저항이 계속되는 가운데 5월 19일 통일주체국민회의 대의원 2,583명이 선출되었다(5월 20일자). 6월 1일 서울대학교 농과대학에서 일주일 동안 동맹휴학을 결의하는 학생데모가 보도되었고(6월 2일자), 마침내 『중앙일보』 등이 "편집권의 독립"을 요구하는 선언을 발표했다고 전해졌다(6월 9일자). 선언 「우리의 주장」에서는 "언론인으로서 지녀야 할 사명감과 비판의식은 기업적 타산 속에서 철저히 봉쇄"되었다고 주장했다.

한국에서 말하는 반체제적인 저항이란 대체로 다음과 같은 경로를 밟는다고 할 수 있었다. 학생들의 저항이 크게 힘을 발휘하지만 입학과 졸업으로 실제로는 그 세력은 교체된다. 그러나 학생들을 저항세력이라고 해서 재학중에 추방하면 그 세력은 혁명세력 집단이 된다. 박정희정권은 학생들을 추방하거나 투옥함으로써 결과적으로는 이러한 집단을 강화해왔다고 할 수 있다. 그들은 새로 들어온 학생들과 맺어지게 된다. 억압의 힘이 강할 때는 소수의, 이를테면 종교인 또는 지식인이 순교자적인 저항을 시도한다. 그로써 저항의 명맥은 끊이지 않고 이어져가는데, 이윽고 그 저항세력이 커다란 학생집단과 하나가 된다. 그러는 사이에 체제에 대한 민중의 불만이 강해진다. 이것을 배경으로 하여 학생집단은 민주적 지도인사들과 함께 궐기한다. 마침내 기업으로서 침묵을 강요당하던 매스컴이 합류하게 된다. 이렇게 되면 지배세력도 버티지 못하고 그들 사이에 균열이 생긴다. 이리하여 혁명의 승리가 다가온다. 이때 권력의 부패 같은 것이 세상에 드러나면 이 움직임을 앞당기게 되는 것이다.

1978년부터 79년에 걸쳐서 이러한 상황이 급격히 진행되어갔다고 할 수 있다. 미국에서 드러난 박동선사건이 혁명적 움직임을 앞당기는 역할을 했다. 어쩌면 미국은 그러한 사건을 규명하려는 시도를 통해서 한국에서 일어날 혁명의 진행을 의식적으로 가속화했는지도 모른다.

6월 12일에는 마침내 서울대학교에서 1천여명의 데모가 일어났다. 『아사히신문』의 기사는 "당국의 치밀한 조직망과 강력한 단속능력으로 반정부세력의 운동이 차츰 표면화되기 어려워진 한국의 역학관계 아래서는 상식을 뛰어넘는 대담하고도 겁없는 도전이다"라고 했다. 오는 26일 저녁 서울 중심부에서 정부비판 집회를 연다고 '예고'했는데, 예고한 대로 지정된 장소에 많은 학생이 모였다. 한편 광주 전남대학교 교수들이 국민교육헌장을 비판하는 성명을 발표했다. 교수들이 반정부 비판에 나선 것은 1960년 "이승만정권을 쓰러뜨린 4·19혁명 이래 처음 있는 일"이라고 『아사히신문』은 보도했다. 그들은 박정희의 "국민교육헌장"은 "일제하의 교육칙어를 연상케 한다" "전체주의와 복고주의의 도구로 떨어질 위험이 있다"고 비판했다(6월 27일자). 교수들의 이러한 움직임에 대해서 29일 학생들은 지지 집회를 열었다(7월 1, 2일자).

7월 6일 박정희는 통일주체국민회의에서 유일한 후보자로 다시 임기 6년의 대통령에 선출되었다고 하며 취임을 선언했다. 61년부터 17년간이나 집권하고 또다시 그 자리에 눌러앉은 것이다(7월 6, 7일자). 한편『아사히신문』은 5년 전 8월 8일 토오꾜오에서 납치되었던 김대중이 입원하고 있는 병실에 대해서 전했다. '김대중씨 5년째의 혹서' '엄중한 감시의 벽——일기도 안돼, 독서만'이라는 표제로 토인비의『역사의 연구』읽기도 마쳤다고 했다. 그리고 '김대중씨 최근의 심경'에서 주변 사람들한테서 전해들은 이야기를 기사로 보도했다(8월 5일자).

"사건 이래 5년간 주위 사람들의 눈에는 고난의 연속으로 비칠지 모르지만 나에게는 큰 교훈이었다. 주님과의 대화, 마음의 평화가 있었고 양심은 구속으로 속박할 수 없다는 확신을 얻었으며, 5년간 여러 분야의 책을 읽을 수 있었다. 잃은 것보다 얻은 바가 많았다."(8월 2일자)

그리고 미군철수에 대해서 우려하며 카터정권과 한국의 관계 등을 이야기했는데, 미국정부가 "저명인사들은 긴급조치를 위반했어도 묵과하고, 무명인 사람에게는 지나치게 가혹한 조치를 가하고 있는" 한국의 현 상황을 간과하는 일이 없기를 희망했다. 또한 "미국이나 일본이 중공과 접근을 시도하고 있는데도 한국정부의 외교는 지나치게 대만에 무게를 두고 있다"는 등의 우려를 표명했다. 이처럼『아사히신문』은 5년 전 토오꾜오에서 납치되었던 8월 8일을 중심으로 김대중에 대해서 크게 다루었다. '기대할 수 없는 조기석방'이라는 기자 좌담회도 마련되었다. 그러나 8월 11일에는 일본정부가 '210억엔을 공여, 대한 정부차관 해결된다'라고 보도했다.

8월 29일자 워싱턴발 기사「미 의원 유지, 박대통령을 비난」이라는, "미 하원의원 유지 42명"이 카터 대통령에게 보낸 서간에 대한 기사는 대단히 주목해야 할 것이라고 생각된다(8월 30일자). 이것은 박정희정권의 운명과 관계되었으며, 그의 운명을 예측하게 하는 것이었다고 해도 지나치지 않을 것이다. 이것은 "미국이 한국 박정희정권의 반민주적인 태도를 시인하는 것이 아님을 카터 대통령이 한국정부에 명확히 하도록 강력하게 권고"한 것이었다. 기사는 다음과 같이 이어졌다.

"이 서간은 미 하원 국제관계위 프레이저 국제기관소위원회장(민주) 등이 발기인이 되어 호소한 것으로, 지난달 한국 대통령선거에서 박씨가 반대자를 허용하지 않고 유신체제 아래서 이후 6년간 대통령의 지위를 차지하게 된 것에 강한 분노를 품고 미 대통령의 주의를 환기시킬 목적으로 쓰인 것이라고 한다."

이 서간은 박정희가 7월 6일 통일주체국민회의에서 유일한 후보로 입후보하여 거의 만장일치로 다시 6년 임기의 대통령에 취임한 것, 이러한 의례적인 방식을 통해 반영구적으로 대통령직에 머무르게 된 것에 분노를 느낀다고 했다. "두려울 정도로 소련과 꼭 닮은 방법으로 다시 임기 6년의 대통령의 지위에 취임했다." "비밀투표로 공개토론은 허가되지 않았으며 의회의원 3분의 1은 대통령의 지명으로 자동적으로" 선출된다. 하지만 "미국국민은 비민주적인 정권을 지원하는 것을 좋아하지 않는다." "현재의 한국은 군사·경제 독재체제하에 있다." 그러므로 카터 대통령에게 다음과 같이 "강력하게 권고"했다.

"한국에서 대표민주제를 회복하는 것은 미국의 힘이 미치지 못하는 것인지도 모르지만, 미국은 그 말과 행동으로 반민주정부에 대해서는 민주적인 정부와 똑같이 대하지 않는다는 것을 분명하게 보여줘야 한다."

한국의 민주화세력은 즉시 반응했다. 민주주의국민연합(대표 윤보선)과 인권문제협의회(대표 함석헌)는 9월 9일 미 하원의원들의 권고서간을 지지하는 성명을 발표하고 카터 대통령에게 서간으로 보냈다. 성명의 주된 내용을 『아사히신문』은 다음과 같이 전했다(9월 10일자).

330

"미 하원의원 유지들의 권고서간 중에서 유신체제하에서 치러진 한국의 선거를 비판한 것은 너무도 당연하다. 박정권은 미 하원의원들의 권고서간에 대해서 주권과 민족주의를 내세워 반론하고 있으나, 박정권은 주권과 민족주의를 운운할 도덕적 기반을 가지고 있지 않다. 박정권은 이번 사태를 기회로 민족과 민중 앞에 사죄하고 진정한 민주체제 확립을 위해서 스스로 퇴진해야 한다."

서울대, 고려대의 데모가 다시 일어났다. 한편 『아사히신문』은 '김대중사건의 전모'에 대해서 '미 정보당국, 한국 정보에 정통한 관계자, 정부관계자 등 다수의 관계자에게서' 새롭게 얻은 정보를 계속 발표했다. '앞바다에 KCIA선, 윤진원 해병대 대령이 지휘'라고 하는가 하면 '오끼나와 주둔 미군이 암호해독, 양일동씨 '협력'의혹(9월 17일자) 등으로 크게 보도했다. 「양동(陽動)·위장 … 납치작전」과 같은 제목으로 상세하게 기술되었으나 여기서는 '암호'에 관련된 내용만을 인용하기로 한다.

"지난번의 경위는 '주한유엔군과 맺은 유대관계로 김대중사건에서는 KCIA간의 연락에 유엔군과 동일한 무선주파와 암호가 사용되었다. 이 때문에 주일미정보관계자는 무선방수(傍受)로 KCIA의 움직임을 낱낱이 알 수 있었다. 거의 연행 루트에 병행하여 미 CIA가 감시했다'는 것이 정보관계자 사이의 정설이다."

10월 13일에는 "비판적인 재야세력, 기독교 관계자 등 약 3백명"에 의해서 「국민선언」이 발표되었다. 1978년 10월 17일은 유신제체 6주년이 되는 날이었다. 국민선언은 "유신헌법은 반민족, 반민주, 반민중적인 것으로서 현 정권의 영구집권을 위한 법적 장치 이상도 이하도 아니기에 이는 폐기되어야 하며, 유신헌법을 내세우고 국민을 속여 탄압 착취해온 현 정권은 퇴진해야 한다"고 호소했다(10월 14일자).

이쯤에서 박동선사건의 결과에 대해서 한마디 덧붙여야겠다. 사건은 미국에서 "세명의 현직의원 징계처분으로 막"을 내렸다. 실로 하나의 정치적인 소동이었다고 할 수 있다. 세명의 현직의원 징계처분이라는 결과에 대해서『아사히신문』은 "미 의회를 휩쓴 공전의 스캔들이라고 떠들썩했던 이 사건도 '태산명동(泰山鳴動)하여 쥐 세 마리'라는 결말로 끝나게 되었다"고 기록했다. 그리고 관련자 한 사람은 '의장석 앞에 서서 징계문 낭독을 받는 견책'이었지만 두 사람은 그것마저도 없이 "계고(戒告)처분"을 받았다고 했다. 결말을 전하는『아사히신문』기사의 마지막 문장은 다음과 같은 짧은 글이었다.

"코리아게이트라는 별명까지 붙은 한국의 미 의회 공작사건은 당초 '115명의 의원이 관련되었다'고 보도되는 등 지난 2년 동안 미 의회를 흔든 최대의 테마였다."(10월 14일자)

미국의 처분은 박정희정권에 대해서 미국정부가 가하는 압력의 하나였을 것이다. 그런 점에서 프레이저 위원회가 동시에 김대중사건에 대해서도 조사하고「김대중사건은 KCIA의 범행」이라고 단정하기에 이른 것도 흥미있는 일이라고 하겠다(10월 28일자). 박정희정권은 미국에게 버림받은 운명이었다는 것을 지금 이처럼 신문을 통해서 역사를 추적하며 상정한다면 지나친 독단이라고 비난을 받을 것인가. 아무튼 김대중사건과 박동선 스캔들, 두 사건에 관한 뉴스는 동시 진행적이었다.

박정희정권은 김대중사건의 경우와 마찬가지로 박동선사건에 한국정부는 관계하지 않았다고 하면서, 금후 한미관계는 밝고 건설적으로 발전시켜나갈 것이라고 코멘트를 가했다. 한편으로 이후락은 2백만달러의 구좌를 토오꾜오에 가지고 있으며, 1971년 선거에서는 총 850만달러의 헌금을 외국기업으로부터 거둬들였다는 말이 공공연하게 들려왔다(11월 2일자). 또한 38선에서 땅굴이 발견되어 박정권은 "대규모 시민집회"(11월 1일자)를 개최했다. 중·일 사이에서 "한반도에 긴장은 없다"고 하는 말에 저항하면서 "북의 위협"을 강조하는 집회였다. 『아사히신문』은 기사에서 분명하게 「관제 대집회 연다」고 표제를 붙였다.

11월 10일과 11일에 『아사히신문』은 9일 서울의 고려대학교에서 소규모 데모가 일어났으며, 대구의 경북대학교에서는 "약 1천명의 학생이 번화가로 몰려나와 경찰기동대와 투석전을 전개, 파출소를 일시 점거하고 다수의 경찰차량을 전복시켰다"고 보도했다. 이러한 사태에 대해서 한국의 매스컴은 대구의 지방지를 제외하고는 전적으로 침묵을 지켰다. 이 데모에서는 "현 정부에 반대를 하면 무조건 나쁘다는 악질 풍토를 우리나라에 심어놓은 것입니다. 현 정부가 마땅히 모든 것을 책임지고 물러날 것을 다같이 힘껏 외치자"고 호소했다고 『아사히신문』은 전했는데, 다음과 같은 코멘트는 주목할 만한 것이었다.

"대구가 있는 이 경상북도는 이승만정권 당시 반정부운동 세력이 강했던 지역으로 알려져 있다. 그러나 경상도 출신의 박대통령이 되고부터는 권력중추 등 사회 상류지배층의 다수를 경상도 출신자가 차지하여 다른 도 출신자 사이에서는 '경상도 천하'라는 뒷말도 들려온다. 경북대는 국립대학으로는 서울대에 버금가는 규모다."

이러한 불안한 정세 아래서 12월 12일 국회의원 선거가 이루어져 여당인 민주공화당 68석, 제1야당인 신민당 61석, 민주통일당 3석, 무소속 22석이 되었다. 지난번 선거에서는 여당이 73석이며 신민당은 52석이었다. 대구시에서 야당이 선전한 점이 눈에 띄었다. 「야당 득표율, 여당을 웃돌아」(12월 14일자)라고 한 것은 국회 내에는 3분의 1의 유정회라는 정부가 추천한 의원이 있었지만, 민심의 소재를 나타내는 것이었다고 할 수 있다.

박정희의 유신체제 제2기 취임의 날인 12월 27일에 김대중이 석방되기에 이르러 『아사히신문』도 대대적으로 보도를 이어갔다. 「김대중씨의 석방 제일성」(요지)이 보도되었는데, 박정권을 비판하는 그의 강한 발언 중에서 국회의원 선거결과에 대한 그의 코멘트만을 인용하기로 한다.

"정부여당은 이번 선거에서 패배했습니다. 이에 대해서 여러가지 변명도 있겠지만 유신체제 첫 선거에서 진 이상 이는 유신체제 자체의 패퇴인 것이 분명한 것입니다. 정부는 이때야말로 준엄한 국민의 의지 앞에 겸허하게 반성하고 새출발을 해야 할 것입니다."

김대중은 "3년간의 옥중생활"에 대해서 『아사히신문』에 수기를 싣게되었다(12월 31일자). 그는 책을 읽는 즐거움이 있었기에 "지루함을 느끼는 일은 없었다"고 말하며 읽은 책은 "모두 7백권이 넘을 것"이라고 했다. 그는 "내가 옥중에서 거둔 수확의 하나는 지금 내가 잘못된 정치는 미워해도 사람은 미워하지 않을 만큼 변한 것"이라고 말하고 다음과 같이 끝을 맺었다.

"총검으로 정권을 잡은 자는 결국 총검으로 지배하게 될 것이다. 그것은 내가 걷는 길과는 다르다. 만약 우리 대에 목적을 달성할 수 없다면 시간이 걸려도 좋지 않겠는가.

그러나 대변화를 품은 여명은 저 멀리 지평선에서 보이기 시작했다고 나는 요즘 상황을 보면서 느끼고 있다."

한겨울의 소강상태가 끝났음을 알리는 것일까. 79년 3월 4일 윤보선, 함석헌, 김대중은 윤보선의 자택에서 다시 「민주구국선언」을 발표하고, 민주화운동 조직으로서 '민주주의와 민족통일을 위한 국민연합'을 발족시켰다. 약 2백명이 조직에 참가했다고 한다. 윤보선이 낭독한 선언문은 다음과 같이 시작되었다(79년 3월 5일자).

"우리 민중의 창의와 참여가 보장되는 민주주의의 회복만이 민족, 민주, 평화의 3·1정신을 선양할 수 있는 길임을 엄숙히 선포한다."

그리고 1인독재와 영구집권을 공격하고 그 종식을 위해서 투쟁할 것을 언명했다. 그로부터 연행과 가택연금이 이어졌고, 김대중은 조사를 받는 자리에서 민주구국선언은 자신이 기초했다고 말했다(3월 7일자). 한국기독교회협의회 인권위원회는 3·1 독립운동 60주년에 많은 사람을 강제연행, 연금시킨 이유와 통일논의를 금지하는 이유를 박정희에게 묻는 공개질문장을 발표했다(3월 17일자).

『아사히신문』은 윤보선, 함석헌, 김대중에게 "인권문제에 강한 관심을 보인" 카터 대통령의 친서가 왔음이 3월 23일 확인되었다고 보도했다. 인권문제가 일어났을 때는 "수시 연락 협의해주기 바란다는 취지가 기술되어 있다"고 하는데 상세한 내용은 밝혀지지 않았다(3월 24일자). 곧 한국 크리스챤 아카데미를 중심으로 대량 연행사건이 일어나고 있다고 발표되었다(4월 14일자). 또 한편으로는 카터 방한설이 전해지자 박정권은 환영했고(4월 20일자), 반체제 측은 반대했다(5월 2일자).

『아사히신문』은 79년 5월 13일경부터 워싱턴발 소식으로 김대중사건에 관한 보도를 계속했다. 5월 20일자 『아사히신문』에는 「김대중사건은 한국중앙정보부(KCIA)의 소행」이라는 "미국 비밀문서"까지 공개되었다. 5월 29일자 『아사히신문』에는 더욱 상세한 비밀문서가 공개되었는데, 그중에는 스나이더(Richard Lee Sneider) 주한미국대사가 75년 4월에 국무성에 보낸 김대중의 영문 논문 「한국문제의 선망」도 들어 있었다. 이 문서에서는 김대중에 대해서 다음과 같이 말했다.

"김대중은 민주적 제도의 필요성에 대해서 전통적인 리버럴한 견해를 보이고 있다. 그의 사상은 새롭지도 독창적이지도 않지만, 그는 표현에 능하고 더구나 도덕적이며 실용적인 사고 위에 서 있다. 그의 정치철학은 미국, 한국의 인텔리 사상에 합치하며, 역시 김대중이 한국 민중을 이끄는 능력을 보여준 유세가로서의 활동에 나타나 있다."

문서의 내용으로 보아 그가 미국에 의해 보호를 받았음을 짐작할 수 있다. 왜 이 싯점에서 그런 문서가 발표된 것일까. 그의 석방 혹은 박정희정권 아래서 그의 생명은 미국의 이러한 배려에 의해서 보장되었다고 하겠다.

『아사히신문』은 5월 21일에 서울 특파원 보고로 「언론의 자유」를 위해서 투쟁하는 한국기자」라는 장문의 기사를 실었다. 박정권 아래 놓인 언론을 비판하고 대통령 긴급조치 9호 위반으로 실형판결을 받은 7명의 전 『동아일보』와 동아방송 기자의 "사상과 투쟁의 궤적"을 크게 보도했다. 피고 한 사람은 법정에서 다음과 같이 진술했다고 한다.

"대통령 긴급조치는 국가의 긴급사태에 즈음하여 발동된다. 하지만 언론의 자유는 인간이 인간답게 살아가기 위한 기본적인 권리이며 긴급조치를 넘어선 것이다. 자유롭게 사실을 말하고, 듣고, 보지 않으면 인간은 미친다. 사회도 언론의 자유가 없으면 부패해버리고 만다."

물론 이런 말은 한국의 신문에는 나오지 않았다. "우리는 언제부터인가 신문에 보도된 내용이 '일어난 사실의 모든 것'이라고 생각하지 않게 되었다"고 반체제 사람들은 말한다. 신문을 읽으면서 '왜 이런 기사가 나왔는지' '왜 이런 시기에 이러한 사건이 발표된 것인지' 항상 생각하지 않으면 안된다는 것이다.

이런 가운데 김영삼이 신민당 당수에 취임하면서 「박정권에 '투쟁선언'」을 선포하게 되었다. 『아사히신문』은 김영삼이 김대중과 서로 얼싸안고 기뻐하는 모습을 보도했다(5월 31일자). 그리고 그 다음날에는 두 사람의 승용차에 기동대원이 폭행을 가했으며, 김대중은 연금상태에 놓였다고 보도했다. 6월 3일에는 「김영삼 신민당 총재에게 묻는다,

현 정권과의 대결 강조」라는 표제로 김영삼의 말을 크게 전했다. 김영삼은 "현행 헌법의 폐지, 선거제도의 개정을 요구한다. 김대중 전 야당 대통령 후보 등 반체제파와는 단순한 협력이 아니라 앞으로는 일체가 되어 현체제와 대결해갈 것"이라고 말했다. 그리고 6월 11일 오후 서울의 외인기자 클럽에서 김영삼은 '1인체제는 비극'이라고 당당하게 말했다.

그는 야당총재로서 방한하는 카터 대통령과 "단독으로 만나 우리 국민의 주장을 전하고 싶다"고 말했지만(6월 12일자), 재야세력은 '카터 방한에 반대'라는 자세를 무너뜨리지 않았다(6월 12, 13일자). 윤 전 대통령 등은 카터 방한에 반대하며 가두데모를 할 정도였다(6월 24일자). 서울대, 고려대의 학생들도 카터 방한에 반대하는 데모를 했다(6월 26일자).

6월 29일 저녁 카터가 서울에 도착했다. 재야세력과의 대화도 실현되었다. 인권문제에 대해서 박정희는 "한국형 민주주의"를 양보하지 않았고, 카터는 "한국의 경제발전에 걸맞은 인권존중"을 강조하며 대립했다(7월 1, 2일자). 김대중은 "우리는 카터의 방한 이후 이 나라의 인권억압이 개선은커녕 오히려 더욱 심각한 사태를 맞는 것은 아닌지 염려된다"(7월 2일자)고 비판했다. 그러나 카터가 "미국은 한국의 안전을 끝까지 지킬 것"이라고 언명했다고 『아사히신문』은 전하면서 다음과 같이 기술했다.

"그 한편으로 카터 대통령은 인권문제에서 솔직하고 강한 태도로 일관했다고 하며, 특히 박정권 비판을 완전히 봉쇄하는 대통령 긴급조치 제9호에 대해서 '자의적 행동의 기초를 제공하는 것으로서, 지나치다'고 강하게 비판. 더욱이 '어떤 사람도 재판 없이 구속되어서는 안된다' '정치활동을 이유로 한 구금은 부당하다'는 미국 측의 견해를 분명

하게 전했다고 한다."(7월 3일자)

여기서 카터정권과 한국의 상황에 관해서 다소 추측을 시도해보아도 좋지 않을까. 같은해 10월 26일 밤 박정희는 심복이라고 해야 할 중앙정보부장 김재규의 손에 의해서 암살되었다. 카터의 방한 이후 한국의 반체제운동은 전국적으로 확대되어갔다. 그러나 박정희의 사후 전두환은 미국, 특히 미군의 지원 아래 가장 무서운 군부지배를 전개했다. 카터정권 말기였다. 이 모든 일에서 카터는 어떠한 역할을 한 것일까. 미국군부 또는 군부와 행동을 같이했던 미국 CIA와 국무성에 대해서, 한국문제에 관하여 카터는 어떠한 역할을 담당했던 것일까. 레이건정부가 등장할 때까지 미국에서는 어느 부서가, 어떠한 힘을 가지고, 어떠한 역사의 방향을 향해서 한국의 정치상황에 관여한 것일까.

나중에 가능한 한 검토해보기로 하겠지만, 박정희의 죽음과 그의 사후의 상황에서 미국은 결코 수수방관하고 있었다고는 생각되지 않는다. 이미 임기 말에 이른 카터의 대한정책은 무력했는지도 모른다. 카터의 방한이라는 것 자체에 박정희 이후에 전개될 미국군부 또는 매파적 정책이 서서히 움직이고 있었는지도 모른다. 박정희의 죽음과, 전두환의 등장과 그의 가혹한 통치, 그리고 그의 몰락 후에 전개된 뒤틀린 한국사를 미국의 의도와 전혀 관계없는 것으로 보는 것은 한국의 현대사에 대한 너무나도 순진한 사고방식이 아닐까.

카터 방한 이후의 한국 상황을 『아사히신문』을 통해서 계속 살펴보아야 하겠다. 야당기관지 『민주전선』은 당국의 삭제로 공백투성이로 발행되었다. 그것을 김영삼 당수가 기동대에 포위되면서 두시간이나 가두에서 판매했다고 보도되었다(7월 14일자). 17일 이른 아침 전년도 6월에 『세까이』에 「노예수첩」을 발표했던 시인 양성우 등 86명의 정치범이 석방되었다. 카터 방한시 한미수뇌회담에서는 미국 측으로부터

330명이 넘는 정치범 리스트가 제시되었다고 한다(7월 17일자).

김영삼은 국회 대표질문에서 "박정희 대통령은 정권을 이양할 준비를 시작해야 한다"고 발언했다. 긴급조치가 4년 이상이나 지속되고 있다, 모든 양심범을 즉시 석방해야 한다고도 했다(7월 24일자). 이런 보도와 함께 『아사히신문』은 Y·H무역이라는 "가발제작 공장의 여종업원 180여명"이 신민당 본부에서 농성을 하자 "기동대가 최루탄을 쏘면서 난입"했다고 보도했다. 여종업원 한사람이 자살로 저항을 했다. 김영삼 신민당 총재를 비롯하여 당원들도 여종업원들과 함께 투쟁했다(8월 11일자). 투쟁은 정당과 노동자와 그들을 지원하는 지식인들의 저항으로 옮겨갔다(8월 12, 15, 18일자). 오랫동안 침묵하던 한국의 신문도 사태를 크게 전하기 시작했다.

그것과 보조를 함께하며 한국기자협회는 8월 25일 "Y·H무역사건에 관한 일부 매스컴의 편향보도"가 "김성진 문화공보부장관의 요구"에 의한 것이었다고 지적하고, 그 사실을 명백히 하라며 "공개 질문장"을 내게 되었다. 이러한 것을 기독교회 이외의 곳에서, 이를테면 언론계 등이 문제를 삼은 것은 처음 있는 일이라고 『아사히신문』은 보도했다(8월 26일자). 8월 28일에는 Y·H무역 여공 김경숙의 추도식이 있었는데, 김영삼은 여성노동자에 대한 이러한 탄압은 박정희정권의 '말기적인 몸부림'이라고 공공연하게 비판했다(8월 28일자).

이렇게 하여 박정희정권과 학생, 교회 그리고 야당이 대립하는 양상은 점점 깊어졌다. 경상북도 안동의 가톨릭 신부 3명이 체포되지 김수환 추기경은 현지에서 특별기도회를 열고 다음과 같이 말했다.

"'권력을 잡고 있으면 진실을 얼마든지 그 권력에 의해서 유린할 수 있다' 그렇게 믿고 있는 이런 관념이 참으로 슬픕니다. (…) 그러나 계속 국민이 눌려 있지만은 절대로 않을 것입니다. 또 그렇게 국민을 계속 누르면 국민의 마음은 정부에서 떠나지 않을 수 없을 것입니다. 누르면 누를수록 떠나지 않을 수 없습니다. 그리고 언젠가는 자기를 누르고 있는 정부에 항거하여 일어나지 않을 수 없을 것입니다. 그것이 오늘날 세계 여러 지역에서 우리가 보는 바대로 독재정권들이 무너지는 근본 이유입니다."(8월 29일자)

교회 조직이 이처럼 저항적 자세를 분명하게 보이게 되었다. 그러자 서울 민사재판소는 "5월 30일에 이루어진 신민당 총재 선거에" 부정이 있었다고 하며 김영삼 총재에 대해서 "직무집행정지 가처분"을 내렸다(9월 8일자). 김영삼은 정식으로 박정희정권 타도를 국민에게 호소했고 "군에도 호소"했다(9월 10일자). 『아사히신문』은 "강력한 조직"도 없이 김 총재는 "반박(反朴) 선언"으로 '고난의 길'을 걷게 될 것이라고 썼는데(9월 11일자), 그의 선언은 군부에 사태에 개입할 것을 호소한 것으로서 특별한 의미를 갖는다고 할 수 있겠다.

김영삼의 활동을 김대중도 지지했다. 이와 때를 같이하여 학생데모도 전국적으로 확대되어 서울대의 데모(9월 12일자) 고려대의 데모(9월 19일자) 등으로 이어졌다. 김영삼은 9월 16일자 『뉴욕 타임즈』와의 인터뷰에서 카터 방한은 실패였다고 하며 "국민에게서 점차 멀어져가는 독재정권을 선택할 것인지, 아니면 민주주의를 바라는 대다수 민중을 선택할 것인지 미국이 명확한 결단을 내릴 때가 왔다"고 말했다. 여당의 커다란 비판을 초래하자(9월 23일자) 윤보선은 김영삼을 지지하며 그가 신민당에서 추방당한다면 "김총재의 노선을 옹호하기 위해서 전 국민의 투쟁이 전개될 것"이라고 하면서 김대중, 함석헌과 연명한 '민주주의와 민족통일을 위한 국민연합' 명의의 성명을 발표했다(9월 29일자).

79년 10월 4일 김영삼은 국회에서 제명되었다. 의원의 3분의 1을 차지하는, 대통령이 추천한 유정회와 여당이 토론, 질의도 없이 그의 제명을 결의했다. 『뉴욕 타임즈』와의 인터뷰 등을 이유로 들어서였다. 이런 사태에 대해서 미국 국무성은 이날 유감을 표명했다. 이 일로 5일 미국 국무성은 글라이스틴 주한대사의 소환을 발표했다. 『아사히신문』 은 '투옥까지 각오하고서' '민주회복을 위한 원외투쟁'을 전개한다는 김영삼과 회견하고 그 기사를 전했다(10월 7일자). 그 서두의 말은 다음 과 같다.

"야당총재의 원외발언을 문제삼아 국회에서 추방한다는 것은 세계 에서도 예가 드물 것이다. 더구나 토론도 없이 다수의 힘을 믿고 밀어 붙였다. 현 정권의 말기적 증상을 무엇보다도 웅변으로 보여주는 것이 라고 생각한다."

10월 17일에는 부산에서 약 3천명의 부산대, 동아대의 데모가 일어 났다. 『아사히신문』은 그들이 "시내 중심가에서 데모, 파출소에 투석을 하거나 순찰차에 방화하는 등 폭동상태가 되었다. 현장에서 학생·시 민 약 280명이 체포되었고, 경찰 측에서 약 50명, 학생·시민 측에서도 다수의 부상자가 나왔다고 한다"고 보도했다(10월 17일자). 다음날도 저 항운동이 계속되어 18일 오전 0시 부산지구에 비상계엄령이 선포되었 다. 수많은 민간인이 데모에 참가하여 소요사태로 발전했다. 부산에서 일어난 저항은 서울로, 부산 주변의 마산, 창원으로 확대되어 위수령 그리고 계엄령이 선포되었다(10월 21, 22일자). 윤보선은 '계엄령 철회하 라'(10월 23일자)고 외쳤고, 치안본부는 데모 관계로 연행된 사람은 4,200명에 이르며 313명이 체포되었다고 발표했다(10월 24일자). 데모는 북상하는 기미를 보이며 10월 25일에는 대구에서 충돌을 일으켰다(10 월 26일자).

이런 소요 속에서 10월 26일 밤 박정희는 술좌석에서 중앙정보부 김재규 부장에 의해서 사살되었다. 「독재 18년, 유혈 정변」이라고 79

년 10월 27일자 『아사히신문』 석간은 대대적으로 보도했다. 이제부터 정보는 난립하고, 『아사히신문』도 한국의 행방에 대해서 '18년 박정희 체제 후에 오는 것은 민주인가 전정(專政)인가. 계엄령 아래의 한국 침묵의 바다에는 불안과 동요'(10월 27일자 「소립자」) 등으로 썼다.

박정희 암살의 배후에 미국의 공작은 작용했는가. 11월 22일경에는 학생들의 민주화 요구와 기자들의 언론자유 요구가 나타났다고 『아사히신문』은 보도했다(11월 23일자). 박정희 사후 계엄령 아래서 박정희 잔당 또는 최규하 대통령대행 체제, 아니 그보다도 새롭게 군부지배를 꾀하는 세력의 의도를 민주세력이 명백하게 파악하게 된 것은 아마도 79년 11월 24일 저녁, 박정희 사후 약 1개월이 채 못되어 서울에서 처음으로 열린 반체제파의 집회에서가 아니었을까(11월 25일자). 그 집회는 '통일주체국민회의에 의한 잠정 대통령선출 저지 국민대회'로 서울 명동 YMCA 강당에서 열렸다. 이것은 군부의 박정희 잔당인 최규하 전 국무총리가 대통령대행직을 수행하던 당시의 체제를 뒤집고, 임시대통령 자리를 차지하려고 표면에 등장하는 계기가 된 사건이었다고 할 수 있다.

그 집회는 계엄령 아래서 군의 일부가 정권에 대한 음모를 진행시키면서 국민의 활동을 억제하고 있었기 때문에 결혼식을 위장하여 치러진 약 1천여명이 모인 저항세력의 집회였다. 그들은 박정희정권의 잔당, 이를테면 최규하, 김종필 등의 구세력은 퇴진하고, 국회 내의 여당인 민주공화당과 유정회 국회의원, 그리고 그것을 가능케 한 유명무실한 통일주체국민회의를 해체하고 새 대통령을 민주선거로 선출하자고 외쳤다. 그리고 가두에 진출하려고 했다. 그러나 경찰 기동대에 의해서 완전히 폭력적으로 탄압되고 말았다. 대회위원장 함석헌을 비롯하여 약 백명이 경찰에 연행되었다. 이때의 성명문 8개 항목 가운데 2개 항목만을 인용하기로 한다.

"국민적 대단합은 유신체제의 전면적 청산에서 시작되어야 한다. (…) 소위 통일주체국민회의와 유정회는 즉각 자진 해산해야 하며, 김종필·최규하는 유신체제가 민중들을 억압하고 민주주의를 파괴하고 민족사의 정당한 발전을 가로막은 역사적 범죄였음을 공개적으로 시인하고, 유신독재의 지주였던 민주공화당을 자진 해체하고 겸허한 자세로 역사와 민중의 심판을 기다려야 한다. 또한 정계, 관계, 재계, 언론계 등 사회 각계 상층부에 온존하고 있는 일체의 유신잔재 세력들도 자신들의 죄과를 국민 앞에 솔직히 자백 사죄하고 물러나서 대죄하여야 한다."

"우리는 우리나라의 민주화에 관한 외세의 간섭을 일절 거절한다. (…) 일체의 외세는 유신 잔당을 지지하거나 유신독재 연장음모에 조력하는 듯한 인상을 주는 발언과 행동을 삼가야 할 것이다."(11월 25일자)

11월 26일 『아사히신문』은 이 집회가 "반체제 각파의 연합전선이 완전히 형성되었음을 분명하게 보여준 것"이며 "당국에 충격"을 주었다고 보도했다. 그것은 "유신체제 아래서 받은 투옥, 해직, 제적 등 갖가지 박해에 대한 원한마저 느끼게 할 정도였다." 또한 지금까지는 반체제파가 미국에 대해서 어느정도 "친근감"을 가지고 있었지만 이번에는 "지칭하는 것은 피하고 있지만 이 외세"에 대해서 "일절 거부한다"고 했다. 그들의 가두데모 전단에는 "미국은 유신잔당 지원을 중지하라며 분명하게 미국을 비난하는 내용의 것도 있었다"고 전했다.

『아사히신문』 후지따까(藤高) 특파원의 보도는 옳은 지적이었다. 박정희는 제거되었지만 정치적 공백 속에서 미국과 미국군부의 힘은 컸으며, 그들은 한국군부를 지원하면서 사태의 조기수습을 도모하려고 했다. 미국 측의 의도는 점차 군대 내의 실력자에게로 향했고, 민주화를 겨냥했던 사태가 반민주화로 성급하게 흐르는 것에 미국은 동의하고 말았다. 이로 말미암아 미국은 한국 측의 비판적인 사람들에게, 아니 한국인 전체에게 원한을 품게 했다고 할 수 있다.

79년 12월 6일 최규하는 통일주체국민회의 대의원 2,549표 가운데 2,465표를 얻어 대통령에 취임했다(12월 6일자). 12월 8일에는 유언비어, 시위 등에도 중형을 부과한다는 긴급조치도 4년 만에 해제되어 417명이나 되는 정치범이 석방된다고 했다. 김대중의 연금도 해제되었다. 『아사히신문』은 즉시 「유괴사건에 마무리를」 「방일 권리를 보장」 등을 말하는 김대중에 대해서 크게 보도했다. 그리고 김대중은 미국대사와 회담을 했고(12월 12일자), 일본대사와도 12월 17일 회담을 하게 되었다(12월 13일자).

그러나 긴급한 정치변동이 찾아왔다. 12월 12일 밤 "박대통령 저격 사건의 수사과정에서 새로운 사실이 발견되었기 때문"이라는 구실로 전두환 계엄사령부 수사본부장은 정승화 계엄사령관(육군 참모총장)을 체포했다(12월 13. 14일자). 이때 「군부에서 흔들리는 한국 정세」(12월 14일자)라는 『아사히신문』 사설의 다음과 같은 마지막 내용은 가장 공정한 견해였다고 할 수 있겠다.

"미국정부도 한국군부에 대해서 민주적 정부를 위한 전진을 방해하지 말도록 경고했다. 군부가 정치 불개입이라는 방침을 굽히거나 지나치게 표면에 나오는 것은 혼란을 초래할 뿐이다. 한국 민주화가 착실히 전진하기를 바라는 입장에서 우리는 군부에 자중 자제를 거듭 요망한다."

12월 12일 미국정부는 "정승화 계엄사령관이 체포된 사건"으로 성명을 발표했다. "한국군부에 대해서 민주적 정부를 위한 전진에 어떠한 방해도 한미관계를 '현저하게 저해하는 요인이 될 것'이라고 경고했다"는 내용이었다. 이 일을 가리켜『아사히신문』의 사설은 "미국정부도 한국군부에 대해서 민주적 정부를 위한 전진을 방해하지 말도록 경고했다"고 한 것이리라.

『아사히신문』은 12월 14일「'정 체포'는 숙군(肅軍) 쿠데타」「퇴역 거부당해 궐기」등의 제목으로 다음과 같이 전했다.

"12일 밤부터 13일 새벽에 걸쳐 한국의 수도 서울에서 일어난 일련의 사건은 한국군부 내부의 주도권 다툼에 의한 '숙군 쿠데타'였다. 13일 이른 아침 이미 '쿠데타 일파'인 육군보안사령부와 서울 교외에 본거를 둔 육군 제9사단 부대가 앞서 체포된 정승화 전 계엄사령관을 지지하는 수도경비사령부 병력을 제압하는 데 거의 무혈상태로 성공한 듯하다."

육군 제9사단은 노태우가 인솔하는 부대였다. 같은날 신문은「위기감 깊게 하는 미국」등으로 "군부 독주에 강한 불쾌감"을 표시하고 있는 미국정부에 관한 일도 전했다. 다음날 글라이스틴 미국대사는 "전두환 육군 보안사령관을 포함한 몇사람의 군 수뇌와 접촉했다." 미국 측은 "이번 사태에서 한미연합사령부의 승낙 없이 무단으로 병력을 투입한 점 등에 대해서 깊은 우려를 가지고 있다고 하며, 일련의 한국군부와 접촉하는 가운데 금후의 신중한 행동을 강력하게 요청한 것으로 보인다"고『아사히신문』은 전했다. 12월 16일에도『아사히신문』은 "정승화 전 계엄사령관(육군 참모총장)을 체포할 때 한국 육군 제9보병사단의 일개 대대가 미국 측의 승낙 없이 무단으로 서울 시내로 이동"한 것에 대해서 "주한미군 수뇌의 분노를 사고 있다고 한다"고 보도했다.

박정희를 살해한 "김재규 전 중앙정보부장 등에 대한 군사재판"은 12월 18일 제9회 공판으로 결심이 되어 7명에게 사형을 구형했다(12월

19일자). 법정에서 김재규는 부산, 마산에서 일어난 소요사태가 얼마나 충격적이었는가를 말하며 '나에게만 극형, 부하는 관대하게'라고 호소했지만 허사였다.

박정희의 죽음은 어떻게 해서 일어났는가. 「의거인가 흉악한 범행인가」(12월 23일자). 전두환은 김재규의 박정희 암살을 심판하고서 권력을 잡는다. 그 과정에서 미국과 주한미군은 어떠한 관계였을까. 미국은 전두환 소장의 퇴역을 요구하고 있었다고도 한다(12월 24일자). 이러한 미국에 대해서 전두환은 어떻게 대응한 것일까. 최규하는 12월 21일 대통령에 취임하고부터 미국과 한국군부 사이에서 어떻게 행동했을까. 그는 왜 광주사건이 일어나기 직전 외유중이었을까. 광주사건은 어떻게 해서 일어났으며 전두환일파는 어떻게 대처하려고 했는가. 그 무렵이 되자 왜 미국은 전적으로 전일파를 지지하는 것처럼 보였는가.

이러한 일련의 수수께끼를 한국의 현대사에 관련된 많은 사람들이 4반세기 이상 오랫동안 은폐해왔다. 민주화세력이 집권하고서도 거의 해명할 수가 없었다. 계속 은폐하려는 반동세력 잔당의 힘에 저항할 수 없었다고 할 수도 있겠으나 그보다는 민주화세력이 집권하고서도 그것을 국민의 동의 아래 추궁해야 한다는 의지도 힘도 가지고 있지 않았다고 해야 할 것이다. 무엇보다도 그만큼의 윤리적 의지를 보이지 못했다고 할 수 있다.

정승화 등은 "김재규에게 동조"한 "내란방조"로 발표되었다(12월 24일자). 해가 바뀌어 1980년이 되자 김영삼, 김대중에 더하여 구세력의 김종필까지 「한국 대통령선거를 향해 이미 시동」이라고 『아사히신문』도 보도했다(80년 2월 19일자). 김대중은 2월 29일 장관회의에서 7년 만에 공민권이 회복되었다. 그로써 가능해진 80년 3월 1일의 기자회견은 민주화의 봄을 생각하게 했다. "정국의 혼란"을 막기 위해서 "최규하 대

346

통령을 만날 용의가 있다. 납치사건에 관하여 오늘 이후 그 사건에 관련되었던 모든 사람들을 용서할 것이며 더이상 문제를 거론치 않겠다"고 말하면서 최규하와의 회담도 언급했다(3월 1일자). 그리고 과거의 정치에 관해서 겨우 다음과 같이 말했을 뿐이다.

"유신체제의 주역들이 국민과 역사 앞에 자성하고 자숙하는 겸허한 태도를 조금도 보이지 않는다는 사실입니다. 그들은 오히려 과거를 합리화하면서 그들의 기득이권을 계속 유지시키는 일에 총력을 기울이고 있습니다. (⋯) 이러한 자세는 지난 역사적 사건에서 교훈을 깨닫지 못했기 때문에 생기는 것입니다."

미국 국무성도 김대중을 비롯하여 687명이 정치활동을 회복하게 된 것을 환영했다. 『아사히신문』은 김대중의 복권을 크게 보도했는데, 다음날인 3월 2일 한국의 여러 신문이 김대중에 관해서 대대적으로 보도한다고 전하면서 다음과 같이 말한 것은 주목할 만하다.

"누가 후보로 선택된다고 해도 정권 획득의 찬스는 충분히 있지만, 후보자 지명 경쟁이 격화되면 당내에 응어리가 남을 우려도 있다. 무엇보다도 국민이 외면할 가능성마저 있다."

"한국에서 강한 영향력을 지닌 군부나 재계의 일부에는 아직 김대중씨에 대한 강한 알레르기가 남아 있는 것은 사실이다. 이러한 불신감을 현실 정치가로서 출발한 김대중씨가 어떻게 해소해갈지가 앞으로의 문제다."

김영삼과 김대중의 대립, 그로 인한 협력의 실패와 그에 대한 국민의 비판. 이로써 두 사람은 국민에게 되풀이해온 약속을 배신하게 되었다. 그 때문에 민주혁명은 실패한 혁명이 되었고, 두 사람은 오랜 고난으로 쟁취한 카리스마를 잃었다. 김대중은 군부와 재계의 일부가 가진 그에 대한 알레르기로 인해 정치적으로 상당히 폭이 좁아졌다. 게

다가 그는 그것에 대해서 지나치게 신경과민이었다.

그러나 어차피 1980년에 양 김씨가 자유선거를 통해서 꿈꾸었던 것은 아직 시기상조였다고 할 수 있다. 박정희가 18년간 집권하는 동안 쌓아올린 반동의 힘은 거대했기 때문이다. 『아사히신문』이 전한, 김재규의 유서라고도 할 수 있는 1980년 1월 28일 공소이유보충서에서 일부 내용을 인용하기로 한다(3월 5일자).

"유신체제를 철폐하고 자유민주주의를 회복시키는 것이 아무리 당면한 명제로서 불가피하였고 또 이를 더이상 늦출 수 없는 절박한 상황에 이르렀다고 하더라도 박대통령의 희생 없이 이를 달성할 수 있는 다른 방법이 단 한 가지라도 있었다면 박대통령의 희생은 없었을 것입니다. 그러나 다른 방법은 전혀 없었습니다. (…) 박대통령을 사살하는 바로 그 자체가 혁명이었습니다. (…) 박대통령은 자유민주주의를 말살한 유신체제를 출범시키고 이를 유지하려는 장본인입니다. 박대통령이 바로 유신체제라고 보아도 좋을 것입니다. 따라서 유신체제를 깨기 위하여는 그 심장을 멈추게 할 수밖에 없었고 또 그것으로 충분하였습니다."

역사에 대한 김재규의 해석은 옳았다고 해야 할 것이다. 그러나 김재규를 죽이고 광주사건의 참극을 일으켜 정권을 잡은 전두환과 노태우 세력은 그 점에서 김재규와 다른 역사해석을 하고 있었다. 그것을 구실로 또하나의 쿠데타를 일으켰다. 그 쿠데타가 가능했던 것은 사회적으로 박정희 통치 18년 동안 그에게 기생해온 세력이 너무나도 커진 탓이라고 할 수도 있지만, 무엇보다도 그 체제가 두른 장막이 너무나도 두꺼웠던 탓이라고 할 수 있다. 전두환에 의한 또하나의 쿠데타는 2개월 앞으로 다가오고 있었다. 그러한 불행을 앞두고 3월 13일 『아사히신문』에 게재된 『크리스천 싸이언스 모니터』의 사설 「민주주의의 강화를 서두르라」(3월 3일자)는 글은 아름답게 상기해야 할 글이었다.

"상징적 의미는 확실하다. 그러나 실체도 동반하는 것일까? 김대중 씨의 복권은 이런 기대와 불안이 뒤섞인 가운데서 이뤄졌다. 김씨는 억압에 대한 불멸의 저항을 대표하는 인물이다. 그는 박정희체제 아래서 잃어버린 민주적 발전을 회복하기에는 아직도 멀다는 것을 잘 알고 있다."

김대중은 "민주주의의 강화를 무엇보다 우선시키지 않으면 안된다고 한다." "한국은 바야흐로 공산주의 정권의 억압에 대비하여 보여줄 수 있는 새로운 것을 손에 넣었다." "만약 다시 자유로운 정치참여가 방해될 만한 일이 없다면 최대통령의 성가는 점점 높아질 것이다"라고 사설은 논했다. 그러나 최규하는 위기에 직면하여 그러한 '성가'를 높일 수 있는 인물이 아니었다. 그는 박정희정권의 무기력한 관료의 한 사람에 지나지 않았다. 위험을 무릅쓸 용기는 없었으며 주위를 둘러보며 항상 힘있는 자를 따랐다. 그래서 그는 전두환 등의 쿠데타 세력에 의해 인위적으로 만들어진 위기 속에서 그들에게 굴복하고 말았다. 3월 17일 김대중은 『쿄오도오통신(共同通信)』 기자와의 인터뷰에서 분명하게 그에 대해서 비판적인 자세를 보였다(3월 18일자).

"최정권은 당초부터 반동적인 성격을 가지고 있었다. 유신잔존 세력은 기득권 유지를 위해서 헌법을 정권 장기화에 적합한 것으로 만들려는 의도를 최근 노골적으로 보이기 시작했다."

『아사히신문』은 후지따까 특파원의 보고 「학원에 돌아오는 봄——한국」(4월 3일자)을 게재했다.

"한번이라 해놓고서 다시 또 한번. '위대한 영도자'라고 우쭐대던 그때 그 사람. '안녕'이란 단 한마디 말도 없이, 지금은 동작동에서 행복할까. 한번쯤 마음을 바꿨으면 좋았을걸. 이를 갈았던 그때 그 사람."

이러한 '노가바'(노래가사 바꿔 부르기) 몇곡을 인용하고는 "신랄한 풍자를 가하는 기술에서는 한국의 학생들도 꽤 솜씨가 있는 사람들"이라고 특파원은 이어갔다. 그리고 복귀한 교수들의 첫 강의 모습을 전했다. 3, 4백명이나 해임되었다고 한다. 그들이 이제 돌아와 "정열을 기울여 '자유'를 설명한다"고 했다. 정치분야에서는 몇번이고 반체제 측의 통일을 위하여 협력하겠다고 공언해오던 김대중과 김영삼이 결별했다. 민주화세력의 분열이었다. 민주혁명이 퇴색해가는 일보를 내딛은 것이다(4월 8일자).

한편 국군보안사령관 전두환은 한국 중앙정보부장대리가 되어 "신군부가 완전히 군부 내의 실권을 장악했다는 것"을 보여주었다. 그는 3월 1일자로 "동기 중에서 가장 먼저 중장에 취임"했다(4월 15일자). 학생 데모는 전국적으로 다시 불타올랐다. 계엄령 해제를 요구하면서 전두환 장군의 퇴진도 외쳤다(5월 3, 4일자). 『아사히신문』은 미국의 카터 대통령이 "한 사람이 군·정보·보안의 각 분야를 한손에 장악하는 것은 지나치다"고 불쾌감을 표명했다고 전했다(5월 5일자).

학생데모는 서울대, 고려대(5월 4일자)에서 연세대, 이화여대(7일자)로 번져갈 따름이었다. 한편 김대중, 윤보선, 함석헌의 '민주주의와 민족통일을 위한 국민연합'은 5월 7일 아침 「민주화 촉진 국민선언」을 발표하여 "민주주의를 위한 전국민적인 투쟁"을 호소하고 전두환을 지명하면서 즉각 퇴진하라고 요구했다. "한국 전역에서 7일에도 약 1만5천명의 학생"이 계엄령 포고를 무시하고 계엄령 철폐를 부르짖으며 데모를 전개했고, 신문도 계엄 당국이 기사를 삭제하면 그대로 백지로 내보내는 저항을 보였다(5월 8일자). 김영삼 신민당 총재도 계엄령 해제를 요구했다(5월 9일자). 전국에서 30개를 넘는 대학으로 데모가 번졌고, 매스컴의 언론자유 요구운동도 확대일로였다. 이런 가운데 아마도 군부책

략의 하나였는지, 최대통령은 "사우디아라비아와 쿠웨이트를 방문한다며 서울 김포공항을 출발했다."(5월 10일자) 학생들은 휴교령에 반발하며 신현확(申鉉碻) 국무총리와 전두환 중앙정보부장대리 등을 지명하면서 퇴진을 요구했다(5월 11일자).

지금 4반세기 전의 이 시대를 되돌아보면 사회적 혼란 속에서 선량한 또는 양심적인 세력은 침묵한다는 생각이 든다. 그중에서 힘을 얻는 측은 악한 모험주의자들이다. 그러한 세력은 사회적 혼란이 있으면 있을수록 유리하다고 생각하고 오히려 혼란을 조장하기 위해서 행동한다.

반정부 학생운동이 있으면 있을수록 군을 장악한 전두환일파는 자신들에게 유리한 사태가 전개된다고 생각했다. 반정부운동을 저지한다는 구실로 '계엄군, 공공기관에 배치'가 가능해졌다. 젊은이들은 "학생들의 행동을 사회적 혼란으로 취급하는 당국의 태도를 부정한다. 우리는 정상수업을 받으면서 비폭력적·평화적으로 행동한다"고 했지만 계엄군은 이미 점령한 고지에서 철수하려고 하지 않았다(5월 13일자). 그런 의미에서 『아사히신문』의 해설은 뛰어난 것이었다.

『아사히신문』은 이러한 사태에 대해서 우선 「민주화 제자리걸음에 의심」이라고 했다. 민주화가 제자리걸음을 하고 있다 싶으면 학생들의 데모는 다시 불타오른다. 그러면 국민은 사회적 혼란을 우려한다. 그렇게 되면 계엄군은 용이하게 학생탄압에 착수하여 거친 조치를 단행할 수 있다. 이것은 계엄군의 대중조작과정이며 진두환 등의 계략이었다. 그처럼 계획한 길을 가면서 그들은 국가를 누란의 위기에서 구한다고 했다. 그리고 그후에는 무서운 국민탄압과 끊일 줄 모르는 부패였다. 이러한 과정을 『아사히신문』은 5월 13일자 「다시 불타오른 한국학생데모」에서 정확하게 묘사했다.

전해 12월 전두환 보안사령관이 정승화 계엄사령관을 체포하고, 4월 14일에는 스스로 중앙정보부장을 겸임하자 군부세력에 의한 신당 결성이라는 소문이 떠돌았다. 그 때문에 군이 "자신들에게 유리한 헌법을 만들려고 하는 것은 아닌가"라고들 했다. 이러한 의문과 함께 "어용교수 비판 등 학원문제가 중심이던 학생운동이 5월에 들어서면서부터 일약 반체제운동으로 전환했다." 그리고 전두환과 국무총리를 지명하며 "유신잔당"이라고 비판했다. 국민은 불안해졌다. 반동적인 파시즘세력 전두환이 등장하여 광주사건을 일으키는 실마리가 된 전날 밤의 상황에 대해서 『아사히신문』은 다음과 같이 매듭지었다.

"학생데모가 방아쇠가 되어 커다란 혼란을 부를 가능성은 충분히 있다. 혼란을 우려하는 국민들은 지금 학생들의 활동과 그에 대항하는 정부의 움직임을 숨죽이고 지켜보고 있다."

이런 상황을 적극적으로 해결할 수 있을 만큼 현실적인 힘을 기지고 있는 양심적인 세력은 존재하지 않았다. 완전히 공백상태였다. 힘을 가진 유일한 세력인 군은 정치적 지배를 획책하는 악한 집단으로 대표되었다. 그에 대해 불신을 품은 학생세력은 가두에 나와 그것과 싸우려고 한다. 『아사히신문』(5월 15일자)은 이렇게 묘사했다.

"학생들은 손수건으로 얼굴을 가리고 투석을 계속한다. 여학생들이 돌이나 병을 모아 남학생들에게 운반한다. 화염병도 던졌다. 지프 바로 앞에서 불길이 확 타올랐다. 기동대원이 지프 안에서 굴러나왔다. 군중 속에서 드문드문이기는 하지만 박수소리가 들렸다."

이러한 사태에 대해서 일본 외무성이 "동향을 주의깊게 지켜볼 필요가 있다"고 하면서, 계엄령에 대해서 "해제되지 않으면 학생들이 소동을 일으킨다. 학생들이 소동을 일으키면 군이 치안출동하는 악순환에 빠질 우려가 있다"고 코멘트를 한 것은 옳았다(5월 15일자).

352

전두환일파의 군부는 어떻게 대처하려고 했는가. 이러한 사태를 그들은 어떻게 이용하려고 했던 것인가. 미국은 이미 한국의 군부로 하여금 사태를 수습하게 하는 방향으로 기울어졌을 것이다. 전두환일파는 야당의 김대중, 김영삼과 사태를 평화적으로 수습할 생각은 하지 않았다. 1960년 4·19 당시에는 서울에 진주한 계엄군이 중립을 지켜주어서 민주화세력의 승리를 가져왔다. 광주의 데모에서는 아직 그러한 꿈이 남아 있었는지도 모른다. 그러나 이번에는 한 지방에서 일어난 사태를 고립화시키고 군부의 지배, 전두환일파의 지배라고 하는 쿠데타 계획을 수행한 것이다.

5월 15일 서울의 학생데모는 10만명으로 불어났다고 한다(5월 16일자). 이로써 1960년 4월혁명이 재현될지도 모르는 상황이었다. 김대중, 김영삼 두 사람이 "15일 심야에서 16일 아침에 걸쳐" "서울시내 각 대학의 학생대표들"과 "철야회의를 열고 16일부터 정상수업으로 돌아갈 것을 결정했다." 그리고 두 사람은 공동성명에서 "계엄령 해제, 신현확 국무총리의 사임, 전두환 보안사령관의 중앙정보부 부장대리 겸임 해제 등을 요구했다." 학생들의 요구를 거의 전면적으로 받아들인 것이었다(5월 15일자).

최규하가 16일 밤 해외에서 귀국하자 19일에 "헌법개정 등 정치일정 단축, 계엄령 해제 시기의 명시 등에 대한 중대 방침을 발표"할 것이라고 보도되었다(5월 17일자). 이때 전두환은 자신의 사활을 건 결단을 내린다. 『아사히신문』은 "한국정부는 '민주화'를 둘러싸고 서세진 정세 불안에 대처하기 위해 17일 밤 임시 장관회의를 열고, 현재 시행되고 있는 비상계엄령을 18일 오전 0시를 기해서 전국에 확대함과 동시에, 김대중 전 신민당 대통령후보 등 반체제파 중심인물과 학생들을 계엄 포고령 위반 혐의로 대량 연행하기 시작했다"고 보도했다. 전두환이 선두에 선 "사실상의 군정 이행"이었다. 20일에 국회가 열리면 계엄령 해제 결의안이 통과될 것을 우려하여 전(全)일파가 선수를 친 것이다(5월 18일자).『아사히신문』이 「어디로 갈 것인가, 계엄 한국」이라는 기자 좌담회에서 다음과 같이 말한 것은 이러한 상황에 대한 적절한 코멘트였다고 할 수 있다.

"전으로 보면 좋은 타이밍이었다. 미국은 이란, 아프가니스탄에 눈을 돌리고 있고, 카터 대통령은 대통령 선거로 북새통이다. 일본도 뜻하지 않은 정변이다."(5월 19일자)

미국은 사태가 이처럼 진행되어가는 것을 깊이 우려한 듯하다.『아사히신문』은 "깊은 우려"를 담은 미국 국무성의 5월 18일 성명을 19일 다음과 같이 전했다.

"대학의 폐쇄 그리고 정치가와 학생의 체포를 동반한 계엄령이 한국 전역에 확대된 것에 우리는 깊이 우려하고 있다.

정치의 자유화를 향한 전진은 법에 대한 존중을 동반하지 않으면 안 된다. 그러나 이번 정부의 조치가 한국 내의 문제를 악화시킬 것을 우려한다.

우리는 우려의 심각성을 한국 지도자에게 밝히고, 최대통령이 이전에 표명한 헌법상의 개혁과 광범위한 기반 위에 선 문민정부 수립을 위한 선거를 향하여 즉시 전진을 시작해야 한다는 확신을 강조해왔다."

『아사히신문』은 같은 날 사설 「'군정'과 한국 민주화의 위기」에서 한국의 사태를 다음과 같이 논평했다.

"이렇게 하여 정부와 군부는 국민의 불만을 흡수하는 방향으로 국면타개책을 취하지 않고, 최악의 강권발동으로 정당활동이나 민주화 요구를 봉쇄하는 길을 선택했다. '학생혁명'에 의한 이승만정권의 붕괴 직후 군이 전면에 나서 박(朴)시대가 개막되었던 61년 5월 16일의 '군사혁명'이 다시 온 것인가 하고 염려되는 사태이다."

반동적인 회귀가 일어난 것이다. "한국의 남부 도시 광주에서 19일 오후 학생들의 가두데모에 시민들이 다수 합류하여 한때 폭동상태가 되었다." 이것이 『아사히신문』의 5월 20일자 보도였다. 계엄군 150여 명이 포위한 가운데 겨우 몇명만이 들어갈 수 있었던 기자회견에서 김영삼은 다음과 같이 말했다.

"정치활동을 금지시키고, 대학을 폐쇄하고, 언론을 침묵시키고, 자유로운 토론을 봉쇄한 5·17 폭거는 급기야 유혈사태를 야기했다. 이 처참한 현실 속에서 민주헌법을 제정하고, 민주정부를 세운다는 것이 과연 가능한가! 이런 사태 아래서도 민주화라는 대국민 공약을 지키겠다는 과도정부의 약속을 누가 믿을 것인가. 그러나 우리는 좌절할 수 없다. 이 아픔 속에서 다시 일어나 민주정부를 세워야 한다. 아무도 이 역사적 과제에 도전할 수 없다"

김영삼은 앞으로 "국민적 항쟁"이 일어날 것이라고 예고하고, 군은 "본래의 임무"로 돌아가야 하며 김대중 등 "민주주의 인사"들을 석방해야 한다고 말했다.

『아사히신문』은 「한국 신(申)내각이 총사퇴」「광주소요 격화, 방송국 불타」「4일 연속 도시 마비상태, 군도 6명 사망 인정」「한국 정세를 깊이 우려, 미 국무장관 엄중한 대응 고려하나」(5월 21일자) 등으로 전했다. 다음날에는 「광주, 시가전 양상, 총기 빼앗아 군과 응수, 데모대 20만, 사상 다수」「응원하는 학생도 집결, 데모대 전 공공기관을 수중에」 등으로 보도했다. 계엄령 아래서 벌어진 이런 상황에 대해서 서울의 기자들이 「군의 검열에 항의, 집필거부 투쟁」 중이라고 하며 『아사히신문』은 다음과 같은 기사를 전했다. 그 전문을 인용해보기로 한다.

"한국의 유력한 석간지 『동아일보』는 21일 계엄사령부가 발표한 광주의 데모에서 사망자 6명이 발생했다는 뉴스보도를 거부하기로 결정했다. 그 대신 '광주일원에서 발생한 소요사태가 아직 수습되지 않고 있다'고 하는 단지 여섯 줄의 기사를 1면 4단에 게재한다고 했다.

또한 서울의 『조선일보』와 『서울신문』을 제외한 모든 통신, 신문, 방송 기자들은 군의 검열에 저항하며 같은날부터 집필거부투쟁에 들어갔다. 취재는 하지만 기사를 쓰지 않는 전술로 각 사 모두 편집간부가 집필하고 있다."

5월 22일 『아사히신문』 석간은 「한국, 바야흐로 내란상태」「시민이 광주 제압설, 계엄 당국 총공격을 준비하나」라고 게재하고, 후지따까 특파원은 「긴급 리포트, 한국 위기」(上)에서 「마침내 피가 흘렀다', 시시각각 깊어지는 증오와 분열」을 다음과 같이 쓰기 시작했다.

"21일 새벽 데모대에 점거당한 광주와 서울을 연결하는 경찰 전화가 끊겼다. 일반전화가 끊긴 21일 이른 아침 이후 광주와 외부를 간신히 잇고 있던 최후의 선이 끊어진 것이다."

그리고 마지막을 다음과 같이 끝맺었다.

"아무리 사람 수가 많아도 데모대는 군의 상대는 아니다. 군이 실력행사를 하겠다고 마음을 굳히면 단시일 내에 진압은 가능할 것이다.

그러나 유혈은 증오를 낳고, 증오가 국론의 분열을 낳고, 앞으로의 한국사회에 커다란 상처를 남길 것을 한국사람들은 충분히 알고 있다. 시시각각 다가오는 이 위기를 그들이 어떻게 피해갈지에 주목하자."

서울에서는 계엄사령부가 김대중 관련 중간발표를 하고 "그가 학생들을 배후에서 조종하며 학생들에게 반정부데모를 하게 하는 등 선동을 했다고 단정하고 있다"고 『아사히신문』은 전했다(5월 22일자).

『아사히신문』은 5월 23일에도 「광주소요 긴장 계속돼, 군, 도시 주변을 완전 포위」라는 표제를 뽑고, 여동생의 결혼식에 참석했다가 산을 넘어 탈출하여 일본에 돌아온 재일한국인 A씨 부부의 목격담을 전했다. 그들은 광주에 투입된 공수부대가 어떻게 이 사태를 일으켰는가를 생생하게 전했다. 목격담에 의하면 18일에 데모가 있었지만 시민이 방관하기만 하여 평온했다. 그날 밤 군대가 들어왔다. 그리고 다음날 작은 데모가 있었는데, 투입된 군인들이 갑자기 강경해지면서 카빈총의 총검으로 학생들을 찔러 피가 흐르게 하는가 하면, 마침내 살인을 하기에까지 이르렀다. '무기를 가지고 있지 않은 학생을 죽였다'고 시민들은 흥분했고, 정부계의 방송국에 불을 지를 정도가 되었다.

"광주에 파견된 것은 특별히 훈련된 군대 같았고, 아주 난폭하다는 평판이었다. 군에 저항하면서 데모를 지도하던 여학생이 군대에 반항하자 유방을 도려냈다든가, 학생을 죽이고 '너희들이 그러고서도 인간이냐'고 항의하는 교장을 그 자리에서 죽였다든가, 아이들 둘을 군인들이 죽이자 어머니가 뒤따라 자살했다고 하는 말을 들었다."

이렇게 하여 '김대중을 석방하라' '전두환을 죽여라' 하고 학생과 시민이 이구동성으로 부르짖게 되었다. 마지막으로 A씨 부인의 탄식을 『아사히신문』은 다음과 같이 전했다.

"고등학생이 되는 내 남동생도 부모의 설득을 뿌리치고 군중에 참가하고 말았다. 평소에는 얌전한 아이였는데. 산을 넘어 광주를 탈출할 때 어머니는 '한국 내에서는 아무에게도 말해서는 안된다. 한마디도 하지 말고 돌아가거라' 하는 말씀을 남기셨다. 가족이 걱정된다."

5월 22일에 발표된 김대중에 관한 '중간수사 결과'는 김대중은 해외에서 "북한에 동조하는 반한국적 행동을 했다"고 단정지었다. 「우려 깊어지는 김대중씨」라는 기사에는 "김대중은 마약을 맞고 대통령 선거와 국회의원 선거의 강행일정을 소화해냈다. 그는 마약중독에 걸려 있다"

는 "정보기관에서 퍼뜨린" 허위정보마저 퍼졌다고 기술돼 있었다. 한편 '철저 항전'을 호소하는 광주의 「민주수호 총궐기문」에는 다음과 같이 씌어 있다고 보도되었다(5월 21일자).

"사백만 전남도민이여 총궐기하라! … 삼천만 민주시민들이여 총궐기하라!

최후의 1인까지 최후의 일각까지 끝끝내 싸워 저 원한의 살인마 전두환을, 간악한 국민의 배반자 유신잔당놈들을 갈기갈기 찢어 죽여 피토하며 죽어간 우리 아들딸들의 한을 풀어주자!"(5월 23일자)

그날 『아사히신문』은 의미 깊은 사설 「한국의 소요를 우려한다」를 게재하고 다음과 같이 말했다.

"정부나 군부가 군대를 본격적으로 투입하여 강경책으로 임하면 어쩌면 일시적인 진압은 가능할 것이다. 그러나 그러기에는 헤아릴 수 없는 희생, 돌이킬 수 없는 댓가를 각오하지 않으면 안될 것이다. (…)

그러나 일방적인 힘에 의한 강압책은 유혈사태뿐만이 아니라 먼 훗날 국론분열의 비극적인 상흔을 오래도록 남긴다. 박대통령의 죽음을 경계로 '민주한국'을 만든다는 사업도 좌절될 것이다. 최악의 사태를 피하는 것이 결국은 국가를 더욱 견고하게 하는 것이 아닐까. (…)

작년 10월 박대통령 총격사건에 즈음하여 우리는 위기에 직면했을 때야말로 그 민족의 예지와 자질을 알 수 있다고 호소했다. 한국의 그후의 정세는 한동안 우리의 예상을 뛰어넘을 만큼 차분한 전개를 보였다. 거기서 이웃나라 사람들의 성숙함을 새삼 깨달았다는 생각이 든다.

안타깝게도 그것이 흔들리는 것처럼 보인다. 위기라고 한다면 바로 지금이 그때일 것이다. 민족의 예지를 발휘할 수 있을지 지금 시험당하고 있다."

당시 한국 내의 사람들은 이러한 사설에 전혀 접촉할 수도 없었고,

더구나 전두환의 사병(私兵)처럼 되어버린 군부에 저항한다는 것은 생각할 수도 없었다. 그러한 군, 그 거대한 숫자와 힘, 그리고 비민주적인 사상과 생태를 가진 군을 등에 업고 민주화의 길을 걸어갈 수 있을 것인가 하는 커다란 의구심을 가진 시대였다. '민주한국을 만든다는 사업'은 좌절되었다. '결국은 국가를 더 견고하게 하는 것'도 실패했다. 그러한 사설을 쓸 수 있는 상황, 그러한 것을 생각할 수 있는 상황은 그 당시 한국에는 전혀 존재하지 않았다.

5월 23일 『아사히신문』 석간은 「강경파가 재무장 개시, 교섭 타협 강하게 반대, 데모대 측 사망자 130명을 넘어」로 보도했다. 그리고 김영삼의 용기있는 규탄성명이라고 할 수 있는 「정부는 책임져라」도 보도했다. 그것은 "정부는 국민 앞에 사죄하고 책임을 지라"는 성명으로 "각 보도기관에 배포되었다"고 했지만, 물론 계엄령 아래 있는 한국 신문이 이를 언급하는 것은 허용되지 않았다. 그 가운데서 일부만을 여기에 인용하기로 한다.

"우리 국민은 유신체제 연장을 절대 용납하지 않을 것이고 더구나 군사독재를 기도하는 쿠데타는 더 무서운 국민적 저항에 부딪힐 것이며 그러한 기도에 대하여 나는 백만 신민당원과 더불어 국민의 선두에서 투쟁한다는 것을 엄숙히 밝혀둔다. 우리는 어느 경우도 좌절하거나 포기하지 않고 계속 전진해갈 것이다."

『아사히신문』은 5월 24일자 신문에 전직 한국 특파원 등의 좌담회 「어떻게 움직이나, 한국정세」를 세새했는데, 혹시라도 민주직인 신거로 김대중 또는 김영삼이 당선된다고 하더라도 전두환 등은 반드시 쿠데타를 일으킬 것임이 틀림없다고 하면서 매우 인상적으로 다음과 같이 덧붙였다.

"그 정도로 지금 실권을 쥐고 있는 군 간부들은 '민주화'를 외치는 사람들을 적대시하고 있다. 전두환 등은 미국에서 군인교육을 받았지만 국제감각은 결여돼 있다."

5월 24일 석간에는 「계엄군이 광주시내 진입」이라는 보도와 동시에 그날 오전 일찍 「김재규 KCIA 전 부장을 처형」했다는 기사가 보도되었다. 그리고 윤보선 전 대통령 등의 '민주주의와 민족통일을 위한 국민연합'이 26일 오전 광주사건에 대해서 성명을 발표하고 "이 사태는 전두환 중앙정보부장대리의 정권욕과 유신잔당이 일으킨 국난"이라고 격렬하게 정부를 공격하며 김대중 등의 석방을 요구했다는 것도 보도됐다.

그러나 아직 광주시내에서는 총격전이 벌어지고 있다고 했다. "계엄군은 광주시내에 진입했다가 일단 철수했지만 포위망을 시 중심부에서 2킬로미터도 채 안되는 지점까지 좁혔다"고 5월 27일자 『아사히신문』은 보도하면서 「광주 아직 투항 기다려, 사망자 최악의 264명? 현지정세」라는 표제를 붙였다. 이 "정보가 정확하다면 이승만 정권을 무너뜨린 20년 전의 '한국 학생혁명' 당시의 사망자 180여명을 크게 웃도는, 한국 데모사상 최대의 참사가 된다"고 했다. 그리고 목포도 「교통 막히고 경관 자취 감춰」라면서 「군대 도착 불안한 정적」만이 흐르고 있다고 목포에서 탈출한 일본인의 말을 전했다.

그날 석간에는 5월 27일 "새벽 계엄군이 돌입, 총격전 끝에 시내 전역을 제압했다"고 광주의 상황이 보도되었다. 「학생들 다수 사상, 공륙(空陸)양면작전으로 돌입, 체포 2백명을 넘어」라고 했다. 『아사히신문』은 「민주화 더욱 후퇴, 군정에 앞으로도 '도전' 불가피」라는 제목의 기사를 다음과 같이 매듭지었다.

"그러나 신정권의 지지기반은 지금으로서는 군부뿐이라고 할 수 있어서 지극히 좁다. 게다가 '군부 독재화'에 대한 미국의 반발이 거세지고, 인플레 상승을 중심으로 한 경제위기가 고조되는 등 어려운 문제의 시급한 처리에 직면하고 있다. 특히 경제문제의 해결에 실패하면 또다시 국민의 불만이 폭발하는 사태도 예상되어 전두환 신체제는 앞으로도 많은 '도전'을 받게 될 것이다."

광주사건을 미국이 추인했으며, 전두환일파의 행동 역시 미국이 지지하고 있다는 것이 그 당시 한국인들의 일반적인 인식이었다. 거기에는 미국 측이 전두환일파의 대두에 불쾌감을 표명했다고 해도, 계엄령 아래에 있던 한국의 신문이 그것을 전혀 전하지 못했던 것도 영향을 미쳤다. 그 때문에 주한미국대사관 밴스 보도관은 각 신문사를 방문하여 항의도 했다고 한다(5월 31일자). 그러나 광주사건에 한국군을 동원하도록 미군사령관이 허가한 것은 지울 수 없는 사실이었다. 광주사건에 의해서 한국의 젊은이들 사이에서 퍼져간 반미감정은 결정적인 것이 되었다고 할 수 있다.

5월 30일에 종로구 기독교회관 옥상에서 뛰어내려 자살한 서강대학교 상경대학 4학년 김의기(金宜基)의 장례가 6월 2일 서울대 부속병원 영안실에서 있었다. 그는 광주사건 후 「동포에게 드리는 글」이라는 유서를 남기고 죽었다. 『아사히신문』은 「동포여, 자유에 신명 바치자」 「종교인 약 2백명, 학생 유서 낭독」에서 유서의 내용을 다음과 같이 전했다.

"유신정권의 수괴는 쓰러졌으나 그 잔당들에 의해 가혹한 억압이 전개되며 죄후의 몸부림을 치고 있다. 우리는 노예로 살 것인가 자유시민으로 살 것인가의 기로에 서 있다. 동포여, 마지막 한 사람까지 이

---

8 민주화운동기념사업회 사료관에 소장된 김의기의 「동포에게 드리는 글」에는 다음과 같이 기록되어 있다.

"박유신정권은 그 수괴가 피를 뿌리고 쓰러졌으나 그 잔당들에 의해 더욱 가혹한 탄압과 압

성전(聖戰)에 신명을 바치자. 우리는 반드시 이긴다."(6월 3일자)⁸

6월 13일 카터정권이 "한국의 현재 정치정세에 대한 불쾌감의 표시로 민간 최고위급 경제사절단의 서울파견을 무기한 연기함과 동시에, 기본적인 안전보장을 제외한 대한관계를 전면적으로 재검토하고, 한국과의 접촉은 미국정부 내 심사그룹의 허가를 필요로 한다고 결정했다"는 보도가 나왔다. 또한 「민주화 공약 실행하라」며 "머스키(Edmund S.Muskie) 미 국무장관은 13일 기자회견에서 한국의 최규하정권과 전두환 국군보안사령관 등 군수뇌에 대해서 민정복귀, 민주화 촉진이라는 공약실현을 위하여 '확고하고 알기 쉬운 행동'을 취하도록 강력하게 호소했다'고 전해졌다(6월 14일자).

『아사히신문』은 7월 4일자 기사에서 김대중의 생명이 다시 위기에 직면하고 있음을 우려했다. "그의 정치생명뿐만이 아니라 신체적 생명조차도 빼앗길 우려가 높은 중대국면이 되었다." 그날 한국 계엄사령부가 "일찍이 공산주의자였던 김대중과 그 지지자는 전국 규모의 학생 데모와 광주폭동을 조직하고 그 자금제공자가 되었다. 또한 외국에서 지금까지 두개의 반정부조직을 지도했다'고 하며 '민중폭동 선도에 의한 정부전복 계획용'이라는 것을 상세하게 발표했기 때문이다. 일본 국내에서는 '제2의 김대중씨 암살사건'이라는 목소리가 크게 높아졌다.

1980년 7월 3일자로 한국정부는 『아사히신문』의 서울지국 폐쇄를 명령했다(7월 5일자). 7월 6일 『아사히신문』은 다음과 같은 한국 당국의 말을 전했다.

제가 이루어지고 있다. (…) 유신잔당들은 이제 그 최후의 발악을 하고 있다. 우리는 지금 중대한 선택의 기로에 서 있다. 공포와 불안에 떨면서 개처럼 노예로 살 것인가? 아니면 높푸른 하늘 우러르며 자유시민으로서 맑은 공기 마음껏 마시며 환희와 승리의 노래를 부르면서 살 것인가. (…) 동포여, 일어나자. 마지막 한 사람까지 일어나자. (…) 우리는 이긴다. 반드시 이기고야 만다. (…) 오늘의 성전에 몸 바쳐 싸우자. 동포여!"―옮긴이.

"한국의 정부 당국 대변인은 5일 구속중인 한국의 반체제 지도자 김대중씨가 치안 당국에 의한 고문으로 중상을 입고 정신적으로 착란 상태가 되었다는 어느 일본의 신문보도를 근거가 없다고 부정했다.

　정부 대변인은 AFP 기자에게 김씨의 건강상태는 '지극히 정상'이라고 말하고 신문보도를 '악의에 찬 소문'이라고 비난했다."

　『아사히신문』의 서울지국 폐쇄에는 필자 본인이 깊이 관계되어 있다. 그 일에 대해서는 이미 필자의 자서전『경계를 넘는 여행자』(다섯수레 2006)에서 언급했으므로 여기서는 그것을 그대로 인용하는 것으로 양해해주기 바란다.

　이처럼 김대중을 중심으로 광주사건을 꾸며내려는 전두환일당의 계략과 싸우기 위하여 나는 한국 내에 유포되고 있는 이른바 '유비통신'을 찾아서 대대적으로 기록하여 세계에 널리 알려야만 했다. 1980년『세까이』8월호에는「흑암에 대한 기록」9월호에는「침묵의 도시 속에서」등등으로 계속 기술해나아갔다. 당시 기록을 상세히 되풀이할 수는 없지만, 한 가지 마음에 걸리는 일이 있으므로 여기에 기술하여 이 기회에 용서를 빌고 싶다. 8월호의「흑암에 대한 기록」마지막에 나오는 투옥돼 있는 김대중에 관한 대목이다.(214~16면)

이렇게 쓰고 나서 나는 1980년 8월호『세까이』에 실린 내 글「흑암에 대한 기록」에 나오는 말을 다음과 같이 인용했다.

　그는 군대 감옥에 있는 병원에 옮겨졌는데 복부에 큰 부상을 당하고 정신착란 상태에 있다고 한다. 그래서 때때로 발작적으로 '나는 공산주의자입니다' '나는 공산주의자입니다'라고 부르짖고 있다는 것이다. 고문에 의한 정신착란이라고 생각된다. 부인 이희호씨도 물론 군인들에게 포위당한 채 살고 있다. 김대중씨를 그들은 언제까지 살려두려는 것일까. 그 절망적인 상황에서 구해낼 길이 있을 것인가?(214~15면)

『아사히신문』 서울지국을 폐쇄시켰다는 자책감에 나는 그로부터 25년 후 다음과 같이 썼다.

> 김대중을 구출해내기 위해서는 「통신」은 격렬한 표현을 선택할 수밖에 없었다. 그러나 그것만이 아니었다. 사실은 한국에 들어간 미국 친구가 투옥자 가족들 사이에 전해지고 있는 유언비어를 이렇게 전해온 것이었다. 그것이 「통신」에 기록됐고 『세까이』의 편집장인 야스에 료오스께(安江良介)에게 전달됐다. 그래서 일본 『아사히신문』 기자에게 전해졌고 기사화됐다. 그것 때문에 『아사히신문』 서울지국이 한국에서 추방됐다. 야스에는 이 문제에 대해서는 한마디 언급도 없이 「통신」을 계속하게 해주었다. 그 점에 관하여 야스에와 『아사히신문』에 대하여 이 자리를 빌려 깊은 사과의 말씀을 드린다.(215~16면)

김대중의 생명이 위기에 처하자 일본에서는 대대적인 김대중 구명운동이 전개되었다. 오오에 켄자부로오가 강연을 하고, '광주의 사자(死者)들·김대중씨와 우리'라는 한일연대위원회와 한국문제기독자긴급회의가 공동주최한 7월 10일 밤 토오꾜오 집회에는 1,200여명이 몰려들어 강한 연대를 표했다. 그리고 11일 오후에는 각계의 대표가 모여 '김대중씨 구출 일본연락회의'를 결성했다. "전 자민당 의원 우쯔노미야 토꾸마 참의원 의원에서부터 사회당, 공산당까지 포함한 최근의 대중운동에서는 예가 없는 광범위한 멤버였다"고 했다(7월 11일자). 또한 '김대중씨를 죽이지 마라'는 가두 서명운동이 시작되었다(7월 13일자).

『아사히신문』에는 「한국, 금융계에도 '숙청'선풍, 간부 등 431명 파면」(7월 20일자), 「국영기업 387명 처분」(7월 22일자), 「한국 숙청, 언론계로 파급」 「약 백명, 사상최대 규모인가」(7월 31일자), 「172개 잡지 발매금지 처분, 한국」(7월 31일자 석간), 「한국, 숙청 8천명 넘는다」(8월 1일자) 등으로 보도되었다. 한편 미국정부는 이러한 상황을 깊이 우려하고 있으며, "김대중씨의 용의에 대해서는 '억지'(국무성 대변인)라는 이례적인 강한 표현으로 비난하고, 김씨 등에게 변호사와 가족과의 접촉을 인정하고 국제기준에 비추어 공정한 재판을 열도록" 호소하고 있다고 했다. 머스키 국무장관은 "국내 안정을 지향하는 것이라면, 현재의 과정에서는 그 반대의 정세를 만들어가게 되는 것이 당연하다고 생각할 수 있다"고 하원 외교위원회에서 증언했다고 보도됐다(8월 1일자).

『아사히신문』은 '민주주의와 민족통일을 위한 국민연합'의 경우를 들어 '반체제운동이 파괴적인 타격'을 입고 있다고 보도했다. 교원, 교육위원 총 611명을 또다시 숙청하여 7월에 숙청으로 처분된 공무원은 8,634명에 달한다고 했다(8월 2일자). 그리고 가정교사를 금지하고 이를 위반하면 처벌한다고 했다(8월 3일자). 『아사히신문』은 8월 6일 중장이 된 지 4개월이 된 전두환이 이번에는 대장으로 승진했으며 대통령을 겨냥하는 것 같다고 보도했다.

8월 8일 김대중 납지 만 7주년이 되는 날에는 1만 5천명이나 되는 사람들이 히비야공원 야외음악당에 모였다. '김대중씨를 구하라'는 이 집회가 보도되는 한편, 서울에서는 위컴 주한미군 사령관이 전두환의 대통령 취임을 지지하고 있다는 보도가 나왔다(8월 9일자). 이에 대해서 "이것은 미정부의 견해가 아니다"라고 미국 국무성은 부정했으나(8월

11일자), 이는 카터정권 말기에 가까워지자 미국의 대한정책에 혼선이 빚어졌음을 의미하는 일이었다. 『아사히신문』은 카터정권이 「김대중씨 처형하면 정상적인 관계 곤란」 또는 「민주화하지 않으면 전씨 지지하지 않는다」라고 '한국의 군사 지도자'에게 '강경 통고'를 했다고 보도했다(8월 13일자). 김대중 재판이 시작되자 카터정권은 "김대중씨가 사형판결을 받게 된다면 한국과 정상적인 관계는 불가능하게 된다"고 한국에 경고했다(8월 15일자).

이런 상황 속에서 전두환은 자신의 야망을 기정사실로 쌓아올려갔다. 8월 16일에는 최규하를 대통령직에서 사임시켰다. 8월 말 통일주체국민회의에서 새로운 대통령을 선출한다고 했다. 미국도 "신체제에 강하게 반대하지 않는다"는 입장이라고 보도되었다(8월 17일자). 전두환은 8월 27일 2,500여명에 의한 간접선거로 대통령이 되었다. 전두환의 이러한 움직임을 카터정권이 어떻게 생각하고 있었는가에 관하여 홀브룩(Richard C. Holbrooke) 미 국무성차관보가 하원 소위원회에서 보여준 자세에서 인용해보기로 한다.

"공청회에 출석하여, 전두환 새 대통령이 이끄는 한국정권은 동 정권에 대한 미국의 비판적인 입장을 마치 카터정권이 동 체제를 지지하고 있는 것처럼 한국의 매스컴을 통해서 왜곡하고 있다고 격렬하게 비난했다."(8월 29일자)

실제로 카터는 한국 민주화를 위해서 전두환에게 압력을 가했고, 김대중의 재판에 대해서도 "미국정부의 중대한 관심"을 강조했다. 그러나 그것이 한국의 신문에는 왜곡되어 전해졌다(8월 30일자). 전두환은 정치적 현실을 만들어버리면 미국은 그것을 추인한다는 것을 확신하고 야망을 실현해갔던 것이다. 그가 한국 국내 매스컴을 완전히 지배했으므로 그의 권력탈취에 비판적이던 미국의 자세 같은 것은 전혀 알려지지 않았다. 그러한 정보가 있더라도 그것을 왜곡하여 스스로에게 유리하게 이용했다. 계엄령 아래서 한국의 매스컴을 자유자재로 다루었던 것이다. 이 때문에 주한미국대사관의 밴스 보도관이 "서울의 각 언론사를 방문하여 한국정부의 최근 일련의 조치에 대해서 미국이 불만을 가지고 있으며, 그 취지를 한국의 신문이 왜곡하여 전하고 있다고 항의성명을 낭독했다"(80년 5월 31일자)는 것도 여기서 다시 한번 덧붙여둘 필요가 있을 것이다.

기정사실화하고 나면 누구라도 인정하지 않을 수 없다는 것이 전두환 등 군부의 사고방식이었다고 할 수 있다. 그러한 자세로 미국이 한국에 대응하고 있다는 것은 1961년 5월 16일 박정희의 쿠데타 당시부터 군인들이 확신하고 있는 일이었다. 「박 쿠데타와 닮은 전두환 대통령의 등장」(8월 31일자)이라는 『아사히신문』의 글은 대단히 설득력있는 내용이었다.

"8월에 들어서 위컴 주한미군 사령관이 '미국은 전두환씨의 대통령 취임을 지지한다'고 발표한 것은 한국 내의 전대통령 탄생 무드에 박차를 가했다. 미 국무성은 여전히 전두환체제에 불쾌감을 감추지 못하고 있지만, 김대중씨에게 극형이라는 사태가 일어나지 않는 한 대세는 거의 정해져가고 있다고 해도 좋다."

『아사히신문』의 해설기사는 박정희의 쿠데타 때와 비교하여 전두환 때는 「국민의 강한 불만 잠재」라는 상황이지만, 그가 말하는 "중임 없음"은 박정희 때와 마찬가지로 "믿을 수 없는" 것이라고 내다보았다. 이 기사는 전두환이 지배하던 시대에 대한 가장 올바른 전망이었다고 할 수 있다. 한국 내에서는 그러한 기사가 신문에 실리는 일은 전혀 생각할 수 없던 시기였다.

9월 1일 전두환은 대통령에 취임하지만, 그날 '김대중씨를 죽이지 마라' 시민 서명운동의 아오찌 신, 이찌까와 후사에(市川房枝), 나까야마 마사아끼(中山正昭) 등의 대표자들은 미야자와(宮澤) 관방장관을 만나 "김대중씨의 구출을 둘러싸고 군법회의의 이상성(異常性), 불공정성, 비밀성에 대한 비판을 표명하라, '정치 결착(結着)' 당시의 한국정부의 약속(김대중이 해외에서 한 언동을 불문에 부치기로 한 것)이 지켜지지 않는다면 '결착'을 백지화하라 등을 요청했다"고 『아사히신문』은 보도했다. 7월 10일부터 8월 말까지 전개한 이 가두서명운동의 결과는 '4만 315명의 서명과 730만 4천여 엔의 모금'이었다(9월 3일자).

또하나의 기사를 인용할 필요가 있겠다. 워싱턴 2일발 「미국의 한국관 여전히 바뀌지 않아, 미 국무성」(9월 3일자)이라는 짧은 기사였다. "미 국무성의 트래트너 보도관은 2일 한국의 전두환 새 대통령 취임식에 글라이스틴 주한미국대사가 참석한 것에 대해서 '이것을 가지고 미국이 전(全) 체제를 시인했다고 해석해서는 안된다'고 말했다" 그리고 "동 보도관은 검열 아래 있는 한국 매스컴이 대사의 참석을 미국정부가 전(全) 강권체제를 지지하고 있다는 증거로 전했다고 지적하고, 전(全) 정권의 정보조작을 다시 엄중히 비난했다"고 『아사히신문』은 전했다. 「미국 견해 왜곡」에 대한 미국정부의 항의는 워싱턴 4일발에서도 마찬가지로 전해졌다(9월 5일자).

통치를 위해서는 수단과 방법을 가리지 않는다는 전두환의 군인통치는 이렇게 시작되었다. 박정희의 군인통치를 계승하여 그것을 한층 강화한 것이었다. 근대화의 길이라는 것은 이토록 우여곡절이 많으며 아득한 도정을 더듬어가는 것이라고 하지 않을 수 없는 것인가.

불기 시작한 자유의 바람

———

　1980년 9월 11일 한국 보통군법회의는 김대중에게 사형을 구형했다. "반국가단체인 한국민주회복통일촉진국민회의(한민통)를 결성하고 그 수괴가 되어 나라의 안전을 위태롭게 했다" "폭력으로 정부전복을 기도한 사실을 민족의 이름으로 엄중히 규탄한다" "기만적인 선동 정치가는 이 나라에서 영원히 추방되어야 한다" 등으로 논고하고 "국가보안법 위반과 내란음모죄 등을 적용하여 사형을 구형했다"고 『아사히신문』은 전했다(9월 11일자).

　미국 국무성도 일본의 외상도 그를 사형시키면 양국 모두 대한관계가 어렵게 될 것이라고 발표했다. "내란음모죄 등으로 재판을 받고 있는 문익환 목사 등 23명에게도 역시 3년에서 20년의 징역형"이 구형되었다(9월 11일자). 9월 13일 제18회 공판 당시 김대중의 최후진술에서 한 구절만을 인용하기로 한다.

"나는 일관하여 정국의 안정을 주장해왔다. 그 이유는 만약 혼란이 일어나면 국민생활면에 주는 영향은 물론, 결국은 우리 민주세력이 군과 충돌하지 않을 수 없었을 것이기 때문이다. 이렇게 될 경우 정국의 혼란 상태는 유신세력에게 역이용당할 가능성이 있다고 생각했다(9월 14일자).[9]

9월 17일 오전 보통군법회의는 구형대로 「김대중씨에게 사형」을 언도했다. 그리고 23명의 다른 피고에게도 징역 2년에서 20년을 부과했다. 불과 6분간의 공판이었다. 『아사히신문』의 「소립자」(9월 17일자)는 "코앞의 살인을 이대로 묵과할 수 있는가. 남의 일이라고만은 할 수 없다. 김대중씨 사형판결"로 전했는데, 그것은 바로 세계적인 반향을 불러일으켰다. 『아사히신문』은 「김대중씨 사형판결, 분노 세계로 확대」(9월 18일자)라고 하며 「EC는 공동으로 항의를」 하고 외친 서독 겐셔(H-D. Genscher) 외상의 말 등 전세계에 걸친 항의의 모습을 전했다. 또한 「분노의 집회 1만명」으로 히비야 야외음악당에서 열린 9·18집회 '김대중씨 구출 일본연락회의 주최 제2회 국민대회'의 상황 등도 전했다.

이처럼 김대중 사형판결에 대한 국제적인 항의가 이어지는 가운데 한국 국내의 항의도 끊이지 않았다. 10월 8일에는 한국신학대학의 데모와 무기휴학(10월 9일자), 10월 17일에는 고려대학교(10월 18일자), 11월 6일에는 성균관대학교, 10일에는 숙명여자대학교(11월 11일자), 18일에는 연세대학교(11월 19일자)로 저항은 이어져갔다. 한편 전두환정권에

---

9 민주화운동기념사업회 사료관에 소장된 「김대중사건 공판기록 제18회 공판」에는 다음과 같이 기록되어 있다.
　"또한 정국의 안정이 필요하다고 주장했는데 이는 혼란이 야기되면 민주 문제도 문제고 우리 국민들은 이제는 혼란을 통하지 않고서도 민주주의를 얻을 수 있다는 판단과, 만일 계엄하에서 혼란이 일어날 경우 군과의 충돌이 불가피하며, 이렇게 되면 민주화를 바라지 않는 세력에 역이용당할지 모른다는 우려 때문이었다."—옮긴이.

의한 새로운 헌법안에는 95퍼센트가 투표했는데 91.6퍼센트가 지지했다고 했다. 그리하여 대통령 임기 7년의 새로운 헌법에 의해서 81년 봄에는 대통령이 다시 선출된다는 것이었다(10월 23일자). 이것은 국민을 완전히 침묵 속으로 몰아넣는 정치행위였다. 11월 16일 『아사히신문』에는 전날 밤 함석헌과 전화로 주고받은 이야기가 보도되었다. 그 일부를 인용하면 다음과 같다.

——사형판결에 대해서 한국 내에서 구명운동이 일어나고 있는가.

지금으로서는 아무것도 할 수 없다. 기도회도 개최할 수가 없다. 겨우 피고 가족이 모여서 집안에서 기도할 수는 있지만 공공연히는 할 수 없다.

——민주화운동의 현상은 어떤가.

모두 꼼짝달싹 못하는 상태다. 불과 몇사람이라도 공공연히 모이지는 못한다. 신문도 보도해주지 않을뿐더러.

(…)

——마지막으로, 김대중씨에 대한 극형은 한국의 민주주의에 어떠한 의미를 가지는가.

많은 사람들은 아무 말도 하지 않지만, 나 자신은 부끄럽다. 잘못된 방법이라고 생각한다. 그러나 내 잡지는 출판금지가 되었고 설교단에서도 김대중씨의 구명을 입에 올릴 수는 없다.

미국의 레이건 차기대통령도 김대중의 처형에는 반대한다고 전두환에게 전했다(11월 20일자). 같은 의견을 미국 하원 외교위원회 국제기관소위원회도 결의로 채택했다(11월 22일자). 서독의 슈미트(Helmut Schmidt) 수상은 연방의회의 "정권3기째 정부 성명" 속에서 "한국정부에 김대중씨의 석방을 요구하는 이례적인 호소를 했다."(11월 25일자) 80년 12월 2일자 『아사히신문』은 「미국은 특사 파견을, NY 타임즈가 제창」이라는 『뉴욕 타임즈』 특약기사를 실었는데 의미있는 내용으로 전두환의 강경책에 대해서 간절하게 타이르는 듯한 글이었다.

"김대중씨의 운명은 국내 문제라고 할 수는 없다. 그의 처형은 한국의 명예에도 이익에도 이어지지 않을 것이다. 사태는 심각하며 김씨의 처형이 (동아시아) 지역의 안정을 파괴하기 전에 미국으로서는 특사를 보낼 충분한 이유가 있다."

일본도 미국도 김대중의 안전에는 깊은 관심을 가지고 있었다. 특히 "지금도 약 3만 8천명의 미군이 한국에 주둔하고 있다. 한국경제의 기적은 미국에서 빌려온 차관과 미국시장 진출에 의해서" 유지되고 있다. 김대중의 처형이 이루어진다면 "미국의 한국에 대한 선의는 크게 후퇴할 것이다." 그것이 레이건정권의 인수인계라는 타이밍과 함께라면 더욱 그렇게 되지 않을 수 없다. 전두환체제는 그를 추방하면 되지 않는가. 이처럼 쓰는가 하면 『US 뉴스 앤드 월드 리포트』(*US News And World Report*)는 김대중은 1월 20일 레이건이 대통령에 취임하기 전에 처형될 것 같다고 발표했다고 전했다(12월 3일자). 또 일본의 국철노동조합(國勞)과 국철동력차노동조합(動勞)은 김대중의 사형판결이 확정된다면 5일 오전 전열차의 기적을 1분간 울리기로 결정하고, 국철동력차노동조합은 6일 이후에는 "위험지역에서 안전확인을 위해 감속운전하는 '감산(減産) A행동'을 당분간 할 것"을 결정했다고 보도했다(12월 4일자). 이처럼 '김대중씨를 구하라'는 행동이 일본 전국 각지에서 전개되기에 이르렀다(12월 5일자).

서독에서는 겐셔 외상이 자민당 전국대회에서 "김대중씨의 생명은 존중되어야 한다"고 말하면서 한국에서 그를 물리친다면 "적어도 이

고결한 민주주의자의 서독 이주를 허가해야 한다"고 강조했다고 한다 (12월 6일자). 또한 카터정권은 김대중 구명을 요청하는 '미 대통령 친서'를 브라운 미 국방장관을 통해 다음주 전달할지도 모른다고 보도했다(12월 6일자). 실제로 그는 12월 13일 서울을 방문했다. 『르몽드』(*Le Monde*)의 전 토오꾜오 특파원 로베르 길랑은 「김대중씨 처형은 한국의 불행」이라는 글을 『아사히신문』에 기고했다. 일부만을 인용해본다.

"그는 박정희 대통령(당시)의 독재로 한국이 점점 북한의 현실과 닮아가는 것을 우려하고 있다고 했다. 그의 조국을 위협하는 가장 큰 위험이 거기에 있다고도 말했다. 한국은 자유를 폐지함으로써 김일성 주석이 적기 아래 조선을 통일할 기회를 늘려주고 있는 것이라고 말했다."(12월 7일자)

김대중에 대한 최종판결이 다가오자 여론은 세계적으로 비등했다. 12월 9일에는 8일 런던발 「김대중씨 사형 확정되면 서구 공동항의 행동으로」라는 표제로 "서구에서도 미일 양국과 마찬가지로 정부와 민간이 함께 '판결로부터 사이를 두지 않고 김대중씨를 처형'하는 사태를 우려하는 마음이 강해졌으며, 전두환 한국 대통령에게 구명탄원은 물론 한국정부에 대한 모종의 대응책을 검토하는 데까지 이르고 있다"고 전했다.

『아사히신문』은 서울지국을 폐쇄당한 탓인지 이번에도 전화를 통한 함석헌과 대화(12월 9일자)로 서울의 상황을 직접 들으려고 했다.

——일본에서 벌어지고 있는 김대중씨 구명운동이 한국사람들을 자극하고 대일감정을 악화시키고 있다고 들었는데.

우리처럼 좀더 넓은 시야로 생각하는 사람들은 그렇지도 않다. 그러나 예로부터 양국의 역사적 관계도 있고, 진상은 파악할 수 없지만 일부 사람들이 반일집회를 열고 있는 것은 사실이다. 이것이 양국 관계까지 거북하게 만들면 큰일이라고 걱정하고 있다.

——반일감정은 계속 번질 것 같은가.

미국 국방장관도 오고, 요 며칠은 차분하게 형편을 지켜보게 되지 않을까. 앞으로 더이상 번져가지는 않을 것이라고 생각한다. 양국 정부의 대처 여하로 다시 변할 수도 있겠지만. 될 수 있으면 양국 국민이 더이상 감정적으로 대립하는 일은 피했으면 하고 바라고 있다.

이 무렵 한국에서 반일이란 어떠한 것이었을까. 박정희시대 이후 한국정부가 일본에서 한국의 민주화를 지원하는 사람들을 '반한(反韓)인사'라고 해왔다는 사실을 상기해야 할 것이다. 12월 9일 『아사히신문』은 앰네스티가 「김대중씨를 구하자」고 43개국 수뇌에게 호소하고 「처형은 세계에 대한 도전」이라고 했다고 전했다. 그리고 대법원에 의한 최후판결은 20일 이후가 될 것이라고 전망했다.

이처럼 김대중 구출운동이 세계적으로 번져가고 있을 때, 11일에는 서울대학교에서 "4백명 데모"가 일어났다. 그들은 "전두환 타도"를 외쳤으며, 기동대에 체포된 11명 가운데 "4명은 자신들이 리더라는 것을 나타내기 위해서 국기를 배에 두르고 있었다"고 했다(12월 12일자).

12월 13일에는 브라운 미 국방장관이 전두환과 만나 「김대중씨에게 관심」이 있다는 것을 전했다(12월 14일자). 네덜란드 외상이 김대중이 처형되면 「EC가 공동항의」를 할 것이라고 네덜란드를 방문중인 일본의 이또오 마사또시(伊東正義) 외상에게 표명했다. 미국 국방장관이 서울을 방문하여 "김대중씨가 처형될 경우 미국국민과 의회의 여론 관계로 한미관계에 '상당히 중대한' 영향을 줄 것이라고 전두환에게 경고했다"고 『아사히신문』은 『워싱턴 포스트』 서울특파원의 전문을 전했다(12월

15일자). 서독에서는 경제협력상이 「김대중씨 처형되면 원조 중단도」 있을 수 있다고 언명했으며, 외무차관은 김대중 구출을 위해서 서독정부의 대표를 파견하는 것도 생각할 수 있다고 발언한 것이 보도되었다 (12월 20일자).

이렇게 하여 1981년 1월 23일 「김대중씨 '무기'로 감형」이 발표되었다. 대법원의 사형판결이 있은 직후였다. 그리고 그 다음날 계엄령이 해제된다고 했다. 전두환이 김대중에게 제출을 강요한 1월 18일자 '손으로 쓴 탄원서'의 내용은 다음과 같다.

"본인은 그간 본인의 행동으로 국내외에 물의를 일으켰고 이로 인하여 국가안보에 누를 끼친 데 대하여 책임을 통감하며 진심으로 국민 앞에 미안하게 생각해 마지않습니다.

본인은 앞으로 자중자숙하면서 정치에는 일절 관여하지 아니할 것이며 오직 새시대의 조국의 민주발전과 국가안보를 위하여 적극 협력할 것을 다짐하는 바입니다."(81년 1월 24일자)

전두환은 다음날인 1월 25일 오전 0시를 기해 비상계엄령을 해제하기로 했다. 그리고 2월 25일에는 간접선거로 약 5,300명의 선거인단에 의한 대통령 선거를 실시한다고 했다(1월 24일자 석간). 이렇게 하여 그는 2월 2일 레이건 대통령과 수뇌회담에 임하게 된다(1월 29일자). 전두환은 김대중을 인질로 삼아 자신의 집권에 대한 미국의 지지를 강탈했다고도 할 수 있다. 그 과정이 그에게는 군사작전이나 다름없었다. 어떤 방법으로라도 기정사실로 해놓으면 아무도 막을 수가 없다는 폭력적 발상이었다. 그는 3일 낮 워싱턴의 내셔널 프레스클럽에서 연설을 했는데, 그에 대한 『아사히신문』 기사 중에서 일부만을 여기에 인용하기로 한다.

"오찬의 서두에 슬레빈 프레스클럽 회장이 전대통령을 소개했는데,

대립후보를 추방한 가운데 대통령에 취임한 일, 미국 국무성이 '용의는 억지'라고 한 김대중씨에 대한 무기감형과 방미 '거래', 보도 검열 등에 대한 언급과 통렬한 빈정거림을 담은 내용이었다. 그러나 김대중 문제나 민주화에 관한 깊이있는 질문은 없었고, 때때로 유머를 섞어가며 여유있게 대답하는 전대통령에게 '대단한 정치가다'라는 수근거림도 새어나왔으며 마지막에는 큰 박수가 보내졌다."(2월 4일자)

81년 3월 3일 전두환은 새로이 대통령에 취임하는데, 한일 사이에 커다란 문제는 82년 7월에 일어난 「일본의 교과서 검정 문제」(82년 7월 26일자)였다고 할 수 있다. 일본의 역사교과서 문제는 중국과의 사이에서도 커다란 외교문제가 되었으며(7월 27, 28, 29일, 8월 1, 2일자) 「교과서 문제, 한국정부도 공식항의」「개정을 요구하는 각서」 등으로 『아사히신문』도 대대적으로 이를 보도하게 되었다(8월 4일자).

전두환정권은 "건국 이래의 불황"에서 빠져나오지 못하는 상황에서 일본에 경제협력을 요구하고 "40억달러 차관문제는 지금이 바로 고비이며 일본 측이 한국의 요구에 응하는 '묘수'를 검토중이라는 시기에 해당"하므로 역사문제에 대해서는 지금까지 피해왔다고 『아사히신문』은 전했다. 더구나 일본 국회 내에서 친한파라고 하며 '한국의 안보'를 이해하고 있다는 사람들은 대부분이 교과서문제에서는 '매파'였다. 또한 한국에서 일어나는 '반일의 싹은 항상 반정부로 바뀔 가능성을 간직하고 있었다.' 이런 사정이 있는데도 반일이라고 하면 강한 자세를 내세우지 않으면 안된다. 한국 국회에서는 이 문제가 나오면 여야가 하나가 된다. 그리하여 한국은 중국과 마찬가지로 일본 교과서문제에서 강한 자세를 내세우게 되었다. 8월 5일자 『아사히신문』은 한국 역사편찬위원회가 "일본 교과서의 역사기술 가운데 한국 관계에서 총 24군데가 왜곡되었다는 분석 결과를 밝혔다"고 보도했다.

「반일의 물결 퍼져만 갈 뿐, 한국 승차거부와 불매운동」(8월 6, 7일자)이 일어나 일본인 택시 승차거부, 일본상품 불매운동 등으로 확대되어 갔다. 한국과 중국 측의 비난과 일본 측의 자기변호가 연일 이어지다가(8월 10, 11, 12일자), 마침내 일본에서는 외상이 「교과서 재개정 의향」을 표명하게 되었다(8월 13일자). 교과서문제는 이렇게 하여 8월 15일, 한국으로 말하면 광복절을 중심으로 한층 고조되었다(8월 16, 17일자). 8월 26일 일본정부는 '외무성과 문부성을 중심으로 한 협의'에서 다음과 같은 자세를 취하기로 했다.

"① 중일 공동성명과 한일 공동커뮤니케이션에서 내세운 전쟁책임에 대한 인식에 기초하여 기술을 수정할 의사를 표시한다. ② 그 인식에 대해서는 학교교육, 교육제도 안에서 이것을 살리도록 정부가 책임을 지고 노력한다. ③ 그러나 기술수정의 구체적인 시기와 방법은 명기하지 않으며, 교과용도서 검정조사심의회에 조정을 신속하게 자문한다. 등."

일본 수상도 양해하고 「중국·한국에 설명」한다고 했다. 『아사히신문』에 의하면 "검정에 오류가 없다"고 하던 문부성이 이처럼 후퇴하여 '더운 여름의 궤적'을 더듬었지만, 실제로는 한국이나 중국의 입장에서 본다면 애매하기 이를 데 없는 것이었으며, 어느 쪽으로도 해석이 가능한 관료들의 타협의 산물에 지나지 않았다. 거기에 미래지향적인 동북아시아 공동체를 위한 의지, 그러한 결의는 조금도 없었다고 해야 할 것이다. 그리하여 한국과 중국의 불만은 여전히 남아 있었지만 '외교상으로는 결말'을 짓게 되었다(8월 27, 31일, 9월 1, 10, 28일, 10월 7일, 11월 16일자 등). 이때 『아사히신문』이 역사문제에 결연한 자세를 보일 수 없었던 것은 일본에서 시대적·사회적 한계가 있었기 때문이라고 하면 지나친 말일까.

『아사히신문』의 기사를 따라서 다시 김대중에 관한 일을 언급해야 겠다. 『아사히신문』은 김대중이 12월 16일 오전 "자택 가까운 서울대 부속병원에 이송되었다"고 보도했다. 그의 사건에 관련하여 복역중인 사람들도 형 집행이 곧 정지된다고 했다. 이러한 방침은 "구시대의 응 어리를 청산하고 국민화합을 위하여 제5공화국의 의사와 전두환 대통 령의 각별한 인도주의적 배려로 결정된 것"이라고 했다(12월 16일자). 그 리고 12월 23일 밤 김대중은 노스웨스트기로 가족과 함께 워싱턴에 도 착했다. 「한국 민주화에 진력」 「수년 후 귀국하여 투쟁한다」 「세계의 지원에 감사」라는 것이 그의 미국 도착을 알리는 『아사히신문』(12월 24 일자 석간)의 표제였다. 그는 "1973년 토오꾜오에서 유괴된 이래 한국 사람들과 세계 사람들이 자유회복을 위해서 지원해준 것에 감사한다" "미국국민과 레이건 대통령을 위시하여 레이건정권의 배려에 감사한 다" "동시에 나는 민주주의를 위하여 투쟁하고 있는 동지들이 조속히 석방되기를 바란다"고 했다.

1983년 새해가 밝자 1월 5일 오전 일본의 나까소네(中曾根康弘) 수상 은 11, 12일에 한국을 방문한다고 발표했다. 한일 양국이 합의에 도달 한 경제협력은 다음과 같은 것이었다. 총액 40억달러 규모로, 공적개 발원조는 "종래 일본 측이 제시해온 15억달러에 3억 5천만달러 정도를 더 얹어주고" 수출입은행 차관은 21억 5천만달러 선이며 "상품 차관은 하지 않는다"는 것 등이었다.

한편 『아사히신문』은 한국의 학생운동이 어려운 상황에 빠져 있다 고 보았으나(4월 20일자) 5월에 들어서자 다시 「한국 학생, 높아지는 반 정부 분위기」(5월 29일자)라고 크게 보도했다. 81년 전두환정권은 '졸업 정원제'라는 기묘한 제도를 만들어 대학 입학정원의 7할밖에 졸업할 수 없도록 했다. 그것으로 데모에 참가하는 일 없이 학업에 힘쓰도록 한다는 취지였다. 그러나 김영삼은 민주화를 요구하며 단식투쟁을 시작했고, 서울대, 고려대, 성균관대, 경희대, 이화여대로 데모는 확대되어갈 뿐이었다(5월 29일자). 이러한 사태를 보도하지 못하게 하던 정부는 "23일간에 걸친 단식을 중단한다는 김씨 자신의 성명"에 대해서는 한마디 보도를 허락했다. 『아사히신문』이 인용 게재한 『동아일보』의 6월 10일자 「김영삼씨의 단식」이라는 사설은 언론의 자세를 반성한다며 다음과 같이 말했다(6월 17일자).

"우리는 언론의 자성과 함께 관계 당사자들의 깊은 이해가 이번 단식 사태를 계기로 정착되기를 바란다. 문제를 덮어두면 만성적인 잠복화 현상이 깊어질 뿐이다. 그것은 우리가 걸어온 헌정사의 경험을 통해서도 거듭 확인되어온 일이다."

이 사설에 공감을 표하면서 『동아일보』가 전두환 지배 아래서 말하지 못하는 것을 대변하여 일본의 언론으로서 감히 조언을 하려고 했던 것이 다음날 6월 17일 「한국 민주화의 저류」라는 『아사히신문』의 사설이 아니었나 생각된다. 그 사설은 "그의 단식과 주변의 대응은 한마디로 우리 사회가 안고 있는 병리를 적나라하게 드러냈다고 해도 과언은 아니다"라는 『동아일보』 사설의 말을 인용하면서 『동아일보』보다 분명하게 한국의 상황에 대해 언급하고 민주적이며 우정 어린 제언을 했다. 그리고 다음과 같이 매듭지었다.

"국민 사이에 그러한 민주화를 기대하는 커다란 저류가 보이기 시작했을 때, 무엇보다도 정권의 자리에 있는 측이 솔선하여 대응하는 것이야말로 정권의 차원을 넘어 나라의 생존과 안정으로 이어지는 길이라고 생각한다. 억압하는 것이 아니라 인내심 강하게 받아들이는 것이다.

민주·개방사회를 기본으로 설정하는 것은 한국이 널리 국제사회에서 체제나 이념을 달리하는 나라들과도 연대관계를 쌓아가는 데 크게 도움이 된다. 그것이 한국 자신의 안정에도 공헌할 것이다."

83년 가을이 되자 전두환정권 아래서 반체제운동이 되살아났다. 10월 2일에는 "기독교계 반정부 급진파 학생들을 중심으로 한 백여명"이 '민주화운동청년연합'을 결성했다(10월 3일자). 이런 상황 속에서 83년 10월 9일 미얀마를 방문한 전두환일행이 랑군 국립묘지에서 폭탄테러를 당하는 사건이 일어났다. 전두환 부처는 재난을 모면했지만 각료 4명을 포함한 16명이 목숨을 잃었다(10월 10일자).

'북한의 범행'이라고 단정지어졌는데, 11월 레이건의 방한과 "미국은 한국의 안전보장에 대한 강력한 공약을 지켜나간다"고 하는「한미 공동성명」으로 보상받았다고 하기에는 너무나도 큰 상처였다. 전두환으로서는 이미 대학에서 추방당한 리영희(李泳禧), 강만길(姜萬吉) 두 교수와 조승혁(趙承赫) 목사 등을 연행하여 그들이 북한의 주장에 동조했다고 목소리를 높였지만(84년 1월 8, 11일자) 사회불안을 잠재울 수단을 찾기란 거의 불가능했다. 오히려 기독교단체 등으로부터 격렬한 저항에 부딪혀 2월 15일에는 세 사람을 석방하지 않을 수 없었다(2월 15일자). 2월 16일에는 김영삼을 중심으로 반체제파가 단결하여「민주주의의 승리를 위하여」라는 성명을 발표했다.

"정치규제는 엄연한 인권유린이요 공민권박탈로서" "언론은 독재권력의 홍보수단화되고 국회와 법원은 권력의 시녀로 전락"했으며 "독재권력의 민중에 대한 탄압이 질과 양에서 일제시대의 이민족에 의한 탄압에 못지않다." "난국을 극복할 수 있는 유일한 대안은 오로지 민주화에 있음을 확신"한다는 내용을 언명했다.

한편 전두환체제는 억압을 계속하면서도 80년 10월의 정치풍토쇄신 특별조치법 등으로 정치활동을 규제당했던 사람들을 계속 해금시켜주었다. 84년 2월 25일에는 김지하 등을 비롯하여 202명이 해금되었다. 3월 2일에는 1,176명에 대한 형집행정지 또는 특별가석방이 이루어졌는데, 정치범이 되었던 학생 159명도 이 가운데 포함되었다. 이것은 전두환의 정치적 통제가 한계에 다다랐다는 것을 드러내는 것이었다. 어쨌든 석방하거나 규제가 완화되거나 하면 전두환체제는 저항세력의 증가로 시달리지 않을 수 없었다. 탄압의 강화와 완화의 교대, 그 혼돈이야말로 지배체제의 말기적 증상이라고 할 수 있다. 그 혼란이 박정희체제 때보다도 한층 심했다. 그 때문에 전두환체제는 박정희체제보다 단명할 수밖에 없었다고 할 수 있다. 혼란의 정도가 다른 이유는 한국사회의 성장단계가 다르다는 데 있다. 국민의 사회적 성장과 궤를 같이하는 정치세력이 오랫동안 한국에서는 성립하지 못했다. 3월 7일자 『아사히신문』의 사설 「'민주화'를 모색하는 한국」은 "경제발전에 걸맞은 근대국가"로서 한국을 내세우고 "그런 국가 만들기를 정권 4년째의 목표로 설정하기 바란다"고 전정권을 향해서 주문했다.

이러한 상황이 서서히 진행되는 가운데 야당인 민한당도 민주화를 위해서 "직접선거로" "정권교체를" 등을 발언하게 되었다(3월 30일자). 특히 학생운동을 했다는 이유로 추방당한 학생들이 복학함에 따라 학생들의 정치활동은 다시 활발해졌다. 『아사히신문』은 "3월 신학기 이후" 4월 13일까지 "55개 대학에서 학내 데모나 집회" 등이 이었다고 전했다(4월 13, 14일자). 4·19 "학생혁명 기념일을 눈앞에 두고 데모와 집회로 흔들리는 한국 대학"의 모습을 전한 『아사히신문』의 기사는 "이번 학생운동의 특징의 하나는 언론기관에 대한 강한 불신으로" "언론자유의 회복, 책임자인 문화공보부 당국자의 경질"을 외치고 있다고 보도했다(4월 15일자).

학생데모는 가두로 진출하여 기동대와 충돌했다. 고려대에서는 "군대에 입영 중 사망한 학생의 추도집회"를 열고 가두로 진출했다(4월 19일자). 이승만정권을 타도한 4·19혁명 24주년 기념일에 학생들은 학원의 자치를 요구하며 전국적으로 투쟁했다(4월 20, 21, 22일자). 5월 초 로마교황의 방한에 맞추어 고려대의 데모가 크게 고조되는가 싶더니(5월 5, 6일자) 5월 19일 『아사히신문』은 「광주사건 4주년, 20개교 넘는 대학에서 집회」 등으로 「올해 최대의 데모」가 전개되고 있다고 보도했다. 또한 「김영삼씨 등, 김대중씨 귀국을 요구」 「반체제 정치조직 만든다」 등으로(5월 19일자) 한국의 정치상황에 커다란 변화가 찾아왔음을 전했다.

84년 9월 7일 『아사히신문』은 '한국의 국가원수로서 처음으로 일본을 공식방문한 전두환 대통령'이 "6일 오후 토오꾜오 모또아까사까 영빈관에서 열린 환영식에 이어 황거(皇居)에서 천황폐하와 회견했다"고 보도했다. 천황은 "금세기의 한 시기에 걸쳐 양국 사이에 불행한 과거가 있었던 것은 참으로 유감이며, 다시는 되풀이되어서는 안된다고 생각합니다"라고 말했고, 전두환은 "우리 양국에는 '비온 뒤에 땅이 굳어진다'는 공통의 속담이 있습니다"라고 답했다.

84년 가을이 되자 한국 국내의 상황은 더욱 어려워지는 듯했다. 10월 8일 연례행사로 열리는 연세대와 고려대의 야구, 축구, 농구 경기가 끝나자 응원하던 1만여명이 "헌법개정, 학원 민주화 등을 요구하며 동대문을 향해 데모를 개시하여" 기동대와 크게 충돌했다. 서울대에서는 10월 23일 학생들의 "시험과 수업 거부가 확대되어" 경찰력이 투입되었다. 그리하여 학생 60명이 경찰에 연행되었다(10월 25일자). 11월에 들어서자 각지에서 온 학생 약 2천명이 연세대에 모여 "전두환정권 타도"를 외쳤다(11월 6일자). 문교부장관은 "앞으로는 관리능력을 잃었다고 판단되는 대학의 관리자는 문책의 대상이 된다"(11월 9일자)고 국회에서 발언했다.

84년 11월 15일『아사히신문』은 전날 연세대, 고려대 등의 학생 약 70명이 여당인 민주정의당 본부에서 농성하며 민주화를 부르짖은 일을 보도했다. "학생 자치회 공인, 김영삼씨와 김대중씨 등 99명의 정치활동 규제대상자의 전면적인 규제 해제, 노동자 탄압 중지" 등을 요구하는 행동이었다. 그러나『아사히신문』은 통신을 전할 수만 있을 뿐 특파원에 의한 직접취재는 아직 허락되지 않았다.

『아사히신문』은 12월 21일자「민주화 요구를 전면에, 한국 신야당 발기인대회 '군사독재와 대결'」이라는 기사에서 겨우 특파원의 취재가 가능해졌다. 1월 말 김대중의 귀국을 예상하며 새로운 야당 신한민주당을 발기한다는 내용이었다. 신한민주당은 군사독재세력의 종식을 위하여 투쟁할 것을 분명하게 기치로 내세웠다(12월 21일자). 이에 대한 대검찰청의 견제(85년 1월 1일자)에도 불구하고 김영삼은「김대중씨 귀국 후 제휴」하여 투쟁할 것을 크게 선언했다. 기사의 일부 내용을 인용하기로 한다(1월 5일자).

"현 독재정권은 동지들과 나의 정치활동을 폭력적인 법률(80년 11월 입법회의에서 제정한 정치풍토쇄신 특별조치법)로 제한하고 있다. 15명에 대한 정치활동을 제한하기 위하여 일부러 특정의 법률이 존재한다는 것을 들은 적이 없다. 동법은 불법으로 제정되었고, 이 법률 자체가 폭력이므로 도저히 인정할 수가 없다. 나의 정치활동을 폭력적인 방법으로 규제하고 있는만큼 나는 현 군사독재에 반대한다. 최근 나에 대해서 입건 수사한다는 발표가 있었지만, 나는 그런 것을 무시한다. 군사독재 반대투쟁과 군사독재권력인 민정당에 대한 나의 반대투쟁은 늦출 수 없다."

1985년 1월 8일 신한민주당 서울지구 창당대회에 출석하려던 김영삼은 경찰 150여명에 의해서 저지되었다. 그러나 야당에 대한 국민의 인기가 상승하는 중이었으므로 전두환은 그 이상의 난폭한 방해를 명령할 수는 없었다(1월 9일자). 오히려 김영삼은 두번에 걸친 "가택연금"을 "이성을 잃은 폭력정권에 의한 정치적 탄압"이라고 주장하며 "민주화를 위한 투쟁을 계속할 것"이라는 성명을 발표했다. 새로운 야당 신한민주당은 1월 18일 결성대회를 열었다(1월 19일자).

김대중은 귀국을 결정했는데, 김대중을 지지하는 크랜스턴(Alan Cranston) 미 상원의원(민주당)은 김대중의 귀국 방해사건이라도 일어난다면 이미 정해진 88년 서울올림픽에 대한 보이콧 운동이 일어날 것이라고 경고했다. 미국 국무성은 그의 귀국을 다음과 같이 희망했다(1월 19일자 석간).

"그 자신이 결정한 일이지만 트러블 없는 귀국이 되기를 바란다. 미국정부는 한국정부에 앞으로도 계속 정치자유화를 추진하도록 요청하고 있다."

김대중은 2월 8일에 귀국한다고 미국에서 발표했다(1월 20일자). 그는 "미국에서 직행편으로 야간에 서울공항"에 도착할 것을 염려하여 나리따에서 하룻밤 머무를 뿐이며 "일본 당국으로부터 납치사건에 대한 질문을 받아도 응할 생각은 없다"고 분명하게 말했다. 그리고 로스앤젤레스에서 일본인 기자단에게 다음과 같이 말한 것은 매우 의미있었다.

"우여곡절이 있었던 한일관계사상 전례가 없을 정도로 나를 지원해준 사람들이 있는 일본은 세계에서 가장 가고 싶은 곳이다. 한일관계는 지금까지 찾아볼 수 없을 만큼 긴밀하다고 하지만 일본에 좋지 않은 감정을 가진 한국인이 많다. 과거의 압제와 차별 때문이 아니라 독재정권을 지지하고 경제원조라는 형태로 이익을 얻고 있기 때문이다. 국민차원의 이해, 우호가 진정한 한일관계이다. 나는 일본을 비판하지만 반일은 아니다. 한국으로 양심의 눈이 향하게 된 의의는 크고 나의 희생은 작은 것이다."(1월 21일자)

김대중 귀국과 관련한 미국 당국의 태도가 반복해서 보도되었다. 「김씨가 수감되면 한미수뇌회담 중지도」라고 『워싱턴 포스트』가 보도할 정도였다(1월 25일자). 김대중문제로 주한미국대사는 한국 외무부장관과 3일 연속 대화를 나누었다(1월 26일자). 그리고 2월 8일은 "국회의원 선거 4일 전에 해당하며, 김씨의 귀국으로 혼란이나 데모가 일어날 가능성이 있다"는 것, 또한 전두환이 4월 초에 방미하기로 되어 있다는 것을 들어, 그의 귀국이 5월이 된다면 "체포하지 않겠다"고 한국정부가 제안해왔다고 전해졌다. 그것에 대해서 김대중은 "체포를 두려워한다든가, 자기 자신이 반대하고 있는 정부에 의해서 귀국계획을 변경당했다고 보이고 싶지 않다"고 답했다(1월 31일자).

2월 1일 백악관의 스피크스(Larry Speakes) 부보도관은 4월에 전두환이 방미한다고 발표했다. 그 배후에는 김대중의 귀국이 무사히 이루어지기를 바라는 레이건정부의 배려가 작용했다. 전두환은 김대중의 생명을 걸고 두번째 방미를 달성하고자 했다. 스피크스는 "전두환 대통령은 81년 2월 레이건정권 발족 후 첫 빈객으로 워싱턴을 방문했다"는 것을 상기시키고, 김대중의 귀국에 대해 언급하며 "외교 접촉에 개입하고 싶지 않다"고 하면서도 "평온, 원활한 귀국을 예상하고 있다"고 말했다(2월 2일자). 이 기사와 동시에 『아사히신문』은 서울발 기사로 「김씨는 자택에 연금?」이라고 전했다.

며칠 동안 미국에서 지내는 김대중의 소식이 이어졌다. 85년 2월 7일 저녁, 그는 "필리핀의 아키노씨 사건과 같은 만일의 사태를 경계하며 미국 의원 등 40명"과 함께 노스웨스트 항공기로 나리따공항에 도착했다. 토오꾜오에서 납치되고부터 11년 반 만이었다. 그는 일본 경시청 공안부의 사정청취에는 응하지 않고, 기자회견 서두에서 "1980년에는 사형선고까지 받았는데 용케도 죽지 않고 살아서 다시 돌아갈 수 있게 되었습니다"라고 말했다. 『아사히신문』은 한국정부는 그의 귀국이 불러일으킬 붐을 경계하여 그와 「외부 접촉 끊을 방침」이라고 전했다(2월 8일자).

김대중은 2월 8일 미국으로 출국한 지 2년 1개월 만에 서울 교외 김포공항에 도착하여 눈물지었는데, 「경관 등 7천명이 엄중경계」하는 가운데 환영인파는 완전히 차단되었다. 귀국성명도 발표할 수 없었으나 『아사히신문』이 전한 기사에 의하면 그는 다음과 같은 말로 매듭지었다.

"우리는 국민과 정부의 공동의 이익을 위하여 이 나라의 민주회복이 대화와 질서 속에 이루어지기를 바랍니다."

김대중은 당국자에 의해 연행된 형태로 공항을 떠났다. 『아사히신문』은 「긴장 속 고국의 땅 밟다」 「국민에게 감사 남겨, 난국 생각해 표정 어두워」라는 표제를 붙이고 "'공항 도착' 흐르는 눈물, 격리되어 버스로 자택에"라는 설명을 덧붙였다(2월 8일자).

김대중은 『아사히신문』에 「2년 만에 서울에 돌아와서」라는 수기를 보냈다. 그 가운데서 한국의 민주화에 대해서 말한 것 등은 생략하고 북한에 대해서 말한 마지막 부분에서 조금만 인용해보기로 한다.

"결론을 말하면 모든 출발점은 민주정부의 수립에 있다는 것이다. 국민의 지지가 있는 정부가 남쪽에 만들어지면 북쪽도 남한을 공산화한다는 야망을 버리지 않을 수 없을 것이다. 남쪽에 국민지지를 기반으로 하는 정권이 탄생했을 때 비로소 항구평화를 위한 본격적인 남북대화가 실현된다. 대화에는 말로만이 아니라 실행이라는 뒷받침이 필요한 것이다.

나의 이상은 이러한 진정한 대화가 이루어져 남북의 독립된 공화국으로 구성되는 연방기구를 만드는 것이다. 나는 그것을 공화국연방이라고 한다."

이것은 정치가 이상과 진리 위에 선다는 것을 전제로 한 논리일 것이다. 군사독재하에 있는 한국이 아니라면, 민주주의 위에 선 정치라면, 정치는 이러한 이상에 따르는 것이라고 쉽게 결론지을 수 있을까. 국민, 특히 통치세력이 그러한 이상을 가지고 산다는 것일까. 특히 북한의 경우 그러한 민주적인 정치이념, 민족적인 정치이념이 양심적으로 작용할 수 있을 것인가. 김대중의 정치이념도 정치현실 속에서 좌절을 면할 수 없었다고 하겠다. 정치현실은 거의 그러한 이념과는 거리가 먼 듯하다. 정치가는 국민도 자기 자신도 미사여구로 꾸미려고 하는 사람이라고 할 수 있을지도 모르지만. 여기서는 「김대중씨를 맞이한 한국」(2월 9일자)이라는 『아사히신문』의 사설에서 조금 인용해보기로 한다. 그편이 김대중의 수기보다 훨씬 정치적 리얼리즘을 띠었다는 생각이 든다.

"'신중하고 사려깊게'라는 말을 기자단에게 남기고 한국의 반체제 정치가 김대중씨는 정치정세가 심상치 않은 모국으로 향했다.

8일 오전 김포공항에 도착한 그는 일단 자택으로 들어갔다. 재수감의 강경조치는 없었지만 경비진이 김대중 지지자를 제압한 속에서 이루어진 귀국이었다.

원래 김대중씨의 귀국은 그의 안부를 우려하는 '미국의 관심'으로 보호를 받으며 실현되었다. 한국정부가 재수감하려던 생각을 바꾼 것도 전두환 대통령의 4월 방미에 장애가 될 것을 염려한 결과라고 볼 수 있다. 한국정부로서 '환영해야 할 귀국'이 아니었다는 것은 공항에서 서울시내에 배치된 경관·군인 7천명의 경계체계가 말해주고 있다."

사설은 김대중도 체제 측과 "대화의 가능성"을 시사하며 "아시아의 평화에 강한 관심을 표명"하고 있으니만큼 "대립에서 대화로 전환하기를 바란다'고 했다. 그리고 마지막으로 김대중 납치사건을 상기하면서 일본의 자세에 물음을 던졌다.

김대중의 귀국에 대해서 한국의 야당은 총선거를 위하여 국민에게 어필했고, 미국정부는 "김대중씨의 귀국 대우"를 두고 "사전 양해를 위반"하고 난폭하게 다루었다고 항의했다(2월 9일자). 이러한 사태에 대해서 『아사히신문』은 「김대중씨의 가택연금, 미국 여론 높은 관심」(2월 10일자)이라는 표제로 다음과 같이 전했다.

"특히 『뉴욕 타임즈』는 「서울의 반칙」이라고 제목을 붙인 사설을 게재하고, 김씨와 동행한 미국 의원 등에 대한 한국 측의 대응을 '세계가 보고 있는 가운데 한국의 군사체제는 변명의 여지가 없다. 어린아이처럼 치고받으며 주먹을 휘둘렀다'고 비난했다."

『아사히신문』은 2월 12일 총선거 결과 「정부비판의 신한민주당, 약진하여 제1야당에」(2월 13일자)라고 보도했다. 그리고 "전(全)정권의 전도에 난제"를 들이대었다며 다음과 같이 코멘트를 덧붙였다.

"신한민주당이 약진하게 된 첫째 이유는 전투적이라고도 할 수 있는 격렬한 정부비판이었다. 언론이 어느정도 규제되어 일상생활에서도 정부비판은 터부시되고 있는 시민들이, 생각하는 바를 솔직히 말하며 정부를 비판하는 신한민주당에 강한 공감을 느낀다는 것은 합동연설회가 서울에서 10만명, 광주에서 6만명이나 청중을 모은 것에서도 엿볼 수 있다."

『아사히신문』은 2월 13일자 사설에 「한국 총선거와 민주주의의 확대」를 게재하고, 형제가 화해하는 한국의 옛날이야기를 인용하며 다음과 같이 끝맺었다.

"뿌리가 같은 사람들의 강한 유대감과 서로 양보하는 소중함이 이 이야기의 핵심이다. 한국의 여야당도, 아마도 남북한도 결국에는 그렇게 바라고 있을 것이다. 우리도 또한 그렇게 되기를 바란다."

『아사히신문』은 한국의 총선거에 강한 관심을 가지고 「88을 위한 선택—한국 총선거에서」를 서울 특파원의 기사로 3일간이나 연재했다. 88은 서울올림픽이 개최되는 해다. 『아사히신문』이 마지막회인 「문제삼아야 할 외교」(2월 16일자)에서 다음과 같이 말한 것은, 오늘날의 한국에서 이른바 '386세대'라고 하는 정치적 중견층을 중심으로 한 젊은 세대의 정치의식을 이해하는 데 있어서 중요한 의미를 갖는다고 할 수 있다.

"한편 대일 대미관계에서는 미묘한 변화를 볼 수 있다고 한다. 신한민주당의 이민우 총재는 14일 미 국무성의 '공정한 선거가 이루어졌다'는 논평에 반론을 제기하고 '불필요하고 불유쾌한 발언이다. 우리는 갖가지 불리한 조건을 떠맡아왔다. 부정이 없었다면 우리당은 제1당이 될 수 있었다'고 주장, '국민의 의사를 알지 못하면 미국의 정책은 실패한다. 베트남을 상기하기 바란다'고 엄중히 비판했다.

학생과 같은 젊은층 사이에서도 미국에 대한 불만의 소리가 강해져 학생운동의 고조 속에서 '반미감정'이 분출되는 것도 생각할 수 있다고 한다. 일본에 대해서도 '저정권을 지지하고 있다'는 이유로 타오르기 쉬운 '반일감정'에 불이 붙을 가능성도 있다. 정부의 대일 대미 우호정책은 변하지 않겠지만 그런 움직임으로 대일 대미관계에 그늘이 지는 것은 충분히 예상된다."

신한민주당의 대대적인 의회 진출과 함께 85년 3월 6일 김대중, 김영삼은 정치활동규제에서 해제되었다. 4월 19일, 4·19혁명 25주년 기념일에는 기동대의 최루탄에 저지당하면서도 전국 각지에서 민주화를 요구하는 학생데모가 맹렬히 일어났다(4월 20일자). 5월 광주사건 5주년을 향해 그것은 더욱 불타올랐다. 5월 23일에는 서울지역의 대학을 대표하는 학생 62명이 '미 문화원 점거' 사건을 일으키고 광주사건에 대해서 미국에 '공개사죄'를 요구했다(5월 24일자). 학생들은 26일 정오 자진해서 물러갔지만 비판적인 젊은 세대가 반미로 기울어지기 시작하는 지울 수 없는 상황이 되었다(5월 25, 26, 27, 29일자).

『아사히신문』은 「안녕하십니까? 한국의 맨얼굴」이라는 씨리즈를 게재하기 시작했다. 85년 6월 6일부터 8월 2일까지 두달여에 걸쳐서 39회에 이르는 긴 씨리즈였다. 제1회 제목을 「넘치는 웃음·열기, 일본을 목표로 달린다」로 잡은 것은 민주화투쟁 보도로 자칫 어둡게 그려져온 한국의 이미지를 그 반대편에서 재조명해야 할 필요에 직면했기 때문이 아니었을까. 제1회부터 다음과 같은 글을 고른 것만으로도 씨리즈의 의도라든가 성격 같은 것이 드러난다고 할 수 있다.

"37세의 기술자는 학창시절에 경찰에 연행된 경험이 있지만 '반독재운동을 위해서는 목숨이라도 바친다. (…) 이제 그런 시대는 아니지요. 가정을 소중히하고 회사의 번영을 바라고, 그 속에서 평화를 존중합니다. 영리한 일본인의 지혜를 배워가며 사는 게 제일이죠.' 70년대 민주화투쟁의 뿌리가 벋어나가는 것을 보아온 나로서는 지식인의 이러한 냉담한 목소리는 놀라울 따름이었다."(6월 6일자)

『아사히신문』은 그 긴 씨리즈에서 대중사회화해가는 한국을 부각시키려고 생각했던 것이리라. 그때를 전후하여 학생 등의 반체제 저항에 대한 관심은 크게 쇠퇴해진 듯했다. 『아사히신문』은 85년 9월에 들어서야 「신학기 초의 학생대집회」를 다소 크게 보도하는 정도였다(9월 7일자). 그후에도 『아사히신문』은 공동의장이었던 김대중이 가택연금으로 참여하지 못하고 있는 민주화추진협의회에서 김영삼이 고문의 구체적인 사례를 공표한 것을 보도했다(10월 19일자). 『아사히신문』은 「학생 1천명 농성, 서울대에서 경찰대와 충돌」(11월1일자)이라든가 "서울대, 고려대 등 전국 13개 대학에서 4일 오후 약 5천6백명의 학생이 미국의 한국에 대한 시장개방 요구 철회 등을 요구하며 집회와 데모"(11월5일자) 등의 기사로 학생운동 또는 데모에 대해서 전했으나, 보도 내용은 사건들을 주변적인 현상으로 언급하는 정도였다. 그 일례로 「서울 5일＝시사」(11월 6일자)의 전문을 인용하면 다음과 같았다.

"한국정부는 5일 국회에서 9월부터 10월 하순까지 전국 71개 대학에서 350회의 데모(참가인원 7만 5천명)가 발생, 5명이 분신자살을 기도했다고 발표했다."

같은날 게재된 「학생데모, 한국에서 계속」이라는 기사도 마찬가지로 간단하게 다루어졌다. 11월 18일 석간에 보도된 「여당 시설 점거, 서울대생들, 화염병 반입」이라는 특파원 기사도 여당인 "민주정의당 정치연수원에 화염병 등을 소지한 학생 176명이 침입하여 현관에 바리케이드를 치고 농성"한 사건이었는데, 그 취급도 매우 소극적이었다. 11월 19일 「학생 190명 전원 체포」 등으로 기사는 계속되었으나 역시 예전과는 비교가 안될 만큼 소극적인 보도였다.

한국 민주화운동에 대한 『아사히신문』의 보도자세의 변화를 어떻게 해석해야 할 것인가. 그것은 85년 6월 초 「안녕하십니까? 한국의 맨얼굴」이라는 씨리즈를 게재하던 무렵부터 나타난 현저한 변화가 아니었나 생각된다. 여기서 잠정적으로 다음과 같은 해석을 제시해도 좋지 않을까 하는 생각이 든다.

「한국의 맨얼굴」에 의해서 묘사된 한국의 사회는 풍요로워진 사회이며, 그 경우의 학생운동은 이미 스페인의 철학자 오르떼가(Jose Ortega y Gasset)가 말한 '응석받이 어린애들'에 의한 반역이라고 할 수 있었던 것이 아닐까. 예를 들면 12월 2일 광주에서 학생들이 미 문화원을 점거했을 때의 기사는 이전과는 전혀 달랐다. 그들은 돌입한 경찰대에 의해서 연행되었는데 그 작은 기사는 다음과 같이 씌어졌다.

"조사에 따르면 학생들은 국립 전남대와 전북대의 9명으로 그중 4명은 여학생. 학생들은 도서관 옆 스타텐드 원장실에서 농성을 하며 유리창에는 '시장개방 요구를 철폐하라' 등의 구호를 내걸고 서울에 출장중인 원장과의 면담을 요구했다."

『아사히신문』 보도자세의 변화는 뚜렷했다. 이를테면 86년 2월 4일 「데모학생 2백명 연행」이라는 사건이 일어났어도 특파원의 보도는 짤막하기만 했다. '86년도 전학련대회'에 참가한 학생 약 1천명이 "집회를 마치고 데모행진으로 옮겨가려고 할 때 대학의 요청으로 구내에 들어온 경찰대 약 3천명과 충돌했다"고 하는 정도였다(86년 2월 5일자). 이러한 보도자세의 변화는 한국의 매스컴도 이미 사건을 보도하기 시작한 것, 그리고 그 보도가 대중화되어가는 사회상황 속에서 학생운동을 냉담하거나 또는 비판적으로 바라보기 시작한 것과 무관하지 않을 것이다. 그러나 그것은 한국의 정치상황과는 너무나도 동떨어진 자세였다고 하지 않을 수 없다.

『아사히신문』도 김대중, 김영삼 두 사람을 중심으로 헌법개정운동을 전개하는 사람들의 수난 이야기는 사실로서 전하지 않을 수 없었다(2월 14, 15, 17일자). 『아사히신문』의 사설 「한국의 정세를 지켜본다」(2월 21일자)는 다음과 같이 한국의 민주화를 격려하고자 했다.

"겨우 총선거의 쇼크에서 회복한 정부·여당은 이런 상황 속에서 야당세력을 후퇴시키려고 하는지도 모른다. 9월에는 서울올림픽을 향한 중요한 고비인 아시안게임이 서울에서 열릴 예정이어서 그때까지 국내의 반체제적인 움직임을 일소할 계획이라고도 한다.

헌법개정은 한국의 내정문제이며 우리는 그 시비에 관여할 생각은 없다. 하지만 주권주민을 강조하는 헌법 아래에 있으면서도 국회 밖의 개헌운동은 모두 위법이며, 그 문제에서는 국민의 청원권도 인정하지 않는다는 것은 이해하기 어렵다. 너무나 지나치게 무리한 방법은 한국의 민주화를 기대하는 내외 사람들을 실망시킬 따름이지 않는가."

이런 상황 속에서 민주·통일민중운동연합 등은 개헌서명운동을 전개했고, 미국도 이에 강한 관심을 표시했다(3월 5, 6, 7일자). 정부의 방해에도 불구하고 야당인 신한민주당은 「가을까지 개헌완료, 내년 가을에는 정권이양」이라는 '민주화 일정'을 발표했다. 그러자 '직선제 개헌 1천만명 서명운동'의 상황을 감시하기 위해 미국 하원의원 등의 시찰단이 "비공식으로" 한국을 방문한다고 했다(3월 7, 8일자).

헌법개정, 무엇보다도 대통령 선거를 직접선거로 개정할 것을 요구하며 국민이 움직이기 시작했다. 마침내 대학도 움직이기 시작하여 3월 28일에는 고려대학교의 김우창(金禹昌), 이문영, 이호재(李昊宰) 등 교수 28명이 「현 시국에 대한 우리의 견해」라는 성명을 발표했다. 성명은 "오늘의 근본문제는 민주화에 있고 민주화의 핵심이 개헌에 걸려 있다는 것은 정당한 견해이다. 헌법개정을 촉구하기 위한 견해의 자유로운 발표, 토의, 청원은 국민의 당연한 권리이며 이를 제지하는 것은 국민의 기본권리를 봉쇄하는 것이다"라며 정부를 비판했다(3월 29일자).

광주에서 신한민주당의 개헌추진위원회 전라남도지부 결성대회가 3월 30일 오후에 열린다고 하자 5만명이 운집했다. 거기서 시민들은 '광주학살의 진상을 규명하라'고 외쳤다. 김대중은 경찰관에게 저지되어 김포공항에 가지 못했다. 광주집회는 "6년 전 광주사건 이래 최대의 반정부집회"라고 했다(3월 31일자). 다음날 『아사히신문』은 시민, 학생 69명이 연행되었다고 보도했다. 4월 5일 대구에서도 집회가 열려 2만명이나 모였다(4월 6일자).

헌법개정운동은 전국적으로 퍼져갔다. 고려대, 한국신학대에 이어 서울대 교수 47명도 「대학의 위기를 극복하기 위한 우리의 견해」를 발표하고 "새로운 헌법과 민주화 절차"를 서두르라고 촉구했다. 그리고 개헌서명운동에 대해서 다음과 같이 호소했다.

"주권을 가지고 있는 국민의 당연한 권리행사이며, 민주주의에 대한 민족의 비원(悲願)의 표현이다. 역사의 흐름에 순응하는 이 평화적인 운동을 물리적인 힘만으로 억압하고 봉쇄하는 무리한 시도가 오늘날 대학의 혼란을 심화시키고 있다. 극한에 다다르면 대학의 존립은 물론 국가적 파국마저 우려된다."*(4월 12일자)

4월 19일 학생혁명 26주년을 맞이하자 「올해 최대의 학생데모」로 발전하여 전국적으로 학생들이 경찰과 충돌했다(4월 19일자). 신입생을 군에 입대시켜 전방에서 훈련시킨다는 정부 방침에 대한 저항도 크게 확대되어갔다(4월 25, 26, 29일자). 대학에서는 비장한 분신 저항이 이어졌고 반미 움직임도 확대되어갈 뿐이었다. '반미자주화 반파쇼민주화 투쟁위원회'(자민투)와 '반제반파쇼 민족민주투쟁위원회'(민민투)가 결성되어 "노선투쟁을 시작하고 있다"고 보도될 정도였다(4월 29, 30일자). 그리고 마침내 '한국은 미국의 식민지다' '한국군은 미군의 용병이다'라고 주장하는 그들에 의해서 신민당은 전두환일당과 타협을 기도한다고 규탄을 받았다. 5월 3일 인천에서 열리려던 신민당의 개헌추진위원회 경기도지부 결성대회가 「학생데모 도로점거」 등으로 취소되고 말 정도였다(5월 4일자). 『아사히신문』의 보도도 격렬함을 더해갔다.

학생운동은 학생의 분신자살 등으로 한층 격렬해졌다고 할 수 있다(5월 7일자). 전두환정권은 학생은 물론 커다란 국민적 저항에 부딪히면서도 자신의 연명만을 기도하여 국민적 불행은 확대되어갈 뿐이었다. 학생운동은 더욱 첨예화해갔다. 86년 5월 13일 「흔들리는 한국의 학생운동」이라는『아사히신문』의 사설은 이러한 상황을 반영한 양식의 발로였다고 해도 좋을 것이다. 그 내용을 인용하기로 한다.

"한국정부는 학생에 대한 탄압책으로 족하다고 해서는 안될 것이다. 전대통령은 여야당 수뇌와 회담을 열어 경우에 따라서는 재임중에 개헌에 응하겠다는 자세를 보였다. 앞으로도 이러한 자세로 야당세력과도 대화를 해나가는 것이 바람직하다. 반체제운동의 분열을 기도한다든지 학생들에게 보복한다든지 하는 일은 문제해결로 이어지지 않는다."

사태는 이미 전두환정권으로서는 컨트롤할 수 없는 상황으로 치달았다. 각 신문기자들도 언론 자유를 위한 투쟁에 들어가 '민주화 실현을 위한 언론'을 지향하며 부당한 간섭에 맞서 투쟁했다. '언론기본법'이라는 언론탄압의 법적조치 철회를 요구하고, 정부의 언론간섭, 기관원의 언론사 출입, 언론인의 부당한 연행, 구금, 강제해고 등을 배격하고, 불이익을 당한 언론인의 원상회복을 요구했다.『한국일보』『조선일보』『동아일보』등 유력 신문이 모두 투쟁을 전개했다(5월 15일자).

광주사건 6주년이 다가오자 파출소에 화염병이 날아들었고, 학생들이 추도식장을 점거했다(5월 16, 18, 19일자). 서울대학교에서 열린 '광주항쟁의 민족사적 재조명'이라는 씸포지엄에서는 다시 농과대학 1학년 이동수가 분신자살했는데, "미 제국주의 축출하자, 경찰은 물러가라"고 외쳤다. 그의 수첩에는 "민중은 우둔하지만 결코 죽지 않는다. 역사만이 나의 몸부림을 심판해줄 것이다"라고 씌어 있었다(5월 21일자). 또한 부산의 미국문화원이 학생 21명에 의해서 점거되었다. 그들은 최루탄을 발사하며 들어온 경찰 백여명에게 연행되었다. 그들이 내건 플래카드에 적힌 슬로건은 "광주 민중투쟁 계승하여 친미독재 타도하자" "친미로 망친 나라 반미로 구국하자" 등이었다(5월 22일자). 장렬한 투쟁의 시기였다고 하지 않을 수 없다.

민주·통일민중운동연합 의장 문익환 목사는 "'미국인들은 이승만, 박정희, 현 독재정권을 지원하며 우리의 자유를 짓밟고 민주주의를 방해하고 있으니 투쟁하자'는 등의 선동적인 연설을 했다"고 해서 체포되었다(5월 24일자). 그리고 투옥되자 탄식투쟁에 들어갔다(5월 25일자). 반미를 내세우며 학생들은 미국계 은행, 미국대사관 등을 점거하려다 체포되었다. 미국이라는 배후세력에 대한 투쟁이 가장 유효한 전술이라고도 생각되었다. 『아사히신문』은 「과격해지는 한국의 학생운동」(6월 11일자)이라는 커다란 기사를 실었는데, "5월 어느날 서울대학교 학생회관 벽 가득히" 나붙었던 시가 인용되었다. 첫머리는 다음과 같다.

얼씨구 좋다, 해방이다, 독립이다
아마리칸(미국)이 무엇이냐, 바다 건너 큰 나라에 진을 치고
전쟁 덕에 이민족 저민족의 생피를 빨아 마시고
배가 불뚝해진 드라큘라
이제부터 이 나라는 우리가 주인이다.*

미국 국무성은 「한국의 반정부데모 탄압 비난」한다고 보도되었다. "미국은 평화적 집회의 권리에 대한 침해는 어떠한 것이라도 유감으로 생각한다"고 했다. 그리고 "평화적인 대화"를 권했는데 "취조중의 여학생에게 성적 폭행을 가한 것에 대해서는 (…) 피해자의 주장을 신용할 수 있다"고 하며 가해자에 대한 법적 제재를 요구했다(7월 30일자).

아시안게임 직전인 9월 14일 김포공항에서 일어난 원인 모를 폭탄사건, 나까소네 수상 방한반대를 내건 일본문화원 침입사건, 일본의 역사교과서 문제 등으로 사건은 이어지고, 급진화한 학생들의 저항도

격화되어갔다. 10월 28일부터 건국대학교에서 상당히 급진적인 '전국 반외세 반독재 애국학생 투쟁연합'에 의한 농성저항이 계속되었는데, 31일 아침 경찰 약 8천명을 투입하여 학생 1,219명을 연행했다. 이에 항의하며 전국적으로 "19개 대학에서 적어도 총 8천5백여명의 학생이 집회와 데모에서 항의 의사를 표시, 몇몇 대학에서는 일부 학생이 농성에 들어갔다"고 『아사히신문』은 보도했다(11월 1일자). 길어지는 독재 정권에 젊은이들은 급진화되어갈 뿐이었다.

『아사히신문』은 「한국의 학생운동, '북'에 동조 경향 선명하게」라는 제목으로 한국에서 급진화되어가는 학생들의 운동을 커다랗게 소개했는데, 이 운동에 한국국민의 다수는 비판적이라고 했다. 독재정권과의 투쟁에서 '반미'로, 마침내는 '친북'으로 나아갔다고 할 수 있었다(12월 3일자).

1987년 1월 14일 서울대학교 3학년 박종철 고문치사사건이 일어났다. 그것이 민주화운동에 크게 불을 댕겼다. 2월 7일 명동대성당의 추도회는 "서울시내에서 약 3만4천명, 전국에서 약 7만명의 경찰을 동원"하여 "완전히 봉쇄"했지만, "추도회가 열릴 예정이던 오후 2시에는 주최자 측이 지시한 대로 시내 여기저기서 자동차의 경적과 교회의 종이 일제히 울리고 이에 박수치는 시민의 모습이 눈에 띄었다. 또 서울시 종로구에서는 학생 데모에 시민이 박수를 치는 장면도 보였다." 2월 26일 서울대 졸업식에서는 다음과 같은 광경이 전개되었다.

"서울대 운동장에서 오후 2시부터 시작된 졸업식에서 먼저 박봉식(朴奉植) 총장이 축사를 하기 위해 연단에 서자 졸업생 사이에서 야유가 터져나왔고 반수 이상의 졸업생들이 등을 돌렸다. 이어서 손제석(孫製錫) 문교부장관이 축사를 하려고 하자 서울대생 고문사에 대한 항의의 의미를 담은 학생운동가 「친구」를 일제히 부르기 시작하며 대부분의 졸업생이 퇴장했다."

이러한 정경에 대해서『쿄오도오통신』은 다음과 같이 덧붙였다.

"한국 학생운동의 메카인 서울대에서는 지난해 현 정권 아래서는 가장 많은 981명이 데모 등으로 연행되었다. 또 3명이 분신자살했으며, 지난달에는 서울대생 박종철이 경찰의 고문으로 사망하는 등 반정부 감정이 높아지고 있었다."

한국을 방문한 슐츠 국무장관은 여야 사이에서 대화와 타협을 통해 개헌문제의 해결을 도모하도록 촉구했다(87년 3월 7일자). 한국은 언제 헌법을 개정하고 직접선거로 대통령을 뽑게 될까 기대되었지만 전두환 일파의 저항은 강했다. 전두환은 헌법개정은 다음해 2월 25일 자신의 7년 임기가 끝나고 나서라고 4월 13일 특별담화를 발표했다. 그러자 이에 대한 국민의 저항이 즉각 일어났다. 김대중과 김영삼은 5월 1일 새로운 야당인 통일민주당을 발족시켜 여당에 대한 대결의 자세를 내세웠다(5월 2일자). 전두환의 임기 내에 헌법개정을 완료하라는 목소리가 높아졌다. 개헌을 요구하는 교수들의 성명이 이어졌고 신부들은 단식시위를 전개하는 추세였다(5월 10일자). 이어서 '개헌유보 반대' '독재 종식'을 부르짖는 학생들의 투쟁이 전개되었다(5월 14일자). 5월 14일에는 전국에서 1만명의 데모가 보도될 정도였다(5월 15일자). 5월 16일에는 「연세대 3천명 데모」가 전해졌고, 다음날에는 전날 광주데모에서 있었던 '독재정권 연장 분쇄'라는 외침이 전해졌다. 5월 18일은 광주사건 7주년이 되는 날로 광주의 추도식에서는 시민과 경찰의 충돌이 밤 늦게까지 계속되었다.

서울에서는 박종철 고문사 은폐사건에 대한 저항이 점점 격화되어 갔다(5월 24, 27일자). 『동아일보』기자 114명도 「개헌유보 철회를」 부르짖었다(5월 26일자). 새로운 통일민주당과 재야세력이 하나가 되어 개헌유보조치 철회, 박종철군 고문치사 사건의 진상규명, 정치범 석방과 복권, 언론의 자유 등을 내세우며 크게 투쟁을 전개했다(5월 28일자). 고문사 규탄과 개헌유보 반대집회는 매일같이 계속되었다. 『아사히신문』은 6월 17일의 학생데모에 4만 5천명이나 참가했다고 보도했다. 18일에는 「서울 3만·부산10만명」이며 「시민 합류하여 어수선」 「기동대와 충돌, 시내 마비」라고 전했다(6월 19일자).

이 때문에 정부는 「비상조치를 검토」한다고 보도되었으나, 미국에서는 케네디씨 등이 「한국 민주화촉진 법안」을 6월 18일 상원에 제출하고 전두환이 노태우를 후임으로 택한 것을 비판했다. 미 하원 외교위 아시아·태평양 소위원회에서도 전두환이 "개헌 대화를 중단한 것"을 유감이라고 하며 "대화의 재개와 폭력적 수단을 쓰는 일을 삼가도록" 요구한다고 보도됐다(6월 19일자). 미국의 레이건 대통령도 전두환에게 친서를 보내 "과잉반응으로 치우치지 않도록 자제를 요구함과 동시에, 민주주의 확립을 위해서 야당세력과 대화를 해나가도록 촉구했다"고 전해졌다. 그것은 한국 내에서 일어나고 있는 반미감정에 대응하기 위해서이기도 했다. 미국은 한국을 여행하는 미국인에게 '여행 주의정보'를 제공할 정도였다(6월 20일자). 『아사히신문』의 사설 「한국의 데모 격화를 우려한다」(6월 20일자)는 서두에서 한국의 사태를 다음과 같이 언급했다.

"한국의 반정부데모가 확대되고 격화되어간다. 18일에는 서울과 부산 등에서 총 십수만명의 학생, 시민이 중심가를 점거하고 기동대와 충돌을 반복했다. 경찰 버스가 불타도 데모대에 밀려 기동대가 손을 쓸 수 없는 일도 있었다. 19일에는 경찰 측에서 사망자도 나왔다. 한국은 하나의 정치위기에 직면해 있다고 해도 좋다."

그러면서 사설은 "강권에 의하지 않은 해결 노력을 거듭 요망"했다.

미국정부는 6월 22일 또다시 "전두환 대통령이 야당세력의 대표들과 대화를 열고 정세불안에 대해서 평화적 해결의 길을 찾도록" 요구했다고 보도되었다(6월 23일자). 김대중은 6월 25일 오전 0시를 기해 78일 만에 연금이 해제되었다. 26일 저녁부터 "야당세력, 학생, 시민들은 전국 주요 33개 도시지역에서 '민주헌법 쟁취를 위한 국민평화대행진'을 전개하며 엄중경계 태세를 펴는 5만 8천명의 경찰과 충돌했다." "각지에서 수만명이 중심가로 쏟아져나와 최루탄과 화염병, 투석의 응수로 어수선한 정세가 되었다"고 하며, 『아사히신문』은 이 투쟁에 대해 상세하게 전했다(6월 27일자). 이것은 재야세력의 힘을 보여주는 투쟁이었다. 야당세력은 국민평화대행진에 백만 이상의 사람들이 참가했다고 강조했다(6월 28일자).

6월 29일 오전 여당 대표위원 노태우는 전격적으로 사태수습안을 발표했다. 김대중의 사면과 복권, 정치범의 석방을 포함하여, 헌법개정과 대통령직접선거 등을 진행시킨다고 했다. 그것으로 「대폭 양보, 거리에 웃는 얼굴」(6월 30일자)이 되었다. 민주화운동의 승리였다. 그러나 그것은 많은 국민의 희생, 특히 분신자살에 이른 젊은이들의 희생과, 최종적으로는 미국 등 외국의 압력과 많은 사람들이 지원한 결과였다. 이제 전두환 등의 양보 또는 패배에 앞으로 한국국민, 그리고 무엇보다도 민주화 정치세력은 어떻게 대응할 것인가. 군부독재에 저항해온 정치가들은 국민의 염원에 어떻게 보답하려는 것일까. 정치의 리얼리티란 가혹한 것이었다.

『아사히신문』은 「한국에 불기 시작한 자유의 바람」(7월 4일자)에 대해 보도했다. 일찍이 반체제적이던 사람들이 텔레비전에 나오는가 하면, 예전에 데모진압에 동원되던 기동경찰의 업무가 곧 '치안'에서 '민생'으로 바뀌어간다고도 했다. 그러나 6월 9일 데모중에 후두부에 최루탄 파편을 맞은 연세대 이한열은 7월 5일 새벽 세브란스병원에서 숨을 거두었다. 정국의 "열쇠를 쥐고 있는 양 김씨" 김영삼과 김대중은 「쌍방, 대통령 출마에 의욕」을 보인다고 『아사히신문』도 보도했다(7월 6일자).

한국 민주화의 길은 역시 참으로 다난했다. 김대중은 7월 9일 공민권을 회복, 복권되었다. 『아사히신문』은 「한국 대통령선거, 노·양 김씨의 다툼 본격화」라고 보도했다(7월 9일자). 7월 9일 서울에서 거행된 이한열의 장례식 '민주국민장'에는 10만명의 사람들이 모였다. 그날 저녁 그의 관이 고향 광주에 도착하자 20만명의 남녀노소가 시민추도식에 참가했다. 잃어버린 긴 세월의 한이 복받친 것이리라. 그러나 앞으로 펼쳐질 현실은 아직 그들의 한을 풀어주기에는 너무나도 냉엄했다. 9월 8일 광주사건의 희생자들이 잠들고 있는 망월동묘지를 방문한 김대중을 10만 광주시민이 맞이했다(9월 9일자).

1987년 12월 16일은 새로운 헌법에 의한 대통령선거를 위한 투표일이었다. 『아사히신문』도 「뿌리 깊은 한국의 양 김 분열」(11월 12일자)이라고 썼다. 김영삼은 통일민주당(민주당), 김대중은 11월 12일에 정식으로 출범한 평화민주당(평민당)의 후보였다. 김영삼은 경상도를, 김대중은 전라도를 주요 지지기반으로 삼았다. 김영삼은 보수적이라고 했고, 김대중은 진보적이라고 했다. 11월 14일 전라남도 광주에서 김영삼은 연단에서 인사말을 했을 뿐 연설을 계속할 수 없을 정도로 회장은 '아수라장'이 되었다(11월 15일자). 11월 15일 심대중도 경상북도 대구에서 유세연설을 했지만 투석이 끊이지 않을 정도로 회장은 크게 소란스러웠다(11월 16일자).

이러한 사태는 앞으로 드러날 한국 정국을 암시하는 것처럼 보였다. 이른바 지역간의 대립이라는 것이다. 경상도 출신 박정희 그리고 전두환 등이 출신지역을 자신의 비호세력으로 삼았으므로 '경상도 천하'라고 부를 정도였다. 마이너리티가 된 전라도. 대립과 그로 인한 원한은 앞으로도 오랫동안 간단히 사라질 수 없었다. 더구나 권력의 자리에 있는 전두환세력이 여당인 노태우에게 유리하게 진행되도록 선거를 획책하는 것이 음으로 양으로 너무나도 명백했다. 12월 1일 '대한항공기 858편의 행방불명'이라는 사건이 일어났다. 그것을 북의 공작으로 단정함으로써 여당 후보 노태우에게 유리하게 되었다고 수군거렸다(12월 2일자).

김대중과 김영삼 두 사람이 여당 후보와 싸우면 야당 측의 패배는 분명하다고 여겨졌다. '야당 후보 단일화'를 요구하며 분신자살하는 사건이 일어날 정도였다(12월 6일자). 학생들은 통일민주당과 평화민주당 당사를 점령하고 농성하면서 두 사람에게 후보단일화를 촉구했다(12월 9일자). 그러나 김대중과 김영삼은 국민의 호소를 받아들이려고 하지 않았다. 그래서 두 사람은 지금까지 쌓아온 카리스마를 잃고, 권력욕으로 국민의 기대를 배신하는 단순한 정치가로 급격히 전락했다고들 말했다. 선거일 전날 밤의 모습을 『아사히신문』은 「치열한 싸움 후유증 깊어, 야당의 '바람'은 불지 않고 여당이 시종 우위를 유지」라는 표제를 뽑아 보도했다(12월 16일자).

1987년 12월 16일 선거결과는 17일 오후 9시 현재, 노태우 8,023,693표(36.8퍼센트), 김영삼 6,055,496표(27.7퍼센트), 김대중 5,956,120표(27.3퍼센트), 김종필 1,763,290표(8.0퍼센트)였다. 김영삼과 김대중은 자신들의 분열로 민주화세력의 패배를 가져왔다는 비난을 면할 수 없게 되었다. 두 사람은 즉각 "선거 무효를 선언"하고 "역사상 유례없는 부정선거이며 선거의 이름을 빌린 제2의 쿠데타" "노태우 신정권 타도"를 외쳤지만 그것은 이미 메아리 없는 모놀로그에 지나지 않았다(12월 18일자).

　민주화세력은 깊은 절망감에 빠졌다. 긴 민주혁명의 길에서 부풀어 올랐던 정열은 이렇게 하여 식어갈 수밖에 없었다. 혁명은 정열과 사상이고, 정치는 현실이며 이해관계였다. 정치는 재빨리 다음해 초에 시작된다는 총선거에 눈을 돌려야만 했다.

1973년부터 1988년 초까지, 마침내 한국이 군사독재의 멍에를 벗어버리고 오랫동안 마음속에서 항상 바라 마지않던 민주화의 길을 차츰 걷기 시작하기까지 15년간의 도정을 더듬어보았다. 오늘도 그 길은 결코 평온한 것이라고는 할 수 없을 것이다. 그러나 그후 20년, 이른바 한국이 염원하던 민주화의 꿈을 이루고 나서, 지금까지 걸어오는 길에는 많은 시행착오가 있었지만, 전체적으로 볼 때 놀라울 만한 사회적 발전이 있었다고 해도 좋을 것이다. 그리고 동북아시아에서는 더욱이 중국이 눈부신 발전을 거두었다고 하겠다.

동북아시아는 적어도 한·중·일 3국에서 바라본다면 일국우위의 시대를 마치고 지금은 3국협력의 시대로 들어가고 있다고 할 수 있지 않을까. 그것을 위한 우리의 의식, 그리고 그것에 의해 짜여지는 동북아시아의 정치체제로 이제 다시 긴 도정이 계속될 것으로 보인다.

새로운 시대는 우리가 군사정권 아래서 암중모색하던 시대와는 패러다임을 달리하는 시대라고 생각한다. 마치 1945년 이전의 동북아시아의 역사가 오늘날 가야 할 역사의 방향과는 다른 것인 것처럼. 어제가 분열과 억압과 저항의 역사였다면 오늘은 평화와 협조와 지혜의 역사가 되어야 하는 것 아닌가. 단절과 초극이 있어야 하리라고 생각한다.

그러나 새로운 역사가 다가와도 우리의 의식은 좀처럼 낡은 틀을 벗어나기가 쉽지 않다. 그런 의미에서 우리는 역사를 이끌어가는 것 같으면서도 사실은 역사에 이끌려가고 있다고 하겠다. 더욱이 정치를 담당하는 세력이란 자기들의 집권기간을 넘어서 발상하지 못하는, 그 상상영역이 극히 협소한 집단이라고 생각된다.

그런 정치적 체제 아래서 위축되기 쉬운 우리의 의식을 넘어선 시민적 양식이 요청된다고 할는지 모른다. 그것은 정치적인 역사의식이라기보다는 더 폭넓은 시민적인 역사의식이라고 생각하고 싶다. 먼 과거를 바라보면서 미래를 좀더 멀리까지 구상해보는 것이다. 그러면 동북아시아의 평화도 떠오를 것이 아닌가. 지난날의 아픈 나날을 회상하면서, 결코 그 날들을 망각하는 일 없이. 그런 의미에서 1973년에서 1988년의 15년사도 우리 모두가 반추해보았으면 한다. 한국 현대사에서 발전을 모색하면서 가장 격동하고, 가장 아픔을 느끼고, 더없이 고뇌한 역사였으니까. 정말 혁명의 시대였다.

어쩌면 우리는 그 시대에 부단히 되돌아가면서 오늘의 걸음을 재촉해야 하는지도 모른다. 그런 의미에서 그 시대는 너무나 많은 것을 내포하고 있고 여러가지 해석을 할 수 있는 가능성을 지니고 있다. 사실 그 시대는 한국 현대사의 여명 전야의 흑암처럼 내게 다가온다. 모두가 역사적인 사실 위에 서서 그것을 넘어선 내일을, 이제는 함께 그려보았으면 하는 바람이다.

국제 공동프로젝트 「한국으로부터의 통신」[*]

지명관
오까모또 아쯔시(岡本厚) 『세까이』(世界) 편집장

오까모또 한반도에는 아직도 북한을 둘러싸고 긴장상태가 계속되고 있습니다만, 지금부터 2,30년 전인 7,80년대에는 한국이 주목을 받았습니다. 독재권력을 쥔 군사정권이 야당, 노동운동, 학생운동뿐 아니라 저널리스트, 문인, 종교인 등 민주화를 요구하는 사람들을 심하게 탄압해서 유혈사태가 자주 일어났지요.

저는 70년대에 학생이었습니다만, 73년에 야당 지도자로 일본에 망명해 있던 김대중씨가 대낮에 납치되기도 하고, 시인 김지하씨가 정권을 비판하는 글을 발표한 것만으로 사형을 구형받는다든가 하는 사건이 잇달아 일어나 이웃나라인 한국에 관심을 가지기 시작했습니다. 그

---

* 원문은 2003년 9월 『세까이』에 실린 것으로, 저자는 이 대담에서 자신이 「한국으로부터의 통신」의 숨은 필자였음을 처음으로 밝혔다—옮긴이.

때 만난 것이 『세까이』였는데, 특히 73년부터 실리던 'TK生'의 「한국으로부터의 통신」에 커다란 영향을 받았습니다. 주변 친구들도 「통신」을 읽고 있었으니 이를테면 공통적인 시대인식을 형성하는 역할을 하고 있었던 것이지요. 잔인한 탄압에 죽음을 무릅쓰고 저항하며 발언을 계속하는 한국인들의 용기와 행동에 대한 경외감이라고 할까요, 강한 존경심을 품었던 것도 이 「통신」 덕분이지요. 그것은 우리의 마음을 뒤흔드는 말이 거기에 있었기 때문입니다. 이 글은 당시 일본인의 한국 인식에 크나큰 영향을 주었다고 생각합니다.

바로 얼마전에 유럽의 어떤 나라 대사관 사람이 저를 찾아와서 하는 말이, 7,80년대에 그 나라 주한대사관이 『세까이』를 구독해서 번역해 읽고 있었다는 것입니다. 그렇지 않으면 한국에 있으면서도 한국에서 무슨 일이 일어나고 있는지 모르기 때문이었다고 해요. 그래서 『세까이』에 경의를 품고 방문한 것인데, 「통신」의 영향력은 일본이나 한국에 그친 것이 아님을 실감했습니다.

그런데 『세까이』의 총목차를 보면 지명관 선생님께서 처음으로 『세까이』에 등장하신 것이 1990년입니다. 그후로 종종 인터뷰나 대담이나 그밖의 일로 모시긴 했지만, 실은 1970년대부터 이름을 밝히지 않고 『세까이』와 깊이 관계하셨지요. 「통신」의 상당히 중요한 역할을 담당해오신 셈입니다. 오늘은 그것을 중심으로 말씀을 나누었으면 합니다. 한국에서 한일협정에 반대하는 논진을 펴시던 선생님께서 망명 같은 형식으로 일본에 오신 깃은 언제입니까?

살아남은 조직은 교회뿐이었다

지명관 72년 10월 말입니다. 10월 17일에 유신체제에 의한 비상계엄령이 선포되었으니까, 바로 그 직후입니다. 여권을 받았을 때는 이미 유신체제였는데, 공항에 가도 군인들이 검열을 하니까 이제 빠져나갈 수 없겠구나 생각할 정도였어요. 그런 식으로 한국을 떠난 거지요. 아마 일본정부도 저를 거북하게 생각해서 들어오지 않았으면 바란 것 같아요. 비자를 신청해도 반년 이상이나 내주지 않았어요. 일본에 건너가는 사람이 그렇게 많지는 않던 시대였지만, 한일협정에 반대했으니 일본에는 '탐탁지 않은 인물'이었겠지요. 그래서 일본 신문사에 있는 지인들에게 부탁하기도 해서, 일본정부도 마지못해 내준 것이지요.

1967년 미국에 유학 갔다 돌아오는 길에(68년 11월)에 일본에 들러 거의 한 달 가까이 머문 적이 있어요. 그때 내 결심 중 하나가 공부를 좀더 해야겠다는 거였어요. 60년대 한국의 거친 상황 속에서 매일처럼 글을 쓰거나 강연을 하고, KCIA나 정부의 간섭을 받고 피해다니다시피 하니 집중할 틈이 없었지요. 미국에 가서 한숨 돌리고 일년쯤 책을 들여다보니 '공부하지 않으면 안되겠다' 하는 생각이 절실했어요. 그리고 다음 기회에는 미국이 아니라 일본으로 가야겠구나 마음먹었지요.

일본에 처음 간 것은 65년 12월이에요. 신꾜오출판사(新教出版社)에서 나오는 잡지 『후꾸인 또 세까이(福音と世界)』에 한국교회사에 대한 글을 부탁받아서 66년에 「한국교회 80년의 걸음」을 썼습니다만, 역시 앞으로는 일본과도 긴밀한 관계를 가져야 한다고 생각했어요. 그래서 72년에 일본에 다시 와서 토오꾜오대(東京大) 연구생이 되고부터는 정말 공부에 열중하려고 했어요. 그런데 얼마 지나지 않아 오재식(吳在植)씨가 찾아와 "지금 침묵하고 있을 때가 아니잖습니까" 하더군요. 또 움직이기 시작하게 된 거지요. 그렇게 일본에서 다시 한국의 민주화운동에 게릴라식으로 참가하게 됐습니다.

그때 죠오찌대학(上智大)에 프린스턴신학대에서 공부하고 온 김용복(金容福)이라는 사람이 있었어요. 오재식씨와 김용복씨와 나, 그리고 당시 토오꾜오에 있던 강문규(姜汶奎)씨 네 사람이, 국내 교회와 연락하면서 시작한 것입니다. 오재식씨는 아시아 기독교운동을 지원하기 위해서 아시아운동자료쎈터(DAGA)를 만들고 거기서 지금 말한 김용복씨, 미국인 감리교 재일선교사 패리스 하비(Pharis Harvey)씨, 일본인 쿠라따 마사히꼬(藏田雅彦)씨 이렇게 세 사람이 모여 활동하도록 했습니다. 기억이 확실치 않습니다만, 아시아연대(URM)와 DAGA 사무소에는 캐나다 장로교에서 파견된 재일선교사 마비스 하인드만(Mavis Hyndman)씨, 돈 로스(Dawn Ross)씨라든가 일본여성들이 사무원으로 참가하여 활동했습니다. 당시 국내에서 조직적으로 활동할 수 있는 곳은 교회밖에 없었습니다. 다른 단체는 조금이라도 움직이면 '빨갱이'라는 꼬리표가 붙어 모조리 잡혀들어가고 말았지요. 그래서 교회를 먼저 움직여 민주화운동을 해야 한다는 것이 우리의 생각이었습니다.

김대중씨가 토오꾜오에서 납치되기 전에 한국 기독교교회협의회(NCC)의 김관석(金觀錫) 목사에게서 연락이 왔는데, 민주화운동의 사상적인 핵심을 세우기 위해서 선언문을 만든다는 것이었어요. 거기에 의견을 내달라고 해서 우리는 해외 교회 활동과 국내 기독교 저항운동의 역사적 의의에 대한 평가를 써보냈습니다. 그리고 2천달러를 모금해서 보냈지요. 곧 「한국교회신학선언」이 발표됐어요. 그것이 한국교회의 민주화운동의 시발점이 된 73년 '신학신인'입니다. 73년 10월에 서울대학교에서 2년 만에 데모가 일어났는데, 유신체제 아래서 간신히 살아남아 활동할 수 있었던 조직은 학생운동과 교회밖에 없었습니다.

우리는 한국의 민주화운동은 세계적으로 지원을 받아야 한다, 그러기 위해서는 세계를 향해 한국의 상황이나 민주화운동의 사상을 발신해야 한다고 생각했어요. 그리고 그 중심을 토오꾜오에 두기로 했습니다. 한국에서 나오는 여러가지 정보를 토오꾜오에서 모아 전 세계에 보내자, 그리고 동시에 한국의 민주화운동을 도와달라는 요청도 함께 보내자고 했지요.

그 무렵 제네바에 있는 세계교회협의회(WCC)에는 한국교회에서 박상증(朴相增)씨가 파견돼 있었습니다. 그에게 연락해서 WCC에도 손을 썼지요. 미국에는 뉴욕주 패터슨대에 임순만(林淳萬)이라는 종교사회학 교수가 있어서, 이승만(李昇萬) 목사를 통해서 미국 NCC나 각 종파의 교회에 손을 썼습니다. 이목사는 장로파 교회본부의 간사로 그 후 한국인으로는 처음으로 미국 NCC 의장까지 지냈지요. 또 김정순(金貞淳)이라는 분도 미국에서 커다란 역할을 했습니다. 김정순씨는 이미 세상을 떠났지만, 원래 한국에서 고등학교 교장을 지냈는데, 군정에서는 제대로 된 교육을 할 수 없다며 미국에 건너가 인쇄업을 하고 있었어요. 그는 후에 김대중씨를 상당히 지원했습니다.

캐나다에는 한국 장로파 목사로 신학계의 원로인 김재준(金在俊) 전 한국신학대학 학장이 있었어요. 또 이상철(李相哲) 목사는 캐나다 이민교회 원로인데, 후에 캐나다 합동교회 의장이 된 사람입니다. 이 두 분을 중심으로 해서 캐나다 교회에 호소했어요.

일본에서는 NCC(6교단 8단체가 가맹)의 나까지마 마사아끼(中嶋正昭) 목사 등이 중심이 되어 '한국문제 기독자긴급회의'가 만들어졌습니다. 쇼오지 쯔또무(東海林勤), 오오시오 세이노스께(大塩之助), 이이지마 마꼬또(飯島信) 등이 활약했습니다. 재일대한교회 이인하(李仁夏) 목사는 일본을 베이스로 활약했습니다. 독일에서는 이삼열(李三悅)씨, 스웨덴에서는 카를 액셀(Karl-Axel Elmqvist)씨를 중심으로 하는 그룹이 만들어졌어요.

이런 움직임을 통합하여 1975년 제네바에서 한국민주화를 위한 국제회의가 발족했습니다. 캐나다의 김재준 목사를 의장으로 한 이 회의는 그후 '한국민주화를 위한 민주동지회'로 이름을 바꾸었지요. 이런 네트워크를 만드는 데는 제네바의 박상증씨와 토오꾜오의 오재식씨의 노력과 인맥이 큰 역할을 했어요.

한국의 정보는 어떻게 왔는가 하면, 우편은 검열을 받고 전화는 도청되니까 모두 사람이 운반했어요. 한국에 자유롭게 입국할 수 있고 의심을 받지 않는 이들이 선교사였으니까 그런 사람들이 들어가서 여러가지 자료를 반출해준 것이지요. 공항에서 검색을 받아도 안전하도록 자료를 담배에 말아오거나 인형에 넣어오거나 갖가지 수단을 썼습니다. 어떤 때는 발각될 것 같으면 가지고 나오기 직전 공항 휴지통에 버리기도 한 것 같아요. 공항에서 체포된 일본인 목사나 일본계 미국인 목사도 있었는데 그분들은 하루이틀 구속을 당했어요. 그밖에 미군 군사우편을 쓰기도 하고 외교관의 외교메일을 쓴 적도 있습니다. 이렇게 한국에서 가져온 정보를 전 세계에 보냈습니다만, 어느 곳보다 일본이 중요하다고 해서 제가 종합하고 정리해서 글을 쓰는 역할을 했지요.

『세까이』 편집장 야스에와 만나다

오까모또 결국 지선생님께서 앵커맨 역할을 하신 거군요. 「통신」이 국제적인 공동행동으로 선개되었다는 것을 알았습니다. 통신이 시작된 것은 『세까이』 73년 5월호부터였지요?

지명관 당시 『세까이』 편집장이었던 야스에 료오스께(安江良介)씨는 틀에 박힌 언론자유와는 거리가 먼 분이었지요. 위기상황이 닥쳤을 때 언론이 어떻게 대응하느냐, 곧 참다운 언론의 자유라는 것은 위기

상황과 암울한 사회 속에서는 비상한 수단을 쓰지 않으면 이룰 수 없다는 사고방식을 지니고 있었습니다. 『세까이』는 일본처럼 말〔言〕이 자유로운 곳뿐 아니라 당시 아시아의 어두운 상황에서 무엇을 해야 하는가, 일본이 언론의 자유가 있는 나라라면 그렇지 않은 아시아에서는 구제(救濟)적인 활동을 펼쳐야 하는 것이 아닌가, 이런 식으로 언론의 자유를 해석하고 있었지요. 이런 생각을 강하게 지지한 이가 당시 이와나미 사장이며 『세까이』 전 편집장 미도리가와 쿄오(綠川亨)씨였습니다.

한국 비상사태하의 지하통신이니 모든 것을 비밀에 부쳐야 했고, 때로 정보를 부분적으로 바꾸거나 국내에서 유포되는 미확인 기사들을 모아서 내는 일도 있었지요. 그러나 그것이 기이한 사태 아래서 언론의 불가피한 역할이라고 야스에씨는 생각하고 있었어요.

처음에 야스에씨는 저에 대해 오해하고 있었어요. 1965년에 학교에서 추방당하고 잡지 『사상계』 주간을 하고 있던 무렵 처음으로 일본에 왔을 때는 일본의 어느 잡지사 초청을 받았어요. 그 잡지는 일본정부 혹은 우익세력에 가까웠지요. 『사상계』에서는 이 초청을 놓고 논쟁이 일었어요. 그때 장준하씨는 앞으로는 한일협정체제 아래서 한국이 어떻게 살아가야 할지 생각하지 않으면 안된다, 일본에 한번은 가야 한다고 했지요. 그래서 초청을 받아들여 세 사람을 보냈지요.

전후 20년 동안이나 일본 사람을 만나지 않았으니, 유치한 이야기입니다만 일본 사람은 그야말로 머리에 뿔이라도 난 것처럼 한국인과는 다르다고 생각하고 있었어요. '일본인은 나쁘다'는 것을 못박아두고 있었지요. 하네다 공항에 내린 순간 '일본 사람 얼굴이 우리와 같지 않은가' 하고 놀라서 마치 한국말이라도 통할 것처럼 느껴질 정도였습니다.(웃음)

야스에씨와는 그때는 만나지 못했고 68년에 왔을 때 처음 만났는데, 거기에는 이런 사정이 있어요. 나를 초청한 앞서 말한 잡지에서 기고를 부탁받고 일본 방문기를 썼는데 그 잡지는 내 글을 완전히 날조해서, 나는 한일회담에 반대했지만 일본에 와서 그것이 잘못된 것을 알았다,는 식으로 만들어 게재했어요. 잡지사에 항의했지만 아무 대꾸도 없었어요. 야스에씨가 그것을 읽었던 것입니다. 그는 내가 있던 『사상계』에 대해서도 잘 알고 있었는데, '이 사람은 한국에서는 그렇게 싸우면서도 한편으로 이런 것을 쓰고 있구먼' 하고 그 무렵 토오꾜오대에 유학중인 선우휘씨에게 말했다고 해요. 경의를 품고 있었는데 이상하다는 것이었어요. 선우휘씨는 그렇지 않다며 그에게 변명을 했고, 나에게도 미국에 갈 때나 돌아올 때 꼭 야스에씨를 만나서 해명을 하라고 충고해주었습니다. 그래서 저는 68년 토오꾜오 도지사의 비서로 있던 그를 만났습니다. 전후사정을 듣자 야스에씨는 그것은 일본인이 문제가 아닌가, 일본인이 나쁜 짓을 한 것 아니냐면서 분개했고 그뒤로 우리는 가까워졌지요.

72년 일본에 왔을 때 저는 처음에는 야스에씨를 만나지 않으려고 했어요. 일본에 공부하러 왔으니까 될 수 있으면 사람을 만나지 않고 유학 온 토오꾜오대 대학원에서 일본정치사 공부에 전념하려고 했지요. 어두운 시대의 지식인이라는 관점에서였지요. 그런데 우연이라는 것이 있더군요. 어딘가 버스 안에서였는데, 야스에씨를 우연히 만났어요. "왜 나를 찾아오지 않습니까?"라고 물어서 "그럼 방문하지요"라고 했어요. 그리고서 한국의 사정에 대해 좀 이야기했더니 "그것을 잡지에 써주십시오"라고 부탁하더군요. 그래서 『세까이』에 처음으로 쓴 글이 73년 3월호의 「베트남전쟁과 한국」이었어요. 그때는 김순일(金淳一)이라는 필명을 썼습니다.

오까모또 같은해 5월호에도 「군정에서 파시즘으로」라는 것이 있군요.

지명관 그것은 야스에씨와 대담을 한 것이에요. 그 이름으로 후에도 몇번인가 『세까이』에 썼고, 이대선(李大善)이라는 이름으로 기고한 적도 있습니다. 말하자면 그에게 이끌렸다고 할까요. 야스에씨는 필자를 선택하는 데 그야말로 특별한 재능이 있었습니다. 저는 이제껏 그런 저널리스트와 만난 적이 없어요. "한국에도 당신 같은 저널리스트가 한명이라도 있었으면" 하고 털어놓은 적도 몇번인가 있었지요. 그는 선견지명을 지녔고 그 시대에 무엇이 문제인가를 꿰뚫고 있었어요. 또 그 문제에 대해서 어느 필자가 가장 맞춤인지도 알고 있었지요. 설혹 필자에게 그런 발상이 충분하지 못하다면 그는 설득하고 방향을 제시하면서 결국에는 글을 써내도록 만드는 거예요. 그런 분이었지요.

그 당시 야스에씨의 말이, "한국의 암흑상황을 조금이라도 밖에 알리는 것이 당신들 운동의 최우선 과제가 아닌가?"라는 것이었지요. 그래서 한국문제를 놓고 몇번이나 특집을 했어요. 날카로운 눈으로. 그는 일본의 역사 또는 세계사에 상당히 비관적이었어요. 반면 저는 한국의 민주화에 낙관적인 데가 있었고요. 야스에씨는 어떤가 하면, 이대로 가면 세계는 잘못된다는 전망이 강했어요. 그러면서도 현실에서는 투쟁하는 사람들을 지원한다는 태도를 버리지 않았어요. 눈물이 많은 사람이었지요. 그러나 자신이 비관적이라 해도 그 생각을 남에게는 옮기지 않는 분이었습니다.

오까모또 「통신」은 처음에는 짧았고 연재도 아니었어요. 띄엄띄엄 실리다가 김대중씨 납치사건(73년 8월) 무렵부터 본격적으로 연재가 시작됐지요.

지명관 그렇습니다. 김대중씨를 야스에씨에게 소개한 것이 바로 저예요. 긴자(銀座) 하마사꾸(浜作)에서 세 사람이 만났지요. 저는 먼저 뒷문으로 들어가 있었고, 야스에씨는 나중에 정문으로 들어왔지요. 야스에씨는 김대중씨의 모든 일에 깊은 관심을 보였습니다. 저는 비자문제도 있고 해서 매사에 비밀리에 움직이면서 표면에는 절대 드러나지 않도록 했어요. 김대중씨가 납치되기 전까지 그를 일본에서 만난 것은 그때 한번뿐이었지요. 후에 김대중씨가 자기 운동에 사무장으로 동참해달라고 야스에씨를 통해서 제안을 해왔어요. 저는 군사정권과 싸우기 위해서는 무슨 일이라도 하겠다고 마음먹고 있었는데, 야스에씨는 그 제안을 전달하면서 자기 생각에 지식인은 정치운동 밖에 있는 것이 낫다며 충고해주었습니다. 그후 김대중씨 납치사건이 벌어지자 그에게 얼마나 감사했는지 몰라요.

삼엄한 감시를 뚫고 들여온 정보

오까모또 단순한 질문입니다만 'TK'라는 이름이 어떤 뜻입니까.

지명관 아무 의미도 없어요.(웃음) 야스에씨가 붙인 거지요. 어떤 사람은 내 성이 '지'이니까 T고, K는 '관'일 거라고 짐작도 합니다만, 야스에씨는 별로 특별한 뜻을 담지 않고 그냥 'TK'라고 했어요. 한국에서 정보를 보낸 것은 한국 NCC 총무 김관석(金觀錫) 목사이며, 박형규 목사, 그리고 투옥된 분들의 가족이었지요. 그들이 한국 내의 주된, 이른바 인포메이션의 쏘스였어요. 김관석 목사는 NCC를 지키며 모든 민주화·인권운동의 주축을 맡고 있었어요. 박형규 목사는 운동의 제일선을 지휘하며 다섯번이나 투옥됐습니다. 김목사는 자주 토오꾜오에 출장을 와서 나까지마씨가 중심이던 일본 및 국제 네트워크와의 협력에도 적극적으로 관여했어요.

오까모또 그들에게 한국 각지에서 자료나 정보가 모였겠군요.

지명관 그렇지요. 일본에서 보낸 사람이 김관석씨나 박형규 목사를 만나 성명서가 있으면 복사본을 받고 여러가지 이야기도 전해들었지요. 가능하면 그 주변 분들도 만났고요.

오까모또 「통신」을 읽다보면 몇몇 군데에서, 생생한 자료라고 할까요, 학생이나 노동자나 교회 같은 데서 발표한 성명이라든가 전단, 노래, 시 같은 것이 인용되고 있습니다. 또한 무엇인가 설명하는 대목에서는, 어느 대학의 친구가 이렇게 말했다, 저널리스트가 이렇게 말했다 하는 부분이 있는데, 그런 대목들이 바로 말씀하신 식으로 전해들은 이야기인 것이로군요.

지명관 그럼요. 교회 관계자뿐 아니라 학생운동가들도 만났지요. 그들이 전해주는 경우도 있었고요. 처음에는 폴 슈나이스(Paul Schneiss) 목사가 자주 왕래했는데, 나중에 당국의 의심을 받자 한국에 입국할 수 없게 됐어요. 또 미국의 패리스 하비씨, 데이비드 쌔터화이트(David Satterwhite)씨, 조금 전에 말했던 캐나다인 하인드만씨, 로스씨, 그리고 수많은 일본분들이 교대로 한국에 들어갔지요.

그렇게 그들이 들어오면 여러 사람들과 접촉할 수 있도록 돕는 조직이 있었어요. 주로 NCC 스태프들인데, 이경배(李京培)씨, 윤수경(尹秀卿)씨 등이 그 역할을 맡았어요. 도시산업선교부 관계로는 조지송(趙知松)·조화순(趙和順)·조승혁(趙承赫) 삼인조가, 그리고 박형규 목사가 지휘하는 수도선교에는 권호경(權晧暻)·김동완(金東完)·손학규(孫學圭) 삼인조가 있었지요. 그리고 NCC의 젊은이로는 김상근(金相根), 이재정(李在楨), 오충일(吳忠日) 삼인조가 있었어요. 이 네트워크들이 일본을 비롯해 해외에서 오는 방문자들과 조직적으로 만났지요.

방문자들은 「통신」의 필자가 저라는 것을 오랫동안 몰랐지만 아무튼 자료를 수집해왔어요. 그들은 선교사니까 여러 사람들과 만날 수 있었고, 그런 속에서 일상적인 얘기도 하고 의도적으로 묻기도 하면서 정보를 듣고 오는 거지요. 이른바 유언비어도 모으는 셈이니 결과적으로는 잘못된 정보도 섞이곤 했지요. 예를 들면 80년 광주사건 이후 김대중씨가 옥중에서 고문을 받고 '빨갱이'라고 고백했다는 이야기가 들어와 야스에씨가 『아사히신문』 기자들에게 전했어요. 그것이 원인이 돼서 『아사히신문』 서울지국이 폐쇄되고 추방당하기도 했지요. 야스에씨는 그런 일이 있어도 잘못된 정보를 전해주었다며 탓하지는 않았어요. 당시 한국과 같은 비정상적인 상황에서라면 그런 일은 어쩔 수 없다는 거지요.

야스에씨는 한국인들에게도 여러가지 문제가 있다는 것을 알고 있었겠지만 절대 그런 말은 하지 않았어요. 아무튼 한국인, 재일한국인을 절대적으로 옹호했지요. 설령 그들에게 결점이 있다고 해도 일본인으로서는 탓할 자격이 없다는 것이 야스에씨의 철학이었습니다. 나는 가끔 "야스에씨, 그것은 현실이 아닙니다"라고 반박하곤 했어요. 하지만 그는 그런 신념을 인생관으로 삼고 철저하게 지키고 있었어요. 일본인은 한국인에 대한 비방이나 비판을 할 자격이 없다고 하면서 절대로 한마디도 그런 언급을 하지 않았어요. 그래서 어떤 일본인이 재일한국인이나 한반도문제, 북한문제에 대해 비판을 해도 야스에씨는 그건 그렇지 않다고 했어요. 그는 의도적으로 일본인은 그것을 말해서는 안된다, 윤리적으로 말할 자격이 없다는 입상이었시요. 그것은 매우 분명했어요. 그의 한평생 말과 글 어디를 보아도 한국인을 비판하는 것은 한마디도 없어요. 그렇다고 자신이 한국인 누군가와 만나서는 저런 건 잘못 아닌가라고 생각한 적이 없다는 뜻은 아니겠지요.

가령 그는 북한에도 다녀왔는데요, 제게는 북이 이렇더라 사실대로 말해주지요. 이래서 나쁘다고도 하고요. 그러니까 북이 옳지 않다고 내가 말하면 동의하면서도 밖에서는 절대로 그렇게 말하지 않았어요. 그런 사람이었습니다. 그것은 일본인으로서 말할 자격이 없다, 점령하여 그런 비극을 남겨놓고 이제 와서 일본인이 무슨 말을 하느냐는 것이었습니다. 어쨌든 그들이 원하는 바를 모두 해주면 된다, 그것이 일본인의 의무라고 생각하고 있었어요. 그 점에 있어 그는 아주 철저했습니다.

나는 아무렇지도 않게 일본인의 좋은 점도 말하고 나쁜 점도 말했지요. 반면 야스에씨는 한국·조선인에 대해 절대 그런 식으로 말하지 않았습니다. 극단적으로 말하면 모두 일본인이 나쁘다는 거였지요. 그것은 그의 윤리의식에서 비롯됩니다. 정말 한국인이 그렇다는 것은 아니겠지요. 철저하게 원칙으로 일관하는 사람이었습니다. 어떻게 그는 그런 경지에 도달할 수 있었을까요. 철저한 휴머니스트라고 할까요. 그런 입장에서 「통신」의 필자도 TK라는 익명을 붙였지요. 안에 기록되는 이들이 중요하지 기록하는 사람은 중요하지 않았어요. 제 사정도 있기는 했습니다만. 저는 야스에씨가 살아 계신다면 이처럼 실명을 발표하는 것을 과연 허락할까 생각해봅니다. 그것이 제가 오랫동안 망설였던 이유입니다.

오까모또 김일성 주석이 몇번이고 그에게 와달라고 요청하자 자기 생각이나 의견을 전하기도 했고, 직접 북에 가서 김주석과 만났을 때는 여러가지 비판을 했다고 합니다.

지명관 그것은 북을 위한 비판이었겠지요. 그러나 그것을 소문과 같은 식으로 다른 일본인에게 말하지는 않았어요.

오까모또 김일성 측근의 이른바 간부들이 새파랗게 질려서 일어설 정도로 심한 비판을 했다고 하지요. 그렇지만 일본에 돌아와서는 그 내용을 일절 밝히지 않았어요. 오히려 많은 일본인 방문자들이 그 반대로 행동하니까 전혀 신용을 얻지 못하는 것이고 했지요.

지명관 그는 말도 잘하고 글도 잘 썼지만 원칙적인 면에서는 절대 굽히지 않았어요. 그런 사람이었습니다. 그리고 야스에씨는 그 누구라도 만나려고 했지요. 아무리 나쁜 사람이라고 해도 만났고, 한국의 KCIA에서 보낸 중요한 인물(지금은 다들 유명인사가 되었으니 이름은 들지 않겠습니다만)과도 굳이 만나서 자기 생각도 설명하고 그들의 말도 들었지요. 그리고 그 이야기를 내게도 들려주면서 "그들도 잘하려고 하는 뜻은 가지고 있는 것 같던데요"라고 했습니다. 저는 그다지 신용하지 않았습니다만(웃음). 정말 두루두루 사람을 만났고 자신의 고정관념에 따라서는 움직이지 않으려고 했던 분입니다. 저는 늘 위로를 받았지요. 자신은 근본적으로 역사에 대해서 비관론을 가지고 있으면서도 남을 언제나 위로해주는 분이었어요.

그가 북에 간다고 하자 저는 북에 대해 이렇게 말해달라, 저렇게 해달라 등 꽤 많은 주문을 했어요. 제가 쓴 「통신」에는 북에 대해 상당히 긍정적인 내용이 들어가 있지만, 그것은 그렇게 함으로써 북을 움직이고 싶다는 속뜻이 있기 때문이었지요. 지금 돌아보면 순진한 생각입니다만. 그래서 북은 「통신」에 매우 호의적이었습니다.

신변을 지켜준 사람들의 은혜

오까모또 「통신」은 상당히 많은 독자를 얻었고 일본사회에 큰 영향을 주었기 때문에 한국의 군정은 눈이 빨개져서 필자를 찾아다녔지요. 야스에씨도 대단한 협박과 시달림을 받았고, 당시 이와나미 주변에는 KCIA가 깔려 있었다는 이야기도 들었습니다. 용케 16년간이나 발각되지 않았는데, 이를테면 선생님께서 쓰신 원고는 지금처럼 워드프로쎄서 같은 것이 없었으니 필적으로 추적될 가능성이 있다고 해서 모두 야스에씨나 그가 신뢰하는 사내의 비서실 직원들이 베껴썼습니다. 인쇄소 식자공 틈에 스파이가 들어 있을 가능성도 있다고, 거기까지 세심하게 주의를 기울였지요.

지명관 제가 쓴 원고에 야스에씨가 손질을 하면서 문체가 탄로나지 않도록 했고, 일본어로 어색한 구절도 고쳤지요. 그런 다음 제 원고는 모두 태워버렸어요. 야스에씨가 제게 보낸 편지도 많았지만 그것도 전부 태우라고 했어요. 마지막 몇통인가는 내가 특별한 선물처럼 가지고 있습니다만.

오까모또 그만큼 신경을 쓰지 않을 수 없었군요. 이와나미에서는 물론 『세까이』 편집부에서도 야스에씨 말고는 TK생에 대해서 아는 사람이 없었어요. 저도 편집부에 들어온 뒤 아예 물어보지도 않았습니다.

지명관 정말 신경을 썼어요. 한국에서 자료가 도착하면 모두 읽고 신문도 펼쳐놓고는 대개 하룻밤에 죽 원고를 썼습니다. 때로는 아침까지 걸렸어요. 아, 그리고 야스에씨는 몇번이고 편집장 자리를 떠나려고 했지요. 그런데 제가 "한국을 위해 당신은 편집장으로 남아 있어야 한다"고 간청해서 남아 있었어요.

오까모또 「통신」은 1988년에 끝을 맺습니다. 6월항쟁이 일어나고 직선제도 부활했으니 유신체제적인 상황이 끝났다고 판단해서 연재도 종료된 것이지요.

지명관 그렇지요. 그래서 야스에씨도 편집장을 그만두고 90년에 사장이 됐지만 그는 이 「통신」과 더불어 산 셈이지요. 전화도 도청될지 모른다고 해서 저는 그와 통화할 때는 언제나 공중전화를 썼어요. 한국에서 「통신」에 대해 알고 있던 민주화세력 ― 교회 내의 세력이었지만——은 이를 철저하게 숨기고 있었는데, 그중에는 체포돼서 고문을 받은 사람도 있었지요. 그래도 끝까지 누설하지 않았어요.

앞서 말한 『조선일보』의 선우형도 이미 한국에 돌아가 있었지만 그는 차차 알게 됐어요. 지명관이 틀림없다고 생각했겠지요. 그의 입장은 정부에 가까웠잖아요? 하지만 그는 어떻든 얼버무린 셈이지요. KCIA가 물어도, 필자는 개인이 아니라 복수라고 하는 식으로 말입니다. 1980년대 초 어느날인가 그가 토오꾜오에 찾아와서 한잔하고 싶다고 해서 긴자인가 신바시(新橋) 부근에서 둘다 취할 대로 취했어요. 그는 "네가 나쁜 짓 한다는 거 다 안다"라고 했어요. 나는 "쓸데없는 소리 마세요" 하면서 끝까지 잡아뗐습니다. 그는 "우리는 서로 입장이 다르지만 네 일은 아무에게도 말하지 않으마" 하면서, 마지막 순간에는 "너는 네 갈 길을 가라"고 나를 문밖으로 밀어냈어요. 선우형은 국내에서 우리 지하그룹 말고는 유일하게 사실을 알고 있던 사람이지요. 그러나 그도 마지막까지 발설하지 않았고 오히려 권력 측을 속인 거지요. 그러면서 일본인들에게 지명관은 귀국할 수 없으니 잘 부탁한다고 다녔다 하지요.

선우형은 그 점에서 야스에씨를 원망하고 있었어요. 왜 저를 그렇게 이용하느냐면서 야스에씨와는 만나려 하지 않았어요. 처음 내가 야스에씨와 친하게 된 것은 자기가 소개했기 때문인데, 그 탓에 내 처지가 이렇게 되었고, '지명관은 외아들인데다 자기 가족도 있는데 어쩌자고 이럴까' 생각했던 것이지요. 그는 죽기 직전에 야스에씨를 만나려고 찾아왔다가 회의중이라 못 만나고 편지만 남겼어요. 야스에씨는 이때 선우형을 만나지 못한 것을 후회했습니다. 그 일주일 후에 선우형은 세상을 떠났지요. 정치적 입장은 달리했어도 야스에씨와 선우형 모두 위대한 분이므로 저는 「통신」에 대한 것, 특히 저에 관한 것은 빼고 두

분이 다시 가까워지도록 애썼어요.

그런 탓인지 모르겠지만 야스에씨는 저에 대해 항상 어떤 죄책감 같은 것을 가지고 있었어요. 그러니까 제가 조국에 돌아가지 못하고 가족과 떨어져 외로운 생활을 하는 것이 모두 자기 탓이라 생각했지요. 그런 마음으로 야스에씨는 저를 대하고 있었어요. 저는 "그렇지 않습니다. 당신에게 여러가지로 도움받고 있습니다"라고 말하곤 했지요. 그는 정말 아무리 무리한 말이라도 들어주었고 마음을 터놓고 이야기해 주었어요.

토오꾜오여대에서는 오가와 케이지(小川圭治) 선생만이 이 일을 알고 있었어요. 그는 바르트(K. Bart)를 전공한 철학교수인데 얼마 뒤에 쯔꾸바대(筑波大)의 철학교수가 되었지요. 김대중씨가 납치됐을 때, 그는 내 일을 알고 있었기에 "이제 돌아가지 마라, 한국에 돌아가면 큰일날 테니" 하면서 자기가 있던 토오꾜오여대에 들어가게 해주었고 일본에 남아 있도록 손써주셨지요. 그러지 않으면 우선 비자를 받을 수 없으니까요. 그후로도 계속 저를 지켜주었어요. 당시 토오꾜오여대 총장으로 하라시마 아끼라(原島鮮)라는 훌륭한 선생이 계셨어요. 아끼라(鮮)라는 이름은 그가 한국에서 출생했기 때문이지요. 그의 아버지는 일본의 식민지배 초기에 관리로 조선에 갔지만 식민정책에 비판적이어서 본국으로 되돌아왔다고 합니다. 식탁에서도 늘 일본인은 조선에서 나쁜 짓을 한다고 말씀하셨다고 하지요. 그 때문에 하라시마 총장이 제 형편을 돌봐준 것이니, 역사란 참 묘한 것이지요.

오까모또 스미야 미끼오(隅谷三喜男) 선생은 처음부터 선생님을 잘 알고 계셨나요?.

지명관 잘 알고 계셨고, 저를 토오꾜오대 대학원에 유학 오도록 해주셨지요. 또 토오꾜오여대 총장이 되자마자 저를 전임으로 임용해 신분을 안정시켜주셨어요. 금년 2월에 스미야 선생은 세상을 떠나셨지만 병문안 갔을 때 선생은 "그때 일을 꼭 써야 하네. 역사에 공개해야 돼"라고 말씀하셨어요. 저는 "이미 지나간 일이고, 역사 속의 작은 에피쏘드에 불과한데 이제 써서 무엇합니까"라고 말씀드렸지만, 상당히 책망을 듣고서 정말 언젠가는 쓰지 않으면 안되는가 하고 생각하게 됐지요. 역사란 그런 것이겠지요. 일을 한 사람은 역사 속에서 잊혀져가는 것이지요. 그 과실이랄까 열매를 따는 사람은 다른 사람이고, 우리는 이미 일을 한 사람이니까 잊혀지면 된다고 생각했습니다. 야스에씨도 그랬지요.

처음에는 WCC가 제 생활비를 대주었어요. 토오꾜오여대에 몸 담고 있어도 금전적으로 폐를 끼치지 않도록 신분만 보장해달라고 했고, 돈은 WCC가 책임지고 있었지요. WCC에 아시아기독교협의회, 독일과 미국 교회 등이 후원을 해주었습니다. 스미야 선생이 1980년에 토오꾜오여대 총장으로 오시고 나서 조금씩 그 학교에서 월급을 받다가 87년 정식으로 전임이 되고부터 급여의 전액을 받게 됐습니다.

오까모또 그러면 국제적인 프로젝트인 「통신」을 위한 자금은 WCC 등이 대고 있었군요.

지명관 그렇지요. 한국교회협의회가 WCC에 서류를 보내 저를 지원해달라고 부탁한 것이지요. 박상증씨를 비롯한 여러분들이 모두 WCC에 교섭을 해준 덕분입니다.

선 민주인가 선 통일인가

오까모또 야스에씨에게 들은 이야기인데, 박정희정권은 몇번이고 소송을 제기하려 했지만 법정에서 「통신」의 내용이 진실임이 만천하에 드러나는 것을 두려워한 나머지 결국 포기했다지요. 앞서 말씀하신 것처럼 세간의 소문도 전해왔으니 결과적으로 부정확한 것도 포함되어 있지만, 한국 도처에서 일어난 민중의 저항, 항의가 부정할 수 없는 진실임은 그후의 역사를 보아도 분명합니다. 그러나 군사정부는 「통신」의 배후를 전혀 몰랐는지, 아니면 어느정도 알고 있었지만 상대가 교회라고 어렴풋이 눈치채고 침묵하고 있던 것일까요.

지명관 수상하다고 생각한 것은 사실이라고 봐요. 곧잘 KCIA가 저를 미행했으니까요. 그러나 저도 주변에 매우 주의하면서 혼선을 일으키려고 했어요. 예를 들면 1970년 말경이었을까요, 이런 일도 있었어요. 저를 전적으로 지원하고 있던 신꾜오출판사의 모리오까 이와오(森岡嚴)씨와 함께 카구라자까(神樂坂)의 찻집에 들어갔을 때, 한국에서 보내온 김지하씨 관계서류와 마침 내가 세들게 된 집의 계약금 10만엔을 봉투에 넣어 가지고 있었어요. 그런데 전화를 걸러 간 사이에 그것이 없어져버렸어요. 그래서 어떻게 할까 모리오까씨와 상의하고 경찰에 신고해야 할지 망설였지만, 오히려 일이 복잡해질 테니 그 돈은 없던 것으로 하기로 했어요. 이틀쯤 지나서 대사관에 있는 KCIA가 만나자고 해서 나갔는데, 제가 먼저 "요전에 돈을 잃어버렸지만 내 잘못이니 없던 것으로 할 생각입니다" 하고 말했지요. 상대편은 안심한 것이 아닐까요? 옥신각신하면 도리어 제 신분에 해가 될 테니 그렇게 참은 적도 있었어요.

오까모또 사용한 자료를 그후에 어떻게 하셨는지요.

지명관 제가 쓴 원고는 모두 야스에씨에게 보내든가 아니면 태워버리든가 했지만, 이용한 자료나 성명 같은 것은 오재식씨가 있는 아시아운동자료쎈터에 보관했습니다. 슈나이스씨는 가장 자주 한국을 왕래했기 때문에 많은 자료를 가지고 있었어요. 오재식씨와 슈나이스씨는 서로 복사를 해서 보관했어요. 자료는 여러 경로로 토오꾜오에 전해졌고, 한국에서도 먼저 토오꾜오로 보내달라고 부탁하니 많은 자료가 토오꾜오에 집중된 것입니다. 이런 자료들은 한 2년 전에 한국에 반환돼서 지금은 국립역사편찬위원회에 들어가 있어요. 그 자료가 완전히 정리되면 그 시대의 역사를 쓸 수 있겠지요. 제가 쓰면 어떻겠냐는 말도 듣습니다만, 저는 다음 세대에 넘겨야 한다고 생각하지요.

1968년 프랑스의 학생혁명을 '빠롤(parole)의 혁명' 즉 말에 의한 혁명이라고 한다지만 한국도 마찬가지라고 생각해요. 결국 「통신」이 수행한 역할이란 그것입니다. 각 나라말로 번역되어 퍼지고, 당시에는 북한에까지 유포되고 있던 셈이니까요. 물론 국내에서는 국내대로 이용했고요. 『세까이』는 당시 한국에서 금서중의 금서였지만 그래도 어떻게든 입수해 많은 사람들이 읽어주었어요. 『세까이』는 영어권 네트워크와 독자들을 위해서 「통신」의 요약판을 영역했어요(영문판 제목은 *Letters from South Korea*). 일본에 장기간 살고 있던 미국 감리교 선교사 데이비드 스웨인(David Swain)씨가 그 일을 해주었지요.

오까모또 앞에서 잠깐 북한 이야기도 나왔습니다만, 북한은 당연히 「통신」을 이용하려 했을 것이고, 반대로 한국 민주화운동 속에서도 북한에 대한 불신이라든가 경계심이 있었으리라고 생각합니다. 교회 사람들이니까 반공적인 의식도 강했다고 생각하는데 북한에 대해서는 어떤 견해를 가지고 있었습니까. 한국의 운동 내부에도 '선(先) 민주 후(後) 통일'이라든가 '선 통일 후 민주'라든가 하는 논의가 있었지요?

지명관 학생운동 내부에서는, 우리가 이런 고난의 시대에 당면해 있는 것은 결국 통일되지 않았기 때문이다, 그러므로 선통일이다, 하는 주장이 널리 퍼져 있었지요. 문익환 목사는 그것을 동시적이라고 말했습니다. 그러나 교회는 대체로 우선 민주화이고 그러고 나서 통일이라는 노선을 취하고 있었다고 생각해요. 가장 중요한 이유가, 통일을 먼저 내세우면 우리도 '빨갱이'라고 공격을 받을 수 있잖아요. 그러니까 교회는 먼저 민주화라는 것을 보여주어야 한다, 그런 전략적인 요소도 있었지요. 국내 교회에도 우리는 그렇게 설득하려고 했지요.

70년대에는 북한이 경제적으로 우세한 적도 있었으니 국내에서도 선 통일이라는 논의가 활발했어요. 그러나 실제로 우리는 그렇지 않다고 생각했지요. 한국의 국내 사정으로 보거나 미국과의 관계로 보거나 민주화를 먼저 하는 것이 옳다고 보았지요. 미국이 내거는 민주화 방향으로 가야 한다고 생각했던 거지요. 그래서 종종 우리는 토오꾜오에서 『뉴욕타임즈』나 『워싱턴포스트』 특파원과 연락을 했고 대화도 나누었지요. 그들도 또한 한국에 다녀온 이야기를 해주었고요. 그들은 일본에서도 호텔 전화를 쓰지 않고 공중전화를 쓸 만큼 세심한 주의를 해주었어요.

민주화 이후와 앞으로의 과제

지명관 저는 「통신」 이외의 글을 쓸 때도 완전히 익명을 쓰기로 정하고 있었어요. 그야말로 투쟁의 도구로서 말입니다. 또한 『세까이』는 그때 한국에서는 '빨갱이'라고 해서 소지만 해도 잡혀가는 잡지였기 때문에 그 지면에 글을 쓸 때는 가명을 쓰지 않을 수 없었지요. 그러나 80년에 광주사건이 일어난 뒤로 저는 이미 돌아갈 수도 없지만 돌아가지도 않겠다고 생각했어요. 그래서 그때부터는 「통신」 이외의 글에는 본명을 쓰기 시작했지요. 『후꾸인 또 세까이』 등 교회 관계서나 잡지에는 모두 제 이름이 나와 있어요. 귀국을 단념한 거지요. 그때는 비장한 기분이 들어서 이대로 일본에서 죽는 것이 아닌가, 그러나 아무도 찾지 않는 무덤이 되어도 좋다, 그런 생각이었어요. 물론 우리가 이길 것이라는 신념은 있었지만 그날이 언제일지 모르기에 암담했습니다.

모금도 대대적으로 벌였어요. 해외에서 모금한 것이나 해외 교회가 보내는 것을 국내로 전달했지요. 일본 시민운동의 성금도 거의 저희들이 운반했지만, 얼마나 되는지 계산한 적은 없어요. 국내에서 체포된 사람들, 희생자 가족들을 지원하거나 직장을 빼앗긴 사람들을 돕는 일 등에 쓰였어요.

오까모또 그 무렵 일본은 지금과는 판이한 분위기였고, 미국도 그랬지요. 한국 군사정권에 매우 비판적이어서 미 국회의원들을 비롯한 여러 사람들이 김대중씨나 민주화운동을 지원하고 있었습니다.

지명관 그래요. 미국정부도 달랐고, 민간인들도 상당히 활발하게 도와주었어요. 돈도 꽤 많이 보내주었고요.

오까모또 87년을 전기로 마침내 민주화운동이 승리한 셈이지요. 그후 냉전구조가 무너졌고요. 하지만 지금 또다른 위기가 닥치고 있습니다.

지명관 처음에 말씀드린 것처럼 크리스천은 모든 조직이 와해됐을 때 유일하게 조직적으로 움직일 수 있던 세력이었지요. 그러나 교회는 원래 심정적인 모임이고 정치집단이 아니니 민주화가 이루어진 순간 이제 우리 할 일은 끝났다고 생각했어요. 정치적인 경험이 없으니 당시의 정열을 가지고 새로운 정치적 시대를 만들어간다는 것은 있을 수 없었지요. 그리고 그 세력에는 리너십이 전혀 없있어요. 오히려 정치 조직화하는 데 혐오감을 가지고 있었지요. 또 한가지, 민주화가 되었으니 그후의 상황은 만사형통하리라는 낙관적인 전망을 가지고 있었지요. 현실에 대해 엄격함이 결여된 안일한 판단을 하고 있었어요. 그러니까 양심적이고 자기희생적인 운동이었지만 정치적인 비전은 거의 갖추지 못했어요. 권력과의 격심한 투쟁 속에서 자기희생과 비밀주의, 외부에서 들어오는 것을 경계하는 동지적인 사고방식 등이 익숙해졌지만, 일단 민주화가 된 이상 가능한 대로 많은 사람을 널리 모으는 모체가 되어야 하지요. 그런 자기변혁을 하지 못했어요.

민주세력이 큰일을 해냈는데도 그에 대한 국민의 평가는 그다지 높지 않아요. 게다가 모두 흩어져버렸고요. 사람이란 어려운 시절에는 똘똘 뭉치지만 고난이 끝나고 안락한 시기가 오면 뿔뿔이 헤어져 각자의 목적을 위해 움직이고 마니까, 지난날 민주화를 위해 싸운 에너지가 질적으로 퇴폐하고 결집력도 사라진 것이겠지요.

오까모또 그래도 보통사람들이 그런 어려움 속에서 참 잘 싸운 것이지요.

지명관 한국인들은 역사적으로 어려울 때일수록 강합니다. 지난날 3·1운동처럼 어려울 때는 대단히 투쟁했고 강했지만, 곤란이 끝나면, 어디서나 마찬가지일지 모르지만, 새로운 정치체제 속에서 조금씩 실천해나가는 것에는 약해요.

오까모또 민주화운동은 큰 희생을 치렀지요. 체포되어 고문을 당하거나 사형에 처해진 사람들도 있지요. 광주사건에서는 200명 가까이 죽었습니다.

지명관 그러니까 비장감이 절정에 달한 시대였지요. 지금 생각하면 '그런 시대가 있었는가' 하고 생각할 정도입니다만. 제게는 살아남은 자의 부끄러움이라는 것이 강하게 남아 있어요. 그래서 이 「통신」의 필자라고 발표를 하는 데도 말할 수 없이 주저했어요. 새삼 세상을 떠난 분들의 눈길을 느낍니다.

오까모또 그 속에서 자력으로 식민지적인 것에서 헤쳐나왔고 냉전적인 군사지배도 벗어났지요. 다음에는 '통일'이라는 과제가 남아 있군요.

지명관 지금의 김정일정권과 통일에 대해 말한다 해도 그것은 훨씬 앞날의 이야기가 되리라고 봐요. 먼저는 화해, 협력, 평화에 대해 대화를 진행해야 한다고 생각합니다. 통일은 이념으로서 존재할 뿐 현실적으로 구체화되는 것은 아직 먼 일이겠지요. 그리고 한국도 북한의 괴로움을 자신의 괴로움으로 느끼고 있지 않아요. 이기주의가 심하고, 북의 아픔을 모르는 그런 사회가 되었어요. 지금 북의 아픔을 같은 민족의 아픔으로 느끼는 리더십이 있어야 한다고 생각합니다만, 좀처럼 기대하기 어려운 것이겠지요.

세대의 문제도 있지 않겠어요. 우리는 역시 분단 이전에 성장한 사람이니 통일이 되기 전에는 평안함을 느끼지 못하는, 그런 아픔을 계속 짊어지고 있어요. 대단히 반공적인 사람이라고 해도 북한을 생각하지 않을 수 없으니까 반공적인 것이지요. 그 이후의 세대는 북한을 자기 문제로 별로 생각하지 않아요. 그런 의미에서 김대중씨가 북한과의 관계를 열려고 한 것은 낡은 세대의 마지막 사람으로서 시도한 것이었는지도 모르겠네요. 김대중씨에 대해 저는 개인적으로 북을 지나치게 안이하게 보았다는 문제제기를 하고 싶지만, 그러나 그렇게 할 수밖에 없었던 그의 심정은 잘 이해할 수 있어요. 그는 남쪽 사람이고 저는 북쪽 출신이니 북한을 보는 눈에 당연히 차이가 있겠지요. 저는 지금 북한의 현상을 좀더 비판적으로 볼 수밖에 없습니다만.

그렇다 해도 한국은 시금 아시아에서 가장 민주적인, 일본보다 적극적이며 민주적인 정권이지요. 지금 반동적으로 퇴보하지 않는 나라는 한국 정도가 아닐까요. 일본만 해도 반동 쪽이 더 강해요. 그래서 한국은 매우 괴로워하고 있지요. 한국 민주화투쟁에서 일본의 지원은 역사적인 사실이며 저는 그것에 늘 감사하고 있지만요.

아시아 전체에서 보아도 한국은 상당히 민주적인 방향으로 가고 있어요. 이전보다 훨씬 중요한 위치를 차지하는 한국이 민주화의 길을 가면서, 그리고 현실에서 미국, 일본, 중국의 상황에 대응해가리라고 기대했지요. 하지만 요즘 저는 그 기대가 그다지 크지 못한 실정이에요. 노년기의 절망이라고 할까요. 무엇보다도 힘을 가진 세력이 너무나 편협해져 있어요. 정치적으로 힘을 가진 사람들이 한줌이 되고 마는 것 같은 느낌을 가지게 돼서 안타까워요. 이라크전쟁 이후의 세계적인 회의(懷疑) 같은 것이라고 할는지 모르겠습니다만, 다음 세대의 새로운 지혜를 기대해보고 싶습니다.

여기서 「통신」에 대해 오랫동안 고민해오던 것을 마지막으로 한가지만 말씀드리지요. 투쟁하는 글이란 언제나 투쟁하는 쪽을 과도하게 영웅시해요. 이러한 역사적 사실과의 괴리 문제로 저는 고심했습니다. 사실, 진실, 진리 같은 문제라고 할까요. 특히 승리의 날에는 적대관계를 넘어 하나가 되어야 한다는 이상을 품고 괴로워했습니다. 그러나 현실은 아무래도 그렇게 되지는 않는 것 같아요. 이 나이가 되어서 혁명가가 노후에 맛보는 슬픔을 조금은 알 것 같은 느낌이 들어요.

피할 수 없는 상황이라고는 하지만 이러한 익명의 「통신」을 아무런 양해도 구하지 않고 오래도록 발표해온 것을 정말 용서해주시기 바랍니다. 다소라도 한일 양국의 새로운 연대를 낳는 데 공헌했다고 독자들이 인정해준다면, 그 관대한 마음에 감사할 따름입니다.

「한국으로부터의 통신」은 1973년부터 1988년까지 15년간 일본의 대표적인 월간지 이와나미쇼뗑의 『세까이』에 연재되면서 군부독재 아래서 한국의 언론이 제목소리를 내지 못하던 긴 세월 동안 민주화를 염원하는 한국 민중의 절규를 세계에 널리 알리는 역할을 했다. 「통신」은 다시 국내로 들어와 민주화운동을 하는 사람들에게 힘을 북돋워주었다. 그것은 추방당한 한 지식인이 세계를 향해 또한 한국을 향해 일본 땅에서 발신한, 군부독재에 의해서는 '삭제된 역사'에 대한 증언이었다. 지배자가 만들어가는 오도된 역사, 왜곡된 역사에 대한 저항이며, 소외된 저항의 목소리를 역사 속에다 편입시키려는 노력이었다고 할 수 있다.

이 책은 「한국으로부터의 통신」과 독재정권 아래서 저항과 굴종과 통렬한 자기반성의 혼미를 거듭할 수밖에 없었던 『동아일보』가 전하는 7, 80년대 한국의 정치상황, 그리고 그것을 우려의 눈길로 주시하며 이웃나라 언론으로서 역할을 다하려고 한 일본 『아사히신문』의 대조적인 논조를 종합·분석하고 있다. 『세까이』와 『아사히신문』 그리고 당시 한국의 민주화를 지원하던 많은 일본인들——이들의 한국 민주화를 위한 지원은 식민지와 동족상잔의 비극과 독재로 이어지는 한국 현대사에 대한 반성과 부채의식의 발로이기도 했다.

학자로서 단지 학문의 세계에 갇히지 않고 이 땅의 민주화를 위해 쏟은 지명관 선생의 열정은 『사상계』와 「한국으로부터의 통신」의 시대를 거쳐 오늘에 이르기까지 이어지는 것으로, 그는 이 책을 통해서 다시금 암울하던 긴 독재와의 투쟁을 거쳐온 한국사회가 오늘날 나아가야 할 길을 제시하려고 한다. 「한국으로부터의 통신」의 저자에 대한 온갖 추측이 난무하는 가운데 민주화 이후에도 스스로 저자임을 내세우지 않았던 뜻이 그러한 열정을 더욱 빛나게 하는 것인지도 모른다.

해외에서 한국의 민주화운동을 지원하던 활동의 중심에 일본이 있었다면, 그 움직임을 이끌어낸 것은 「한국으로부터의 통신」이었다고 할 수 있지 않을까. 이제 일본과 한국에서 출간되는 이 책이 우리로 하여금 번영하는 동북아시아라는 공동의 염원을 깊이 생각하게 하고 그것을 세워나가려는 뜻을 키울 수 있는 하나의 계기가 되었으면 한다.

번역은 원문에 충실하고자 했으나 인용된 한국의 신문기사나 민주화운동 사료는 한국어 자료를 그대로 따르는 것을 원칙으로 했다. 그것이 당시의 시대상황을 드러내는 언론의 모습과 고통받는 저항세력의 목소리를 더욱 생생하게 전할 수 있을 것이라는 생각에서였다. 인용된 민주화운동 사료는 국사편찬위원회 소장자료들과 민주화운동 기념사업회 사료관에 소장된 자료들, 그리고 그밖의 여러 저서들을 참고로 복원했다. 다만 몇가지 원문을 찾지 못한 민주화운동 사료에 대해서 부득이 번역에 만족하게 된 것은 역자의 힘이 거기까지 미치지 못한 까닭이다.

특히 저자가 사용하고 나서 지금은 국사편찬위원회에 보관되어 있는 민주화운동 사료들은 한국 민주화운동을 국제적으로 지원하고 「한국으로부터의 통신」의 집필을 돕기 위해 해외 여러 곳에서 파견된 각계각층의 사람들이 위험을 무릅쓰고 수집하여 일본으로 반출해온 자료들이다. 이러한 소중한 사료들이 곧 정리되어 누구나 손쉽게 접근할 수 있게 되기를 기대한다.

번역을 허락해주신 지명관 선생에게 깊이 감사를 드린다. 책을 출판해준 창비, 그리고 이 책이 나올 수 있도록 도와주신 여러 분들에게도 깊은 감사를 드린다.

2008년 2월

김경희

436